Gründungsverhalten und Direktinvestitionen

Europäische Hochschulschriften
Publications Universitaires Européennes
European University Studies

Reihe V
Volks- und Betriebswirtschaft

Série V Series V
Sciences économiques, gestion d'entreprise
Economics and Management

Bd./Vol. 3242

PETER LANG
Frankfurt am Main · Berlin · Bern · Bruxelles · New York · Oxford · Wien

Dirk Kuttenkeuler

Gründungsverhalten und Direktinvestitionen

Eine theoretische und empirische Analyse

PETER LANG
Europäischer Verlag der Wissenschaften

Bibliografische Information der Deutschen Nationalbibliothek
Die Deutsche Nationalbibliothek verzeichnet diese Publikation in der Deutschen Nationalbibliografie; detaillierte bibliografische Daten sind im Internet über <http://www.d-nb.de> abrufbar.

Zugl.: Erlangen, Nürnberg, Univ., Diss., 2006

D 29(n2)
ISSN 0531-7339
ISBN-10: 3-631-56301-9
ISBN-13: 978-3-631-56301-4

www.peterlang.de

Inhaltsverzeichnis

Vorwort

Die vorliegende Arbeit wurde inspiriert von meiner Tätigkeit als European Practice Manager für Wachstum, Innovation und Aufbau neuer Geschäfte bei McKinsey & Company von Juni 2000 bis Oktober 2002. In dieser Funktion habe ich unter anderem Einsicht in verschiedene Regionalprojekte in Deutschland und in Europa erhalten.

Hierbei konnte ich wiederholt aus der Nähe von den Bemühungen zahlreicher (Regional-)Politiker erfahren, zur Stärkung der langfristigen Wettbewerbsfähigkeit einer bestimmten Region einen innovativen Cluster aufbauen beziehungsweise entwickeln zu wollen. Bemerkenswerterweise blieb in allen Debatten über den richtigen Instrumenteneinsatz zur Erreichung dieses Ziels eine wesentliche Frage ausgeklammert: die nach den möglichen Auswirkungen einströmender Direktinvestitionen auf das unisono erklärte Zwischenziel einer Erhöhung der Gründungsaktivität. Vielmehr ging man stets von der Annahme aus, daß eine Initiative zur Ansiedlung ausländischer Unternehmen die Gründungsaktivität in der Region beflügeln, zumindest aber nicht hemmen würde. Die Suche nach einer empirischen Untermauerung dieser Annahme, bildete den Ausgangspunkt der vorliegenden Studie.

Mein besonderer Dank gilt meinem Doktorvater Professor Dr. Richard Reichel. Gleichfalls möchte ich mich bei Professor Dr. Claus Schnabel bedanken, der als Zweitgutachter weit mehr als die übliche Manuskriptdurchsicht geleistet hat. Beide haben die Untersuchung durch kritische Diskussionen und mit fachlichen Anregungen begleitet und so wesentlich zu deren Gelingen beigetragen.

Ebenso verpflichtet bin ich all jenen ehemaligen Kollegen von McKinsey und Mitarbeitern des Lehrstuhls von Professor Dr. Claus Schnabel, die in zahlreichen Gesprächen die Arbeit mit angeregt haben. Bedanken möchte ich mich insbesondere bei Dr. Thorsten Schank, der mir bei ökonometrischen Fragen stets zur Seite stand. Hervorheben möchte ich auch Dr. Jörg Clostermann und Dr. Joachim Jungfer. Ihnen gilt mein Dank für Ihre fachliche Unterstützung im Verlaufe des Projekts.

Für die sorgfältige Durchsicht des Manuskripts und wertvolle Anregungen in der Endphase der Arbeit möchte ich Herrn Ralph Westermann und Herrn Walter Scheuer danken.

Köln, im Oktober 2006 — Dirk Kuttenkeuler

Abkürzungsverzeichnis

Aufl.	Auflage
Ausg.	Ausgabe
BIP	Bruttoinlandsprodukt
bzw.	beziehungsweise
ca.	circa
CEPR	Centre of Economic Policy Research
c.p.	ceteris paribus
d.h.	das heißt
DIW	Deutsches Institut für Wirtschaftsforschung
engl.	Englisch
erw.	erweitert(e)
etc.	et cetera
EU	Europäische Union
Eurostat	Statistisches Amt der Europäischen Gemeinschaft
f.	folgend
ff.	fortfolgend
FDI	Foreign Direct Investment
FuE	Forschung und Entwicklung
ggf.	gegebenenfalls
Hrsg.	Herausgeber
IAB	Institut für Arbeitsmarkt- und Berufsforschung der Bundesanstalt für Arbeit
IfM	Institut für Mittelstandsforschung
insb.	insbesondere
IMF	International Monetary Fund
IZA	Forschungsinstitut zur Zukunft der Arbeit
Jg.	Jahrgang
KMU	Kleine und mittelständische Unternehmen
PKE	Pro-Kopf-Einkommen
M&A	Merger & Akquisition
Mio.	Millionen
MNU	Multinationale Unternehmen
NACE	Nomenclature des Activité économique dans les Communauté Européennes

NBER	National Bureau of Economic Research
NUTS	Nomenclature des unités territoriales statistiques
Nr.	Nummer
OECD	Organisation for Economic Co-operation and Development
RDA	Regional Development Agency
S.	Seite
Sog.	sogenannt
Tsd.	Tausend
u.a.	unter anderem
überarb.	überarbeitet
UNCTAD	United Nations Converence Trade and Development
VAT	Value-Added Tax
vgl.	vergleiche
Vol.	Volume
z.B.	zum Beispiel
ZEW	Zentrum für Europäische Wirtschaftsforschung
z.T.	zum Teil

Vorbemerkung

Politik und Gesellschaft knüpfen an neue Unternehmen vielfältige Erwartungen, etwa die Entstehung zusätzlicher Arbeitsplätze oder die Durchsetzung neuer Produkte und Dienstleistungen. Gerade wegen ihrer Innovationstätigkeit scheinen Gründungsunternehmen eine Schlüsselrolle bei der Bewältigung des Strukturwandels und der Bewahrung der internationalen Wettbewerbsfähigkeit übernehmen zu können.

Angesichts dieser weitreichenden Eigenschaften verwundert es nicht, daß eine hohe Gründungsaktivität zu den allgegenwärtigen Zwischenzielen der Wirtschaftspolitik in quasi allen Industrieländern gehört.[1] Ebenso versteht sich das Interesse der Forschung am Gründungsgeschehen, nicht zuletzt an dessen Bestimmungsfaktoren.

Anders als in anderen Teilbereichen der Wirtschaftswissenschaften herrscht in der ökonomischen Gründungsforschung prinzipiell kein Mangel an empirischen Arbeiten. Tatsächlich dominierte hier bis vor wenigen Jahren die Empirie so eindeutig gegenüber der Theorie, daß die unübersichtlich gewordene Anzahl und Vielfalt empirischer Studien manchen Anhaltspunkt für eine Empirismuskritik bot.[2]

Verschiedene Beobachter sahen gar ausreichend Indizien für mehrheitlich ad hoc geleitete Forschungsdesigns, also Studien, in denen die verankerten Faktoren in keinem kausalen Zusammenhang mit dem Untersuchungsobjekt stehen. Einen Anteil an diesem Theoriedefizit hatte dabei auch das bis heute in der Ökonomie vorherrschende neoklassische Paradigma. Denn insbesondere der Annahme, alle Marktteilnehmer verfügten über vollständige Information, ist es geschuldet, daß der Unternehmer mit dem Einzug der Gleichgewichtsmodelle in die Wirtschaftswissenschaften aus den mikroökonomischen Textbüchern verschwinden mußte.[3]

---

1 Vgl. Wennekers/Thurik, 1999, S. 34. Vgl. Koschatzky, 2003, S. 120f.

2 Vgl. Brüderl/Preisendörfer/Ziegler, 1996, S. 20.

3 Die Marginalisierung des Entrepreneurs in der Neoklassik ist praktisch der Preis für die formale Eleganz ihrer Modelle. Gerade dadurch, daß sich durch die Annahme vollständiger Information die Informationsverarbeitung im Wirtschaftsprozeß erübrigt, geht etwa die Koordination von Angebot und Nachfrage auf relativ einfache Produktionsfunktionen über. Vgl. Ripsas, 1997, S. 7ff. oder Brüderl/Preisendörfer/Ziegler, 1996, S. 25f.

Aufgrund dieses Handicaps sind in den letzten Jahren wiederholt Anstrengungen in der Gründungsforschung unternommen worden, den entsprechenden Mangel zu beseitigen. Allerdings wird aus den verschiedenen Arbeiten deutlich, daß es angesichts der Vielschichtigkeit des Untersuchungsgegenstandes vermessen wäre, eine „geschlossene Theorie der Unternehmensgründung" entwickeln oder erwarten zu wollen. Entsprechend erfolgte auf Basis „bescheidenerer Ansprüche" – wie Brüderl et al. sich auszudrücken pflegen – eine Systematisierung bestehender Ansatzpunkte, um die Gründungsforschung theoretisch zu fundieren.[4]

Trotz dieser jüngeren Arbeiten leidet die theoretische und empirische Gründungsforschung noch heute daran, daß ihr stillschweigend die Annahme einer geschlossenen Volkswirtschaft zugrunde liegt. Dieser Analyserahmen mag bereits in Anbetracht dessen erstaunen, daß in einer vitalen Gründungsaktivität ein wesentlicher Faktor für die Steigerung beziehungsweise Bewahrung der *internationalen* Wettbewerbsfähigkeit gesehen wird. Vollends paradox wirkt das Ausblenden ausländischer Einflüsse allerdings dadurch, daß sich europaweit auf allen Raumebenen eine gezielte – meist branchen- oder technologieorientierte – Anwerbung ausländischer Direktinvestoren beobachten läßt.

Vom Zustrom multinationaler Unternehmen verspricht sich die Wirtschaftspolitik eine zusätzliche Stärkung des Standorts; denn „international tätige und FuE-intensive Konzerne spielen eine Schlüsselrolle bei der Generierung und Verbreitung neuen technologischen Wissens."[5] Unverhohlen wird mancherorts mit diesen ansiedlungsorientierten Initiativen sogar die Hoffnung verbunden, der Mode entsprechend einen innovativen und wettbewerbsfähigen „Cluster"[6] auf- oder ausbauen zu können.[7] Unabhängig von der konkreten Erwartung im Einzel-

4 Vgl. Brüderl/Preisendörfer/Ziegler, 1996, S. 20ff. und Ripsas, 1997, S. 10ff.

5 Reger/Beise/Belitz, 1999, S. 2. Die Abkürzung „FuE" im Zitat steht für „Forschung und Entwicklung".

6 „Cluster" bedeutet vereinfacht gesprochen die Anhäufung zahlreicher Unternehmen einer Branche auf kleinem Raum. Auf diesen Aspekt wird in Kapital 2.2.3.2 noch näher eingegangen.

7 Einen Einblick über die strategischen Ziele, die mit Anwerbungsaktivitäten verbunden sind, bieten die Internetseiten entsprechender Ansiedlungsagenturen. Für Großbritannien siehe beispielsweise www.uktradeinvest.gov.uk. Unter der Führung des Bundesministeriums für Wirtschaft und Arbeit (BMWA) wird auch in Deutschland versucht, zur Stärkung des Standorts ausländische Investoren strategisch anzuwerben. Vgl. hierzu www.invest-in-germany.de. Zum Umfang und zur Intensität der Bemühungen westeuropäischer Länder, Direktinvestitionen anzuwerben, siehe auch Raines/Brown, 1999, S. 18ff. Schließlich sei noch das Beispiel der Wolfsburg AG erlaubt, die innerhalb kurzer Zeit „mehr als 100 Automobilzulieferer an den Stadtrand holte und so den Teppich ausrollte für ein künftiges Cluster aus Mobilitätsdienstleistern." Willenbrock, 2004, S. 63.

fall ist allen diesen Anwerbemaßnahmen die Annahme gemeinsam, das Engagement der Investoren gefährde das Ziel einer hohen lokalen Gründungsaktivität nicht. Im Lichte der Diskussion über investive Verdrängungseffekte ausländischer Direktinvestoren im Gastland, die zwar weitgehend im entwicklungspolitischen Kontext geführt wird, erscheint die These von der Konfliktfreiheit zwischen Gründungsaktivität und einströmendem Investivkapital allerdings gewagt.

Der Versuch, mit einem entsprechenden Blick in den entwicklungspolitischen Literaturstrang eine konkrete Antwort auf die Frage nach dem Wirkungsverhältnis von ausländischen Direktinvestitionen und der Gründungsaktivität in der Zielregion zu erhalten, ist allerdings ähnlich ernüchternd. Theoretisch hat einzig Grossman (1984) den hier interessierenden Aspekt in einem kurzen Aufsatz unter besonderer Beachtung der Arbeitsmarktwirkungen partial-analytisch beleuchtet. Seine Schlüsse sind auch aufgrund der restriktiven Modellannahmen sowie dem sehr großen Entwicklungsunterschied zwischen dem Empfänger- und dem Ursprungsland der Direktinvestitionen nur sehr eingeschränkt auf die Verhältnisse der Industrieländer übertragbar.

Empirische Evidenz hinsichtlich des Gründungimpulses transnationaler Konzerne im Zielgebiet ist in diesem Literaturzweig ebenfalls ein äußerst knappes Gut. Mit bestem Wissen und Gewissen ließ sich lediglich eine einzige Studie finden, in der die Verbindung zwischen zuströmendem Investivkapital und lokaler Gründungsaktivität mit Hilfe ökonometrischer Methoden überprüft wurde. In dieser Arbeit haben die Autoren den Zusammenhang für Süditalien über den Zeitraum von 1951 bis 1981 analysiert und dabei ein positives Wirkungsverhältnis zwischen den beiden Variablen entdeckt.[8] Mithin kann das Ergebnis dazu dienen, die These eines Zielkonflikts zwischen dem Investitionsengagement ausländischer Unternehmen und der Vitalität des lokalen Gründungsgeschehens zu verwerfen. Auf Basis dieses empirischen Befundes scheint die Niederlassung multinationaler Konzerne sogar die Entstehung neuer Unternehmen in der Zielregion zu unterstützen.

Fraglich bleibt jedoch, wie weit sich dieses Resultat verallgemeinern und auf die heutigen Verhältnisse in den Industrieländern übertragen läßt. Verschiedene Faktoren säen Zweifel an der Repräsentativität des Studienergebnisses. Zum einen handelt es sich beim Untersuchungszeitraum um eine Periode, in der einströmende Direktinvestitionen grundsätzlich noch homöopathischen Umfang hatten.[9] Zum anderen ist die Übertragbarkeit der Untersuchungsergebnisse vor

8 Vgl. Del Monte/Luzenberger, 1989, S. 219ff.

9 Quantitative Bedeutung erlangen ausländische Direktinvestitionen erst ab Mitte der 1980er Jahre. Zunächst nahmen sie bis Mitte der 1990er Jahre stetig zu, bevor ihr Volumen während der „New Economy" exponentiell anstieg. Vgl. etwa OECD (2002b) oder Schenk, 2002, S. 16f.

dem Lichte zu hinterfragen, daß Italien traditionell relativ wenig ausländisches Investivkapital anzieht und der italienische „Mezzogiorno“ damals wie heute vielen europäischen Regionen wirtschaftlich hinterherhinkt. Möglicherweise beruht die dort beobachtete stimulierende Wirkung allein auf dem relativ geringen Entwicklungsniveau der Region. Schließlich ist bedauerlich, daß in der betreffenden Studie als weitere potentielle Gründungsdeterminanten nur staatliche Unterstützungsleistungen für Gründer und das Wachstum des Sozialprodukts modelliert wurden. Damit spart das entsprechende Modell verschiedene Bestimmungsfaktoren von Gründungen aus, die heute in der Gründungsforschung diskutiert werden.

In Summe läßt sich resümieren, daß auch in dem wirtschaftswissenschaftlichen Literaturzweig, der sich intensiv mit ausländischen Direktinvestitionen beschäftigt, systematische Anhaltspunkte über deren Gründungseinfluß im Zielgebiet fehlen. Das Literaturstudium vermittelt infolgedessen den Eindruck, daß die hier angesprochene Problemstellung sowohl in der Gründungs- als auch in der Direktinvestitionsforschung bislang weitgehend ausgeklammert wurde.

In Anbetracht des eingangs betonten Stellenwerts der Gründungstätigkeit verfolgt die Arbeit demnach das Ziel, einen Beitrag zur Schließung der bestehenden Lücke zu leisten. Dabei liegt das Bestreben darin, einer systematischen theoretischen Untersuchung des Gegenstandes eine empirische Analyse anzuschließen, auf deren Basis sich wirtschaftspolitisch belastbare Aussagen zum Einfluß ausländischer Direktinvestitionen auf das lokale Gründungsverhalten treffen lassen. Die Arbeit, die sich in fünf Hauptteile untergliedert, ist wie folgt aufgebaut.

Vorgehensweise

Im ersten Teil müssen grundlegende Aspekte zu Gründungen behandelt werden. Zuvorderst gilt es, den Gegenstand der Gründung abzugrenzen. Dieser institutionell-orientierten Definition schließt sich zum besseren Verständnis eine personenbezogene Betrachtung der Gründung knapp an: Es werden die Motive von Unternehmensgründern beleuchtet, deren Analyse grundsätzlich in der Domäne der soziologischen Gründungsforschung liegt. Anschließend wird auf die wirtschaftliche Bedeutung von Gründungen eingegangen, wobei auch gängige Vorstellungen wie die Beschäftigungswirkung auf den Prüfstand der Wissenschaft gestellt werden.

Der zweite Teil der Arbeit steht ganz im Zeichen bestehender Ansätze zur Erklärung der Gründungsaktivität. In Anbetracht der großen Interdisziplinarität der Gründungsforschung werden eingangs nicht-ökonomische Bestimmungsfaktoren in einem eigenen Kapitel kurz betrachtet, bevor sich in den anschließenden Abschnitten des zweiten Kapitels den ökonomischen Determinanten des Gründungsgeschehens theoriegeleitet zugewendet wird. Hierbei richtet sich der Blick zunächst auf wettbewerbstheoretische Überlegungen zum Markteintritt. In einem zweiten Schritt werden arbeitsmarkttheoretische Aspekte beachtet, mit denen die Neigung zum Eintritt in die Selbständigkeit erklärt werden kann. Schließlich wendet sich die Diskussion in einem dritten Abschnitt der Bedeutung raumökonomischer Faktoren zu. Hier stehen etwa die Dichte der wirtschaftlichen Aktivität, die Spezialisierung und der Umfang der FuE-Aktivitäten im Vordergrund. Diese Diskussionen basieren noch ganz auf der Annahme geschlossener Volkswirtschaften.

Diese Annahme wird im dritten Teil explizit aufgegeben. Zunächst erfolgt im ersten Kapitel ein kurzer Abriß über verschiedene Theorien zur Existenz ausländischer Direktinvestitionen. Ebenso knapp schließt sich ein Überblick zu den stilisierten Fakten der Empirie an. Ausgestattet mit diesem Rüstzeug zu Direktinvestitionen beginnt die ausführliche Diskussion über deren mögliche Gründungswirkung im Zielgebiet.[10] Dieser Diskurs ist zweigeteilt. Aufbauend auf den Er-

10 Die Kausalität zwischen Gründungen und Direktinvestitionen kann grundsätzlich auch umgekehrt verlaufen. Die lokale Gründungsaktivität würde demnach einen entsprechenden quantitativen und/oder qualitativen Effekt auf den Zustrom von ausländischem Investivkapital bewirken. Auf diesen Aspekt wird im dritten Kapitel eingegangen.

kenntnissen aus dem zweiten Teil der Arbeit wird zunächst untersucht, inwieweit Direktinvestitionen in der Zielregion *direkt* Gründungsopportunitäten für lokale Akteure schaffen oder vernichten. Dabei wird das Potential für neue Geschäftsgelegenheiten in vor- oder nachgelagerten Industrien ebenso beleuchtet wie die Gefahr, daß ausländische Konzerne aufgrund ihrer Präsenz neue und/oder höhere Markteintrittsbarrieren für lokale Aspiranten errichten, die sich in einer rückläufigen Gründungsaktivität niederschlagen könnten.

Hieran schließt sich eine Untersuchung zu den *indirekten* Gründungsimpulsen einströmender Direktinvestitionen an. Im Kern geht es dabei um die Frage, inwieweit die Direktinvestitionen auf bereits identifizierte – und das Gastland möglicherweise auch charakterisierende – Gründungsdeterminanten einwirken. Es werden die Effekte ausländischer Direktinvestitionen unter anderem auf die Ballung, die Spezialisierung und den Arbeitsmarkt analysiert. Diese Diskussion erlaubt notwendige Einblicke zu den vielfältigen *interagierenden* Mechanismen, über welche die ausländischen Direktinvestitionen auf das Gründungsverhalten im Zielgebiet einwirken.

Schließlich wird im vierten Teil der Arbeit ein empirischer Test für eine Stichprobe von EU-Ländern und ihren Regionen vorgenommen, um die theoretisch abgeleitete Gründungsrelevanz ausländischer Direktinvestitionen auf ihre reale Bedeutung hin zu überprüfen. Unumgänglich hierfür ist es, zunächst die verwendeten Daten und Variablen sowie das ökonometrische Modell vorzustellen. Daraufhin können die Hypothesen formuliert und die empirischen Ergebnisse inklusive einer entsprechend ausführlichen Diskussion präsentiert werden.

Das Resümee im fünften Teil rundet die Arbeit ab, indem hier die Ergebnisse zusammengefaßt, wirtschaftspolitische Empfehlungen abgeleitet und ein Ausblick auf die zukünftige Forschung gegeben werden.

1 Grundlagen zu Unternehmensgründungen

1.1 Unternehmensgründungen und Unternehmensgründer

Damit sich die Arbeit nicht in einem vagen Verständnis über den Gegenstand der Untersuchung verliert, wird nachfolgend die Unternehmensgründung zunächst definitorisch abgegrenzt (Abschnitt 1.1.1). Da die überwiegende Mehrheit der Gründungen sogenannte Personengründungen sind, erfährt die Frage nach den Beweggründen und Persönlichkeitsmerkmalen von Gründern eine hohe Aufmerksamkeit in der Forschung, allen voran in der Soziologie. Obwohl die dort erörterten Motive der Unternehmensgründer keinen unmittelbaren Beitrag zur Beantwortung der Fragestellung dieser Arbeit liefern, werden die wesentlichen Erkenntnisse aus diesem Wissenschaftszweig in aller Kürze beleuchtet (Abschnitt 1.1.2). Denn mit diesen Einsichten läßt sich an verschiedenen Stellen der weiteren Diskussion das Verständnis verbessern.

1.1.1 Definition von Unternehmensgründungen

Die Schaffung einer wirtschaftlichen Einheit wird als Unternehmensgründung bezeichnet, wenn neben der rechtlichen und wirtschaftlichen Eigenständigkeit auch die Merkmale der Teilnahme am Marktgeschehen als Anbieter von Waren oder Dienstleistungen, die Absicht der Gewinnerzielung und der Dauerhaftigkeit erfüllt sind.[11] Der Begriff der Gründung wird innerhalb der Forschung weiter aufgegliedert. Hierbei wird zwischen originären und derivaten Gründungen einerseits sowie zwischen selbständigen und unselbständigen Unternehmensgründungen andererseits differenziert (vgl. Abbildung 1).

Wird eine wirtschaftliche Einheit erstmalig am Markt tätig, dann handelt es sich um eine originäre Gründung. Im Unterschied dazu sind derivate Unternehmensgründungen formale Gründungen, die an bestehenden Aktivitäten anknüpfen und daher das Kriterium der erstmaligen Marktteilnahme lediglich de jure erfüllen. Hierunter fallen Ereignisse wie etwa die Verschmelzung von Unternehmen zu einer neuen Einheit und die Ab- oder Aufspaltung in mehrere eigenständige operative Einheiten. Aber auch die Übernahme eines Unternehmens oder bloße

11 Vgl. Clemens/Kayser, 2001, S. 6.

Änderung der Rechtsform sind unter die derivaten Unternehmensgründungen einzuordnen.[12]

Der Unterschied zwischen selbständiger und unselbständiger Gründungsform liegt darin, daß bei der ersteren die gründenden Personen anschließend in einem unabhängigen, selbständigen Arbeitsverhältnis stehen, während bei den unselbständigen Gründungen die Handelnden nach Abschluß des Gründungsprozesses abhängig beschäftigt sind. Unselbständige Gründungen liegen etwa bei der Schaffung von rechtlich eigenständigen Tochterunternehmen („Betriebsgründungen") vor, die von einem eingesetzten Geschäftsführer geleitet werden.[13]

Abbildung 1

Gründungsformen

	Originär	Derivat
Selbständig	Unternehmens-gründung	Übernahme/ Eigentümerwechsel
Unselbständig	Tochtergesellschaft/ Betriebsgründung	Verschmelzung/ Aufspaltung

Eigene Darstellung

12 Vgl. Clemens/Kayser, 2001, S. 6f.
13 Vgl. Clemens/Kayser, 2001, S. 8.

Den vier Formen, die aus der vorgestellten Untergliederung des Tatbestands „Gründung" hervorgegangenen sind, mangelt es allerdings an Abgrenzungsschärfe. Denn nicht jedes realökonomisch neu entstandene Unternehmen läßt sich eindeutig einem Typen zuordnen. Offen bleibt etwa, ob das Merkmal der Selbständigkeit subjektiv oder objektiv für die Beurteilung der Gründungsart anzuwenden ist. Diese Frage erlangt nicht zuletzt in den Fällen Bedeutung, in denen sich der Gründer einer GmbH als Geschäftsführer dieses Unternehmens mit abhängigem Gehalt einsetzt. Ebenso betrifft dieses Problem neue Franchise-Unternehmen.[14] Allein diese beiden Beispiele illustrieren die Grenzen der gängigen Einteilung.

Die Ausführungen verdeutlichen zugleich, daß die objektive Aktivität der Neuschaffung von Unternehmensstrukturen bei der Unternehmensgründung im Vordergrund steht. Infolgedessen ist zu beachten, daß der im Sprachgebrauch häufig verwendete Begriff der „Existenzgründung" nicht nur auf dem subjektiven Aspekt des Wechsels einer Person in die unternehmerische Selbständigkeit beruht, sondern auch, daß eine Existenzgründung nicht zwingend eine Unternehmensgründung nach sich zieht.[15]

Im Hinblick auf das Untersuchungsziel dieser Arbeit läßt sich festhalten, daß aus volkswirtschaftlicher Perspektive Unternehmensgründungen Vorgänge sind, die den Bestand an Unternehmen im Inland erhöhen.[16] Einzelwirtschaftlich betrachtet lassen sich Gründungen definieren als „kleinste rechtlich selbständige Einheiten, die aus handels- und/oder steuerrechtlichen Gründen Bücher führen, den Ertrag ermitteln und erstmals auf dem Markt tätig sind."[17]

Unter diesen, erstmalig am Markt operierenden Unternehmen stehen die (quasi) selbständigen, und hier vor allem die originären Gründungen, meist unausgesprochen im Blickpunkt wirtschaftspolitischer Maßnahmen.[18] Von allen vier Gründungstypen nimmt diese Form – ungeachtet der genannten Abgrenzungs-

---

14 Franchising wird daher teilweise auch als hybride Gründungsform bezeichnet. Vgl. Clemens/Kayser, 2001, S. 8.

15 Allen voran ist eine Existenzgründung nicht deckungsgleich mit einer *originären* Unternehmensgründung; denn die Gründung einer „Existenz" kann in Form einer derivaten Firmengründung erfolgen. Ein häufiger Fall dürfte im Kontext von Nachfolgeregelungen im Mittelstand bestehen. Umgekehrt darf nicht übersehen werden, daß die Gründung eines zweiten originären Unternehmens durch einen Selbständigen streng genommen keine Existenzgründung mehr ist. Vgl. Clemens/Kayser, 2001, S. 8f.

16 Vgl. Hörner/Gnoss, 1988, S. 35.

17 Hörner/Gnoss, 1988, S. 35.

18 Manche Autoren erinnern daran, daß die Politik das wirtschaftspolitische Ziel gelegentlich noch enger faßt, indem diese explizit die Erhöhung innovativer Gründungsunternehmen anvisiert. Vgl. etwa Wennekers/Thurik, 1999, S. 34 oder Almus/Nerlinger, 2000, S. 1. Auf die unterschiedlichen Funktionen von (Gründungs-) Unternehmen wird in Kapitel 1.2 noch ausführlich eingegangen.

probleme – in der Realität auch eine dominante Stellung ein. Über die Jahre von 1996 bis 2001 vereinten etwa in Deutschland diese Gründungen stets einen Anteil zwischen 55,7 Prozent und knapp 60 Prozent auf sich. Im gleichen Zeitraum umfaßte die Gesamtheit der selbständigen Unternehmensgründungen, d.h. die originären und derivaten, mindestens 71 Prozent bis reichlich 75 Prozent aller Gründungen.[19]

Indem die Wirtschaftspolitik den selbständig-originären Gründungen eine hohe Bedeutung beimißt, rückt die Person des Unternehmensgründers in den Mittelpunkt des Interesses. Besondere Aufmerksamkeit wird dabei den Motiven und Zielen der Gründer geschenkt. Diesen wird sich jetzt zugewendet.

1.1.2 Motive von Unternehmensgründern

Den Persönlichkeitsmerkmalen von Gründern wird vor allem in der soziologischen Gründungsforschung hohe Beachtung geschenkt. Es gehört zu den zentralen Anliegen dieser Wissenschaft, ein Eigenschaftsprofil der Gründer zu identifizieren, das zum einen den Antrieb zur Selbständigkeit und zum anderen den Erfolg einer Unternehmensgründung erklärt.[20]

Aus den zahlreichen empirischen Arbeiten dieser Forschungsrichtung kristallisieren sich das Streben nach Unabhängigkeit, das Verlangen nach der Umsetzung eigener Ideen, der Wunsch nach Selbstverwirklichung und nach gesellschaftlicher Anerkennung als wesentliche Triebkräfte von Gründern raumunabhängig heraus.[21] Auch die Einkommenssteigerung wird immer wieder als Motivation von Unternehmensgründern genannt, ohne daß deren Wichtigkeit ganz eindeutig wäre. Während ihr in einigen Studien ein hoher bis sehr hoher Stellenwert bei der Gründungsentscheidung eingeräumt wird, erlangt die Aussicht auf

---

19 Vgl. Holz, 2002, S. 106 sowie Schmitz, 2001, S. 32. Es ist auch im internationalen Kontext geteilte Meinung, daß kleine (selbständig)-originäre Gründungen die größte Bedeutung unter allen möglichen Markteintrittsformen haben. Vgl. etwa Audretsch, 1995, S. 45.

20 In Amerika geht die Entwicklung des Forschungsansatzes, mit dem Charaktermerkmale von Gründer identifiziert werden sollen (sog. statische Persönlichkeitsforschung), auf Betreiben von Risikokapitalinvestoren zurück. Diese verbanden mit diesem Ansatz die Hoffnung, erfolgreiche Unternehmer verläßlich ausmachen zu können, um so die Erfolgsaussichten ihrer Eigenkapitalbeteiligung an Unternehmensgründungen zu erhöhen. Vgl. Ripsas, 1997, S. 183.

21 Vgl. etwa Szyperski/Nathusius, 1977, S. 305f. und Picot/Laub/Schneider, 1989, S. 87ff. oder Vivarelli, 1991, S. 219ff. Vgl. auch Ripsas, 1997, S. 182ff.

ein höheres Einkommen in anderen Arbeiten lediglich eine untergeordnete Bedeutung.[22]

Daneben ist eine hohe Leistungsbereitschaft als typischer Charakterzug von Gründern wiederholt theoretisch und empirisch darzustellen versucht worden.[23] Die Debatte um die Ursachen der Leistungsbereitschaft blickt dabei auf eine lange, mit Max Weber beginnende Tradition.[24] Dieser hatte zu Beginn des zwanzigsten Jahrhunderts die Hypothese aufgestellt, die Religion präge die Wirtschaftsgesinnung und damit auch die Einstellung zum Unternehmertum. Konkret war Weber davon überzeugt, Anhaltspunkte dafür gefunden zu haben, daß der Protestantismus mit seinen Glaubensinhalten und den damit verbundenen Maximen für das Alltagsleben eine höhere Affinität zu unternehmerischen Handeln als andere Konfessionen erzeugt.[25]

Anknüpfend an Weber, dessen religionsgeprägten Ansatz er als Spezialfall einer (Kultur-)Theorie höherer Ordnung verstand, hat McClelland vor allem den Beitrag der Erziehung auf das individuelle Leistungsstreben und die unternehmerische Tätigkeit intensiv beleuchtet.[26] Vereinfacht lautet die Arbeitshypothese von McClelland, daß „die leistungsorientierten kulturellen und gesellschaftlichen Werte und Normen ... sich in Erziehungspraktiken nieder[schlagen].“[27] Folglich formt die Erziehung die kindliche Leistungsmotivation, die im Erwachsenenalter mit einer entsprechenden Neigung zur Selbständigkeit korrespondiert. Hochmotivierte werden dabei stärker als Unternehmer in Erscheinung treten als weniger inspirierte Personen. Denn die Selbständigkeit bietet den geeigneten Rahmen, den Erfolg der eigenen Anstrengungen rasch und deutlich sichtbar werden zu lassen.[28]

---

22 Hohe Bedeutung erhalten finanzielle Motive etwa in den Studien von Szyperski/Nathusius, 1977, S. 305 oder Vivarelli, 1991, S. 219. Zur untergeordneten Bedeutung siehe etwa Picot/Laub/Schneider, 1989, S. 93 oder Ripsas, 1997, S. 186 und die dort angegebene Literatur.

23 Vgl. Wiswede, 2000, S. 64.

24 Vgl. Weber (1972); hierbei handelt es sich um die 6. unveränderte Neuauflage der 1920 erschienen Erstauflage.

25 Vgl. Weber, 1972, S. 237ff. Vgl. auch Dürr, 1977, S. 104ff.

26 Vgl. McClelland, 1961, S. 259ff. und S. 336ff.

27 Brüderl/Preisendörfer/Ziegler, 1996, S. 30.

28 Vgl. McClelland, 1961, S. 259ff. Vgl. auch Brüderl/Preisendörfer/Ziegler, 1996, S. 30. Im Unterschied zu den soziologischen Theorien, die auf die eine oder andere Weise unterstellen, daß die Anzahl der Unternehmer umweltabhängig ist, vertritt Heuß – und später auch Baumol – die Ansicht, daß der Pionierunternehmer „in einem bestimmten Zahlenverhältnis umweltunabhängig anzutreffen ist.“ Heuß, 1965, S. 12. Vgl. auch Baumol, 2002, S. 61. Dieser Umstand bedeutet nach Heuß aber nicht, daß dieser Unternehmertypus im gleichen Verhältnis auf dem ökonomischen Gebiet in Erscheinung treten muß. Wesentlich für das Auftreten ist die gesellschaftliche Wert-

Die These, daß Selbständige beziehungsweise Unternehmensgründer eine höhere Leistungsbereitschaft als Nichtselbständige (beziehungsweise Nicht-Unternehmer) auszeichnet, läßt sich durch die Ergebnisse empirischer Analysen – wohlwollend ausgelegt – nur zum Teil bestätigen, was nicht zuletzt auf die unterschiedlichen *Motive* für eine Gründung zurückzuführen sein dürfte.[29]

Ein einheitliches Fazit erlauben auch die Arbeiten nicht, in denen das Merkmal einer höheren Risikobereitschaft unter Unternehmensgründern zu überprüfen versucht wurde.[30] Der gemischte Befund könnte darauf zurückzuführen sein, daß die vermeintlich niedrige Risikoaversion der Gründer weniger deren tatsächlich höherer Risikobereitschaft entspricht, als vielmehr auf der Interpretation externer Beobachter und Nicht-Gründer beruht. Denn „der Entrepreneur [handelt zwar] unter Unsicherheit, jedoch ist er bemüht, das daraus resultierende Risiko durch seine vorbereitende Handlung zu minimieren und zu verteilen."[31] Ein potentieller Hinweis, daß Unternehmensgründer keine besonders risikofreudigen Menschen sind, kann darin gesehen werden, daß von tatsächlichen Gründern unter den vormals bestandenen Hauptvorbehalten gegenüber der entsprechenden Geschäftsaufnahme immer wieder das Risiko genannt wird.[32]

In Summe wird aus den soziologischen und soziopsychologischen Analysen deutlich, daß die Unternehmer eine heterogene Gruppe bilden und aus allen möglichen Kreisen der Gesellschaft stammen.[33] Dies impliziert, daß sich der „typische Entrepreneur" nicht identifizieren läßt. Insofern müssen auch die einer Gründung zugrundeliegenden Motive facettenreich bleiben. Eine Hauptursache dieser Erkenntnis dürfte darin bestehen, daß die meisten der genannten und empirisch untersuchten Persönlichkeitsmerkmale auch zu den allgemeinen Eigenschaften und Grundfähigkeiten von Managern und Führungskräften gezählt werden.[34] Nach Bygrave ist es in der Konsequenz sogar schwierig, die beiden Ge-

---

schätzung der ökonomischen Betätigung. „Hieraus ergibt sich, daß in einer säkularisierten Welt weit mehr initiative Kräfte dem ökonomischen Bereich zuströmen als in einer Welt, in der Kirche, Militär, Staat und Politik den überwiegenden Teil absorbieren." Heuß, 1965, S. 13. Die unterschiedlichen Auffassungen zeigen, daß die Gretchenfrage darin besteht, was unter dem Begriff Umwelt verstanden werden kann und darf.

29 Vgl. etwa Ripsas, 1997, S. 187 oder Schönwandt, 2004, S. 19.

30 Vgl. Szyperski/Nathusius, 1977, S. 309 und Ripsas, 1997, S. 188f.

31 Ripsas, 1997, S. 189.

32 Vgl. Szyperski/Nathusius, 1977, S. 308 und Ripsas, 1997, S. 189.

33 Vgl. Europäische Kommission, 2003, S. 6.

34 Ein Überblick über den aktuellen Forschungsstand zu vermeintlichen Persönlichkeitsmerkmalen von Unternehmensgründern findet sich bei Schönwandt, 2004, S. 17ff. Dort werden auch negative Charaktereigenschaften angeführt, etwa Einzelgängerdasein und Machtbesessenheit. Vgl. auch Ripsas, 2001, S. 10.

genpole Entrepreneur und Administrator aufgrund von Charakterzügen zu trennen.[35]

1.2 Bedeutung von Unternehmensgründungen

Mit der Entstehung neuer Firmen sind in den industrialisierten Ländern seit geraumer Zeit vielfältige Erwartungen verbunden. Insbesondere wird von der Politik dort häufig unterstellt, daß Gründungen einen bedeutsamen Beitrag zur der Entstehung neuer Arbeitsplätze und zum technischen Fortschritt stiften. Auf diese beiden zentralen Aspekte wird im Folgenden detaillierter eingegangen. Vor dem Hintergrund, daß Gründungsunternehmen mehrheitlich klein sind, werden zunächst die Beschäftigungseffekte von kleinen und jungen Unternehmen diskutiert (Abschnitt 1.2.1), bevor die unternehmerische Innovationstätigkeit unter dem Gesichtspunkt der Betriebsgröße betrachtet wird (Abschnitt 1.2.2). Da sich die ökonomische Funktion von Unternehmensgründern nicht auf das Innovieren beschränkt, werden in einem dritten Schritt weitere, in der Literatur diskutierte Aufgaben von Unternehmern respektive Gründern der Vollständigkeit halber kurz vorgestellt (Abschnitt 1.2.3).

1.2.1 Beschäftigungseffekte

Die Diskussion über Beschäftigungseffekte neuer Unternehmen hat ihren Ausgangspunkt in einer Studie von Birch im Jahre 1979. Bis dahin gehörte es zum ökonomischen Erfahrungsschatz, daß Großunternehmen die Motoren der Wirtschaft und insbesondere des Beschäftigungswachstums sind.[36] Vor dem Hintergrund, daß Mitte der 1970er Jahre in den Industrieländern eine Arbeitslosigkeit unbekannter Höhe mit notorischer Persistenz und entsprechender Herausforderung für die Wirtschaftspolitik abrupt eingetreten war, löste die Arbeit von Birch einen regelrechten Paradigmenwechsel aus.[37]

35 Vgl. Bygrave 1997, S. 5.

36 Vgl. Weißhuhn/Wichmann, 2000, S. 3ff. oder Kronenwett, 1986, S. 245ff. sowie Braunerhjelm, 2000, S. 17f.

37 Birch war sich der Sprengkraft seiner Resultate bewußt: „We can begin to form a profile of the job generating firm. It is small. It tends to be independent. It is volatile. This profile does not vary much across industries and regions. It poses a vary challenging problem to those concerned about economic development.“ Birch, 1979, S. 41. Die Studie wird heute mitunter zu den „folgereichsten Veröffentlichungen der letzten Jahrzehnte“ gezählt. Vgl. Schmitz, 2001, S. 13.

Denn Birch kommt in seiner Studie zu dem Ergebnis, daß zwei Drittel der in den USA zwischen 1960 und 1976 neugeschaffenen Arbeitsplätze in kleinen Firmen entstanden sind, d.h. in Unternehmen mit bis zu 20 Mitarbeitern.[38] Darüber hinaus entdeckt er, daß gut 80 Prozent der neuen Beschäftigungsverhältnisse in Unternehmen erzeugt wurden, die nicht älter als vier Jahre waren.[39] Trotz oder gerade wegen der „euphorischen Hinwendung zu kleinen Unternehmen"[40] wurden die Ergebnisse der Studie in der Folgezeit intensiv und kontrovers diskutiert.[41] Unabhängig von der Tatsache, daß Kritiker methodische Schwächen und eine beschränkte Eignung des Datenmaterials an Birchs Studie geltend machten und damit die suggerierten Beschäftigungsbeiträge von kleinen und jungen Unternehmen scharf zurückweisen,[42] tauchte „in der Groß-Klein-Diskussion relativ schnell die Frage auf, ob kleine Unternehmen Arbeitsplätze schaffen, weil sie klein sind, oder aber weil sie neu sind."[43]

Eng mit dem ersten Teil der Frage ist das Gesetz von Gibrat verknüpft, wonach das Wachstum eines Unternehmens – üblicherweise an der Zunahme der Beschäftigtenzahl[44] gemessen – einem Zufallsprozeß unterliegt.[45] Obwohl die Groß-Klein-Perspektive nur indirekte Aufschlüsse über die Beschäftigungseffekte von Gründungsunternehmen zuläßt, wird im Folgenden – auch der historischen Vollständigkeit halber – kurz auf das in der Literatur stark diskutierte Gesetz von Gibrat eingegangen.

---

38 Vgl. Birch, 1979, S. 29f.

39 Vgl. Birch, 1979, S. 32.

40 Kronenwett, 1986, S. 245.

41 Die Verallgemeinerbarkeit der hohen, von Birch identifizierten Beschäftigungseffekte neuer Unternehmen wurde bald allein deshalb angezweifelt, weil Birchs Erkenntnis auf dem kurzen Erhebungszeitraum von 1974 bis 1976 basiert. In dieser Periode hatten sich im Gefolge der ersten Erdölkrise die nationalen und internationalen Rahmenbedingungen stark verändert. Von daher ergab sich der Verdacht, in dem Ergebnis von Birch spiegelt sich mehr die Wachstumsschwäche der Großbetriebe in dieser besondere Phase wider als die generelle Wachstumsstärke der kleinen und jungen Unternehmen. Vgl. Kronenwett, 1986, S. 247 und Rothwell/Dodgson, 1993, S. 9.

42 Details zu verschiedenen methodischen Fehlern, etwa dem Größenverteilungs-Trugschluß („size distribution fallacy"), und der Untauglichkeit des verwendeten Datenmaterials siehe Davis/Haltiwanger/Schuh, 1993, S. 2ff. Vgl. auch Kratzer, 1999, S. 133.

43 Weißhuhn/Wichmann, 2000, S.4.

44 Hart weist darauf hin, daß alternative Größenmaße zur Beschäftigung verwendet werden könnten, um das Gesetz von Gibrat zu überprüfen. Der Umstand, daß bei empirischen Studien stets auf Beschäftigtenzahlen zurückgegriffen wird, schränkt die Aussagen der Arbeiten nicht ein: Alle Größenindikatoren korrelieren untereinander sehr hoch. Vgl. Hart, 2000, S. 229.

45 Vgl. Gibrat, 1931, S. 62ff.

Die prominente Stellung dieses Gesetzes in der Literatur begründet sich damit, daß sich mit ihm unter Wahrung neoklassischer Modellprämissen der empirische Befund unterschiedlicher Unternehmensgrößen innerhalb einer Branchen erklären läßt. Denn die Annahme, die Unternehmensprosperität unterliege einem stochastischen Prozeß, impliziert, daß sich mit der Zeit in jeder Branche eine horizontale Konzentration einstellt, ohne daß damit Marktmacht verbunden sein müßte. Entsprechend nähert sich selbst bei einer einheitlichen, auf konstanten Skalenerträgen beruhenden Produktionstechnik die sektorale Größenverteilung der Unternehmen einer logarithmischen Normalverteilung an.[46]

Für die hier im Mittelpunkt stehende Frage nach den Beschäftigungseffekten von Groß- und Kleinunternehmen folgt aus der Zufallsannahme konsequenterweise, daß größere Firmen höhere absolute Zuwächse verzeichnen. Denn wenn das Wachstum der zukünftigen Periode sowohl von der augenblicklichen Betriebsgröße als auch vom realisierten Wachstum der Vorperiode unabhängig ist, dann kann jede Firma eine Wachstumsrate allein in Höhe der prognostizierten Branchenentwicklung erwarten. Bei Gültigkeit des Gesetzes folgt hieraus ein proportionales Wachstum aller Unternehmen, was wiederum höhere absolute Beschäftigungszugewinne bei größeren Unternehmen bedingt.

Der unterstellte Zufallsprozeß ist in einer Fülle empirischer Arbeiten überprüft worden. Bei aller Vorsicht, die bei der Verallgemeinerung der Ergebnisse aufgrund unterschiedlicher Methodenansätze geboten ist,[47] läßt sich konstatieren, daß die allermeisten Studien keine Belege für die Gültigkeit der Unabhängigkeitsthese finden.[48] Im Widerspruch zum postulierten Zusammenhang des Gesetzes entdeckt etwa Mansfield in Zeitreihenanalysen von drei US-amerikanischen Industriezweigen, daß die kleineren Unternehmen, sofern sie überleben, zu höhe-

---

46 Vgl. etwa Neumann, 1994, S. 156 oder Weißhuhn/Wichmann, 2000, S. 3.

47 In der Literatur bestehen mindestens drei Varianten, um die Gültigkeit des Gesetzes von Gibrat zu testen. Bei der ersten gilt das Gesetz für alle Unternehmen einer Branche unabhängig davon, ob diese am Ende des Beobachtungszeitraums noch existieren oder währenddessen aus dem Markt getreten sind. Der zweite Ansatz schränkt die Aussage dahin gehend ein, daß das Gesetz nur für überlebende Unternehmen gilt. Schließlich bezieht sich die Gültigkeit des Gesetzes bei der dritten Version ausschließlich auf Unternehmen, die die minimal effiziente Betriebsgröße erreicht haben. Vgl. Mansfield, 1962, S. 1031f. sowie Almus, 2001, S. 5f. aber auch Sutton, 1997, S. 44.

48 Eine Übersicht über die Ergebnisse internationaler Studien zum Gesetz von Gibrat findet sich bei Wagner, 1992, S. 127f. Neuere Arbeiten bespricht auch Hart, 2000, S. 232. Vgl. ebenso Almus, 2001, S. 5. Eine der seltenen Studien, die zur Überprüfung des Gesetzes von Gibrat Unternehmen außerhalb des Verarbeitenden Gewerbes berücksichtigt, stützt die allgemeine Erkenntnis, daß das Gesetz zu verwerfen ist. Vgl. Variyam/Kraybill, 1992, S. 36.

ren Wachstumsraten als Großunternehmen neigen.[49] Zwei empirische Untersuchungen mit Daten zu Deutschland weisen die Gültigkeit des Gesetzes von Gibrat ebenfalls zurück. Während Almus und Nerlinger in ihrer Analyse von Gründungsunternehmen des Verarbeitenden Gewerbes ähnlich wie Mansfield größere Wachstumspotentiale bei kleineren als bei größeren Unternehmen beobachten,[50] findet Wagner jedoch keine systematischen Wachstumsvorteile kleiner Firmen.[51]

Aus der Vielzahl der Studien zum Gesetz von Gibrat läßt sich soweit ableiten, daß das Firmenwachstum nicht ausschließlich einem Zufallsprozeß unterliegt und kleine Unternehmen in der Tendenz überproportional viele neue Beschäftigungsverhältnisse schaffen.[52] Allerdings bedarf dieser empirische Befund einer klaren Differenzierung. Denn mit Brüderl et al. muß festgehalten werden, daß „die relativ oft auftretenden negativen Wachstumsraten großer Betriebe ... der Hauptgrund [sind], weshalb wir in dieser Gruppe im Schnitt ein geringes Wachstum beobachten. Dieses Ergebnis ist für die Diskussion um das Gesetz von Gibrat wichtig, denn es besagt, daß große Firmen nicht die kleinen Wachstumsraten 'ziehen', sondern daß sie häufiger auch negative Wachstumsraten ziehen (kleine Betriebe sterben, wenn sie eine negative Rate ziehen!).“[53]

Arbeiten, die sich ausdrücklich den Beschäftigungseffekten *neuer* Unternehmen widmen, greifen prinzipiell auf zwei Methoden zurück: den Job-Turnover-Ansatz oder den Kohorten-Ansatz.[54] Beim ersten Verfahren resultiert die Anzahl

---

49 Mansfield betrachtet die Stahl-, Öl- und Reifenindustrie der Vereinigten Staaten über den Zeitraum von 1916 bis 1952. Dabei testet er jede der drei in der Literatur bekannten Testversionen zum Gesetz von Gibrat und resümiert: „Thus, regardless of which version one chooses, Gibrat's law fails to hold in more than one-half of these cases.“ Mansfield, 1962, S. 1034.

50 Vgl. Almus/Nerlinger, 2000, S. 10.

51 Im Unterschied zu den übrigen Größengruppen seines Samples kann Wagner für die kleinen Unternehmen in einigen Unterperioden des Analysezeitraums von 1978 bis 1989 die These von der Größenunabhängigkeit des Wachstums nicht verwerfen. Vgl. Wagner, 1992, S. 129f.

52 Vgl. etwa Hart 2000, S. 246. Hart liefert auch einen Überblick zu weiteren Ansätzen, die sich mit dem Wachstum von jungen Unternehmen beschäftigen. Wesentliche Theorien sind dabei die neoklassische Theorie der Firma, Ansätze zum unvollkommenen Wettbewerb oder Lerntheorien, die eine serielle Korrelation beim Unternehmenswachstum im Sinne von „Success breeds sucess and failure breeds failure“ postulieren. Vgl. Hart, 2000, S. 232ff. Gerade die lerntheoretische These vom anhaltenden (Miß-)Erfolg findet durch die Studien zum Gesetz von Gibrat einige Unterstützung. Vgl. etwa Weißhuhn/Wichmann, 2000, S. 10.

53 Brüderl/Preisendörfer/Ziegler, 1996, S. 252.

54 Stärkere Ausführungen zum Job-Turnover-Ansatz wie die Darstellung der verschiedenen Varianten und die mit ihnen verbundenen methodischen Schwierigkeiten finden sich bei Schmitz, 2001, S. 17ff. Zu Details zum Kohorten-Ansatz siehe Kratzer, 1999, S. 140ff.

der netto neu geschaffenen Beschäftigungsverhältnisse aus dem Saldo von Beschäftigungsgewinnen und -verlusten. Dabei werden neue Arbeitsplätze nicht nur Gründungen sondern auch expandierenden Unternehmen zugeordnet. Zugleich gehen Arbeitsplatzverluste auf das Konto liquidierter oder schrumpfender Firmen.

Unter Verwendung dieser Methode kommen empirische Studien in der Regel zum Ergebnis, „daß die Beschäftigungsänderungen in bestehenden Betrieben um ein vielfaches über den unmittelbaren Effekten durch Neugründungen oder Schließungen liegen."[55] So tragen Gründungsunternehmen in Deutschland zu allen neu geschaffenen Arbeitsplätzen eines Jahres zwischen knapp einem Viertel oder einem Drittel bei. Mit anderen Worten: Der überwiegende Anteil neuer Arbeitsplätze entsteht in bestehenden Unternehmen.[56]

Eine wesentliche Schwäche dieses Ansatzes ist, daß nur die unmittelbaren Beschäftigungseffekte im Gründungsjahr berücksichtigt werden. Arbeitsplätze, die im zweiten oder dritten Jahr entstehen, werden bereits bestehenden Unternehmen zugerechnet. Ein vollständigeres Bild über die dynamischen Beschäftigungseffekte von Neugründungen bieten daher Untersuchungen, die sich des zweiten Verfahrens bedienen, mit dem Gründungsjahrgänge – Kohorten genannt – über eine gewisse Zeitspanne auf ihre Beschäftigungswirkung analysiert werden.

Der Beschäftigungseffekt einer Kohorte ergibt sich demnach aus der Anzahl der Neugründungen eines Jahres, der Überlebensrate in der Kohorte sowie des Wachstums der überlebenden Firmen.[57]

Die meisten auf diesem zweiten Verfahren beruhenden Studien bringen hervor, daß die Anzahl an Arbeitsplätzen in einer Kohorte nach etwa zehn Jahren gegenüber der zum Gründungszeitpunkt unverändert ist.[58] Über diese Erkenntnis zur mittelfristigen Beschäftigungsentwicklung in einer Kohorte hinaus gewährt eine jüngere Studie zu Deutschland, in der Gründungskohorten aus dem Verarbeitenden Gewerbe *und* dem Dienstleistungssektor über den bemerkenswerten

55 Weißhuhn/Wichmann, 2000, S. 4.

56 Einen Überblick über diverse Studien zu Deutschland geben Weißhuhn/Wichmann, 2000, S. 11.

57 Bislang stehen die rein quantitativen Beschäftigungseffekte von Neugründungen im Mittelpunkt der Kohortenanalysen, auch wenn in letzter Zeit die Bedeutung qualitativer Aspekte wie die Beständigkeit der geschaffenen Arbeitsplätze in den überlebenden Unternehmen wiederholt betont wurde. Eine aktuelle empirische Untersuchung hierzu kann erstmals zeigen, daß überlebende Gründungsunternehmen in ihren Anfangsjahren eine höhere Arbeitskräftefluktuationsrate als existierende Betriebe auszeichnet. Vgl. Brixy/Kohaut/Schnabel, 2005, S. 3ff.

58 Vgl. Weißhuhn/Wichmann, 2000, S. 4ff. oder Schmitz, 2001, S. 33 sowie Kratzer, 1999, S. 140ff. Zu weiteren Kohortenanalysen siehe auch Fritsch/Weyh, 2004, S. 3.

Zeitraum von bis zu 18 Jahren verfolgt wurden, weiterführende Aufschlüsse.[59] So geht aus dieser Analyse hervor, daß die von *allen* Neugründungen eines Jahres geschaffene Zahl an Arbeitsplätzen nach einem kurzzeitigen Anstieg ab dem dritten Jahr kontinuierlich sinkt und die durchschnittliche Kohorte – gut vereinbar mit den übrigen empirischen Arbeiten – im achten Jahr nicht mehr Personen als zum Ausgangszeitpunkt beschäftigt. Neu und etwas überraschend ist allerdings, daß der typische Gründerjahrgang im achtzehnten Jahr nur noch 85 Prozent seines ursprünglichen Beschäftigungsniveaus erreicht.[60]

Dieser erstmalig beobachtete Langfristeffekt beruht maßgeblich auf der Entwicklung von Neugründungen aus dem Dienstleistungssektor. Denn ein Gründerjahrgang im Verarbeitenden Gewerbe kann nach anfänglichem Anstieg seiner Beschäftigtenzahl um gute 20 Prozent dieses Niveau in den folgenden 16 Jahren quasi schwankungsfrei bewahren. Die Kohorten des Dienstleistungssektors verzeichnen in den ersten Monaten hingegen einen wesentlich geringeren prozentualen Beschäftigungszuwachs bevor bereits im zweiten Jahr ein linearer Arbeitsplatzabbau einsetzt. Infolgedessen ist beim durchschnittlichen Gründerjahrgang des Servicesektors der Beschäftigtenstand schon im sechsten Jahr wieder auf das Ausgangsniveau zurückgefallen. Nach achtzehn Jahren bestehen nicht einmal 80 Prozent aller im Gründungsjahr bereitgestellten Arbeitsplätze.[61]

Unbenommen der sektoralen Unterschiede steht hinter dieser recht ernüchternden Beschäftigungsbilanz eines typischen Gründerjahrganges ein Prozeß, in der zahlreiche Firmen geschlossen werden und die damit verbundenen Beschäftigungsverluste durch die Expansion überlebender Unternehmen (teilweise) kompensiert werden. Hinsichtlich der Frage, wie sich die Beschäftigungsgewinne auf die überlebenden Gründungen verteilen, herrscht weitgehend Einigkeit: Die Beschäftigungsexpansion wird lediglich von einer kleinen Zahl von „Senkrechtstartern“ getragen.[62]

Aus den Ausführungen zu den Beschäftigungseffekten kleiner und junger Unternehmen läßt sich folgendes Fazit ziehen: Die Resultate von Birch können zum einen als „weitgehend widerlegter Mythos“[63] bezeichnet werden. Zum anderen muß die von fast allen Regierungen der Europäischen Union getroffene Annahme, die Förderung von Neugründungen könne einen erheblichen Beitrag zum

59 Vgl. Fritsch/Weyh, 2004, S. 1ff.
60 Vgl. Fritsch/Weyh, 2004, S. 10.
61 Vgl. Fritsch/Weyh, 2004, S. 10f.
62 Vgl. Weißhuhn/Wichmann, 2000, S. 4ff. oder Schmitz, 2001, S. 33 sowie Kratzer, 1999, S. 140ff. Vgl. aber auch Fritsch/Weyh, 2004, S. 12ff.
63 Schmitz, 2001, S. 13.

Abbau der Arbeitslosigkeit leisten,[64] auf Basis der mittlerweile vorliegenden wissenschaftlichen Ergebnisse deutlich differenzierter betrachtet werden.

So zeigt sich, daß die Anzahl geschaffener Arbeitsplätze nicht kontinuierlich mit der Marktetablierung neu formierter Unternehmen zunimmt. Vielmehr bleibt mittel- bis langfristig die absolute Zahl von Beschäftigungsverhältnissen innerhalb einer Gründerkohorte aufgrund dynamischer Marktprozesse allenfalls konstant. Während die überwiegende Mehrheit der überlebenden Unternehmen hinsichtlich der bereitgestellten Arbeitsplätze auf dem Anfangsniveau verharrt, verzeichnen nur einige „Erlesene" eines jeden Gründerjahrganges respektable Beschäftigungszuwächse. Zugleich verdeutlicht die Zeitpunktbetrachtung, daß der unmittelbare Jobeffekt der Gründungen, also das von einer Kohorte erzeugte Anfangsniveau, deutlich geringer ausfällt als das Beschäftigungswachstum in bestehenden Unternehmen. Somit kann geschlossen werden, daß Neugründungen aus dem Blickwinkel *direkt* geschaffener Arbeitsplätze keineswegs bedeutsamer als etablierte Unternehmen sind.[65] Damit drängt sich aber die Frage auf, welche wichtige Rolle Gründungen dann spielen.

1.2.2 Innovationseffekte

Wie an verschiedenen Stellen bereits angemerkt wurde, wird häufig angenommen, daß viele neue Firmen mit innovativen Produkten oder Dienstleistungen starten und somit stärker zum technologischen Wandel als etablierte Unternehmen beitragen. Im Folgenden wird dem wissenschaftlichen Gehalt dieser populären Vorstellung auf den Grund gegangen. Zum besseren Verständnis beginnt die Diskussion mit einer definitorischen Abgrenzung des Begriffs, der sich nicht zuletzt in der Politik einer inflatorischen Verwendung verdächtig macht.[66]

---

64 Vgl. Weißhuhn/Wichmann, 2000, S. 1.

65 Die *vollständige* Beschäftigungswirkung von Neugründungen zu erfassen, versucht erstmals eine aktuelle Arbeit zu Deutschland. Hierbei werden nicht nur die direkt geschaffenen Arbeitsverhältnisse sondern auch die *indirekten* Beschäftigungseffekte einer Gründerkohorte berücksichtigt. Durch dieses Studienergebnis läßt sich ein deutlich freundlicheres Bild von den mittel- bis langfristigen Beschäftigungswirkungen einer Gründerkohorte zeichnen. Denn aus der Untersuchung geht hervor, daß der indirekte Effekt wesentlich bedeutsamer als der direkte ist und sich damit – nach sechs bis sieben Jahren – ein positiver Gesamteffekt einstellt. Vor dem Hintergrund dieser Erkenntnis gelangen die Autoren zur Überzeugung, daß ein wesentlicher Teil der bisherigen Diskussion über die Beschäftigungswirkung von Neugründungen von falschen Voraussetzungen ausgegangen ist. Vgl. Fritsch/Mueller, 2004, S. 966ff.

66 Aufgrund der Allgegenwart der Vokabel menetekelt Hauschildt bereits Mitte des Jahres 2004: „Innovation ist auf dem Wege, zum Wort des Jahres 2004 zu werden, viel-

1.2.2.1 Innovationsbegriff und -arten

Eingeführt in die wissenschaftliche Literatur hat Schumpeter die „Innovation", der darunter eine diskontinuierlich auftretende Durchsetzung neuer Kombinationen von Produktionsmitteln versteht.[67] In seiner klassischen Typologie unterscheidet Schumpeter fünf Innovationsformen: die Herstellung eines neuen Produktes beziehungsweise einer neuen Qualität eines Produktes, die Einführung einer neuen Produktionsmethode, die Erschließung eines neuen Absatzmarktes, die Eroberung einer neuen Bezugsquelle von Rohstoffen und Halbfabrikaten sowie die Durchführung einer Neuorganisation.[68] Ungeachtet kleiner Modifikationen bildet diese Definition bis heute die Grundlage der meisten wissenschaftlichen Abgrenzungen von Innovationen.[69]

Aus ergebnisorientierter Sicht läßt sich eine Neuerung unter dem Aspekt des Gegenstandes und des Neuigkeitsgrads betrachten.[70] Dem Objekt nach bestehen

---

leicht für manche auch zum Unwort." Hauschildt, 2004, S. V. Am Rande sei erwähnt, daß die zweifelhafte Ehre, „Unwort des Jahres 2004", dem „Humankapital" schließlich vorenthalten blieb. Vgl. http://www.unwortdesjahres.org.

67 Der Begriff „Innovation" erscheint bei Schumpeter erstmalig in der englischen Übersetzung (1934) seines aus dem Jahre 1912 stammenden Buches „Theorie der wirtschaftlichen Entwicklung." Vgl. Schumpeter, 1912, S. 158f. und Schumpeter, 1934, S. 65.

68 Vgl. Schumpeter, 1912, S. 158f.

69 Verschiedene Präzisierungen des Begriffs wurden vorgeschlagen. Einige Autoren halten es etwa für notwendig, daß unter Innovationen nur nicht-triviale Produkt- und Prozeßerneuerungen oder nur Nicht-Routine-Aktivitäten subsumiert sein können, weil zu Innovationsaktivitäten keine Erfahrungen bestehen. Andere wiederum schlagen vor, die originäre Abgrenzung zu erweitern. So wird verschiedentlich gefordert, die Erneuerungen beziehungsweise Veränderungen von Beziehungen, Rollen, Normen und Werten in die Definition explizit einzubeziehen, so daß die innovative Tätigkeit über den technischen Wandel hinausgeht und neue gesellschaftliche und organisatorische Lösungen einschließt. Vgl. ausführlich zu diesen Diskussionen Tödtling, 1990, S. 17ff. und Schädler, 1999, S. 12 oder Fraunhofer-Institut, 2000, S. 1. Diese nuancierten Abgrenzungsangebote sind, um es mit den Worten von Buckley auszudrücken, „not right or wrong, just more or less useful." Buckley, 1989, S. 89.

70 Eine dritte ergebnisorientierte Unterscheidungsmöglichkeit kann aus dem Blickwinkel der Bezugseinheit der Neuigkeit erfolgen. Hier ist zu fragen, ob das Verfahren oder das Produkt für das Unternehmen, den Kunden und/oder für den Wettbewerb neu ist. Im übrigen können Innovationen auch aus prozessualer Perspektive beleuchtet werden. Dieser Aspekte ist allerdings an dieser Stelle sowie für die Kernfrage der vorliegenden Arbeit von untergeordneter Bedeutung. Insofern wird auf eine entsprechende Diskussion hier verzichtet. Weiter unten wird dieser Punkt jedoch noch einmal kurz aufgegriffen. Vgl. zu den Dimensionen von Innovationen Gerpott, 1999, S. 46ff.

Produkt- und Prozeßinnovationen.[71] Diese prima facie plausibel erscheinende Einteilung kann in der Praxis jedoch Schwierigkeiten bereiten. Für Neumann ist es daher generell fraglich, ob Produktinnovationen ohne Prozeßerneuerungen möglich sind.[72] Der berechtigte Einwand kann die Nützlichkeit dieser Unterscheidung aber nicht in Abrede stellen, da der Umkehrschluß nicht gleichermaßen zutrifft. Sehr wohl sind Prozeßerneuerungen ohne Produkt- und Technologieerneuerung denk- und beobachtbar.[73]

Das Innovationsergebnis läßt sich darüber hinaus aus der Perspektive des Neuigkeitsgrades eines Produktes oder Verfahrens differenzieren. Dabei bewegt sich das Neuigkeitsniveau auf einem Kontinuum zwischen den Extrempolen einer inkrementellen, d. h. geringfügigen, und einer fundamentalen Abweichung von den bisherigen Outputs oder Verfahren. Auch hier erweist sich die Klassifikation einer Innovation als inkrementell oder radikal im praktischen Einzelfall meist als schwierig, da es zur Gewinnung operationaler und objektiver Meßkriterien an allgemein akzeptierten Methoden mangelt.[74] Trotz dieser Schwierigkeit herrscht in der Literatur Übereinstimmung darin, daß radikale Innovationen, die zeitweise auch Basis- oder Pionierinnovationen genannt werden, weit seltener als Verbesserungs- oder Routineinnovationen sind.[75]

1.2.2.2 Größenbezogener Innovationsbeitrag

Die keineswegs eindeutige Beschreibung des Innovationsprozesses durch Schumpeter brachte der Nachwelt lange, kontroverse Diskussionen darüber ein, unter welchen Bedingungen und in welchem Ausmaß das Neue das Licht der Welt erblickt. Eine zentrale Hypothese, die sich aus der Debatte herauskristallisierte, postuliert einen Zusammenhang zwischen Unternehmensgröße und Innovationstätigkeit.[76] Nach dieser sind große Unternehmen innovativer als kleine und leisten entsprechend einen größeren Beitrag zum technischen Fortschritt.[77]

---

71 Vgl. Malecki, 1997, S. 53. Eine Diskussion zur Häufigkeitsverteilung der beiden Arten findet sich bei Cooke/Boekholt/Tödtling, 2000, S. 56.

72 Vgl. Neumann, 2001, S. 9.

73 Exemplarisch sei an die Geschäftsmodelle der Firmen Dell und Walmart erinnert.

74 Für eine weiterführende Diskussion zu den theoretischen und empirischen Schwierigkeiten bei der Bestimmung des Innovationsgrades siehe Gerpott, 1999, S. 43 oder Hauschildt, 2004, S. 14ff.

75 Vgl. Tödtling, 1990, S. 20 und Gerpott, 1999, S. 43 oder Vogel, 2000, S. 42.

76 Nach einer zweiten Hypothese erweitern „monopolistische Praktiken" die Innovationsmöglichkeiten; d.h. Neuerungen und technische Entwicklung werden durch Marktmacht begünstigt. Beide Thesen, die auch als Neo-Schumpeter-Hypothesen bezeichnet werden, sind prinzipiell unabhängig, weil die bloße Unternehmensgröße nicht uneingeschränkt mit der Anwendung monopolistischer Praktiken gleichgesetzt

Diese Vermutung verdankt ihre Existenz der Beobachtung, daß die Zeiten, in denen Erfindungen auf geringem FuE-Aufwand basieren, unwiderruflich vorbei zu sein scheinen.[78] Insofern können technologische Entwicklungen nur noch unter Einsatz sehr aufwendiger, teurer Methoden oder Verfahren erzielt werden. Die hierfür notwendigen Ressourcen aufzubringen, gelingt nur Großunternehmen.[79]

Der Innovationsvorteil großer Unternehmen beruht dabei nicht allein auf dem größeren Finanzierungspotential. Großunternehmen, die über ein Portfolio an FuE-Projekten verfügen, können auch besser als kleine Unternehmen das mit der Innovationstätigkeit verbundene Risiko streuen.[80] Weitere Vorteile ergeben sich für große Einheiten sowohl bei der Generierung als auch bei der Vermarktung neuer Ideen, indem sie Skalen- und Verbundeffekte ausschöpfen. Diesen, für die Neo-Schumpeter-These sprechenden Argumente, werden jedoch andere entgegengebracht, die Zweifel an der postulierten Vorteilhaftigkeit schierer Größe für die Innovationsausbringung säen. Eine zunehmende Unternehmensgröße wird beispielsweise oft von einer anwachsenden Bürokratie (X-Ineffizienz im Sinne Leibensteins)[81] und einer starken Hierarchisierung begleitet, die beide für sich genommen oder gemeinsam zu verlängerten innerbetrieblichen Entscheidungsprozessen führen. Dies wiederum kann die unternehmerische Flexibilität und Kreativität beeinträchtigen. Mit zunehmender Organisationsgröße wächst dem-

werden kann und darf. In diesem Zusammenhang sei noch einmal auf die Ausführungen zum *Gesetz von Gibrat* in Abschnitt 1.2.1 verwiesen. Eine eingehende Abhandlung der in der Literatur weitaus intensiver geführten Diskussion um die Bedeutung der Marktmacht im Hinblick auf das Innovationsverhalten der Akteure würde den Rahmen dieser Arbeit sprengen. Einstweilen läßt sich aus den entsprechenden Studien das Fazit ziehen, daß die Theorie keine eindeutigen Aussagen liefert, welcher Effekt von Marktmacht beziehungsweise einer dominierenden Marktstellung auf die Innovationstätigkeit ausgeht. Die Vorstellung Schumpeters, eine ex-ante Marktmacht sei für das Innovieren eine notwendige Voraussetzung, ist aufgrund theoretischer Überlegungen allerdings nicht haltbar. Darüber hinaus erlauben die vorliegenden empirischen Ergebnisse den vorläufigen Schluß, daß die hemmenden Einflüsse der Marktmacht zu dominieren scheinen. Ausführliche Darstellungen zu dieser zweiten These finden sich bei Schwitalla, 1993, S. 20ff. oder Weigand, 1996, S. 46ff.

77 Die Urheberschaft der Größen-Hypothese wird Galbraith zugeschrieben. Vgl. Schwitalla, 1993, S. 7f.

78 „Most of the cheap and simple inventions have, to put it bluntly and unpersuasively, been made." Galbraith, 1956, S. 86.

79 „... because development is costly, it follows that it can be carried on only by a firm that has the resources associated with considerable size." Galbraith, 1956, S. 87.

80 Vgl. Galbraith, 1956, S. 86.

81 Vgl. Leibenstein, 1966, S. 397ff. und Leibenstein, 1969, S. 614ff.

nach die Gefahr, daß größenspezifische Nachteile das Innovieren lähmen.[82] Demzufolge läßt sich auf Basis der vorgebrachten Argumente a priori nicht bestimmen, ob Großunternehmen für die Durchsetzung neuer Kombinationen Vorteile gegenüber kleineren Wirtschaftseinheiten besitzen.

Daher haben verschiedene Autoren versucht, die Unternehmensgrößen-Hypothese empirisch zu unterstützen. Aus den Ergebnissen dieser Arbeiten läßt sich allerdings die behauptete Dominanz von Großunternehmen bei der Erzeugung von Neuerungen nicht erhärten.[83] Vielmehr deuten neuere Studien darauf hin, daß kleine und große Unternehmen komplementäre Aufgaben im realen Innovationsprozeß übernehmen. Dieser ist demnach von einer Arbeitsteilung unter den verschiedenen Größentypen geprägt.[84] Hierbei schöpfen kleine Unternehmen ihre spezifischen Vorteile bei der Erschließung neuer Technologiefelder aus. Ihre allgemein höhere Kreativität und Flexibilität befähigt sie maßgeblich beim Hervorbringen bahnbrechender Innovationen.[85] Große Unternehmen hingegen erweisen sich in der Nutzung von Lernkurveneffekten als führend. Ergo erbringen sie vor allem inkrementelle Produktverbesserungen und nehmen – naturgemäß – eine starke Stellung bei der Automatisierung von Prozessen ein. Nicht zuletzt wird ihnen bei der systematischen Ausbeutung bekannter Technologien eine wichtige Rolle zuteil: Dort können sie ihre Stärken ausspielen, die in der Kommerzialisierung erfolgsversprechender „Rohinnovationen" liegen, welche sie von unabhängigen und kleinen Unternehmen (etwa durch Kauf des innovativen Kleinunternehmens) häufig übernehmen.[86]

Im Hinblick auf das Untersuchungsziel der vorliegenden Arbeit lassen sich aus den empirischen Studien zur Unternehmensgrößen-Hypothese folgende Schlüsse ziehen: erstens, daß kleine und große Unternehmen unterschiedliche Rollen im Rahmen des technologischen Fortschritts erfüllen. Beide Größentypen haben damit für die marktwirtschaftliche Entwicklung gleichermaßen Bedeutung.[87] Zweitens läßt sich ableiten, daß die tendenziell großen transnationalen Konzerne aus eigener Kraft eher inkrementelle Innovationen hervorbringen,[88]

---

82 Vgl. Weigand, 1996, S. 97.

83 Vgl. etwa Geiling, 1982, S. 247f. und Weigand, 1996, S. 97. Einige empirische Arbeiten bringen zutage, daß kleine Firmen mehr Produktinnovationen in Relation zu ihrer Umsatzgröße aufweisen als große Unternehmen. Daher wird gelegentlich sogar geschlossen, kleine Betriebe seien die innovativeren. Vgl. Link/Rees, 1990, S. 25ff.

84 Vgl. Bhidé, 2000, S. 337 oder Weigand, 1996, S. 45. Vgl. auch Almeida/Kogut, 1997, S. 21.

85 Vgl. Zahn, 1988, S. 54 und Baumol, 2002, S. 21.

86 Vgl. Weigand, 1996, S. 45f.

87 Vgl. Weigand, 1996, S. 97.

88 Eine ausführliche Erörterung, warum transnationale Konzerne mehrheitlich groß sind, und kleine und mittlere Unternehmen sich für Handelsbeziehungen (Im- und Export)

während bahnbrechende Erneuerungen häufiger über die in aller Regel relativ kleinen, unabhängigen Gründungsunternehmen das Licht der Welt erblicken werden.[89]

1.2.3 Weitere Aufgaben von Gründungsunternehmen

Die Innovationstätigkeit, die im Mittelpunkt der vorausgegangen Diskussion stand, darf nicht als die einzige Funktion des Unternehmers (miß)verstanden werden, wenngleich sie in Politik und Wissenschaft gerade im Kontext von Gründungen die größte Aufmerksamkeit genießt. Es besteht heute in der Literatur breiter Konsens darüber, daß auch das Erkennen von Opportunitäten sowie die Übernahme von Unsicherheit und Koordination zu den Aufgaben des Unternehmers beziehungsweise Gründers gehören.[90] Das besondere Wesen jeder Funktion wurde wissenschaftlich im Rahmen eines eigenen Unternehmerkonzepts detailliert herausgearbeitet, deren Kernaspekte im Folgenden erläutert werden. Dabei rechtfertigt sich eine äußerst knappe Darstellung der zentralen Gedanken dieser Konzepte dadurch, daß bei diesen drei Aufgaben keine differenzierte Diskussion wie bei der Innovationsfunktion nach Alter und Größe erfolgen muß: Unterneh-

---

mit dem Ausland anstatt für Direktinvestition entscheiden, findet sich bei Buckley, 1989, S. 89ff. Ein wichtiges Argument, das bei kleinen und mittleren Unternehmen für den Handel spricht, besteht in der Knappheit an Managementkapazitäten.

89 Um Mißverständnissen vorzubeugen, sei bemerkt, daß die Vorteile kleiner Gründungsunternehmen bei der Markteinführung bahnbrechender Erneuerungen prinzipiell nicht ausschließt, daß deren formelle Geburtsstunde in Großunternehmen liegen kann. Ein relativ prominentes Beispiel hierfür dürfte etwa die Firma SAP sein, deren Gründer bei IBM beschäftigt waren bevor sie sich mit einer dort entstandenen Softwareidee selbständig machten. Dieser sogenannte Brutkasteneffekt großer Unternehmen wird weiter unten noch ausführlich diskutiert.

90 Hébert und Link haben die verschiedenen Auffassungen der Ökonomen zur Funktion des Unternehmers in einem umfangreichen Literaturstudium zusammengetragen und entdecken ausgehend von Cantillon (ca. 1680 bis 1734) insgesamt zwölf Aufgaben. Die Autoren trennen hierbei zwischen statischen und dynamischen Konzepten und verdichten die dynamischen Ansätze zu drei Kernaufgaben: die Durchsetzung von Innovation am Markt, die Übernahme von Unsicherheit und das Entdecken von Opportunitäten. Indem Hébert und Link die statischen Ansätze aus ihrer Analyse ausklammern, machen sie deutlich, daß es sich beim Unternehmer nicht um eine gesellschaftliche Stellung wie dem Eigentum an einem Unternehmen geht. Vgl. Hébert/Link, 1989, S. 41ff. Breite Übereinstimmung besteht in der Literatur heute, daß zu den drei genannten dynamischen Unternehmerfunktionen noch eine weitere gehört: die Koordination von Ressourcen. Vgl. etwa Ripsas, 1997, S. 13ff. oder Brüderl/Preisendörfer/Ziegler, 1996, S. 22ff.

men und Unternehmer können und werden allein durch ihre Teilnahme an der Marktwirtschaft diese Funktionen mehr oder weniger erfüllen.

Den Koordinationsaspekt unternehmerischer Tätigkeit hat in jüngerer Zeit insbesondere Casson betont.[91] Er betrachtet dabei die Koordination als Ergebnis planvoller Entscheidungen, denen wiederum die Gewinnung und Verarbeitung von Informationen vorausgeht.[92] Mit seiner koordinierenden Tätigkeit trägt der Unternehmer zur ökonomischen Wertsteigerung bei; denn erst durch seine Entscheidungen wird die Allokation knapper Ressourcen verbessert. Infolge unvollkommener Information muß es sich bei der Koordinationstätigkeit beziehungsweise der damit verbundenen Reallokation der Mittel um eine dynamische Aufgabe handeln. Insofern versteht auch Casson den Unternehmer als Agenten des Wandels.[93] Der gesellschaftliche Bedarf an der unternehmerischen Leistung des Agenten wird erst in dem faktisch auszuschließenden Moment versiegen, in dem keine neuen Informationen verfügbar werden, die Koordinationsopportunitäten hervorbringen.[94]

An der „heroischen" Informationsannahme der Neoklassik, wonach alle Marktteilnehmer zu jedem Zeitpunkt vollständig informiert sind, setzen auch die Kritik und das Unternehmerkonzept von Knight an.[95] Angesichts der Tatsache, daß unvollständige Informationen und Ungewißheit bedeutende Elemente des realen Wirtschaftslebens sind, bedarf es nach Knight eines Akteurs, der die Bewältigung der Ungewißheit auf sich nimmt. Wenngleich Knight nicht der erste war, der den Aspekt der Unsicherheit in die Literatur eingebracht hatte,[96] so gebührt ihm unumstritten das Verdienst, im Rahmen seiner Unternehmerkonzeption den Unterschied von Ungewißheit und Risiko herausgearbeitet zu haben.[97] Letzteres kann auf Basis bekannter Wahrscheinlichkeiten prinzipiell versichert und

91 Casson war nicht der erste, der die Koordinations- und Allokationsfunktion des Unternehmers erwähnt hat. Vgl. Hébert/Link, 1989, S. 41. Allerdings gebührt Casson das Verdienst, diesen Aspekt detailliert im Rahmen einer Monographie (1982) beleuchtet zu haben. Im Folgenden wird aus der unveränderten Neuauflage dieses Werkes (2003) zitiert.

92 Vgl. Casson, 2003, S. 25.

93 Vgl. Casson, 2003, S. 21.

94 Vgl. Casson, 2003, S. 22.

95 Vgl. Knight, 1971, S. 17ff.

96 Dieses Element unternehmerischer Tätigkeit wird bereits mit Cantillon (ca. 1680 bis 1734) in Verbindung gebracht. Vgl. hierzu Hébert/Link, 1989, S. 41.

97 Vgl. Knight, 1971, S. 19f. und S. 197ff. Ansetzend an dieser Systematik von Knight wird im Deutschen „Unsicherheit" als Oberbegriff für die darunter subsumierten Entscheidungssituationen „Risiko" und „Ungewißheit" betrachtet. Vgl. etwa Oehler/Unser, 2001, S. 10f.

damit in Kosten umgewandelt werden.[98] Bei Ungewißheit muß der Ausgang von Ereignissen aufgrund unbekannter Wahrscheinlichkeiten hingegen völlig offenbleiben.[99] Die Leistung des Unternehmers beruht infolgedessen nicht in der Übernahme von versicherbarem Risiko, sondern im Handeln unter Ungewißheit.[100] Warum und wie der unternehmerische Prozeß beginnt, läßt Knight in seinem Konzept allerdings offen.[101]

Diesen prozessualen Aspekt rückt hingegen Kirzner mit seinem *reinen Unternehmer* in den Vordergrund.[102] Ausgangspunkt dieses Unternehmerkonzepts ist die Zurückweisung der neoklassischen Vorstellung von Marktgleichgewichten, die Kirzner infolgedessen durch die Annahme von Marktungleichgewichten ersetzt.[103] Da Konsumenten in unbereinigten Märkten überzogene Preise abverlangt werden und ein Teil der Unternehmen hohe Gewinne erwirtschaften, entsteht für findige Unternehmer ein Anreiz, die bestehenden Opportunitäten auszunutzen.[104] Kirzner begreift daher den Unternehmer als entdeckenden „Entscheidungsträger ..., der *ohne irgendwelche Mittel* beginnt."[105] Die primäre Aufgabe

---

98 Vgl. Knight, 1971, S. 20 und S. 233ff.

99 Vgl. Knight, 1971, S. 233.

100 Entsprechend versteht Knight den unternehmerischen Profit als Residuum, welches dem Unternehmer für seine Bereitschaft zur Absorption von Ungewißheit zufließt. Vgl. Knight, 1971, S. 264ff. Auch Schumpeter verstand das unternehmerische Einkommen als „Kostenüberschuß", das sich nach Abzug von Löhnen, Bodenrente und Kapitalzins vom Umsatz ergibt. Vgl. Schumpeter, 1912, S. 278ff. Im Gegensatz zu Knight unterschied Schumpeter allerdings zwischen dem Ressourcenbesitzer und seinem Unternehmer, also dem Innovator. Denn für dessen Funktion ist es nach Ansicht Schumpeters nicht wesentlich, ob er materielles Vermögen einbringt oder nicht. Insofern trägt der Innovator nur dann ein Risiko, wenn er *zugleich* die Funktion des Kapitalisten einnimmt. Vgl. Schumpeter, 1912, S. 199ff.

101 Vgl. Ripsas, 1998, S. 106.

102 Vgl. Kirzner, 1978, S. 32f.

103 Vgl. Kirzner, 1978, S. 1. Indem Kirzner die Existenz von Marktgleichgewichten verneint, setzt seine Kritik an der Orthodoxie gleichsam eine Stufe höher an als die von Knight und Casson, die sich „nur" an der neoklassischen Informationsannahme stoßen.

104 Vgl. Kirzner, 1978, S. 33.

105 Kirzner, 1978, S. 32 (im Original kursiv). Insofern wird deutlich, daß Kirzner wie Schumpeter strikt zwischen Unternehmer und Kapitalist unterscheidet. Kirzner weist aber explizit auf die Unterschiede zwischen seinem Unternehmerkonzept und dem von Schumpeter hin. So fühlt sich Kirzner „veranlaßt ..., eine gewisse Unzufriedenheit über die dem Unternehmer in *Schumpeters* System zugewiesene Rolle auszudrücken. ... [denn] in einer wichtigen Hinsicht ... unterscheidet sich ... *Schumpeters* Betrachtungsweise von meiner. *Schumpeters* Unternehmer handelt, um ein bestehendes Gleichgewicht zu *zerstören*." Kirzner, 1978, S. 58 (im Original kursiv). Daß die Konzepte von Kirzner und Schumpeter ohne große Schwierigkeiten integrierbar sind, zeigt etwa Holcombe, 1998, S. 56ff.

des Unternehmers ruht demnach auf dem kreativen Entdeckungsakt, der in einer Welt unvollkommenen Wissens die aufmerksame Beobachtung der Marktpreise voraussetzt.[106] Allein die Fähigkeit, ungenutzte Profitchancen zu erkennen und auf der Basis dieser Wahrnehmung entsprechend zu handeln, bedeutet nach Kirzner unternehmerisch tätig zu sein.[107] Insofern besteht unternehmerisches Verhalten bereits in der Ausnutzung von Arbitragegelegenheiten. Durch sein Agieren bewirkt der *reine Unternehmer* gleichgewichtsbildende Veränderungen. Das heißt, durch den Unternehmer nähern sich die real beobachtbaren Preise den hypothetischen Gleichgewichtspreisen an, ohne daß diese infolge bestehender Informationsasymmetrien jemals erreicht werden.[108]

1.3 Zusammenfassung

Die einleitenden Ausführungen haben gezeigt, daß Gründungsunternehmen in einer Welt unvollkommener Informationen verschiedene Aufgaben erfüllen, die für das Funktionieren des Wirtschaftsprozesses wesentlich sind. Wie jede etablierte Firma unterstützen neue Unternehmen die Koordination knapper Ressourcen, übernehmen Unsicherheit oder identifizieren neue Geschäftsgelegenheiten. Da sich diese unternehmerischen Tätigkeiten nicht gegenseitig ausschließen, können (Gründungs-)Unternehmen grundsätzlich alle diese Funktionen gleichzeitig wahrnehmen. Diese Feststellung betrifft ohne Einschränkungen auch das Innovieren, der vierten wesentlichen Aufgabe von Unternehmen.

Hinsichtlich der Innovationstätigkeit läßt sich allerdings ein bedeutsamer Unterschied zwischen den mehrheitlich kleinen originären Gründungen und im Markt etablierten Unternehmen konstatieren. Während große bestehende Unternehmen ihre Stärken bei der Diffusion von Innovationen und der Entwicklung inkrementeller Neuerungen haben,[109] weisen kleine Gründungsunternehmen wegen

106 Vgl. Kirzner, 1978, S. 29ff.

107 Vgl. Kirzner, 1978, S. 11 und S. 59.

108 Vgl. Kirzner, 1978, S. 59.

109 Es sei bemerkt, daß in der Literatur die Diffusion von Neuerungen Bestandteil der Innovation in ihrer weitesten prozessualen Begriffsabgrenzung ist. In der engen Auslegung begrenzt sich der Innovationsprozeß auf die Phase zwischen dem Erfindungsakt und der erstmaligen Markteinführung des neuen Produktes oder der erstmaligen innerbetrieblichen Einführung neuer Prozesse. Diese sehr enge Interpretation geht auf Schumpeter zurück, der gerade in den vielschichtigen Aktivitäten bis zur marktwirtschaftlichen Verwertung einer Neuheit den „schöpferischen Zerstörungsakt" sieht. Werden die vorgelagerten Inventionstätigkeiten, d.h. insbesondere Forschung und Entwicklung, in den Innovationsprozeß einbezogen, spricht man

ihrer hohen Flexibilität Vorteile bei der Durchsetzung fundamentaler Produkterneuerungen auf. Infolgedessen üben innovative Gründungsunternehmen vielfach eine komplementäre Aufgabe zu marktetablierten Firmen aus. Angesichts der Tatsache, daß der technische Fortschritt, der auf der Innovationstätigkeit beruht,[110] eine wesentliche Voraussetzung für das Wirtschaftswachstum und die internationale Wettbewerbsfähigkeit bildet, kommt der Gründungsaktivität damit eine Schlüsselfunktion in jeder Raumwirtschaft zu. Vor diesem Hintergrund erklärt sich der hohe Stellenwert, den die Entstehung neuer Unternehmen in Wissenschaft und Politik genießt.[111]

Der populären Vorstellung, Gründungen seien Garanten neuer Arbeitsplätze, ist allerdings äußerst vorsichtig zu begegnen. Empirische Untersuchungen belegen eindeutig, daß auf Basis eines Kalenderjahres von bestehenden Unternehmen erheblich mehr neue Beschäftigungsverhältnisse geschaffen werden als von neu gegründeten.

Auch unter Einbezug einer dynamischen Perspektive ist hinsichtlich der *direkten* Beschäftigungseffekte von Gründungen differenziert zu argumentieren; denn aus Kohortenanalysen ergibt sich der Aufschluß, daß ein Gründerjahrgang – ungeachtet aller sektoralen Besonderheiten – nach einem Zeitraum von knapp zehn Jahren per saldo keine weiteren Arbeitsplätze bereitstellt als zum Ausgangszeitpunkt. Dieses vielleicht ernüchternde Bild bedarf des ergänzenden Hinweises, daß der „neutrale Gesamteffekt" auf einer dynamischen Entwicklung innerhalb der Gruppe neu formierter Unternehmen basiert. Während die Anzahl geschaffener Arbeitsplätze beim Großteil der überlebenden Kohortenmitglieder gegenüber dem Gründungszeitraum praktisch unverändert bleibt, verzeichnen einige auserlesene Unternehmen so starke Zuwächse, daß damit die Beschäftigungsverluste (weitgehend) kompensiert werden, die sich durch den zwischenzeitlichen Marktaustritt zahlreicher Kohortenmitglieder ergeben haben.

---

von Innovationen im erweiterten Sinne. Vgl. Gerpott, 1999, S. 49ff. und Vogel, 2000, S. 43.

110 Technischer Fortschritt wird als die umfassendste Fortschrittsart im Innovationsprozeß verstanden, bei dem es zu einer Zunahme von technischem Wissen und Know-how kommt. Vielfach werden die Begriffe technischer oder technologischer Wandel und technischer Fortschritt synonym benutzt. Vgl. hierzu Vogel, 2000, S. 52.

111 Vgl. etwa Koschatzky, 2003, S. 122ff. In der Literatur spiegelt sich die zunehmende Akzeptanz hinsichtlich der Wachstumsbedeutung der Gründungsaktivität etwa in den Bemühungen wider, den Faktor „Entrepreneurship" als weitere Determinante in Modelle der endogenen Wachstumstheorie zu integrieren. Vgl. etwa Audretsch/Keilbach, 2002, S. 1ff. und Carree/Thurik, 2003, S. 447ff. oder van Stel/Carree/Thurik, 2004, S. 6ff. Zur Wachstumsbedeutung der Gründungsaktivität siehe auch Holcombe, 1998, S. 59f.

Erfreuliche Signale senden allerdings jüngere Forschungsergebnisse aus: Diesen zufolge beginnt der typische Gründerjahrgang einen positiven Beschäftigungseffekt nach sechs bis sieben Jahren zu entfalten, wenn seine *indirekten* Arbeitsplatzimpulse einbezogen werden.

Nach diesen grundlegenden Aspekten zu Unternehmensgründungen kann sich die Diskussion nun den Faktoren zuwenden, die für die Herausbildung neuer Unternehmen bestimmend sind.

2 Gründungsdeterminanten

Der Vielschichtigkeit des Untersuchungsgegenstandes ist es geschuldet, daß sich neben den Wirtschaftswissenschaften weitere Forschungszweige mit Unternehmensgründungen beschäftigen, wie etwa Psychologie und Soziologie.

Um nicht Gefahr zu laufen, den Blick auf die Untersuchungsmaterie durch den Fokus auf rein ökonomische Faktoren zu verkürzen, wird zunächst auf häufig genannte soziodemographische Bestimmungsgrößen von Unternehmensgründungen eingegangen (Abschnitt 2.1). Anschließend wendet sich die Diskussion intensiv den ökonomischen Determinanten zu (Abschnitt 2.2). Mit einer Zusammenfassung der zentralen Erkenntnisse aus den ersten beiden Abschnitten endet das Kapitel (Abschnitt 2.3).

2.1 Soziodemographische Faktoren

Soziodemographische Größen wie die Altersstruktur, das Bevölkerungswachstum, der Partizipationsanteil der Frauen an der Erwerbsbevölkerung oder der Immigrantenanteil werden in der Literatur auf ihre Bedeutsamkeit für das Gründungsverhalten untersucht.

Empirische Studien, die den Einfluß des Alters auf die Gründungsaktivität analysieren, zeigen einhellig, daß diese unter den 25- bis 45jährigen am höchsten ist. Dieses Resultat, das sich unabhängig vom Einkommensniveau der untersuchten Länder ergibt,[112] impliziert, daß jeder Wandel in der Bevölkerungsstruktur ceteris paribus von einer veränderten Gründungsintensität begleitet wird. Für die westeuropäischen Industriestaaten beispielsweise dürfte vor diesem Hintergrund zu erwarten sein, daß mit der momentan beobachtbaren „Vergreisung" der Bevölkerung parallel eine schleichende Abnahme an Neugründungen einhergeht. Umgekehrt darf mit einem entsprechend zeitversetzten Anstieg der gründerischen Aktivität gerade in denjenigen Entwicklungs- und Schwellenländern gerechnet werden, in denen sich die Fertilitätsrate in der jüngeren Vergangenheit erhöht hat.

---

112 Vgl. Acs et al., 2004, S. 26; vgl. Verheul, 2001, S. 28; vgl. Reynolds, 1997, S. 461 oder Reynolds/Miller/Maki, 1995, S. 390.

Arbeiten, welche die Bedeutung der weiblichen Partizipationsrate an der Erwerbstätigkeit als Determinante für die Gründungsaktivität untersucht haben, kommen zu unterschiedlichen Ergebnissen, aus denen keine eindeutigen Schlußfolgerungen gezogen werden können.[113] Ähnlich unklar ist, wie weit der Anteil an Immigranten das Gründungsverhalten einer Wirtschaft verändert. So wird einerseits angenommen, die Gründungsneigung sei unter Einwanderern wegen einer ausgeprägten Risikobereitschaft höher als unter der heimischen Bevölkerung. Denn das Gründen eines Unternehmens ist ähnlich wie das Migrieren mit der Bereitschaft zur Übernahme von Risiken verbunden. Die hohe Wagnisbereitschaft von Einwanderern kann noch durch deren Diskriminierung am Arbeitsmarkt gegenüber lokalen Erwerbsfähigen verstärkt werden.[114] Andererseits ist offensichtlich, daß in vielen Fällen die Gründungshürden für Immigranten höher sind als für die heimische Bevölkerung, etwa wegen der Sprache oder der geringeren Kenntnis der lokalen Marktanforderungen, insbesondere der Kundenpräferenzen.[115] Insofern bleibt das spezifische Gründungsverhalten von Einwanderern theoretisch unbestimmt. Auch entsprechende empirische Studien erlauben keine eindeutigen Schlüsse.[116] Dies gilt nicht zuletzt deshalb, weil alle diese Arbeiten aus methodischen Gründen problembehaftet sind. Denn die durchgeführten Untersuchungen beschränken sich bislang fallbezogen auf ausgewählte ethnische Minderheiten. Beispielsweise analysiert Basu die Bedeutung von Gründungsdeterminanten ausschließlich für in Großbritannien lebende Asiaten.[117] Dadurch läßt sich nicht gänzlich ausschließen, daß das Ergebnis infolge der Stichprobenwahl nur eingeschränkte Repräsentativität beanspruchen kann. Schließlich könnte sich die analysierte Gruppe durch einen überdurchschnittlich hohen Anteil an Immigranten mit Englischkenntnissen, etwa Indern, auszeichnen.

Um den Untersuchungsgegenstand im Fokus zu behalten, wird von einer weiteren Diskussion über die Gründungsbedeutung soziodemographischer Faktoren abgesehen. Dieser Verzicht rechtfertigt sich aus drei Gründen: Erstens kom-

113 Vgl. Acs et al., 2004, S. 27f. und vgl. Verheul, 2001, S. 30f. Eine Zusammenstellung von Studien, in denen die Variable „Geschlecht“ auf ihre Gründungsbedeutung hin getestet und überwiegend als insignifikant identifiziert wurde, findet sich auch bei Storey, 1994, S. 65.

114 Vgl. Basu, 1998, S. 314.

115 Vgl. Acs et al., 2004, S. 29 und vgl. Basu, 1998, S. 314f. Florio macht noch auf eine weitere, für die meisten Immigranten erst mittelfristig überwindbare Schwierigkeit aufmerksam: das fehlende Netzwerk im Einwanderungsland. Vgl. Florio, 1996, S. 285.

116 Ein Überblick zu Studien mit Fokus auf Gründern ethnischer Minderheiten und/oder Migranten siehe Storey, 1994, S. 64ff. oder Brüderl/Preisendörfer, 1998, S. 215.

117 Vgl. Basu, 1998, S. 313ff.

men neuere Studien eindeutig zu der Erkenntnis, daß es den typischen Unternehmensgründer im soziodemographischen Sinne genauso wenig gibt wie die erhoffte kleine, aber klare Palette an Gründungsmotiven.[118] Insofern muß letztlich auch der Wunsch, das Bild eines typischen Gründers mittels statischer Persönlichkeitsmerkmale zu zeichnen, als gescheitert betrachtet werden.[119] Daher können selbst ausgewählte soziodemographische Aspekte wie die Altersstruktur allenfalls komplementären Charakter zur Erklärung regional variierender Gründungstätigkeit erlangen.[120]

Zweitens spricht gegen eine intensivere Abhandlung dieser nicht-ökonomischen Faktoren, daß die Demographie eines Landes oder einer Region in aller Regel einem langsamen Wandel unterliegt, auf den die Wirtschaftspolitik nur bedingt Einfluß nehmen kann. Aus diesem Grunde leitet sich drittens ab, daß zwischen dem Zustrom ausländischer Direktinvestitionen und einer Änderung der soziodemographischen Zusammensetzung der Bevölkerung in der Zielregion – wie etwa dem Geschlechteranteil oder der Altersgruppenstruktur – schwerlich ein kausal enges Verhältnis entdeckt werden kann.[121]

2.2 Ökonomische Bestimmungsfaktoren von Gründungen

In der volkswirtschaftlichen Literatur fehlt ein Theoriestrang, unter dessen Dach gründungsrelevante Aspekte systematisch erfaßt sind. Insofern lassen sich Determinanten von Unternehmensgründungen auch in drei ökonomischen Teildisziplinen entdecken. Diese werden nachfolgend mit ihren entsprechend vorgebrachten Argumenten beleuchtet.

Dabei wird zunächst das Augenmerk auf die neoklassische Wettbewerbstheorie gerichtet, in der sich Überlegungen zu den Voraussetzungen von Marktein-

118 Vgl. zu den Gründungsmotiven auch die Ausführungen in den Grundlagen.

119 Vgl. Ripsas, 1997, S. 181f.

120 Auch hinsichtlich der Analyse von Faktoren des Gründungserfolgs „läßt sich die Empfehlung herleiten, auf solche [soziodemographische] Merkmale nur in Ausnahmefällen und mit Vorsicht zurückzugreifen." Brüderl/Preisendörfer/Ziegler, 1996, S. 42.

121 Die Möglichkeit, daß der Zustrom ausländischer Direktinvestitionen die Auswanderung von Humankapital eindämmen und hierüber die Bevölkerungsstruktur in der Zielregion verändern kann, wird weiter unten – im dritten Teil – noch diskutiert. Übersehen werden darf natürlich nicht, daß *umgekehrt* eine überalterte Gesellschaft ausländische Investoren abschrecken könnte. Der Blick auf die demographische Entwicklung in den (west-)europäischen Ländern sowie die Anteile (West-)Europas an allen weltweit einströmenden Direktinvestitionen deutet aber darauf hin, daß dieses Phänomen bis auf weiteres wohl nur von theoretischer Natur ist.

tritten finden. Sektorale Produktionsbedingungen und Gewinnaussichten stehen hier im Mittelpunkt der Analyse (Abschnitt 2.2.1). Mit der Entscheidung zum Eintritt in die Selbständigkeit setzt sich dagegen die Arbeitsmarkttheorie auseinander, der sich im Anschluß zugewendet wird (Abschnitt 2.2.2). Schließlich werden verschiedene raumstrukturelle Bestimmungsfaktoren erörtert, die über die Literatur zur regionalen Wirtschaftspolitik verstreut sind (Abschnitt 2.2.3).

2.2.1 Branchenspezifische Determinanten

Ausgangspunkt der Modelle zu branchenspezifischen Gründungsfaktoren ist die mikroökonomische Wettbewerbstheorie. Den Überlegungen liegt die Erkenntnis zum gewinnmaximierenden Verhalten bestehender Anbieter in oligopolistischen Märkten zugrunde.[122] Wie sich hier zeigt, sollten Oligopolisten keine kurzfristige Gewinnmaximierung betreiben. Vielmehr sind sie gut beraten, wenn sie sich bei ihrer Preisstrategie von einem längerfristigen Kalkül leiten lassen. Nutzten die etablierten Unternehmen nämlich ihre Marktposition, um die Preissetzungsspielräume zur kurzfristigen Gewinnmaximierung vollständig auszuschöpfen, so lockte dies unweigerlich neue Rivalen an. Eine Gewinnerosion bei den Oligopolisten wäre in den Folgeperioden die Konsequenz.

Maximieren die oligopolistischen Anbieter ihren Gewinn hingegen über eine längere Periode unter Berücksichtigung der Möglichkeit des Auftretens neuer Unternehmen, dann wählen sie einen Absatzpreis, der eine gewisse Schwelle („Eintrittssperre") nicht überschreitet. Bei diesem Eintrittssperrenpreis erzielen die Oligopolisten einen Grenzerlös, der ihre Durchschnittskosten weiterhin übersteigt und der zugleich den Marktzugang für potentielle Konkurrenten unattraktiv macht. Denn kein neu in den Markt eintretender Produzent kann bei diesem, von den Etablierten gesetzten Gleichgewichtspreis einen Gewinn erzielen, egal für welche Kapazitätsauslastung sich der potentielle Anbieter entscheiden mag.

Die Möglichkeit der strategischen Preissetzung eröffnet sich existierenden Unternehmen insbesondere in Industrien, in denen die Kostenstruktur potentieller Wettbewerber aufgrund einer einzigen, auf Skaleneffekten basierenden Produktionstechnologie vollständig transparent ist. Dabei wird das Potential an Skaleneffekten – bekanntermaßen – von der Höhe des Fixkostenblocks bestimmt. Denn bei Fixkosten sinken mit jeder zusätzlichen Ausbringungseinheit die Durchschnittskosten weiter. Infolgedessen können bestehende Anbieter bei Technologien mit sehr hohen Fixkosten drohen, die Produktionsmenge bei Ein-

122 Diese Frage nach dem strategischen Verhalten von Oligopolisten wurde erstmal von Sylos-Labini formuliert. Vgl. Sylos-Labini, 1962, S. 40ff.

tritt neuer Wettbewerber auszudehnen und mit den Neulingen einen „Preiskrieg“ führen zu wollen. Allein diese latente Drohung kann dazu führen, daß Markteintrittsaspiranten von einem Engagement absehen, weil die für sie verbleibende Absatzmenge niedriger ist als es die minimal effiziente Größe verlangt.

Die Ausführungen verdeutlichen, daß etablierte Produzenten durch strategisches Verhalten den Eintritt weiterer Unternehmen in oligopolistischen Märkten verhindern können.[123]

2.2.1.1 Wettbewerbsökonomisches Markteintrittsmodell

Aus den Rückschlüssen zum Eintrittssperrenpreis formulierte Orr im Jahre 1974 ein explizites Markteintrittsmodell. Grundannahme seines Ansatzes ist, daß in einen Markt so lange weitere Unternehmen eintreten, bis dort alle Gewinnmöglichkeiten ausgeschöpft sind. Dieser Punkt ist aus Sicht potentieller Eintrittskandidaten erreicht, wenn der erwartete Kapitalertrag den Opportunitätskosten des Kapitals entspricht.[124]

Das Grundmodell von Orr ist folgendermaßen charakterisiert:[125]

Gleichung (2.1): $$E_{jt} = \omega(\pi_{jt} - b_j) + \mu_{jt}$$

Hierbei repräsentiert E_{jt} die Zahl tatsächlicher Eintritte in eine Industrie j zum Zeitpunkt t. Die Gewinnerwartung der Markteintretenden wird durch π_{jt} dargestellt. Die Variable b_j spiegelt den „Limit profit“ wider, der von den etablierten Anbietern langfristig erzielt wird, wenn der Zutritt neuer Rivalen aufgrund des gesetzten Eintrittssperrenpreises zum Erliegen kommt. Schließlich mißt der Parameter ω die Geschwindigkeit, mit der die neuen Anbieter auf die Zutrittsopportunität reagieren. Die Größe μ_{jt} verkörpert den üblichen Störterm.

Die Höhe des Eintrittssperrenpreises hängt wiederum von einem autonomen Term β_0 und den m Markteintrittsbarrieren ab, die im Vektor X_{mj} gebündelt sind.

Gleichung (2.2): $$b_j = \beta_0 + \sum_{m=1}^{M} \beta_m X_{mj}$$

Setzt man Gleichung 2.2 in Gleichung 2.1, so ergibt sich mit $\alpha_0 = -\omega\beta_0$, $\alpha_1 = \omega$ und $\alpha_m = -\omega\beta_m$:

Gleichung (2.3): $$E_{jt} = \alpha_0 + \alpha_1\pi_{jt} + \sum_{m=1}^{M} \alpha_m X_{mj} + \mu_{jt}$$

123 Vgl. Neumann, 1994, S. 186ff.

124 Vgl. Orr, 1974, S. 58ff.

125 Vgl. Orr, 1974, S. 59 oder auch Callejón/Segarra, 1999, S. 254.

2.2.1.2 Empirische Ergebnisse

Das Orr-Modell wurde in zahlreichen Ländern auf seine empirische Bedeutung hin überprüft. Aus verschiedenen Gründen lassen sich die Studienergebnisse nur bedingt vergleichen. Die Vergleichsschwierigkeit beginnt damit, daß den einzelnen Arbeiten nicht ein einheitliches Aggregationsniveau auf Branchenebene zugrunde liegt.[126] Die Regressionen sind ferner zu ganz unterschiedlichen Zeitpunkten und über variierende Zeitspannen vorgenommen worden. Einige Studien sind reine Querschnittsanalysen. Darüber hinaus werden einzelne Variable über die verschiedenen Arbeiten auf unterschiedliche Weise approximiert. Schließlich finden sich keine zwei Studien, in denen die Regressionsgleichung mit den gleichen Variablen geschätzt worden ist.[127]

Noch relativ einheitlich ist die Verwendung von Größen, mit denen ein positiver Impuls auf den Markteintritt assoziiert wird. So finden sich – analog dem Orr'schen Ansatz – in nahezu allen Arbeiten das Branchenwachstum, die Industriegröße und die Gewinnerwartung als Zutrittsdeterminanten wieder.[128] Weit heterogener als die Treiber werden hingegen die Barrieren des Marktzutritts in den vorliegenden Studien modelliert. Mit anderen Worten: Die Komposition des Vektors X_{mj} variiert von Autor zu Autor.[129]

Orr berücksichtigt in seinem Modell als potentielle Eintrittsbarrieren die sektorale Konzentration, den Kapitalbedarf, die Werbeintensität, die minimale effiziente Betriebsgröße und die FuE-Intensität.[130] Nachfolgende Autoren haben die Bedeutung weitere Determinanten getestet, zum Beispiel die der irreversiblen Vergangenheitskosten („sunk costs").[131]

Das Merkmal einer Zutrittsbarriere wird etwa der Marktkonzentration zugesprochen, weil angenommen werden darf, daß ein potentieller Eintrittskandidat um so eher mit Vergeltungsmaßnahmen der etablierten Anbieter rechnen muß, je

126 Orr verwendet in seiner Analyse aufgrund der Datenlage 3-stellige Industriezweige, während andere Autoren teilweise auf tiefer gegliederte Datensätze zurückgreifen können. Duetsch etwa nutzt 4-stellige Industriezweige und Morch von der Fehr sogar 5-stellige. Vgl. Orr, 1974, S. 59 und Duetsch, 1984, S. 480ff. sowie Morch von der Fehr, 1991, S. 100.

127 Eine Übersicht über die unterschiedliche Ausgestaltung der einzelnen Regressionsanalysen findet sich beispielsweise zu acht Ländern bei Cable/Schwalbach, 1991, S. 267. Zu weiteren Studien vgl. Orr, 1974, S. 58ff. oder Duetsch, 1984, S. 477ff. oder Hause/DuRietz, 1984, S. 733ff.

128 Vgl. Orr, 1974, S. 60, Duetsch, 1984, S. 479ff., Hause/DuRietz, 1984, S. 733ff. oder Cable/Schwalbach, 1991, S. 267.

129 Vgl. hierzu im Detail Cable/Schwalbach, 1991, S. 258ff.

130 Vgl. Orr, 1974, S. 61f.

131 Vgl. Duetsch, 1984, S. 479f. oder Cable/Schwalbach, 1991, S. 267.

stärker der Markt unter wenigen Teilnehmern aufgeteilt ist. Denn eine hohe Konzentration erleichtert bestehenden Unternehmen ein aufeinander abgestimmtes Verhalten, um weitere Wettbewerber abzuschrecken.[132] Vor dem Hintergrund der empirischen Evidenz kann dieser Hypothese jedoch nur eingeschränkte Gültigkeit eingeräumt werden. So stehen Studien, die den postulierten inversen Zusammenhang bestätigen,[133] neben anderen, in denen entweder die Signifikanz oder die erwartete Richtung der Verbindung nicht zutage tritt.[134] Das gemischte empirische Bild kann möglicherweise dadurch verursacht sein, daß die sektorale Konzentration nur für große Marktneulinge eine Hürde darstellt. In der Entscheidungsfindung kleiner, „de novo"-Eintritte wird das Ausmaß der Marktmacht hingegen nur eine untergeordnete Rolle spielen, weil diese Gründungsunternehmen in aller Regel keine unmittelbare Gefahr für die bestehenden Oligopolisten bedeuten. Deshalb brauchen – im Unterschied zu großen – kleine Eintrittskandidaten keine Angst vor strategischen Vergeltungsmaßnahmen der Etablierten zu haben.[135] Dieser differenzierte Blick auf die Bedeutung der Marktkonzentration als Eintrittsschranke wird von dem Befund gestützt, daß etablierte Unternehmen auf neue Wettbewerber mit preispolitischen Maßnahmen nur selektiv antworten.[136]

Eine hemmende Wirkung auf Markteintritte wird auch der Höhe des anfänglichen Kapitalbedarfs zugesprochen. Getragen wird diese Annahme von der Beobachtung unvollkommener Kapitalmärkte, auf denen potentielle Unternehmer bei der Kapitalbeschaffung zuweilen erheblichen Schwierigkeiten ausgesetzt sind, die sich nicht zuletzt in schlechteren Konditionen manifestieren. Im Vergleich zu bestehenden Firmen müssen Gründungsunternehmen nämlich bei der Aufnahme des benötigten Kapitals oft hohe Risikozuschläge zahlen.[137] Demnach darf erwartet werden, daß für Eintrittskandidaten die durchschnittlichen Finanzierungskosten mit steigendem Kapitalbedarf zunehmen. Infolgedessen müssen für Eintrittswillige ceteris paribus die Gewinnmöglichkeiten mit dem Kapitalbedarf sinken. Die unterstellte Beziehung wird durch das empirische Ergebnis von Orr sowie nachfolgender Studienergebnisse erhärtet.[138] Freilich wird einschränkend angeführt, daß die negative Verknüpfung von Investitionskostenhöhe und Markteintritten nur für kleine Gründungsunternehmen gelte. Denn große Marktein-

132 Vgl. z.B. Orr, 1974, S. 62 oder Duetsch, 1984, S. 481 sowie Morch von der Fehr, 1991, S. 95.
133 Vgl. z.B. Revelli/Tenga, 1989, S. 187.
134 Vgl. Cable/Schwalbach, 1991, S. 267.
135 Vgl. Mata, 1991, S. 51.
136 Vgl. Geroski, 1995, S. 431ff.
137 Vgl. Mata, 1991, S. 51 oder Almus, 2001, S.7.
138 Vgl. Orr, 1974, S. 65 oder Duetsch, 1984, S. 486 sowie Cable/Schwalbach, 1991, S. 267.

trittskandidaten, die vielfach derivate Gründungen infolge von Unternehmensabspaltungen oder -verschmelzungen sind, unterliegen in aller Regel keiner Diskriminierung auf den Finanzmärkten. Demzufolge sollte die Höhe des Kapitalbedarfs als potentielle Eintrittsbarriere nur bei kleinen, originären Gründungen von Belang sein.[139] Untermauert wird diese differenzierte These durch eine Studie zu Unternehmenseintritten im Verarbeitenden Gewerbe der Region Piemont. Während sich dort der Eintritt von Unternehmen mit mehr als fünf Mitarbeitern unberührt von der Höhe der Initiierungskosten zeigt, reagieren sehr kleine Gründungen höchst sensitiv auf die Zunahme der Anfangsinvestition.[140] Unbenommen dieses Befunds legen andere Arbeiten den Schluß nahe, die von der Kapitalintensität ausgehende Gründungsbeeinträchtigung insgesamt nicht über Gebühr zu bewerten, weil auch kleine Unternehmen durch die Höhe des benötigten Anfangskapitals nicht substantiell am Eintritt behindert werden.[141]

Einer weitverbreiteten Ansicht zufolge beziehen Gründungswillige nicht nur Markteintritts- sondern auch -austrittskosten in ihre Entscheidung ein.[142] Folglich erlangen irreversible Vergangenheitskosten, die zu einer Kostenasymmetrie zwischen bestehenden und potentiellen Unternehmen führen, als Eintrittsschranke Beachtung. Die Asymmetrie ergibt sich dadurch, daß im Markt etablierte Produzenten bei gegebener Nachfrage einen Preisverfall infolge des zusätzlichen Angebots der neuen Wettbewerber bewältigen können, solange der Preis die variablen Durchschnittskosten nicht unterschreitet und die totalen Durchschnittskosten abzüglich der unwiederbringlichen Vergangenheitskosten deckt. Eintrittskandidaten hingegen müssen die Rentabilität ihres geplanten Marktengagements von vornherein auf Basis der totalen Durchschnittskosten inklusive der verlierbaren Anschubkosten berechnen. Gründungsbereite, die vom Auslösen eines Preiskriegs nach Markteintritt überzeugt sind, dürften daher mit zunehmender Höhe der irreversiblen Kosten von ihrem Vorhaben absehen.[143]

Untermauert wird die Hypothese eines inversen Zusammenhangs zwischen den unwiederbringlichen Eintrittskosten und der Dynamik von Märkten durch

---

139 Vgl. Mata, 1991, S. 51. Almus weist darauf hin, daß auch nachfragegetriebene Faktoren für die schlechteren Finanzierungsbedingungen für junge und kleine Unternehmen mitverantwortlich sein können. In vielen Fällen sind nämlich die Unternehmensgründer nicht bereit, für den Erhalt von zusätzlichem (Risiko-)Kapital einen Teil der Unternehmenskontrolle aus der Hand zu geben. Vgl. Almus, 2001, S. 7.

140 Vgl. Revelli/Tenga, 1989, S. 187.

141 Vgl. Audretsch/Acs, 1991, S. 238.

142 Vgl. etwa Revelli/Tenga, 1989, S. 182. Nach der Theorie der bestreitbaren Märkte („contestable markets“) von Baumol sind irreversible Vergangenheitskosten *die* Eintrittsbarriere. Vgl. hierzu auch Morch von der Fehr, 1991, S. 94.

143 Vgl. Weigand, 1996, S. 71f. oder Duetsch, 1984, S. 477ff.

empirische Studien.[144] Allerdings zeigen jüngere Arbeiten, daß nicht allein die Höhe der sunk costs, sondern auch die Lebensdauer der sich dahinter verbergenden Investitions- und Kapitalgüter für die Bildung einer Eintrittsschranke relevant ist. Es gilt im Grundsatz, daß die Hürde umso höher liegt, je kürzer die Nutzungsdauer für das industriespezifische Kapital ist: Das Geld muß schließlich über die Lebensdauer der Kapitalgüter verdient sein.[145]

Die Literatur kennt neben den bereits diskutierten Eintrittshürden weitere, die den vorherigen inhaltlich zum Teil sehr nahe stehen. Hierzu zählen insbesondere die Skalenerträge und die minimal effiziente Betriebsgröße. In der Einführung zu diesem Abschnitt 2.2.1. wurde bereits angedeutet, daß die Existenz von Skaleneffekten das Erreichen einer mindesteffizienten Betriebsgröße für Markteintrittskandidaten bedrohen kann.[146] Die Empirie zeigt zu diesen beiden Variablen ein sehr gemischtes Bild. Neben Studien, die eine signifikant inverse Verknüpfung zwischen Eintritten und Skaleneffekten beziehungsweise minimal effizienter Betriebsgröße identifizieren, liegen Arbeiten vor, in denen diese Ausgangshypothese nicht bestätigt wird.[147] Dabei könnte gerade die Insignifikanz der mindesteffizienten Betriebsgröße als Eintrittsschranke – so räumt bereits Duetsch ein – auf einer unzureichenden Approximierung der Variable beruhen.[148] Eine neuere Analyse erlaubt jedoch den vorsichtigen, differenzierten Schluß, daß die eintrittshemmende Wirkung der minimalen Unternehmensgröße von der Technologieintensität und dem Lebenszyklus einer Branche abhängt. Denn nach Agarwal und Audretsch hat die Unternehmensgröße als Überlebensdeterminante in Hightech-Branchen wesentlich weniger Bedeutung als in Lowtech-Sektoren. Darüber hinaus schwindet mit zunehmender Reife der Industrie der Einfluß der Eintrittsgröße auf das Überleben.[149]

Wird Werbung als Investition in den Aufbau intangibler Vermögenswerte verstanden, mit der sich etwa Handelsmarken schaffen lassen, dann können von

144 Zu weiteren Ausführungen und Literaturangaben siehe Weigand, 1996, S. 72.

145 Vgl. Mata, 1991, S. 49.

146 In Abwesenheit irreversibler Anschubsinvestitionen reduziert sich in Branchen mit Skalenerträgen die effektive Höhe der Eintrittsbarriere auf die minimal effiziente Betriebsgröße. Vgl. z.B. Mata, 1991, S. 51.

147 Vgl. z.B. Mansfield, 1962, S. 1024ff. und Cable/Schwalbach, 1991, S. 266f.

148 Vgl. Duetsch, 1984, S. 483.

149 Vgl. Agarwal/Audretsch, 2001, S. 30ff. Die vorsichtige Übertragung dieser Erkenntnisse auf die Gründungsaktivität rechtfertigt sich dadurch, daß in der Literatur sowohl für den Ein- als auch für den Austritt von Gründungsunternehmen die gleichen Einflußfaktoren (mit umgekehrten Vorzeichen) diskutiert werden. Empirische Tests haben dabei wiederholt die Bedeutung dieser Determinanten für beide Ereignisse festgestellt. Vgl. Fritsch/Brixy/Falck, 2004, S.1ff. und Agarwal/Audretsch, 2001, S. 21ff. oder Fotopoulos/Louri, 2000, S. 311ff.

der Werbung wettbewerbsbeschränkende Effekte ausgehen. Denn durch die Werbeausgaben läßt sich die Marktsegmentierung fördern. Insofern ist verständlich, daß auch der Werbeintensität – als Proxy für die Produktdifferenzierung – ein negativer Einfluß auf den Umfang von Markteintritten beschieden wird.[150]

Der empirische Befund zur postulierten These, die Werbeintensität hemme den Eintritt neuer Wettbewerber, ist wiederum gemischt. Die Ursache der mangelnden Eindeutigkeit kann möglicherweise darauf zurückzuführen sein, daß der Markenaufbau nur in der Konsumgüterindustrie Bedeutung einnimmt, in den Studien aber auch Industriegüterbranchen enthalten sind.[151] Aus der Beobachtung, daß eine erfolgreiche Produktdifferenzierung selbst innerhalb der typischen Konsumgüterbranchen nur von einer handvoll Anbietern betrieben wird, kann mit Mueller ein ergänzender Erklärungsbeitrag für die wiederholt statistisch eruierte Bedeutungslosigkeit der Werbeintensität als Eintrittsschranke abgeleitet werden.[152]

Schließlich sind in industrieökonomischen Markteintrittsmodellen als Proxy für die Produktdifferenzierung auch die sektorale Forschungs- und Entwicklungsintensität oder wahlweise die Patente verwendet worden. Privatwirtschaftliche FuE-Aktivitäten tragen analog den Werbeausgaben zum Aufbau einer Marke Anzeichen eines unwiederbringlich verlorenen Aufwands.[153] Zugleich erscheinen FuE-Tätigkeiten prädestiniert für das Ausschöpfen von Skalen- und Verbundeffekte zu sein. Die Evidenz hinsichtlich der Zutrittswirkung von Forschung und Entwicklung ist ebenfalls ambivalent. Zwar findet Orr einen Eintritt beschränkenden Effekt noch moderat bestätigt,[154] doch nachfolgende Arbeiten zeigen uneinheitliche Ergebnisse auf.[155] Acs und Audretsch weisen sogar die konventionelle Vorstellung, FuE-Aktivitäten seien Quelle von Skaleneffekten, für die Sektoren des Verarbeitenden Gewerbes mehrheitlich zurück.[156]

2.2.1.3 Zusammenfassung

Nach Sichtung der empirischen Literatur filtern sich ein paar grundlegende Erkenntnisse über die sektoralen Eintrittsfaktoren heraus.

---

150 Vgl. Orr, 1974, S. 61 oder Sleuwaegen/Dehandschutter, 1991, S. 115.

151 Vgl. Orr, 1974, S. 61 oder Mata, 1991, S. 51.

152 Vgl. Mueller, 1991, S. 14.

153 Theoretische Ansätze, die im Rahmen sogenannter „Patentrennen“ die FuE-Aktivitäten als sunk costs modellieren, finden sich etwa bei Weigand, 1996, S. 64ff.

154 Vgl. Orr, 1974, S. 61.

155 Vgl. Cable/Schwalbach, 1991, S. 267.

156 Vgl. Acs/Audretsch, 1993, S. 23ff. Die Autoren korrigieren damit zugleich ihre frühere Auffassung: „Entry is inhibited in industries where R&D plays an important role.“ Audretsch/Acs, 1991, S. 230.

Zum einen läßt sich eine gewisse Evidenz hinsichtlich der postulierten These ableiten, daß Wirtschaftssubjekte auf Gewinnmöglichkeiten mit Markteintritten reagieren. Denn als deren Triebkräfte erweisen sich in der großen Mehrheit der Studien das Branchenwachstum, die Gewinnerwartung und die Industriegröße.[157]

Zum anderen belegen die empirischen Arbeiten, daß Eintrittsschranken existieren, deren Bedeutung an die sektoralen Produktionsbedingungen geknüpft ist. So untermauern die Regressionsergebnisse, daß der Kapitalbedarf und die irreversiblen Vergangenheitskosten den Marktzutritt beschränken.[158] Das nicht eindeutige Bild, welches die Empirie zu den anderen, potentiellen Eintrittshürden zeichnet, erklärt sich möglicherweise zu Teilen durch die unterschiedlichen Testbedingungen. Teilweise wird der gemischte Befund aber auch an der nicht eindeutigen Natur einzelner Bestimmungsgrößen liegen. Beispielsweise halten es Cable und Schwalbach für möglich, daß die vermeintlich inkonsistenten Ergebnisse zur Gründungswirkung der Variablen FuE- und Werbeintensität darauf zurückzuführen sind, daß diese Faktoren ihrem Wesen nach keine Eintrittsschranken darstellen, aber solche verändern.[159]

Auf einen subtilen Gründungseinfluß der privatwirtschaftlichen FuE-Aktivität deutet auch die Beobachtung hin, daß ein höheres sektorales FuE-Niveau eine geringere Konzentration der Märkte und eine höhere durchschnittliche Rentabilität induziert.[160] Auch der Befund, daß einige der Variablen eher für die Überlebenschancen als für den Markteintritt bedeutsam sind, erhärtet die These von einem differenzierten Wirkungsverbund.[161]

Eine Verallgemeinerung der bisherigen Ergebnisse wird noch dadurch erschwert, daß sich nahezu alle empirischen Untersuchungen auf den industriellen Sektor begrenzen. Schließlich haftet dem wettbewerbsökonomischen Ansatz ein methodisches Problem an, das in der neoklassischen Theorie begründet liegt. Im Kern handelt es sich bei diesem Ansatz nämlich um ein Gleichgewichtsmodell. Dadurch werden neue Wettbewerber stets als Duplikate bestehender Anbieter

---

157 Mitunter finden sich Arbeiten, in denen die einzelne Größe nur das erwartete positive Vorzeichen hat. Vgl. Cable/Schwalbach, 1991, S. 267. Vgl. aber auch Mansfield, 1962, S. 1023ff., Orr, 1974, S. 58ff., Duetsch, 1984, S. 477ff., Hause/DuRietz, 1984, S. 733ff. und Revelli/Tenga, 1989, S. 187f.

158 In allen Studien, in denen diese beiden Variablen als potentielle Gründungsdeterminante berücksichtigt sind, bestätigt sich das erwartete negative Vorzeichen. Vgl. Cable/Schwalbach, 1991, S. 266f. oder Orr, 1974, S. 65 sowie Duetsch, 1984, S. 486.

159 Vgl. Cable/ Schwalbach, 1991, S. 266.

160 Vgl. Mukhopadhyay, 1985, S. 148.

161 Vgl. z.B. Weigand, 1996, S. 97. Eine Diskussion über die Marktaustritts- beziehungsweise Liquidationsdeterminanten findet sich auch bei Fotopoulos/Louri, 2000, S. 311ff.

interpretiert. Dies verkürzt die Realität enorm. Denn Gründungsunternehmen treten immer wieder als Agenten des Wandels mit innovativen Produkten und/ oder Verfahren in den Markt ein.[162] Von daher übersieht die neoklassische Theorie Unterschiede zwischen bestehenden und eintretenden Unternehmen.[163]

Darüber hinaus ist zu konstatieren, daß die Ergebnisse der Regressionsanalysen, mit denen die Bedeutung wettbewerbstheoretischer Markteintrittsfaktoren getestet wurde, die sektorale Gründungsaktivität nur zu einem geringen Maße erklären können. Mit anderen Worten: Das Bestimmtheitsmaß der entsprechenden Regressionen ist stets niedrig. Geroski resümiert daher, „that transitory variations in the unobserved factors ... seem to account for far more of the variation in entry than variations in observables which proxy expected post-entry profits ... or entry costs."[164]

2.2.2 Arbeitsmarkttheoretischer Ansatz

Während historisch betrachtet die Untersuchung von Markteintritten in der Domäne der Wettbewerbstheoretiker lag, beschäftigte sich die Arbeitsmarktforschung – wenn auch nur am Rande – mit den Bestimmungsgründen der Selbständigkeit. Obwohl diese die wichtigste Markteintrittsquelle bildet, wurden kaum Versuche unternommen, die beiden Ansätze miteinander zu verknüpfen. In diesem Umstand spiegelt sich nicht zuletzt die Prämisse der Wettbewerbstheoretiker wider, an den Branchentoren stünden Schlangen von Eintrittswilligen, die den jeweiligen Industriezweig kontinuierlich inspizierten und nur darauf warteten, daß der sektorale Marktpreis die langfristigen Durchschnittskosten fortdauernd überschreitet.[165] Mit dieser Annahme, die noch einmal verdeutlicht, daß das pri-

---

162 In diesem Zusammenhang hat sich auch gezeigt, daß ein Gründungszyklus besteht, der sich an den Produktlebenszyklus anlehnt. Zu einem Zeitpunkt, in dem die Technologiespezifikation von Produkten noch nicht abgeschlossen ist, treten signifikant mehr Unternehmen in den Markt ein als in Phasen, in denen die Güter technologisch ausgereift sind. Allerdings geht aus Untersuchungen ebenso hervor, daß sich sektorale Gründungsvarianzen dauerhaft nicht mit Innovationszyklen erklären lassen. Vgl. Geroski, 1995, S. 423.

163 Vgl. Geroski, 1989, S. 572ff. und Revelli/Tenga, 1989, S. 182 und Audretsch/ Acs, 1991, S. 226.

164 Geroski, 1995, S. 430. Auch Cable und Schwalbach sind der Ansicht, daß die ökonometrischen Ergebnisse „leave the ultimate mysteries of entry barriers far from solved." Cable/Schwalbach, 1991, S. 266.

165 Vgl. Brüderl/Preisendörfer/Ziegler, 1996, S. 39. Die Reaktionsgeschwindigkeit auf einträchtige Opportunitäten erweist sich im übrigen als relativ gering. Vgl. Geroski, 1991, S. 84 oder Cable/Schwalbach, 1991, S. 266.

märe Interesse der Wettbewerbstheoretiker nicht der Anzahl an Gründungen sondern deren Preiswirkungen gilt, gaben sich Arbeitsmarkttheoretiker hingegen nicht zufrieden. Denn aus Sicht der Theorie der unternehmerischen Wahl haben Erwerbsfähige zur Selbständigkeit Alternativen: die bezahlte, abhängige Beschäftigung und die Arbeitslosigkeit.[166]

Unter diesen drei Möglichkeiten müssen Individuen prinzipiell wählen. Ein Wechsel zwischen den Formen kann dabei durch eine Veränderung der relativen Preise beziehungsweise der Opportunitätskosten ausgelöst werden. Beispielsweise wird eine arbeitslos gewordene Person bei ihrer Entscheidung bedenken, welche Einkommen mit einer neuen abhängigen Beschäftigung, dem Eintritt in die Selbständigkeit oder der dauerhaften Erwerbslosigkeit zu erwarten sind. Wenn Erwerbsfähige in bestehenden Organisationen keine Möglichkeiten der Einkommensgenerierung beziehungsweise der beruflichen Entfaltung finden, dann sollte unter ihnen tendenziell die Bereitschaft wachsen, ein Unternehmen zu gründen.[167] Infolgedessen muß die Arbeitslosigkeit zu den „Push"-Faktoren der Gründungsaktivität gezählt werden.[168]

Allerdings steht diesen Überlegungen die These entgegen, daß eine prosperierende Nachfrage die Entscheidung für eine Unternehmensgründung stimuliert. Da ein starkes Nachfragewachstum eine hohe Kapazitätsauslastung induziert, welche wiederum mit einem zunehmenden Beschäftigungsstand einhergeht, ergibt sich aus dieser Perspektive kein positiver, sondern ein negativer Zusammenhang zwischen Erwerbslosigkeit und der Entstehung von Gründungen.[169] Für ein inverses Verhältnis zwischen den beiden Variablen spricht zudem, daß „die Latte der psychologischen Abschreckung" in Regionen mit geringer Arbeitslosigkeit niedriger als in Regionen mit hoher liegt, weil in letzteren für potentielle Gründer das Einkommensrisiko im Falle eines Scheiterns ungleich größer ist.[170]

Die Ausführungen zeigen, daß die Impulsrichtung der Arbeitslosigkeit auf das Gründungsverhalten theoretisch nicht eindeutig ist. Über die Haltbarkeit der kontroversen Thesen muß daher die Empirie entscheiden. Diese ist gemischt.

---

166 Vgl. etwa Storey, 1994, S. 61f. Die Aspekte der Berufserfahrung und der Ausbildungsart, deren Gründungsrelevanz etwa Lazear (2002 und 2004) betont, werden in den Kapitel 2.2.3.3 und 2.2.3.4 ausführlich diskutiert.

167 Basu spricht explizit davon, daß derartige Gründungen vom Motiv der „Schadensbegrenzung" geleitet werden. Vgl. Basu, 1998, S. 315.

168 Vgl. etwa Fothergill/Gudgin, 1982, S. 119 oder Storey, 1994, S. 62f. Siehe auch Revelli/Tenga, 1989, S. 182 und Carree/Thurik, 2003, S. 449ff.

169 Vgl. etwa Reynolds/Storey/Westhead, 1994a, S. 446.

170 Vgl. Fritsch, 1992, S. 234 oder Verheul et al., 2001, S. 33.

Regionale Querschnittsanalysen zu Frankreich und Schweden am Ende der 1980er Jahre finden die Push-These bestätigt.[171] Damit stehen diese Ergebnisse in Einklang mit dem Resultat einer Längsschnittuntersuchung von Evans und Leighton, die im Zeitraum von 1968 bis 1987 unter weißen US-Amerikanern eine stark zunehmende Gründungsneigung bei eingetretener Arbeitslosigkeit identifizieren.[172] Auch Audretsch und Vivarelli erkennen in einer Panelanalyse zu 78 italienischen Provinzen über die Jahre 1985 bis 1988 einen positiven, statistisch signifikanten Einfluß der Arbeitslosigkeit auf neue Firmenauftritte im Verarbeitenden Gewerbe.[173] Im scharfen Kontrast hierzu beobachtet Garofoli für 84 italienische Provinzen im Zeitraum von 1987 bis 1991 sowohl für die Verarbeitende Industrie als auch für die Gesamtwirtschaft einen signifikant negativen Impuls der Arbeitslosigkeit auf die Unternehmensentstehung.[174]

Ein signifikant negativer Zusammenhang zwischen Arbeitslosigkeit und Gründungsintensität kristallisiert sich auch aus einer Studie von Audretsch und Fritsch zu Deutschland heraus.[175] In einer weiteren Querschnittsuntersuchung mit Daten für das Jahr 1986 zu 75 westdeutschen Raumordnungsregionen findet Fritsch ebenfalls keine Unterstützung für die Push-These. Vielmehr entdeckt er, daß die deutschen Regionen mit einer hohen Gründungsquote von einer niedrigen Arbeitslosigkeit gekennzeichnet sind und der Nachfrageeffekt den potentiellen Schubeffekt der Erwerbslosigkeit zumindest temporärer überlagert.[176] Von der hohen Bedeutung des Nachfragewachstums für die Gründungsaktivität zeugt auch eine Zeitreihenanalyse zu Großbritannien, während in zwei weiteren Studien zu Großbritannien und einer zu Irland die Arbeitslosigkeit für die Bildung neuer Unternehmen statistisch insignifikant bleibt.[177]

Die bislang beschriebenen Regressionsergebnisse basieren allesamt auf der Nutzung der absoluten Höhe der Arbeitslosigkeit als unabhängige Variable. Das gemischte Gesamtbild, welches sich dabei hinsichtlich der Gründungswirkung entwickelt, bleibt allerdings unberührt, wenn in die ökonometrischen Modelle die Erwerbslosigkeit in Form von Veränderungsraten einfließt.[178]

---

171 Vgl. Guesnier, 1994, S. 357 und Davidsson/Lindmark/Olofsson, 1994, S. 400f.

172 Der Eintritt in die Selbständigkeit war im Zeitraum 1968 bis 1987 unter Arbeitslosen doppelt so hoch wie unter Beschäftigten. Vgl. Evans/Leighton, 1990, S. 321ff.

173 Vgl. Audretsch/Vivarelli, 1995, S. 79.

174 Methodisch verwendet Garofoli dabei keine Panelanalyse. Vielmehr geht in seinem Modell als abhängige Variable der Durchschnitt der regionalen Gründungsaktivität von 1987 bis 1991 ein. Vgl. Garofoli, 1994, S. 387ff.

175 Vgl. Audretsch/Fritsch, 1994, S. 362ff.

176 Vgl. Fritsch, 1992, S. 240.

177 Vgl. Reynolds/Storey/Westhead, 1994b, S. 345 und Storey, 1994, S. 65 sowie Storey/Jones, 1987, S. 50. Zur irischen Studie siehe Hart/Gudgin, 1994, S. 369ff.

178 Einen Überblick geben Reynolds/Storey/Westhead, 1994a, S. 451.

Aus den gemischten Befunden läßt sich auch der Schluß ziehen, daß die Gründungswirkung der Arbeitslosigkeit von verschiedenen gesellschaftlichen Rahmenbedingungen und wirtschaftspolitischen Maßnahmen im jeweiligen Untersuchungsgebiet bestimmt sein dürfte. Die Motivation von Arbeitslosen, ein eigenes Unternehmen zu gründen, wird insbesondere mit der Höhe und der Dauer staatlicher Unterstützungsleistungen korrelieren.[179] Da diese Transferzahlungen stark vom allgemeinen Einkommensniveau abhängen, darf erwartet werden, daß die Gründungsreaktion auf Arbeitsplatzverluste in Ländern mit niedrigem Pro-Kopf-Einkommen tendenziell deutlicher als in Ländern mit hohem Wohlfahrtsniveau ausfällt.[180]

Der Umfang staatlicher Transferzahlungen an Erwerbslose ist aber nur eine Seite politikverzerrter Gründungsreaktionen auf Arbeitslosigkeit. Denn auf der anderen Seite neigt die Politik dazu, Gründern finanzielle Unterstützung etwa in Form günstiger Darlehnen nur in rezessiven Phasen, also in Zeiten äußerst hoher Erwerbslosigkeit, zu gewähren oder bestehende Angebote vorübergehend zu erweitern. Einzelne Studien zeugen von starken Mitnahmeeffekten bei diesen arbeitsmarktpolitischen Instrumenten.[181] Denkbar ist daher, daß auch die Wahl des tatsächlichen Gründungszeitpunkts an die Erwartungen der Gründungswilligen über die Inkraftsetzung oder den Auslauf staatlicher Starthilfeprogramme gebunden ist. Empirische Arbeiten zu diesem Aspekt fehlen noch. Unabhängig davon läßt sich jedoch festhalten, daß das gemischte empirische Bild hinsichtlich der Bedeutung der Arbeitslosigkeit als Gründungsdeterminante auch auf den unterschiedlichen Einsatz arbeitsmarktpolitischer Maßnahmen zurückgehen kann. Denn zumindest ein Teil der „Rezessionsgründungen" stellt – wie von der Politik gewünscht – eine Reaktion auf den temporären Einsatz arbeitsmarktpolitischer Instrumente dar.[182]

---

179 Daß mitunter die Bereitschaft zu einem hohen Einkommensverzicht besteht, zeigt die Untersuchung von Evans und Leighton für die USA. Dort konnten die Autoren beobachten, daß arbeitslose Unternehmensgründer mehr als ein Drittel ihres letzten Jahresgehaltes einbüßten, welches sie als abhängige Beschäftigte erzielten. Vgl. Evans/Leighton, 1990, S. 326.

180 Vgl. Acs et al., 2004, S. 30. In vielen Ländern mit sehr niedrigem Pro-Kopf-Einkommen ist die „subsistenzorientierte Selbständigkeit" ganz allgemein sehr hoch, weil der offizielle Arbeitsmarkt zu wenige Beschäftigungsverhältnisse bereithält.

181 Beispielsweise kommt eine Untersuchung zur Wirksamkeit der jüngeren Arbeitsmarktreformen in Deutschland zu dem Ergebnis, daß sich 70 Prozent aller arbeitslosen Existenzgründer des Jahres 2004 auch ohne den Zuschuß zur Ich-AG (Hartz II-Gesetz) selbständig gemacht hätten. Vgl. Rademaker, 2006, S. 13.

182 Eine interessante Frage in diesem Zusammenhang ist, ob „Rezessionsgründer" erfolgloser sind als Gründer in „Boomzeiten". Legt man als Erfolgsmaßstab das Krite-

2.2.3 Raumökonomische Determinanten

Beobachtbare Unterschiede bei der Bildung neuer Unternehmen lassen sich auch auf verschiedene raumstrukturelle Konstellationen zurückführen, die verstreut über die regionalwirtschaftliche Literatur diskutiert werden.[183] Diese Faktoren sollen nun erörtert werden.

Die Analyse beginnt mit der Gründungswirkung verdichteter beziehungsweise spezialisierter Wirtschaftsräume (Unterabschnitte 2.2.3.1 und 2.2.3.2). Geistiger Ursprung ist in beiden Fällen die Theorie des „Industriellen Distrikts", in welcher Marshall die wirtschaftlichen Vorzüge der räumlichen Nachbarschaft für Produzenten des gleichen Gewerbes erstmals beschrieben hatte.[184] Dabei machte Marshall auf Aspekte aufmerksam, die heute den Kern der Argumentation für außerordentliche Gründungsimpulse in geballten oder spezialisierten Wirtschaftsräumen bilden: externe Effekte.[185]

Inwieweit die gesamtwirtschaftliche Produktionsstruktur oder die Unternehmensdemographie eine Wirkung auf die Gründungsaktivität ausüben kann, wird in der anschließenden Diskussion untersucht (Unterabschnitt 2.2.3.3). Da die vorgebrachten Argumente für die Gründungsbedeutung dieser beiden Strukturfaktoren miteinander verzahnt sind, werden sie gemeinsam besprochen.

Der vierte Unterabschnitt (2.2.3.4) betrachtet die möglichen Gründungseffekte des Ausbildungsniveaus beziehungsweise des Humankapitalstocks. Anschließend wird der Einfluß der gesamtwirtschaftlichen Wissensproduktion für die Entstehung neuer Unternehmen analysiert (Unterabschnitt 2.2.3.5). Der Ab-

---

rium der Überlebensdauer eines Gründungsunternehmens an, so zeigen sich keine Unterschiede. Unmittelbar zuvor arbeitslos gewordene Gründer sind ebenso erfolgreich wie vormals Erwerbstätige. Arbeitslose Gründer scheinen aber tendenziell eine geringer Anzahl an Beschäftigungsverhältnissen in ihren Unternehmen zu erzeugen als andere Gründer. Vgl. Hinz/Jungbauer-Gans, 1999, S. 327ff.

183 Das von verschiedenen Forschern beobachtete Theoriedefizit, das lange Jahre in der Gründungsforschung bestand, betrifft in besonderem Maße die raumökonomische Analyse, in der eine wenig theoriegeleitete Forschung eine bunte Vielfalt von empirischen Studien hervorbrachte. Vgl. etwa Brüderl/Preisendörfer/Ziegler, 1996, S. 20.

184 Vgl. Marshall, 1920, S. 267ff.

185 Von externen Effekten oder Externalitäten wird gesprochen, wenn vom Konsum oder der Produktion Wirkungen auf Dritte ausgehen, ohne daß diese als Nutznießer der Vorteile etwas dafür bezahlen oder als Träger der Lasten dafür entschädigt werden. Negative Externalitäten lassen sich anhand von Umweltbelastungen durch Unternehmen illustrieren. Impfungen und private Sicherheitsdienste hingegen sind geläufige Beispiele positiver Externalitäten. Vgl. etwa Scitovsky, 1954, S. 143ff. oder Recktenwald, 1983, S. 147f.

schnitt endet mit einer Diskussion über die Gründungsbedeutung von „intelligentem (Risiko-)Kapital“ (Unterabschnitt 2.2.3.6).

2.2.3.1 Wirtschaftliche Ballung

Aufgrund der einzigartigen Rahmenbedingungen von Ballungszentren wird der Dichte wirtschaftlicher Aktivität große gründungsrelevante Bedeutung beigemessen.

Zunächst, so wird argumentiert, finden Gründungswillige in Agglomerationen[186] ein höheres Marktpotential als in Wirtschaftsräumen mit geringerer Dichte vor. Die räumliche Präsenz vieler Kunden erleichtert somit das Aufspüren gewinnträchtiger Marktchancen, wodurch die regionale Gründungsaktivität tendenziell stimuliert wird.[187]

Auch ermöglicht die Nähe zu anderen Wirtschaftssubjekten, insbesondere zu Lieferanten und Kunden, das Ausschöpfen pekuniärer externer Effekte:[188] Ganz im Sinne Marshalls lassen sich hier geringere Tauschkosten realisieren.[189] Allerdings umfassen diese Tauschkosten „wesentlich mehr als die klassischen Raumüberwindungskosten (Transport- und Kommunikationskosten); sie schließen vielmehr auch die Kosten der Anbahnung der Transaktion und die Kosten der Überwachung und Durchsetzung des Vertrages ein.“[190] Die Einsparpotentiale werden dabei um so höher sein, je komplexer die Transaktionen sind.

Daneben haben potentielle Gründer in Ballungsgebieten Zugang zu einem umfassenden und qualitativ hochwertigen Angebot an Infrastrukturleistungen. So

---

186 Der Begriff „Agglomeration“ wird gelegentlich als Oberbegriff für die beiden Phänomene „Urbanisation“ und „Lokalisation“ verwendet. Um den Eindruck zu vermeiden, die mit einer dichten Wirtschaftsaktivität assoziierten Vorteile seien zwingend an städtische Strukturen gebunden, wird – anderen Stellen in der Literatur folgend – der „Agglomeration“ grundsätzlich der Vorzug gegenüber der „Urbanisation“ gegeben. Vgl. etwa Maggioni, 2002, S. 151.

187 Vgl. Fritsch, 1997, S. 443 oder Reynolds/Miller/Maki, 1995, S. 391. Die Gründungsbedeutung der Marktgröße haben – wie gezeigt – auch die Wettbewerbstheoretiker herausgearbeitet. Vgl. dazu die Ausführungen in Abschnitt 2.2.1.3.

188 Gemeinhin unterscheidet man pekuniäre und nicht-pekuniäre Externalitäten. Letztere werden auch technologische Externalitäten oder Spillover-Effekte genannt. Pekuniäre externe Effekte ergeben sich als *Beiprodukt* von *Marktentscheidungen*. Die Differenzierung zwischen pekuniären und technologischen Externalitäten wird gelegentlich Scitovsky zugeschrieben. Vgl. etwa Stuchtey, 2001, S. 22. Scitovsky selbst verweist darauf, daß er eine Anleihe bei Viner hinsichtlich des Begriffs technologischer Externalitäten genommen hat. Vgl. Scitovsky, 1954, S. 145 und Viner, 1931, S. 23ff.

189 Vgl. Marshall, 1920, S. 267ff.

190 Berthold/Speyer, 1997, S. 14. Vgl. auch Oakey/Cooper, 1989, S. 348ff.

sind oft nur hier Hochschulen und Universitäten sowie FuE-Einrichtungen, Technologiezentren oder Inkubatoren[191] lokalisiert.[192] Gerade in den zuletzt genannten Einrichtungen, die als Brutkästen für die Umsetzung von Geschäftsideen betrachtet werden, wird Neugründern durch die Bereitstellung von Sachmitteln und vielfältiger Beratungsleistungen der Start erleichtert.[193] Meist bieten Agglomerationen allerdings schon in der Vorphase einer Gründung privilegierte Umfeldbedingungen. Schließlich stoßen Gründungskandidaten in Regionen mit niedriger Wirtschaftsaktivität weitaus seltener auf Dienstleistungsangebote wie einen Businessplan-Wettbewerb.[194]

Aus der Nachbarschaft zu und der Nutzung von diesen Institutionen ergeben sich für Gründungen fruchtbare pekuniäre und technologische Externalitäten,[195] die in dünn besiedelten Räumen nicht entstehen können.

---

191 Unter Inkubatoren sind Einrichtungen zu verstehen, in denen „junge Firmen vor allem aus der Informations- und Kommunikationstechnologie intensiv betreut und entwickelt werden." Braun, 2001, S. 195. Die meist privatwirtschaftlich organisierten Inkubatoren unterscheiden sich von herkömmlichen Technologiezentren, in denen Neugründer von staatlichen Trägern vor allem Geschäftsräume und Sachmittel kostengünstig zur Verfügung gestellt bekommen, durch ein breiteres Dienstleistungsangebot. Zu diesem gehören insbesondere Kontakte zu Risikokapitalgebern, Patentanwälten und sonstigen Beratern. Vgl. Braun, 2001, S. 50ff. sowie Engelmann, 2000, S. 331ff.

192 Vgl. Revelli/Tenga, 1989, S. 184 oder Malecki/Bradbury, 1992, S. 123ff. sowie Reynolds/Miller/Maki, 1995, S. 391.

193 Vgl. Engelmann, 2000, S. 329ff. und Picot/Laub/Schneider, 1989, S. 54.

194 Die bekanntesten Businessplan-Wettbewerbe in Deutschland sind vorwiegend in Ballungszentren wie München, Berlin, Köln oder Dortmund zu finden (vgl. http://www.mbpw.de, http://www.bpwbb.de, http://www.n-u-k.de beziehungsweise http://start2grow.de). Gründern steht im Rahmen dieser Wettbewerbe ein umfangreiches Netz an Unterstützungsleistungen zur Verfügung. So können an regelmäßigen Coaching-Abenden alle mit einer Gründung zusammenhängenden Fragen mit Experten kostenfrei diskutiert werden; etwa zu Patenten, zur Rechtsform oder zur Eintrittsstrategie.

195 Im Unterschied zu pekuniären Externalitäten sind Spillover-Effekte durch *interdependente, nicht-marktliche Beziehungen* gekennzeichnet, die in das Angebots- oder Nachfrageverhalten der Wirtschaftssubjekte eingehen. Derartige Effekte treten in Verbindung mit Ressourcen und Gütern auf, die nicht rein privatwirtschaftlicher Natur sind. Beispielsweise hängt der Fang eines Fischers von der Ausbeute anderer Fischer im gleichen (öffentlichen) Gewässer ab. Analog verhält es sich bei der Nutzung öffentlicher Infrastruktur. Hier kann der individuelle Konsum von Straßen und Autobahnen durch die gleichzeitige Nachfrage anderer bisweilen erheblich eingeschränkt werden. Technologische Externalitäten gehen insofern auch vom Wissen aus, weil dieses Merkmale öffentlicher Güter aufweist. Wissen ist von Nichtrivalität im Konsum und zumindest teilweiser Nichtausschließbarkeit geprägt. Vgl. Scitovsky, 1954, S. 143ff. und insbesondere Bitzer, 2003, S. 20ff.

Ein weiterer, nicht zu vernachlässigender Vorteil der Agglomeration besteht für Gründungswillige darin, daß sie hier ein ausreichendes Reservoir an qualifizierten Arbeitskräften vorfinden.[196] Dieser Umstand erleichtert die Umsetzung potentieller Gründungsideen auf zweifache Weise. Zum einen finden Gründungsaspiranten in Ballungsgebieten leichter Gleichgesinnte, wenn die Geschäftsidee ein Gründungsteam erforderlich macht.[197] Zum anderen wird Gründern in urbanisierten Wirtschaftsräumen die Rekrutierung qualifizierter Beschäftigter erleichtert.[198] Anders als in ländlichen Gebieten sind die zumeist immobilen Arbeitskräfte hier nämlich bereit, in ihre Ausbildung und Qualifikation zu investieren. Diese raumabhängige Investitionsbereitschaft erklärt sich dadurch, daß sich die Arbeitskräfte in Ballungsräumen gegen firmenspezifische Krisen besser absichern können. Denn dort läßt sich der Wechsel von einem krisengeschüttelten zu einem erfolgreichen Unternehmen einfacher und häufig friktionslos bewerkstelligen. Entsprechend geringer sind die Dauer der durchschnittlichen Arbeitslosigkeit und die damit verknüpften Lohnschwankungen. Das Risiko einer Fehlinvestition in die eigene Qualifizierung sinkt für immobile Arbeitskräfte infolgedessen mit zunehmender Wirtschaftsballung. Gründer werden deshalb, so läßt sich im Umkehrschluß ableiten, in geballten Gebieten nur in Ausnahmefällen in die Verlegenheit geraten, qualifizierte Mitarbeiter aus anderen regionalen Arbeitsmärkten mit hohen Löhnen anlocken zu müssen.[199] Dieses altbekannte Ar-

---

196 Vgl. Picard/Toulemonde, 2002, S. 1ff.

197 Es ist hinlänglich bekannt, daß gerade bei technisch anspruchsvollen Produkt- und Geschäftsideen eine Teamgründung der Einzelgründung überlegen sein kann, insbesondere wenn die Unternehmensgründer komplementäre Fähigkeiten in das Management einbringen und damit individuelle Schwachstellen ausgleichen können. Die Suche nach ergänzenden Kompetenzen zur Bildung eines Gründungsteams kann vor allem für Absolventen technischer Studiengänge relevant sein, denen es häufig – wie weiter unten noch gezeigt werden wird – an kaufmännischer Erfahrung zur Umsetzung einer Produktidee in Form einer Gründung mangelt. Vgl. z.B. Picot/Laub/Schneider, 1989, S. 97ff. Auf der anderen Seite darf nicht ignoriert werden, daß bei Teamgründungen die Gefahr von Interessenskonflikten und Abstimmungsproblemen besteht, was im Eintrittsfall die Entwicklung des Unternehmens behindern kann. Vgl. hierzu Almus, 2001, S. 11f. und die dort angegebene Literatur.

198 Dem Zugang zu Humankapital werden vor allem wachstumsorientierte Gründungsunternehmen hohe Bedeutung beimessen, denn beim Übergang von der Gründungs- in die Entwicklungsphase kann – wie Studien zeigen – die Personalakquisition zu einem gravierenden Engpaß werden. Vgl. Kronenwett, 1986, S. 254 und Schmitz, 2001, S. 177.

199 Vgl. Frank/Pflüger, 2002, S. 305f. Es sei darauf hingewiesen, daß Unternehmen unter dynamischen Gesichtspunkten ein Eigeninteresse zur Ballung allein deshalb haben können, weil sie hierdurch das Risiko auf Seiten der Erwerbstätigen, in Aus- und Weiterbildungsmaßnahmen zu investieren, reduzieren helfen und damit lang-

gument des „Poolings“ auf dem Arbeitsmarkt, das auf Marshall und seine Überlegungen zum „Industriellen Distrikt“ zurückgeht,[200] wird durch verschiedene empirische Untersuchungen gestützt.[201]

Aus der Summe der soweit vorgebrachten Argumente steigt ceteris paribus nicht nur die Möglichkeit sondern auch die Profitabilität einer Gründung. Daher darf auch aus dem Blickwinkel der Theorie der unternehmerischen Wahl damit gerechnet werden, daß die Dichte der Wirtschaftsaktivität die Entstehung neuer Firmen stimuliert.[202]

Andererseits ist aber nicht auszuschließen, daß hohe Mietkosten, Stau- und Umwelteffekte die Betriebskosten in Ballungsgebieten ansteigen und damit die Profitabilität von Gründungen sinken lassen. In diesem Fall sollte sich neben der wirtschaftlichen auch die gründerische Aktivität „entballen“.[203] Als ein weiteres Argument gegen einen positiven Zusammenhang zwischen Agglomeration und gründerischer Aktivität wird vorgebracht, daß aufgrund des hohen lokalen Nachfragepotentials etablierte Unternehmen Skaleneffekte ausschöpfen können. Demnach würden sich – wie das industrieökonomische Markteintrittsmodell bereits illustrierte – die Eintrittsschranken für potentielle Marktneulinge erhöhen. Allerdings wird eingeräumt, daß diese Ausschöpfungsmöglichkeiten zu einem hohen Grad an die Branchenstruktur im Ballungsgebiet und an die herrschenden Produktionstechnologien gebunden sind.[204]

Der produktionstechnologische Wandel gilt wiederum einigen Autoren als Argument für die schwindende Bedeutung von Agglomerationen für Gründungen. So sind unter anderem Oakey und Cooper davon überzeugt, daß bei der Standortwahl von Unternehmensgründungen den traditionellen Faktoren wie den Logistikkosten wegen des gestiegenen Einsatzes von Humankapital nur noch geringes Gewicht zukommt. Infolgedessen läßt sich der gerade von hochqualifizierten Gründern anvisierte Ausgleich zwischen beruflicher Entfaltung und einer hohen Lebensqualität zunehmend ohne Kostenbenachteiligung in peripheren Regionen verwirklichen. Entsprechend sollten gerade humankapitalintensive Unternehmensgründungen in Randlagen verstärkt beobachtbar sein.[205]

---

fristig von qualifizierten Arbeitskräften profitieren. Vgl. Picard/Toulemonde, 2002, S. 24.

200 Vgl. Marshall, 1920, S. 271f.

201 Vgl. z.B. Malecki/Bradbury, 1992, S. 123 oder Sternberg/Litzenberger, 2003, S. 39 und die dort angegebene Literatur.

202 Vgl. Audretsch/Vivarelli, 1995, S. 78.

203 Vgl. etwa Fothergill/Gudgin, 1982, S. 104ff. Zur „Entballung“ von Innovationstätigkeit im allgemeinen siehe Audretsch/Weigand, 1999, S. 138.

204 Vgl. Verheul et al., 2001, S. 28.

205 Vgl. Oakey/Cooper, 1989, S. 357ff.

Zusammen genommen kristallisiert sich aus den vorgebrachten Argumenten heraus, daß die Impulsrichtung des Ballungseffekts auf die Gründungsaktivität a priori indeterminiert ist. Die Überprüfung der kontroversen Thesen muß daher der Empirie überstellt werden.

Die These eines negativen Gründungimpulses von Agglomerationen kann durch empirische Studien nicht untermauert werden. Vielmehr deuten einige Arbeiten auf einen signifikant positiven Zusammenhang zwischen den beiden Grössen hin. So lokalisiert Fritsch in einer Analyse zum westdeutschen Gründungsverhalten mehr als die Hälfte aller Neugründungen innerhalb des Untersuchungszeitraums von 1986 bis 1989 in stark konzentrierten Wirtschaftsräumen.[206] Dieses Resultat wird durch Querschnitts- und Paneluntersuchungen über Schottland, Schweden und Italien unterstützt. Auch dort haben dicht besiedelte Regionen die Genese neuer Unternehmen positiv beeinflußt.[207]

Unterdessen liegen auch Studien vor, in denen die wirtschaftliche Ballung keinen Erklärungsbeitrag zu regional variierenden Gründungsaktivitäten liefern kann. Audretsch und Vivarelli erhalten zum Beispiel in ihrer Analyse zum Auftritt neuer Unternehmen in den italienischen Provinzen nur das – von ihnen – erwartete positive Vorzeichen für die Agglomerationsvariable. Deren Insignifikanz führen die Autoren auf die Spezifizierung als Dummy zurück.[208]

Für das Verarbeitende Gewerbe in der britischen Region East Midland haben Fothergill und Gudgin über den Zeitraum von 1968 bis 1975 sogar beobachtet, daß sich in den dünn besiedelten, ländlichen Gebieten neue Firmen wesentlich häufiger als in den von Großbetrieben dominierten Städten formierten.[209]

2.2.3.2 Lokalisation

Eine außerordentliche Wirkung für die Entstehung neuer Unternehmen wird auch der Lokalisation zugesprochen, unter der die geographische Nähe zahlreicher Firmen einer Branche zu verstehen ist.[210] Obwohl die wohlfahrts- und wachstumsökonomische Bedeutung der Spezialisierung, die sich aus der Lokalisation für einen Wirtschaftsraum ergibt, in der Literatur hinlänglich bekannt ist, hat sie durch den relativ jungen Cluster-Ansatz von Porter gerade in der Regionalwirtschaft neue Popularität erhalten. Denn zum Erwerb der internationalen Wettbe-

---

206 Vgl. Fritsch, 1997, S. 443.

207 Vgl. Storey/Johnson, 1987, S. 166 und Davidsson/Lindmark/Olofsson, 1994, S. 400f. sowie Revelli/Tenga, 1989, S. 189.

208 Vgl. Audretsch/Vivarelli, 1995, S. 79.

209 Vgl. Fothergill/Gudgin, 1982, S. 119ff.

210 Der Begriff „Lokalisation“ wird in diesem Sinne bereits von Marshall verwendet. Vgl. Marshall, 1920, S. 266.

werbsfähigkeit, die Porter für Regionen in seinem Konzept grundsätzlich zu erklären beabsichtigt,[211] räumt er der Anhäufung von Firmen eines Industriezweiges („Clusterbildung“) die zentrale Rolle ein.[212] Hat sich ein solches „Kompetenzzentrum“ gebildet, so bewahrt dieses seine Wettbewerbsfähigkeit durch einsetzende, sich selbst verstärkende Effekte.[213] Unter diesen Mechanismen nimmt die Gründungsaktivität eine Schlüsselfunktion ein. Denn die für Neugründungen fruchtbare Spezialisierung der Wirtschaft wird durch jene perpetuiert.[214]

Die Eigenschaft eines exquisiten Nährbodens für Gründungen erlangen Cluster nach der Vorstellung Porters aus dem Zusammenspiel von Nachfrage- und Angebotsfaktoren. Letztere sind mehrheitlich bereits als Argumente für eine vitale Gründungsaktivität in Agglomerationen vorgebracht worden.

So benennt Porter günstige Beschaffungskonditionen, die sich aus der räumlichen Nähe zu Lieferanten für Gründungsunternehmen ergeben. Ebenso hält er fest, daß im Cluster die allgemeinen Anfangshürden einer Unternehmensgründung durch den relativ leichten Zugriff auf notwendige Anlagen, Apparaturen und Fertigkeiten sowie die vereinfachte Rekrutierung von qualifizierten Mitarbeitern reduziert werden. Außerdem hebt Porter auch die Bedeutung technologischer Externalitäten für die rege Gründungsaktivität hervor. Er betont dabei insbesondere die Übertragung von unkodifiziertem Know-how und die Möglichkeit

---

211 In Porters Ansatz bestimmt die Ausprägung von sechs Raumwirtschaftsfaktoren, welche Branchen einer Region sich als wettbewerbsfähig herauskristallisieren. Unter diesen Determinanten befinden sich vier ökonomische: die Faktorausstattung mit natürlichen Ressourcen, die heimische Nachfragebedingung sowie verwandte und unterstützende Branchen. Darüber hinaus wird als ökonomische Bestimmungsgröße die lokale Wettbewerbssituation berücksichtigt, weil diese und die darauf aufbauenden Unternehmensstrategien und -organisationsformen erheblichen Einfluß auf die internationale Wettbewerbsfähigkeit ausüben. Zu den zwei nicht-ökonomischen Faktoren gehört die tragende Rolle des Staates, der die Entwicklung der vorgenannten Größen sowie deren Interaktion beeinflußt. Zuletzt hat auch der Zufall ein Recht: Kriege, politische Veränderungen im Ausland oder technologische Brüche können die sektorale Wettbewerbsfähigkeit bestimmen. Vgl. Porter, 1990, S. 71ff. oder Berg/Holtbrügge, 1997, S.199.

212 Vgl. Porter, 1990, S. 148ff. und S. 622.

213 Die von Porter identifizierten Faktoren wirken in ihrem Verbund zum einen auf die Produktivität der regionalen Unternehmen und bestimmen zum anderen die Richtung und das Tempo von Innovationsaktivitäten, aus denen sich wiederum zukünftige Produktivitätssteigerungen realisieren lassen. Vgl. Porter, 1998, S. 81ff.; vgl. auch Berg/Holtbrügge, 1997, S.199 und Best, 2001, S. 88.

214 Vgl. Porter, 1998, S. 84f. und Best, 2001, S. 83. Insofern versteht sich, daß „Unternehmensgründungen ... die Innovationskraft des Clusters [sichern].“ Klimmer/Dieckmann, 2000, S. 8. Zum Stellenwert von Gründergeist und Unternehmertum im Cluster siehe auch Porter, 1990, S. 125: „Invention and entrepreneurship are at the heart of national advantage.“

gemeinsamer Lernprozesse, die beide durch ein dichtes Geflecht von marktlichen, personellen sowie soziokulturellen Beziehungen gefördert werden.[215] Diese Aspekte erfahren im Diamant-Ansatz[216] allerdings eine nuancierte Anwendung: Porter stellt auf *intra-sektorale* Lerneffekte beziehungsweise Wissensspillover ab.[217]

Infolgedessen zeigen im Cluster der Wettbewerb unter und die Kooperation zwischen den lokalen Unternehmen sowie die Präsenz anspruchsvoller Kunden rasch Marktlücken auf, die von Gründungswilligen genutzt werden können. Gerade die Anwesenheit von Nutzern und Anwendern stellt ein bedeutsames örtliches Marktpotential für neue Geschäftsideen dar, wodurch sich Marktrisiken verringern. Hieraus ergibt sich ein weiterer clusterspezifischer Vorteil für potentielle Neugründer: Banken und Investoren werden von ihnen geringere Risikoprämien verlangen.

Außerdem eröffnet die intensive Vernetzung der Wirtschaft mit den lokalen wissenschaftlichen Einrichtungen, die ihre Forschungsschwerpunkte häufig auf die Belange der örtlichen Industrie ausrichten, zusätzliche Geschäftsopportunitäten.[218] Auch aus diesem regional begrenzten Wissenstransfer können tragbare Ideen für neue Unternehmen im Cluster erwachsen.[219] Schließlich erleichtert der vitale Arbeitsmarkt die Gründungsentscheidung potentieller Unternehmen, da dynamische Cluster gute Voraussetzungen für eine Auffanglösung gescheiterter Gründer bieten.[220]

Den Beleg für die Bedeutung der Spezialisierung als Gründungsdeterminante erbringen die „Cluster-Vertreter" in aller Regel fallbezogen-deskriptiv, allen voran durch den regelmäßigen Verweis auf das Silicon Valley: Dort sind innerhalb kurzer Zeit zahlreiche, heute weltbekannte und symbolträchtige Unternehmen der

---

215 Vgl. Porter, 1998, S. 84f. für eine kompakte Darstellung oder Porter, 1990, S. 148ff.

216 Aus der graphischen Illustration der sechs Faktoren, aus denen sich die sektorale Wettbewerbsfähigkeit herauskristallisiert, ergibt sich ein stilisierter „Diamant". Dieser Begriff, der von Porter selbst eingeführt wurde, wird heute regelmäßig in der Literatur benutzt. Vgl. etwa van der Linde, 2003, S. 143 und Porter, 1990, S. 128 beziehungsweise S. 173ff.

217 In der Diskussion über die Gründungsbedeutung von Agglomerationen werden *inter-sektorale* Wissensspillover als gründungsrelevantes Argument angeführt. Vgl. auch Maggioni, 2002, S. 151.

218 Auf die Bedeutung von FuE-Aktivitäten wird weiter unten noch ausführlicher eingegangen. An dieser Stelle sei bemerkt, daß Sternberg keine Bestätigung für die These findet, daß Unternehmen in prosperierenden Regionen (Cluster) häufiger Innovationskooperationen mit lokalen Forschungseinrichtungen unterhalten als in anderen Regionen. Vgl. Sternberg, 1998, S. 295.

219 Vgl. etwa Feldman, 2001, S. 884.

220 Vgl. Porter, 1998, S. 84.

Informations- und Kommunikationstechnologiebranche wie Hewlett Packard, Intel, Oracle oder Cisco entstanden. Zwischen 1978 und 1987 registrierte diese Gegend gar über sechzig Prozent aller 124 Neugründungen innerhalb der US-amerikanischen Halbleiterindustrie. Die Mehrheit dieser Firmen geht dabei direkt oder indirekt auf Fairchild Semiconductors zurück, das Unternehmen, welches in den 1950er Jahren zeitgleich mit Texas Instrument den ersten integrierten Schaltkreis herausbrachte. Zugleich hat sich über die Jahre eine äußerst kreative Symbiose von Wissenschaft und Praxis gebildet, welche die Stanford-University zu einem Nukleus des heutigen Silicon Valley werden ließ.[221]

Eine der raren empirischen Untersuchungen, in welcher die Wirkung der Spezialisierung auf den Umfang der raumwirtschaftlichen Gründungsaktivität mit Methoden der Statistik überprüft wird, stammt von Revelli und Tenga. Diese analysieren für das Verarbeitende Gewerbe in sechs Provinzen der Region Piemont die Bedeutung verschiedener Gründungsdeterminanten. Als potentielle Bestimmungsgröße nehmen die Autoren in ihr Panelmodell auch einen Spezialisierungsindex auf, der auf sektoralen Beschäftigungsanteilen beruht. Die Regressionsergebnisse weisen für den Index im Beobachtungszeitraum von 1978 bis 1983 stets ein positives Vorzeichen aus und erhärten damit die These, daß Gründungen von der wirtschaftlichen Spezialisierung begünstigt werden.[222] Zu einem ähnlich Befund gelangt Garofoli in einer Studie zu 84 italienischen Provinzen. Auch hier hat die sektorale Spezialisierung den Eintritt neuer Unternehmen im Verarbeitenden Gewerbe signifikant stimuliert. Die Operationalisierung der Spezialisierungsvariablen fußt dabei analog der Vorgehensweise von Revelli und Tenga auf sektoralen Beschäftigungsanteilen.[223]

Einen weiteren Versuch, die Spezialisierungsthese zu stützen, haben Sternberg und Litzenberger in einer Analyse zu 97 deutschen Raumordnungsregionen unternommen. Zur Abbildung der regionalen Gründungsaktivität greifen Sternberg und Litzenberger auf die Erhebungsdaten der Jahre 2000 bis 2002 des Glo-

---

221 Eine detaillierte Beschreibung der Evolution des Silicon Valley findet sich bei Angel, 1990, S. 217ff. Vgl. auch Kluge/Faßbender, 2003, S. 340. Die elektrisierende Aura des Beispiels – allen voran in der Populärwissenschaft – läßt sich illustrieren an Buchtiteln wie „Cloning Silicon Valley“ (Rosenberg, 2002), an Buchkapiteln wie „Blaupause 'Silicon Valley',, (Eglau, 2000, S. 49ff.) oder an Aufsatzüberschriften a la „Silicon Valley vs. Isar Valley“ (Thümmler, 2001, S. 8f.). Viele dieser Autoren verweisen auch auf das Beispiel der „Route 128“. Die Entwicklung dieser amerikanischen Hightech Region um Boston beschreibt ausführlich etwa Best, 2001, S. 117ff.

222 Vgl. Revelli/Tenga, 1989, S. 187f.

223 Methodisch verwendet Garofoli dabei keine Panelanalyse. Vielmehr geht in seinem Modell als abhängige Variable der Durchschnitt der regionalen Gründungsaktivität von 1987 bis 1991 ein. Vgl. Garofoli, 1994, S. 387ff.

bal Entrepreneurship Monitors (GEM) für Deutschland zurück.[224] Die Ergebnisse ihrer Regressionsanalysen zeigen, daß die exogene Spezialisierungsvariable das zu erwartende, positive Vorzeichen aufweist. Die Variable bleibt allerdings in allen Modellspezifikationen bei einer Vertrauenswahrscheinlichkeit von 95 Prozent insignifikant.[225] Trotz dieses Ergebnisses schlußfolgern Sternberg und Litzenberger, daß die positive Wirkung von Clustern auf das Gründungsverhalten nicht unterschätzt werden sollte, weil potentielle Gründer den Markteintritt in Clustern leichter bewältigen können.[226]

Eine methodische Schwierigkeit mit der Gründungsdeterminanten „Cluster" besteht darin, das lokale Kompetenzfeld sektoral scharf abgrenzen zu wollen.[227] Nach Porters eigener Auffassung ist zum Aufbau und zur Entwicklung eines Innovationsclusters die Präsenz verwandter und unterstützender Wirtschaftszweige notwendig. Dabei faßt Porter diese Branchen bewußt weit und subsumiert unter diese nicht nur wie üblich die Zulieferindustrie sondern auch komplementäre Dienstleistungsunternehmen wie Logistik, Finanzen und Beratung.[228]

Vor diesem Hintergrund darf es als interessant bezeichnet werden, daß sich in der bereits zitierten Arbeit von Garofoli die Spezialisierungsvariable, die auf Beschäftigungsanteilen im Verarbeitenden Gewerbe beruht,[229] als insignifikant für die gesamtwirtschaftliche Gründungsaktivität herausstellt.[230] Dieser Befund läßt

224 Im Rahmen des GEM-Projekts wurden erstmalig im Jahre 1999 parallel in 15 Ländern standardisierte Befragungen zum Gründungsverhalten durchgeführt. Seitdem werden diese Erhebungen jährlich in einer stetig wachsenden Länderzahl wiederholt. Auf Basis der Befragungen werden Indizes erstellt, welche die Gründungsaktivitäten („Entrepreneurial activities") und -einstellungen („Entrepreneurial attitudes") der Bevölkerung zwischen 18 und 64 Jahren abbilden. Aus der Summe dieser beiden Indizes wird ein Gesamtindex, der TEA („Total Entrepreneurship Activity"), konstruiert. D.h. im TEA stecken neben echten Gründungen auch gleichgewichtete (!) Willensbekundungen. Vgl. Sternberg/Litzenberger, 2003, S. 6f. aber auch Sternberg/Otten/Tamásy, 2000, S. 4ff. und Acs et al., 2004, S. 1ff.

225 Vgl. Sternberg/Litzenberger, 2003, S. 39.

226 Vgl. Sternberg/Litzenberger, 2003, S. 40f.

227 Zu den Schwierigkeiten und den teilweise fragwürdigen Methoden, die zur Identifizierung regionaler Stärken in der Praxis verwendet werden, um darauf aufbauend wirtschaftspolitische Maßnahmen zu lancieren, siehe auch Doeringer/Terkla, 1996, S. 187f.

228 Vgl. Porter, 1990, S. 100ff. oder komprimierter in Porter, 1998, S. 78ff.

229 Aus den Ausführungen Garofolis wird nicht ersichtlich, warum er bei der Konstruktion des Spezialisierungsindex den Dienstleistungssektor ausschließt. Vgl. Garofoli, 1994, S. 381ff.

230 Die Spezialisierungsgröße behält allerdings ihr positives Vorzeichen. Die Insignifikanz der Variablen betrifft die Regression, in der sich die Gründungsaktivität auf die Bevölkerung im erwerbsfähigen Alter bezieht. In einer alternativen Berechnung, in der Garofoli die Unternehmensgründungen mit der Gesamtbevölkerung normiert,

nur zwei Interpretationen zu: Zum einen, daß unter Beachtung der gesamten wirtschaftlichen Aktivität, die Spezialisierung der 84 analysierten italienischen Provinzen, mehrheitlich gar nicht auf dem Verarbeitenden Gewerbe liegt, sondern vielleicht im Dienstleistungsgewerbe oder einem anderen industriellen Sektor, etwa der Energieerzeugung. In diesem Falle erklärt das verschleierte „wahre" Kompetenzfeld die regionale Gründungsaktivität maßgeblich, weshalb der Spezialisierung innerhalb der Verarbeitenden Industrie auch nur untergeordnete Bedeutung hierbei zukommen kann. Zum anderen läßt sich deuten, daß die Spezialisierung im Verarbeitenden Gewerbe zwar grundsätzlich der gesamtwirtschaftlich „wahren" entspricht, diese „Cluster" wegen einer starken Segmentierung der regionalen Wirtschaft in den 84 Provinzen aber noch keine „kritische Masse" erreicht hat. Demnach kann von diesen „zarten Cluster-Pflänzchen" (noch) kein signifikanter Einfluß auf die Gründungsaktivität in den übrigen Sektoren ausstrahlen wie etwa im Silicon Valley. Einer Studie zufolge sind dort knapp drei Viertel aller Unternehmen, die im Jahr 1999 einen Umsatz von mindestens 50 Millionen US-Dollar erzielt hatten, innerhalb der vorangegangen 15 Jahre gegründet worden.[231]

Der Hinweis auf die Wichtigkeit einer „kritischen Masse" verdeutlicht ein Kernproblem mit der Gründungsdeterminante „Spezialisierung": ihre inhaltliche Nähe zur Agglomeration. Beide Phänomene schließen sich nicht nur nicht aus, sondern bedingen sich gegenseitig. Stigler hat bereits 1951 herausgearbeitet, daß die Marktgröße das Potential der Arbeitsteilung – und damit der Spezialisierung – absteckt.[232] Von daher wird ohne eine „kritische Gesamtmasse" die Bildung neuer Unternehmen sowohl im „Kompetenzsektor" als auch in den übrigen Branchen des analysierten Wirtschaftsraumes zum Erliegen kommen.

Insofern versteht sich, daß Sternberg und Litzenberger einen von ihnen beobachteten Schwelleneffekt mit einer zu geringen „Urbanisation" begründen: Die Autoren haben in ihrer Untersuchung eine Schwelle bemerkt, ab der eine weitere Spezialisierungszunahme für die regionale Gründungsaktivität wirkungslos verpufft.[233]

---

erweist sich die Spezialisierungsvariable hingegen nicht nur für das Verarbeitende Gewerbe sondern auch für die Gesamtwirtschaft als signifikant. Allerdings ist die Gesamtbevölkerung – wie sich im empirischen Teil dieser Arbeit weiter unten noch zeigen wird – als Normierungsmaß wenig geeignet. Vgl. Garofoli, 1994, S. 389.

231 Vgl. Kluge/Meffert/Stein, 2000, S. 100.

232 Vgl. Stigler, 1951, S. 192f.

233 Vgl. Sternberg/Litzenberger, 2003, S. 39.

In Anbetracht der inzwischen weit geteilten Ansicht über die hohe Bedeutung einer kritischen Masse für die Clusterentwicklung verwundert es ein wenig,[234] daß in den vorliegenden Regressionsanalysen zur Gründungsaktivität noch keine Versuche unternommen wurden, den interagierenden Einfluß der beiden Größen Agglomeration und Spezialisierung auf die abhängige Variable zu messen.

2.2.3.3 Produktionswirtschaftliche und unternehmensdemographische Struktur

In der Literatur werden im Kontext der Diskussion über raumstrukturelle Gründungsfaktoren zwei weitere Aspekte vorgebracht: der Anteil des Dienstleistungssektors und die Bedeutung kleiner und mittelständischer Unternehmen (KMU).[235] Die vorgebrachten Argumente zur Wirkung der einzelnen Determinanten überschneiden sich.

Auf den Anteil des Dienstleistungssektors als Gründungsdeterminante wird zum einen verwiesen, weil Unternehmen dieses Sektors bei Aufnahme des Geschäftsbetriebs in aller Regel – technologiebedingt – einen wesentlich niedrigeren Kapitalbedarf haben als solche aus dem produzierenden Gewerbe. Da ein hoher Bedarf an Finanzmitteln – wie oben bereits erläutert – gerade für kleine Unternehmensgründungen eine Hürde darstellt,[236] sollte diese Schwelle von Eintrittswilligen demnach im Dienstleistungsgewerbe relativ leicht zu überwinden sein.[237] Da die Höhe des anfänglichen Kapitalbedarfs zugleich den Umfang der irreversiblen Anschubkosten und das Potential für Skalenökonomien absteckt,[238] läßt sich schlußfolgern, daß mit zunehmendem Anteil des Dienstleistungssektors an der Wertschöpfung einer Volkswirtschaft die Gründungsintensität steigt, weil die hemmende Wirkung von Eintrittsbarrieren insgesamt schwindet.

---

234 Die „lokale Masse" gilt heute allgemein als erfolgskritisch für den Eintritt selbstverstärkender Cluster-Effekte. Vgl. etwa Enright, 2003, 104. Konkrete Anhaltspunkte, ab wann die kritische Masse erreicht wird, sind allerdings kaum zu finden. Vgl. dazu Stuchtey, 2001, S. 43 oder Maggioni, 2002, S. 142f. Dieser Mangel erklärt sich nicht zuletzt deshalb, weil ein eindeutiges Kriterium fehlt, anhand dessen die „kritische Masse" für alle Industrien bestimmbar wäre. Eine Ausnahme bildet wohl der Versuch Swanns zur US Computerindustrie, für die er die kritische Schwelle mit 2.000 bis 10.000 Beschäftigten veranschlagt. Vgl. Swann, 1998, S. 90.

235 Vgl. zum KMU-Argument etwa Danson, 1995, S. 82. Zum Service-Sektor vgl. Wennekers/Thurik, 1999, S. 48f. oder Malecki, 1997, S. 163.

236 Vgl. Orr, 1974, S. 61 sowie Duetsch, 1984, S. 486.

237 Vgl. Verheul et al., 2001, S. 23f. aber auch Fritsch, 1992, S. 234 und Deutscher Industrie- und Handelskammertag (DIHK), 2004, S. 5f.

238 Zu relativ vernachlässigbaren Skaleneffekten im Dienstleistungssektor vgl. Audretsch/Klomp/Thurik, 1999, S. 241.

Empirisch konnte diese These bestätigt werden. So eruiert Perry in seiner Untersuchung zu Neuseeland eine überdurchschnittliche Gründungsneigung innerhalb des Dienstleistungssektors. Darüber hinaus kann er nachweisen, daß das Wachstum dieses Sektors im Beobachtungszeitraum von 1983 bis 1988 nicht – wie häufig unterstellt – allein auf der Reallokation von Aktivitäten und Beschäftigung aus dem Verarbeitenden Gewerbe (Stichwort „Outsourcing") basiert. Zugleich entdeckt Perry, daß zahlreiche Neugründungen durch Personen erfolgen, die zuvor im gleichen Sektor in bestehenden Unternehmen beschäftigt waren.[239]

Indirekt kann diese empirische Beobachtung als Unterstützung eines Arguments dienen, welches nicht nur für einen positiven Zusammenhang zwischen Gründungsaktivität und dem Anteil des Dienstleistungssektors vorgebracht wird, sondern auch die argumentative Grundlage dafür bildet, daß zwischen KMU-Anteil und gründerischem Verhalten eine positive Verbindung postuliert wird.

Ausgangspunkt der Überlegung ist, daß der Branchenerfahrung eine wesentliche Rolle bei der Gründungsentscheidung zukommt.[240] Da nach einer weit verbreiteten Ansicht abhängig Beschäftigte in Unternehmen mit kleiner oder mittlerer Größe im Gegensatz zu ihren Kollegen in Großunternehmen einen guten Überblick über alle Geschäftsbereiche erhalten, ergeben sich für KMU-Beschäftigte Lerneffekte, die für eine eigene Unternehmensgründung und -führung vorteilhaft sind.[241] Vor allem ermöglicht die Nähe zum Kunden das Aufspüren neuer

---

239 Vgl. Perry, 1990, S. 206. Daß Ausgründungen im Dienstleistungssektor eine größere Rolle als im Verarbeitenden Gewerbe einnehmen, konstatiert auch Schmitz. Vgl. Schmitz, 2001, S. 35.

240 Vgl. etwa Storey, 1994, S. 64. Picot et al. attestieren der Branchenerfahrung auch einen hohen Einfluß hinsichtlich des Gründungserfolgs. Vgl. Picot/Laub/Schneider, 1989, S. 259.

241 „Im funktional gegliederten Unternehmen wirkt der Einzelne durchweg als Spezialist in einem engen Rahmen begrenzter Kompetenz ohne ganzheitlichen Geschäftsüberblick." Eglau et al., 2000, S. 39. Vgl. aber auch Verheul et al., 2001, S. 23 oder Audretsch/Vivarelli, 1995, S. 78 sowie Fothergill/Gudgin, 1982, S. 125f. Den Kern des Arguments, warum KMUs geeignete Brutkästen für Neugründungen bilden, hat Lazear in einem jüngeren Ansatz verallgemeinert. Nach dieser Theorie sind Gründer wahre Alleskönner („Jacks-of-All-Trades"), die eine *breite* Erfahrungspalette beziehungsweise eine *balancierte* Ausbildung haben, während Nicht-Gründer profunde Kenntnisse in *einem* Spezialgebiet aufweisen. Empirisch findet Lazear seine These für eine Stichprobe von Absolventen der Stanford Business School bestätigt. Als „Erfahrungsvariable" ging dabei die Anzahl an eingenommenen Positionen in abhängiger Beschäftigung *vor* der eigenen Unternehmensgründung in das Modell ein. Vgl. Lazear, 2002, S. 26ff. oder Lazear, 2004, S. 208ff. Auf ähnliche Weise hat inzwischen Wagner die Alleskönner-These für Werdende Gründer („Nascent Entrepreneurs") in Deutschland bestätigen können. Vgl. Wagner, 2003, S. 10. Ausführlich wird das Wesen Werdender Gründer beschrieben von Wagner, 2004, S. 1ff.

Geschäftsopportunitäten in KMUs. In seiner Untersuchung zu Deutschland findet Fritsch einen solch positiven Zusammenhang bestätigt. Er resümiert, daß „ein stark ausgeprägter Zusammenhang zwischen der Gründungsrate und dem regionalen Beschäftigungsanteil in Kleinbetrieben feststellbar [ist].“[242] Zu analogen Einsichten kommen auch Fothergill und Gudgin in ihrer Studie zu den East Midlands, einer englischen Region, oder Vivarelli in einer Untersuchung zum Gründungsverhalten in Italien.[243] Storey und Johnson entdecken gar, daß die Wahrscheinlichkeit einer eigenen Unternehmensgründung für einen KMU-Beschäftigten zehnmal höher als für einen vergleichbar qualifizierten Angestellten eines Großunternehmens ist.[244] Uneingeschränkt wird dieses unternehmensdemographische Argument durch die Empirie jedoch nicht getragen: Eine italienische Studie kann die Bedeutung der KMU-Struktur als Determinante der regionalen Gründungsaktivität nur bedingt bestätigen.[245]

Da gerade in vielen Segmenten des Dienstleistungssektors die durchschnittliche Unternehmensgröße relativ gering ist, wird angenommen, daß dieser Sektor nicht nur wegen seines geringen Kapitalbedarfs, sondern auch wegen der genannten KMU-Argumente beste Voraussetzungen bietet, um im Rahmen einer abhängigen Beschäftigung Opportunitäten für eine eigene Gründung aufzuspüren.[246] Daher kann auch aus dem Blickwinkel der Unternehmensdemographie erwartet werden, daß die beobachtbare Gründungsaktivität um so höher ausfällt, je größer die Bedeutung des Dienstleistungssektors ist. Die These, wonach in den industrialisierten Volkswirtschaften der Anteil der Selbständigen in säkularer Sicht wieder zunimmt, stützt sich genau auf diesen Zusammenhang.[247]

---

242 Fritsch, 1992, S. 233.

243 Vgl. Fothergill/Gudgin, 1982, S. 120f. und Vivarelli, 1991, S. 215ff. Ein ähnliches Ergebnis erhält Mueller in ihrer Untersuchung zu Werdenden Gründern („Nascent Entrepreneurs“) in Deutschland. Vgl. Mueller, 2005, S. 16f.

244 Vgl. Storey/Johnson, 1987, S. 167. Weitere Studien mit vergleichbaren Ergebnissen erwähnt Storey, 1994, S. 64.

245 Vgl. Revelli/Tenga, 1989, S. 184.

246 Die weite Verbreitung von KMU-Betrieben im Dienstleistungssektor bestätigen etwa für die Niederlande Audretsch/Klomp/Thurik, 1999, S. 230ff. Vgl. auch Keeble/Bryson/Wood, 1992, S. 443ff.

247 Bis in die späten 1970er Jahre verzeichneten die industrialisierten Länder einen abnehmenden Anteil der Selbständigen in den jeweiligen Gesellschaften. Als Ursache für diese Entwicklung machen Wennekers und Thurik das wachsende Pro-Kopf-Einkommen und die Produktionsstrukturen aus. Mit dem zunehmendem Gewicht des Dienstleistungssektors und der damit einhergehenden Veränderung in den Produktionsmethoden nimmt der Anteil der Selbständigen wieder zu und überkompensiert den negativen Einkommensimpuls. In Summe kristallisiert sich, so die Hypothese der Autoren, für den Anteil der Selbständigen ein U-förmiger Kurvenverlauf über die Zeit heraus. Vgl. Wennekers/Thurik, 1999, S. 48f.

Abschließend muß mit Audretsch et al. angemerkt werden, daß bislang kaum empirische Analysen zum Gründungsgeschehen im Dienstleistungssektor vorliegen.[248] Dieses Faktum überrascht. Angesichts der Tatsache, daß in den OECD-Länder ein erheblich größerer Anteil der Wertschöpfung im Dienstleistungssektor als in der Industrie erwirtschaftet wird, darf dieser Mangel geradezu als paradox bezeichnet werden.[249] Eine Erhärtung der Gründungsbedeutung des Dienstleistungssektors auf breiterer Basis steht demnach noch aus.[250]

2.2.3.4 Ausbildungsniveau

Im wirtschaftlichen Entwicklungsprozeß wird dem Humankapital seit einiger Zeit eine besondere Stellung zugesprochen. Eindrucksvoll verdeutlichen dies verschiedene Modellansätze innerhalb der Neuen Wachstumstheorie, in denen die Humankapitalbildung als treibende Kraft der Wohlstandsentwicklung betont wird.[251] Mithin kann es wenig verwundern, wenn dem Humankapital auch für das Gründungsaufkommen einer Region Beachtung beigemessen wird.

Dabei steht neben der Berufserfahrung, die bereits diskutiert worden ist,[252] ein zweites Merkmal des Humankapitals im Blickfeld: die formale Ausbildung. Denn die personenbezogenen Hürden einer erfolgreichen Unternehmensführung scheinen um so überwindbarer, je umfangreicher die Erfahrungen und je höher die Fähigkeiten sind.[253]

---

248 Vgl. Audretsch/Klomp/Thurik, 1999, S. 230f. Auch die zitierten Studien zum Einfluß von KMU-Betrieben auf die Entstehung neuer Unternehmen gründen in aller Regel ausschließlich auf dem Verarbeitenden Gewerbe. Vgl. hierzu auch Keeble/Bryson/Wood, 1992, S. 441.

249 Das geringe Wissen und fehlende Verständnis der Ökonomen über die Funktionsweise des Dienstleistungssektors bemängelt auch Begg, 1993, S. 817. Neuere Arbeiten aus der Gründungsforschung versuchen diese Erkenntnislücke zu schließen. Im Vordergrund dieser Untersuchungen steht allerdings die Frage, in wie weit sich Unterschiede zwischen dem Dienstleistungssektor und der Industrie bezüglich der Lebensdauer von Gründungsunternehmen beobachten lassen. Daher bleibt auch mit diesen Analysen offen, welche Bedeutung der Servicesektor als Bestimmungsfaktor von Gründungen überhaupt hat. Vgl. Weyh, 2006, S. 61ff. und Fritsch/Weyh, 2004, S. 1ff.

250 Vgl. Audretsch/Klomp/Thurik, 1999, S. 230f.

251 Eine Übersicht über derartige Ansätze, in denen das Humankapital als Wachstumsdeterminante explizit berücksichtigt wird, findet sich bei Reichel, 2002, S. 101.

252 Siehe hierzu die Erörterungen zu den Lerneffekten in kleinen und mittleren Unternehmen in Gliederungspunkt 2.2.3.3.

253 Vgl. z.B. Fritsch, 1992, S. 234; vgl. Reynolds/Miller/Maki, 1995, S. 390 oder Basu, 1998, S. 313 sowie Verheul et al., 2001, S. 56f.

Da sich Individuen über ihre formale Ausbildung umfangreiches Wissen und Fähigkeiten aneignen, spricht man Hochqualifizierten zu, im Vergleich zu Personen mit geringeren Qualifikationen unternehmerische Opportunitäten besser erkennen und entwickeln zu können. Wegen der hohen Aussicht auf den Gründungserfolg werden sie zudem überdurchschnittlich oft diese Opportunitäten ergreifen.[254] Demzufolge sollte sich die Höhe des Ausbildungsniveaus auf die individuelle Gründungsneigung positiv auswirken. Entsprechend leitet sich ab, daß mit zunehmendem Bestand an Humankapital eine regere Gründungsaktivität einhergeht.

Der postulierte Zusammenhang wird durch einige Arbeiten für verschiedene Länder empirisch bestätigt, etwa von Evans und Leighton für die USA. Dort erwies sich in einer Längsschnittanalyse über den Zeitraum von 1968 bis 1987 ein College-Abschluß als signifikante Gründungsvariable.[255]

Allerdings ist trotz des empirischen Befunds vor einer eilfertigen Schlußfolgerung über die Signifikanz der Verbindung zwischen Ausbildungsprofil und Gründungsneigung zu warnen. Denn Zweifel an dem unterstellten Zusammenhang lassen im Grunde schon die Beobachtungen in Deutschland aufkommen, wo über die letzten Dekaden die Zahl der Abiturienten und Studenten stetig gestiegen ist, ohne daß die Klage über eine zu geringe Gründungsneigung versiegt wäre. Skeptisch machen auch die Forschungsergebnisse hinsichtlich der Bedeutung und Aussagekraft soziodemographischer Faktoren. Wie oben bereits herausgearbeitet wurde, gibt es den stereotypen Gründer nicht. Unternehmensgründer entspringen allen Bevölkerungsschichten. Folglich sind unter ihnen soziodemographische Persönlichkeitsmerkmale wie das Alter oder das Geschlecht in allen Schattierungen vertreten. Das gleiche betrifft – das zeigt die interdisziplinäre Gründungsforschung – auch die Ausbildung beziehungsweise die Qualifikation des Gründers. Gerade dem statischen, indikativen Merkmal des höchst erreichten Ausbildungsabschlusses zum Zeitpunkt der Gründung haftet unter all diesen Faktoren der größte Makel an: Es abstrahiert schließlich von der Möglichkeit lebenslangen Lernens, insbesondere in Form von Learning-by-doing.[256]

---

254 Vgl. Verheul et al., 2001, S. 57. Zur Vermutung und empirischen Evidenz über einen positiven Zusammenhang zwischen Ausbildungsprofil und Gründungserfolg siehe auch Picot/Laub/Schneider, 1989, S. 83f. oder Ripsas, 1997, S. 181 sowie die dort angegebene Literatur.

255 Vgl. Evans/Leighton, 1989, S. 114. Zu einer Arbeit zu Italien siehe Vivarelli, 1991, S. 220.

256 Vgl. die Diskussion zu den soziodemographischen Faktoren weiter oben sowie Ripsas, 1997, S. 181f. Es sei an dieser Stelle bemerkt, daß auch der häufig genannten Gründungsdeterminante „Erfahrung" ein methodisches Problem anhaftet. Würde diese über das Alter gemessen, dann zeigte sich aus den Ergebnissen soziodemogra-

Nach diesen warnenden Bemerkungen, eine signifikant positive Verbindung zwischen den beiden Variablen Ausbildung und Gründungsneigung als festen Erfahrungsschatz allzu leichtgläubig zu übernehmen, muß die Frage beantwortet werden, wie die betreffenden ökonomischen Studien zu diesen Resultaten kommen, die im Widerspruch zu den soziodemographischen Studien zu stehen scheinen.

Hierzu läßt sich zunächst konstatieren, daß die Repräsentativität der Untersuchungsgruppen in den betreffenden ökonomischen Studien nicht eindeutig gewährleistet ist. Die Erkenntnisse aus der zitierten Studie von Evans und Leighton beruhen beispielsweise auf einer Untersuchung unter männlichen, weißen US-Bürgern. Offen bleibt an dieser Stelle, ob die Variable „College-Abschluß" weiterhin das Gründungsverhalten signifikant bestimmte, wenn in die Studie auch die ausgeschlossenen ethnischen Gruppen, wie die Afro-Amerikaner, einbezogen worden wären. Da unter letzteren der Anteil mit einem College-Abschluß wahrscheinlich weit niedriger ausfällt als deren Beitrag zur Gründungsaktivität, sind (Rest-)Zweifel an der Verallgemeinerbarkeit der Resultate angebracht.[257]

Ebenso angebracht ist es, bei manchen Studien, die gelegentlich als empirische Evidenz für die Kausalität zwischen Ausbildung und Gründungstätigkeit herangezogen werden, die tatsächliche Nähe zum Untersuchungsobjekt kritisch zu hinterfragen. So haben De Wit und van Winden in ihrer Arbeit zu den Niederlanden lediglich identifiziert, daß ein hoher IQ-Wert im Alter von zwölf Jahren die Wahrscheinlichkeit einer späteren Selbständigkeit signifikant erhöht.[258] Es bleibt daher unverständlich, wie sich aus diesem sicherlich interessanten Befund ein Zusammenhang zwischen hoher Ausbildung und Gründungsneigung interpretieren läßt.[259] Ein hoher IQ-Wert mag eine gute Voraussetzung für einen hohen Schulabschluß sein, notwendige Bedingung ist er nicht.

Die Schwierigkeit, die humankapitalbezogenen Ergebnisse ökonomischer Gründungsstudien pauschal zu verallgemeinern, demonstriert auch eine Forschungsarbeit von Picot et al. Diese untersuchen ein kleines Sample von 52 innovativen, technologieintensiven Gründungen. Dabei erstaunt es die Autoren nicht,

---

phischer Studien, daß zwischen „Erfahrung" und Gründungsaktivität kein linearer, sondern eher ein invers U-förmiger Zusammenhang besteht.

257 Mit anderen Worten: Über den Analysezeitraum von 1968 bis 1987 dürfte ein College-Abschluß in der Grundgesamtheit aller US-Bürger weit seltener als unter weissen, männlichen Amerikanern zu beobachten gewesen sein. Das gleiche (Miß-) Verhältnis muß sich aber nicht bei der Gründungsaktivität finden. Vgl. Evans/ Leighton, 1989, S. 114.

258 Vgl. de Wit/van Winden, 1989, S. 271.

259 Die Ergebnisse von de Wit und van Winden vereinnahmt beispielsweise Vivarelli als empirischen Beleg für einen Zusammenhang zwischen der Höhe des Ausbildungsniveaus und der Gründungsaffinität. Vgl. Vivarelli, 1991, S. 217.

daß die überwältigende Mehrheit unter den Unternehmensgründern einen hohen formalen Bildungsgrad (Hochschulabschluß oder Promotion) aufweist.[260] Picot et al. sehen diese Beobachtung vielmehr konsistent zu ihrer Erwartung, da die stark technologieorientierten Produktideen dieser Gründungen ein tiefes Verständnis über technische Zusammenhänge voraussetzen. „Dieses Ergebnis deutet darauf hin, daß das Anspruchsniveau sowohl an die Produktkomplexität als auch an die Unternehmensgründung selbst höher ist, als bei traditionellen Unternehmensgründungen, wie beispielsweise im Bereich des Handwerks oder auch bei technologieorientierten Unternehmensgründungen ohne den Anspruch 'innovativ' zu sein."[261] Insofern ist nachvollziehbar, daß die Individuen eines so speziellen Samples über einen überdurchschnittlichen Bildungsgrad verfügen. Vorschnell wäre es wiederum, wenn man hinter diesen Ergebnissen einen repräsentativen Charakter für alle Gründungen vermutete.

Die Arbeit von Picot et al. wirft vielmehr ein differenziertes Licht auf die Verbindung von Ausbildungsniveau und gründerischer Aktivität. Denn aus dieser Erhebung wird ersichtlich, daß eine langjährige formale Ausbildung für eine Gründung per se nicht ausreicht. Gerade Absolventen technologieorientierter Studiengänge mangelt es an gründungsrelevantem Wissen. Die fehlende kaufmännische Ausbildung erwies sich dabei nicht nur bei der Umsetzung innovativer Produktideen in Form einer Unternehmensgründung als problematisch. Auch der Gründungserfolg wurde davon signifikant bestimmt.[262] Erhärtet wird die These von der Wichtigkeit betriebswirtschaftlicher Grundkenntnisse durch eine jüngere Befragung unter Nichtgründern aus technischen Studiengängen. Diese brachte unter anderem zum Vorschein, daß der Verzicht auf eine eigene Gründung in über drei Viertel aller Fälle auf den Mangel an kaufmännischem Wissen zurückzuführen ist.[263] Diese Ergebnisse machen verständlich, warum an deutschen Hochschulen seit einigen Jahren zusätzlich zum allgemeinen Lehrangebot spezifische gründungsrelevante Aus- und Weiterbildungsprogramme bereitgestellt werden. Zu den zahlreich ergriffenen Maßnahmen gehört etwa die Einrichtung

---

260 Mehr als 80 Prozent der 118 Gründer dieser 52 Unternehmen haben einen Hochschulabschluß; nahezu ein Fünftel sogar eine Promotion. Vgl. Picot/Laub/Schneider, 1989, S. 84. Zu einem analogen Ergebnis kommen Donckels und Segers in einer Untersuchung zu High-Tech Gründungen in Belgien. Auch hier weisen die Unternehmensgründer eine überdurchschnittliche Bildung im Vergleich zu ihren Pendants aus weniger technologieintensiven Branchen aus. Vgl. Donckels/Segers, 1990, S. 38.

261 Picot/Laub/Schneider, 1989, S. 84.

262 Vgl. Picot/Laub/Schneider, 1989, S. 83 sowie die dort genannten Studien.

263 Vgl. Dippe, 2001, S. 16.

von Lehrstühlen für Entrepreneurship sowie die Durchführung von Businessplan-Wettbewerben an Universitäten und Fachhochschulen.[264]

Zur Bedeutung des Humankapitals als Gründungsdeterminante läßt sich demnach zusammenfassend festhalten, daß die beiden Variablen positiv miteinander verknüpft zu sein scheinen.[265] Darüber dürfte Einigkeit herrschen. Allerdings bleibt die Signifikanz der Verbindung vor dem Hintergrund der Empirie fraglich.[266] Die Studie von Picot et al. kann jedoch vorsichtig als Indiz dafür gewertet werden, daß die Gründer originärer, technologieorientierter Innovationsunternehmen, deren zahlenmäßige Erhöhung die Wirtschaftspolitik besonders anvisiert, ein ausgesprochen hohes Ausbildungsniveau haben. Hieraus zu schließen, daß aus der Zunahme naturwissenschaftlich-technisch orientierter Hochschulabsolventen die Gründungsaktivität per se zunimmt, muß angesichts der empirischen Befunde jedoch als vorschnell(e Wunschvorstellung) bezeichnet werden. Wie illustriert, sprechen einzelne Hinweise vielmehr dafür, daß eine hohe formale Ausbildung von gründungsrelevantem – insbesondere kaufmännischem – Wissen abgerundet werden muß. Ob die in diesem Sinne vielerorts ergriffenen Initiativen, die Gründungsneigung in der Zielgruppe tatsächlich merkbar verbessern, muß sich noch herausstellen. Empirische Arbeiten hierzu fehlen bislang.[267]

---

264 Vgl. Sternberg/Otten/Tamásy, 2000, S. 27f. oder Verheul et al., 2001, S. 57. Zur „Entwicklung eines Entrepreneurship Education Programms für deutsche Hochschulen" siehe Ripsas, 1997, S. 231ff.

265 Vgl. z.B. Ripsas, 1997, S. 181 und die dort angegebene Literatur. Hier finden sich unter anderem Arbeiten, die zur Erkenntnis kommen, daß der durchschnittliche Gründer einen höheren Schulabschluß als der Durchschnittsbürger aufweist.

266 Vgl. hierzu auch Storey, 1994, S. 65.

267 Die Erwartungen an diese jüngeren Maßnahmen sollten nicht allzu hoch sein, da nicht übersehen werden darf, daß die Gründungswirkungen der Humankapitalbildung auch von der Wirtschaftsordnung abhängen. So zeigt eine Studie zu Äthiopien, daß die Kinder von Großgrundbesitzern trotz einer umfassenden westlichen Erziehung und Ausbildung, kein unternehmerisches Interesse entfaltet haben. Vgl. Jungfer, 1991, S. 181. In ähnlicher Weise konstatiert Reichel, daß in vielen Entwicklungsländern kontraproduktive Wirkungen im tertiären Bildungssektor beobachtbar sind. Positive Produktivitätseffekte der höheren Ausbildung bleiben wegen des rentensuchenden Verhaltens der Absolventen aus. Dieses Phänomen kann gerade in Ländern mit einem ausgeprägten Staatsapparat, der Hochschulabgänger in großer Zahl absorbiert, entdeckt werden. Vgl. Reichel, 2002, S. 105. Rentensuchendes Verhalten dürfte auch erklären, warum in Irland zwischen 1980 und 1990 der lokale Anteil der Bevölkerung mit höherer Schulbildung die Entstehung neuer Unternehmen signifikant *beeinträchtigt* hat. Vgl. Hart/Gudgin, 1994, S. 377. Zur Gründungsbedeutung der Schulbildung in Irland siehe auch Storey, 1994, S. 64.

2.2.3.5 Gesamtwirtschaftliche Forschung und Entwicklung

Es ist allgemein anerkannt, daß Innovationen das Resultat neuen Wissens sind. Da sich unter Gründungsunternehmen – wie in den Grundlagen dargelegt – innovative befinden, kann geschlossen werden, daß das Gründungsverhalten auch vom Ausmaß der Wissensproduktion abhängt. Wenn nun die bedeutendste Quelle neuen, ökonomisch nutzbaren Wissens die Forschung und Entwicklung ist,[268] dann folgt, daß die Gründungsintensität vom Umfang dieser Aktivitäten mitbestimmt wird.

Trotz dieser unbestritten engen Verbindung bleiben die genauen Mechanismen zwischen der Erzielung neuen Wissens und der Entstehung neuer Unternehmen unklar.[269] Dies haben schon die kurzen Ausführungen zur Rolle der privatwirtschaftlichen FuE-Intensität beim sektoralen Markteintrittsmodell verdeutlicht.

Die Unklarheit über den Zusammenhang beginnt mit den unterschiedlichen FuE-Formen. Denn prima facie läßt sich vermuten, daß öffentliche und privatwirtschaftliche FuE-Aktivitäten in Bezug auf ihren Gründungsimpuls inhomogen sind. Diese Vermutung gründet sich nicht zuletzt auf den Argumenten der Innovationsökonomen. Diese haben unter anderem darauf aufmerksam gemacht, daß zwischen öffentlichen und privatwirtschaftlichen FuE-Aktivitäten ein qualitativer Unterschied besteht, der sich in dem ungleichen öffentlichen Gutcharakter manifestiert.[270]

Insofern liegt es nahe anzunehmen, daß die weitgehend von staatlichen Trägern durchgeführte Grundlagenforschung aufgrund ihres höheren öffentlichen Gutcharakters die Gründungsneigung wesentlich stärker stimuliert als die privatwirtschaftliche Forschung. Diese erste Einschätzung über das höhere Wirkungspotential öffentlicher FuE-Tätigkeiten wird allerdings durch einen Blick auf die große Bandbreite universitärer Disziplinen und Forschungsarbeiten getrübt. Denn technisch-naturwissenschaftliche Forschung unterscheidet sich – darüber besteht Einigkeit – von geisteswissenschaftlicher in Form und Zielsetzung erheblich. Demnach kann nicht erwartet werden, daß alle akademischen Forschungsergebnisse in gleichem Maße kommerziell nutzbares Wissen generieren.[271] Dies wiederum erschwert die Abschätzung über die Signifikanz des Gründungsimpulses von öffentlicher FuE. Folglich ist zumindest Skepsis angebracht, ob die öffentliche Forschungstätigkeit in ihrer Gesamtheit die Entstehung neuer Unternehmen

---

268 Vgl. etwa Audretsch/Feldman, 1996, S. 639.
269 Vgl. Reynolds/Miller/Maki, 1995, S. 391.
270 Vgl. Hanusch/Cantner, 1993, S. 13ff. Vgl. auch Park, 1995, S. 588.
271 Vgl. Audretsch/Feldman, 1996, S. 635f.

bedeutsam beeinflußt. Trotz dieser einschränkenden Anmerkungen über das Spilloverpotential öffentlicher Forschung, scheint deren Wirkung auf die Gründungsaktivität zweifelsfrei positiv.

Bei privatwirtschaftlichen Forschungsaktivitäten wird bei näherer Betrachtung sogar die Impulsrichtung fraglich; denn den FuE-Aktivitäten der Privatwirtschaft haften Merkmale von unwiederbringlich verlorenem Aufwand an. Demnach könnte die unternehmerische Wissensproduktion als Markteintrittsbarriere die Gründungsaktivität eindämmen oder gar verhindern. Diese Auffassung findet – wie oben gezeigt – in den Markteintrittsmodellen der Industrieökonomen ihre Entsprechung. Infolgedessen ist denkbar, daß zwischen dem Umfang privatwirtschaftlicher FuE-Tätigkeit und der Gründungsaktivität sogar ein negativer Zusammenhang besteht. Trotz des gemischten empirischen Befunds hinsichtlich der Bedeutung der unternehmerischen FuE als sektorale Eintrittsbarriere, konnte der Verdacht über ihre eintrittshemmende Wirkung nicht vollständig ausgeräumt werden.[272]

Andererseits ergeben sich aus den empirischen Ergebnissen aber auch Anhaltspunkte, daß die privatwirtschaftlichen FuE-Aktivitäten eher Eintrittsbarrieren verändern, als daß sie selbst welche wären.[273] Zudem demonstrieren anekdotische Beispiele, daß privatwirtschaftliche Forschungsarbeit der Ursprung von Unternehmensabspaltungen (Spin-offs) oder von originären Gründungen sein kann. Gerade bei letzteren basiert die Geschäftsidee vielfach auf Erfindungen, welche die Gründer noch als angestellte Entwickler in einem Forschungslabor eines etablierten Unternehmens gemacht haben.[274]

Diese Beobachtung eröffnet zugleich die Frage nach der Bedeutung der einzelnen Kanäle, über die privatwirtschaftlich entwickeltes Wissen zu einer Gründung führt. Neben dem geschilderten Personentransfer bestehen weitere theoretische Mechanismen. So ergibt sich die Möglichkeit, daß von Unternehmen neu entwickeltes Wissen auf Messen oder Vortragsveranstaltungen sowie durch Fachpublikationen an Unternehmensexterne gelangt. Ganz in diese Reihe potentieller Transfermechanismen sind auch Marktbeziehungen einzuordnen. Schließlich darf nicht übersehen werden, daß innovative, FuE-basierte Produkte eines Unternehmens wiederum der Schlüssel für Gründungen in ganz anderen Funktio-

---

272 Vgl. etwa Orr, 1974, S. 61. Vgl. auch Weigand, 1996, S. 64ff. und Acs/Audretsch, 1993, S. 24 sowie die Ausführungen in Abschnitt 2.2.1.2.

273 Vgl. Cable/Schwalbach, 1991, S. 266 sowie Abschnitt 2.2.1.3.

274 Einige Beispiele aus der Pharmaindustrie zeigen, daß sich im Gefolge von Fusionen unter „Big-Pharma“ für FuE-Mitarbeiter Möglichkeiten ergeben haben, aussortierte Lizenzen oder Patente den neuen Konzernen abzukaufen. Diese immateriellen Vermögensgegenstände wurden dann als „Startkapital“ in Gründungsunternehmen eingebracht. Vgl. Kuchenbuch, 2005, S. A2.

nen oder Branchen sein können. Gründungen ergeben sich mithin aus der Anwendung von Innovationen entfernter Technikfelder.[275]

Die Ausführungen zeigen, daß zahlreiche Transferkanäle existieren, über die privatwirtschaftlich erzeugtes Wissen für eine Geschäftsidee aufgegriffen und zur Bildung eines neuen Unternehmens herangezogen werden kann. Darüber hinaus wird deutlich, daß sich eine FuE-induzierte Gründungsaktivität nicht auf die Sektoren begrenzt, in denen privatwirtschaftliche FuE-Aktivität unterhalten wird. Genau dieser restriktiven Annahme unterliegen aber alle industrieökonomischen Ansätze. Insofern läßt sich ableiten, daß die These, Gründungen werden durch privatwirtschafltiche FuE-Aktivitäten gehemmt, selbst dann nicht zwingend ist, wenn sich diese ihrer Natur nach als sektorale Eintrittsbarriere erweisen sollte.

Nichtsdestotrotz geht aus der Diskussion hervor, daß die Wirkung unternehmerischer FuE auf die Gründungsaktivität einer Raumwirtschaft theoretisch indeterminiert ist. Infolgedessen bleibt auch der Verbundeffekt von öffentlicher und privater FuE-Aktivität a priori unklar. Tatsächlich besteht sogar die Möglichkeit, daß sich die Impulsrichtungen der beiden Unterarten der Wissensproduktion überlagern und sie sich damit in ihrem Gesamteffekt neutralisieren. Somit muß es der Empirie auch bei diesen potentiellen Gründungsdeterminanten vorbehalten bleiben, deren reale Bedeutung zu ermitteln.

Erstaunlicherweise ist die Beziehung zwischen FuE-Aktivität und Neugründungen empirisch weitgehend unerforscht. Dieses Defizit betrifft die Verbindung zwischen den beiden Variablen im allgemeinen wie auch die Bedeutung der einzelnen Transfermechanismen im besonderen.

Explizit wurde die Bedeutung von FuE als Gründungsdeterminante durch Reynolds et al. in einer Untersuchung zum regionalen Gründungsgeschehen in den USA getestet. Die Autoren finden dabei keinen Beleg für die Signifikanz der Variable und resümieren: „perhaps most surprising is the absence of impact of the R&D, innovation, knowledge measure.“[276] Der vermeintlich überraschende Befund könnte allerdings auf methodische Ursachen zurückzuführen sein: Reynolds et al. verwenden als Proxy für die FuE-Aktivitäten die Dichte an Universitätsabsolventen, verliehene Doktortitel und Patente. Hierbei erweist sich weniger die Auswahl der Proxy-Größen als vielmehr ihre Skalierung mit der regionalen Fläche als problematisch.[277] Insofern ist den Autoren zuzustimmen,

---

275 Vgl. Callejón/Segarra, 1999, S. 253.

276 Reynolds/Miller/Maki, 1995, S. 402. Die Autoren haben insgesamt 15 Determinanten auf ihren regionalen Gründungseinfluß über den Zeitraum von 1976 bis 1988 beleuchtet.

277 Die Fläche ist keine Potentialgröße! Das Problem ihrer Verwendung läßt sich daran illustrieren, daß die gleiche Dichte promovierter Akademiker etwa für Florida und Massachusetts ganz unterschiedliche Gründungspotentiale eröffnen kann. So ist

wenn sie konstatieren, daß die von ihnen vorgenommene Operationalisierung der FuE-Größe möglicherweise dem Anspruch nicht gerecht wird, die FuE-Aktivitäten adäquat abzubilden.[278]

Über diese zitierte Studie hinaus findet sich keine weitere empirische Arbeit, die den genannten Zusammenhang direkt zu beleuchten versucht. Einige innovationsökonomische Analysen erlauben allerdings indirekt ein paar vorsichtige Hinweise über die Natur der Verbindung der beiden Untersuchungsgrößen.

Die Bedeutung universitärer Forschung für die lokalen Unternehmen ist beispielsweise wiederholt analysiert worden. Eine zentrale Erkenntnis dieser Untersuchungen ist, daß die Innovationsaktivitäten von KMUs durch die lokale Präsenz öffentlicher Forschung signifikant stimuliert werden. So filtern Audretsch und Vivarelli in einer Panelanalyse zu 20 italienischen Regionen heraus, daß sich die Universitätsforschung signifikant positiv auf die Patentaktivität kleiner Unternehmen der Region auswirkt. Für mittlere und große Unternehmen hat die lokale Wissensproduktion unter öffentlicher Trägerschaft hingegen keine innovationsökonomische Relevanz.[279] Zu einer ähnlichen Schlußfolgerung kommen Link und Rees in ihrer Querschnittsanalyse zu amerikanischen Industrieunternehmen. Auch hier zeigt sich, daß kleine Firmen wesentlich effektiver das regionale Angebot an öffentlichen Forschungseinrichtungen für ihre eigenen Innovationsbelange nutzen als größere Unternehmen.[280]

---

vorstellbar, daß eine große Zahl der Promovierten in Florida bereits den verdienten Altersruhestand genießt und keinen Gedanken an eine Unternehmensgründung verschwendet, während die Promovierten in Massachusetts mehrheitlich „frische“ Hochschulabsolventen sind, die ihr Wissen in eine eigene Firma einbringen möchten. Demnach wäre eine geeignete Skalierungsgröße beispielsweise die Einwohnerzahl im erwerbsfähigen Alter. Analog betrifft das Problem auch Patente und Absolventen.

278 Vgl. Reynolds/Miller/Maki, 1995, S. 402.

279 Vgl. Audretsch/Vivarelli, 1996, S. 249ff. In diesem Zusammenhang sei erwähnt, daß Revilla Diez die in der innovationsökonomischen Literatur häufig zu findenden Ansicht für korrekturbedürftig hält, wonach die Anwesenheit lokaler Forschungseinrichtungen für den industriellen Innovationsprozeß und -erfolg notwendig sei. Hierfür sind aus Sicht der Unternehmen nämlich Kooperationen mit Kunden wesentlich relevanter (und häufiger) als solche mit Wissenschaftseinrichtungen. Dieses Phänomen betrifft junge wie ältere Unternehmen gleichermaßen. Vgl. Revilla Diez, 2001, S. 106. Die Einschätzung von Revilla Diez wird durch die Beobachtung Sternbergs zu Unternehmen aus dem Verarbeitenden Gewerbe in Deutschland genährt: Nur drei Prozent aller Innovationspartnerschaften, die diese Unternehmen unterhalten, bestehen mit Forschungseinrichtungen. Allerdings befinden sich die Forschungsinstitute wesentlich häufiger in räumlicher Nähe zu den Unternehmen als andere Kooperationspartner, etwa die Kunden. Vgl. Sternberg, 1998, S. 293ff.

280 Vgl. Link/Rees, 1990, S. 30. Die wesentlich effektivere Nutzung lokaler Forschungsinstitute durch kleine Unternehmen mag sich auch damit erklären, daß diese

Obwohl in diesen zitierten Studien der Fokus auf KMUs im allgemeinen und daher nicht explizit auf Gründungsunternehmen liegt, läßt sich vorsichtig ableiten, daß die lokale Gründungsaktivität durch öffentliche FuE-Tätigkeiten positiv unterstützt wird. Diese Interpretation erhärtet sich durch Studien, die zeigen, daß ein erheblicher Teil des Technologietransfers aus der wissenschaftlichen Forschung in die wirtschaftliche Anwendung durch einen Personentransfer erfolgt.[281] Insofern ist nicht ausgeschlossen, daß sich unter den von Audretsch und Vivarelli allein an der Unternehmensgröße identifizierten KMUs auch Gründungsunternehmen befinden, die Rohideen aus ihrer wissenschaflichen Karriere erst nach der Unternehmensgründung patentieren lassen.[282] Schließlich deuten verschiedentlich deskriptive Fallbeispiele auf die Relevanz universitärer Ausgründungen für die wirtschaftliche Entwicklung einer Region hin.[283] Aus einer jüngeren und auf ihre Art einzigartigen Studie zum „Unternehmertum“ von knapp 1.900 Akademikern aus neun Universitäten in Irland und Schweden kristallisiert sich nicht nur heraus, daß die überwältigende Mehrheit der Forscher direkte Kontakte zur Industrie unterhält und pflegt, sondern auch ein relativ hoher Anteil der Wissenschaftler in (Aus-)Gründungen involviert ist: In Irland betrifft dies knapp jeden fünften und in Schweden immerhin noch fast jeden achten Akademiker.[284]

Die statistische und ökonomische Signifikanz staatlicher FuE-Tätigkeit als Treiber der raumwirtschaftlichen Gründungsaktivität muß – auch bei den drei genannten Studien – freilich offen bleiben.

---

im Unterschied zu Großunternehmen nur eingeschränkte Möglichkeiten haben, mit geographisch entfernten Einrichtungen intensiv zu kooperieren. Daß international agierende Konzerne ihre FuE-Aktivitäten aus strategischen Gründen heute vielfach auf mehrere Standorte verteilen und damit auch in der Auswahl ihrer Kooperationspartner flexibler als kleine Unternehmen sind, wird im dritten Kapitel noch ausführlich diskutiert. Zu den unterschiedlichen Gestaltungsmöglichkeiten von Großunternehmen und KMUs bei Kooperationen siehe auch Sternberg, 1998, S. 295.

281 Vgl. Szyperski/Nathusius, 1977, S. 304 oder Klofsten/Jones-Evans, 2000, S. 305.

282 Der skizzierte Ablauf von Gründung und Patentierung konnte im Rahmen von Businessplan-Wettbewerben durch den Verfasser wiederholt beobachtet werden.

283 Die Bedeutung universitärer Ausgründungen (Spin-offs) zur Entstehung eines optoelektronischen Clusters in Schottland beschreibt beispielsweise Brown, 2000, S. 10.

284 Vgl. Klofsten/Jones-Evans, 2000, S. 305. Angesichts des hohen Stellenwerts, den universitäre Ausgründungen in der schwedischen und irischen Politik genießen, und den bereits initiierten Maßnahmen zur Steigerung derartiger Spin-offs, stufen die Autoren diese recht beachtliche Gründungsaktivität unter den irischen und schwedischen Akademikern als unbefriedigend ein. Aus dem Blickwinkel eines möglichst effizienten Technologietransfers von der Universität in die Privatwirtschaft, schlußfolgern Klofsten und Jones-Evans, daß eine Kooperation via Beratung und Auftragsforschung geeigneter als die Ermutigung zur eigenen Ausgründung sein könnten. Klofsten/Jones-Evans, 2000, S. 307.

2.2.3.6 (Risiko-)Kapital

Die Ausführungen zum industrieökonomischen Markteintrittsmodell brachten bereits ans Licht, daß die Höhe des Kapitalbedarfs gerade für Aspiranten kleiner, originärer Unternehmensgründungen entscheidungskritisch sein kann.[285] Dies schließt sich aus der Beobachtung unvollkommener Kapitalmärkte und der Erfahrung, daß die Eigenmittel der Gründer in der Startphase des Geschäftsaufbaus regelmäßig nicht ausreichen. Selbst bei wenig technologieintensiven Unternehmen können die Gründer vielfach nur einen Bruchteil der benötigten Mittel eigenständig einbringen.[286] Daher setzt eine adäquate Gründungsrate die Verfügbarkeit von und den Zugang zu externen Finanzressourcen voraus.[287] Dies ist umfangreich in der Literatur dokumentiert.[288] Eine jüngere Studie zu Deutschland zeigt darüber hinaus, daß der Zugang zu und eine entsprechende Ausstattung mit Finanzmitteln nicht nur die Gründung als solche ermöglicht, sondern auch deren Überlebenschancen signifikant erhöht.[289]

Da der Finanzbedarf in der Gründungsphase tendenziell mit dem Komplexitätsgrad des Geschäftsmodells steigt, ist zur Sicherstellung einer nachhaltigen Gründungsaktivität in den letzten Jahren insbesondere die angemessene Bereit-

---

285 Szyperski und Nathusius machen eine Beobachtung, die auf die oft zitierte, hohe Bedeutung des Finanzkapitalzugangs ein differenziertes Licht wirft. Demnach begrenzt sich „fehlendes Startkapital" als bedeutendes Gründungshindernis weitgehend auf die Gruppe der potentiellen Gründer und deren unreflektierter Vorstellung über den echten Kapitalbedarf. Tatsächliche Gründer messen diesem Aspekt nämlich erheblich geringeren Einfluß bei. Die Autoren schlußfolgern daraus, „daß die potentiellen Gründer das Kapitalproblem zunächst nur aus einer mehr oberflächlichen und nicht mit letzter Konsequenz durchdachten Beurteilung heraus an die erste Rangstelle bei den Gründungsvorbehalten gesetzt haben. Dabei werden die befragten potentiellen Gründer in den meisten Fällen weder ein konkretes Gründungsprojekt vor Augen haben, noch einen daraus ableitbaren Kapitalbedarfsplan, der sie in die Lage versetzen würde, etwas über die Kapitalbedarfsdeckungsmöglichkeiten zu sagen." Szyperski/Nathusius, 1977, S. 309.

286 Vgl. Engelmann, 2000, S. 329 und Deutscher Industrie- und Handelskammertag, 2004, S. 7.

287 In der Gründungsliteratur und -praxis hat sich mittlerweile eine phasenorientierte Betrachtung der Gründungsfinanzierung durchgesetzt. Über die verschiedenen Phasen variiert der Bedarf an Fremdmitteln in der Höhe und im (Verlust-)Risiko. Demnach sind die verschiedenen Finanzierungsquellen wie etwa Bankkredit, Wagniskapital (auch „Venture Capital" oder VC-Kapital genannt) oder Börsenfinanzierung je nach Phase unterschiedlich zur Schließung der Finanzierungslücke geeignet. Vgl. Heucher et. al., 1999, S. 120ff. oder Ripsas, 1997, S. 133ff.

288 Vgl. z.B. Szyperski/Nathusius, 1977, S. 299ff. oder Basu, 1998, S. 314 sowie Verheul et al., 2001, S. 36 und die dort angegeben Literatur.

289 Vgl. Almus/Prantl, 2001, S. 28f.

stellung von Risikokapital („Venture Capital“) gefordert worden.[290] Denn wie sich zeigt, wächst das Problem asymmetrischer Information zwischen Gründern und Finanzintermediären mit der Komplexität des Gründungsvorhabens. Damit wird aber zugleich die Finanzierung von innovativen, technologieintensiven Geschäftsideen mit traditionellen Instrumenten, insbesondere der Kreditvergabe, erschwert.[291] Dieses Manko kann durch Wagniskapital, das in den Bilanzen der Gründungsunternehmen nicht als Fremd- sondern als Eigenkapital eingeht, partiell gemildert werden. Dies gilt insbesondere für die Kommerzialisierung wachstumsträchtiger Innovationen.[292] Der Vorteil von Wagniskapital kann dabei allerdings nicht auf eine rein bilanztechnische Funktion reduziert werden. Seine Qualität ruht vielmehr auf dem Wissen, dem Know-how, sowie der tiefen industriellen Vernetzung der Investoren, weshalb Risikokapital zuweilen auch als „intelligentes Kapital“ oder „smart capital“ bezeichnet wird.[293] Von dessen Zusatznutzen werden Gründer besonders profitieren, wenn sie mit ihren Wagnisfinanziers in einem regen Kontakt stehen, der durch räumliche Nachbarschaft tendenziell erleichtert wird.[294]

Als empirisches Indiz für die tragende Rolle von Venture Capital zur Gewährleistung einer nachhaltigen Gründungsaktivität wird sehr häufig – und zumeist ausschließlich – auf das Silicon Valley geblickt, wo „etwa die Hälfte aller amerikanischen Venture-Capitalists ... sich mit ihren Headquarters wie Perlen an einer Kette an Palo Altos Sandhill Road [reihen].“[295] Gerade wegen des von Porter postulierten dichten Angebots komplementärer Dienstleistungen in einem Cluster wird häufig angenommen, daß die lokale Anwesenheit von Wagnisfinanziers eine notwendige Voraussetzung für eine hohe Gründungsaktivität darstellt.[296] Dieser Verdacht wird durch frühe Erhebungen über das Investitionsver-

290 Vgl. Braunerhjelm, 2000, S. 71ff. Vgl. auch Malecki, 1997, S. 174ff. oder Danson, 1995, S. 84.

291 Vgl. Stulz, 2001, S. 156f. und Allen/Percival, 2000, S. 299ff.

292 Vgl. Engel, 2002, S. 27.

293 Vgl. Stuchtey, 2001, S. 65ff. oder McKinsey, 2000, S. 12.

294 „Since the greatest value added by venture capitalists comes from frequent contact and communication, and this contact decreases with distance, proximity is a critical issue.“ Malecki, 1997, S. 175.

295 Eglau et al., 2000, S. 74. Vgl. auch Stuchtey, 2001, S. 66. Eine umfassende Beschreibung zur Bedeutung von VC-Kapital und der VC-Industrie in den USA findet sich bei Gompers/Lerner, 2001, S. 1ff. Zur Entwicklung der VC-Industrie in Deutschland vgl. Braun, 2001, S. 31ff.

296 „Venture capital appears in virtually every inventory of 'necessary' conditions for entrepreneurship. Venture capital holds a prominent place in the ideal environment within which new firms emerge.“ Malecki, 1997, S. 174. Vgl. auch Fritsch/Schilder, 2006, S. 1.

halten der Wagniskapitalgeber gestützt, wonach sich deren Finanzbeteiligungen mehrheitlich auf den geographischen Raum konzentrieren, den ein Radius von 80 km um ihren Firmensitz absteckt.[297] Insofern versteht sich etwa Dansons Befürchtung, das abwesende Risikokapital könne für die schottische Gründungsmalaise mitverantwortlich sein.[298]

Neuere empirische Untersuchungen zu Deutschland können die These von der Wichtigkeit der „stationären Präsenz" von Wagniskapitalgebern für die Herausbildung neuer Firmen allerdings nicht erhärten. Vielmehr finden sowohl Engel als auch Fritsch und Schindler Belege dafür, daß Risikokapitalgeber nicht kleinräumig, sondern als profitorientierte Unternehmen gebietsübergreifend operieren.[299] Unterstützung erhält dieser Befund durch jüngere Arbeiten zu den USA. So findet etwa Feldman keinerlei Indizien dafür, daß der Gründungsboom in der Region Washington D.C. durch lokales Wagniskapital ausgelöst oder getragen worden wäre. Vielmehr sei VC-Kapital zeitverzögert in die Region geströmt.[300]

Ungeachtet der glanzvollen Beispiele wie Microsoft, Apple Computers und Amgen, an denen gerne die Bedeutung von Risikokapital zur Anschubsfinanzierung illustriert wird,[301] bleibt dessen qualitative Rolle in der Breite bislang unklar.[302] So kann Engel zeigen, daß der „kausale Effekt der VC-Finanzierung erheblich zwischen den einzelnen Branchen und Regionen variiert."[303] Diese zu Deutschland gewonnene Erkenntnis deckt sich mit Beobachtungen aus den USA, wo knapp 82 Prozent des investierten Risikokapitals in Unternehmen der Infor-

---

297 Vgl. Stuchtey, 2001, S. 66f. und Malecki, 1997, S. 176 sowie die dort angegebene Literatur. Zur hohen regionalen Konzentration von VC-Kapital in den USA zu Beginn der 1980er Jahren siehe auch Maggioni, 2002, S. 159f.

298 Vgl. Danson, 1995, S. 84.

299 Vgl. Engel, 2002, S. 29 und Fritsch/Schindler, 2006, S. 23ff.

300 Vgl. Feldman, 2001, S. 879f. Eine zunehmende Bereitschaft gebietsübergreifender Investitionsengagements hat bereits Malecki für Risikokapitalgeber in den USA erkannt. Allerdings trifft diese Beobachtung seiner Ansicht nach nur für „formales Wagniskapital" (VC-Gesellschaften) zu. Business Angels („informales Wagniskapital") würden weiterhin kleinräumig operieren. Vgl. Malecki, 1997, S. 176.

301 Vgl. z.B. Allen/Percival, 2000, S. 299.

302 Quantitativ spielt Wagniskapital in allen industrialisierten Ländern noch eine untergeordnete Rolle. Die größte Beachtung erlangt es in den USA, wo der Anteil des investierten Private-Equity-Kapitals am Bruttoinlandsprodukt im Jahre 1999 gute 0,01 Prozent betrug. Die Vergleichswerte in den europäischen Ländern sind um ein Vielfaches geringer. Bei diesen Angaben ist zu berücksichtigen, daß Wagniskapital für Gründer (VC-Kapital) nur einen Ausschnitt von Private-Equity-Kapital bildet und damit die tatsächliche Bedeutung von VC-Kapital noch weit unter den hier genannten Werten liegt. Vgl. Rosenberg, 2002, S. 11.

303 Engel, 2001, S. 24.

mationstechnologie oder Life Science floß.[304] Daher sollte eine vermehrte Bereitstellung von Risikokapital auch nicht als ein „Allheilmittel“ zur Erhöhung der Gründungsaktivität gesehen werden.[305] Schließlich darf auch nicht übersehen werden, daß ohne eine entsprechende institutionelle Beschaffenheit des Finanzsektors eine signifikante und nachhaltige Steigerung des Angebots an Wagniskapital nicht zu erhalten ist: Der VC-Industrie müssen „Exit“-Möglichkeiten geschaffen werden.[306]

Unabhängig von diesen einschränkenden Bemerkungen zur Bedeutung von Wagniskapital für die Gründungsdynamik, besteht in der Literatur Einigkeit darüber, daß günstige Finanzierungskonditionen in Form niedriger Zinsen für die Gründungsneigung prinzipiell vorteilhaft sind. Daher wird angenommen, daß zwischen der Zinshöhe und der Gründungsaktivität ein inverser Zusammenhang besteht. Denn ein hoher Zinssatz demonstriert als Knappheitspreis einen restriktiveren Kapitalzugang. Auf der anderen Seite erhöhen niedrige Zinsen ceteris paribus die Gewinnaussichten.[307]

Die Empirie unterstützt die postulierte Verbindung zwischen Zinssatz und dem Auftritt neuer Unternehmen weitestgehend. Zwar erweist sich die Zinsvariable nicht in allen Studien als signifikante Determinante der Gründungsaktivität, doch zeigt sie stets das erwartete negative Vorzeichen auf.[308]

---

304 Vgl. Allen/Percival, 2000, S. 302.

305 Einige Autoren weisen darauf hin, daß Wagniskapital weniger für das Gründungsgeschehen an sich als vielmehr für das Wachstum von Gründungsunternehmen bedeutsam ist, weil durch die Beteiligung von Wagnisfinanziers Gründer auch Zugang zu Netzwerken und zu technologischem und unternehmerischem Know-how erhalten. Vgl. etwa Variyam/Kraybill, 1992, S. 35. Allerdings kann die Beteiligung externer VC-Unternehmen auch ein Wachstumsproblem bescheren, wenn das gegründete Unternehmen stark durch die Strategien und Entscheidungen der beteiligten Unternehmen beeinflußt wird. Vgl. Almus, 2001, S. 10f.

306 Vgl. Stulz, 2001, S. 151ff. Grundsätzlich stehen den Risikokapitalgebern verschiedene Möglichkeiten zum Ausstieg aus ihrem Investitionsengagement – in der Regel nach fünf bis sieben Jahren – offen. Zu den wichtigsten zählen der Verkauf an das Management, der Verkauf an einen strategischen Industriepartner oder der Börsengang. Letzterer gilt üblicherweise als die attraktivste Variante. Vgl. Allen/Percival, 2000, S. 304f.

307 Vgl. etwa Storey, 1994, S. 72 oder die Ausführungen zum industrieökonomischen Markteintrittsmodell weiter oben.

308 Vgl. Robson, 1991, S. 357ff. und Storey, 1994, S. 74.

2.3 Zusammenfassung

Im vorausgegangenen zweiten Teil der Arbeit wurden soziodemographische und ökonomische Determinanten vorgestellt, mit denen die Entstehung neuer Unternehmen in der Literatur erklärt wird.

Das erste Kapitel illustrierte unter anderem die methodischen Schwierigkeiten, von denen die meisten Studien begleitet sind, welche die theoretisch nicht immer eindeutige Bedeutung soziodemographischer Faktoren empirisch zu überprüfen versuchen. Da sich insgesamt zeigt, daß es den typischen Unternehmensgründer im soziodemographischen Sinne nicht gibt, können ausgewählte Aspekte wie die Altersstruktur der Bevölkerung allenfalls einen flankierenden Erklärungsbeitrag für Varianzen in der Gründungsaktivität leisten.

Das zweite Kapitel befaßte sich ausführlich mit den ökonomischen Bestimmungsfaktoren von Unternehmensgründungen. Es wurde deutlich, daß diese Größen nicht unter dem Dach eines bestimmten Theoriegebäudes systematisiert beziehungsweise eingeordnet sind. Vielmehr begegnet man einzelnen Erklärungsansätzen in verschiedenen Teildisziplinen der volkswirtschaftlichen Literatur.

Aus der wettbewerbstheoretischen Analyse geht hervor, daß Wirtschaftssubjekte auf Opportunitäten tendenziell mit Markteintritten antworten. Das konkrete Reaktionsausmaß auf Gewinnchancen wird allerdings von den sektoralen Produktionstechnologien mitbestimmt. Zwar ist die empirische Bedeutung diverser Eintrittsbarrieren noch nicht abschließend geklärt, doch kristallisiert sich aus den Studien heraus, daß etwa ein hoher Kapitalbedarf und hohe irreversible Vergangenheitskosten den Eintritt neuer Marktteilnehmer erschweren. Zugleich legen die verschiedenen empirischen Arbeiten offen, daß das Gründungsverhalten mittels der industrieökonomischen Modelle nur begrenzt erklärt werden kann. Problematisch am industrieökonomischen Ansatz ist zudem, daß Markteintritte aufgrund des neoklassischen Modellrahmens im Grunde nur als Duplikate bestehender Anbieter verstanden werden können. Eine Erklärung für den Auftritt innovativer Unternehmen muß damit theoriebedingt unterbleiben.

Der arbeitsmarkttheoretische Analyserahmen verdeutlicht, daß die Wirkung der Erwerbslosigkeit auf den Eintritt in die Selbständigkeit unter Beachtung nachfragetheoretischer Gesichtspunkte nicht eindeutig ist. Abhilfe von dieser Unklarheit konnten empirische Arbeiten zu verschiedenen Ländern bislang nicht leisten, da deren Ergebnisse gemischt sind. Eine Erklärung für das uneinheitliche Bild in der Empirie kann – neben den vorgebrachten angebots- und nachfragetheoretischen Aspekten – allerdings auch in politikverzerrten Einflüssen liegen, zum Beispiel in der unterschiedlichen Höhe staatlicher Transferzahlung bei Arbeitslosigkeit.

Bedeutung für die Gründungsaktivität wird schließlich verschiedenen raumstrukturellen Faktoren beigemessen. Wiederholt wurden Versuche unternommen, einzelne der vorgebrachten Bestimmungsfaktoren empirisch zu erhärten. Trotz unterschiedlicher Methoden und nicht immer ganz einheitlicher Ergebnisse erlauben die empirischen Arbeiten etwa für die Agglomeration und die Spezialisierung den vorläufigen Schluß, tendenziell Gründungen zu stimulieren.

Auffallend bei den raumstrukturellen Determinanten ist andererseits, daß einige der am häufigsten genannten Faktoren bislang nur unzureichend auf ihren realen Gehalt hin überprüft worden sind. An vorderster Stelle ist hier die geringe empirische Auseinandersetzung mit dem Dienstleistungssektor zu nennen. Aber auch eine differenzierte Analyse der Gründungswirkung öffentlicher und privatwirtschaftlicher Forschung steht noch aus. Daneben sucht man vergebens nach einer empirische Studie, in welcher die Gründungsimpulse der raumwirtschaftlichen Spezialisierung und der Agglomeration separiert werden, beziehungsweise die interagierende Wirkung der beiden Determinanten getestet wird. Vor dem Hintergrund des notorisch hohen Stellenwerts, den die Clusterförderung in der praktischen Wirtschaftspolitik seit einigen Jahren einnimmt, ist diese Lücke in der empirischen Wirtschaftsforschung einigermaßen erstaunlich.

Ein weiteres Manko, das den Diskussionen über die Gründungsrelevanz raumökonomischer Faktoren anzuhaften scheint, beruht auf dem einstweilen verwendeten Analyserahmen autarker Raumwirtschaften. Ein solches restriktives Modell wäre im Kontext der realexistierenden Offenheit aller Industrieländer nur gerechtfertigt, wenn die theoretischen Voraussetzungen für eine Vernachlässigung etwa einströmender Direktinvestitionen erfüllt sind oder sich deren Bedeutung für das Gründungsverhalten wiederholt als empirisch irrelevant erwiesen hätte.

Da es der Literatur zu dieser Fragestellung an empirischen Arbeiten ebenso grundsätzlich mangelt wie an einer systematischen Diskussion über die Zusammenhänge,[309] wendet sich das folgende Kapitel den theoretischen Einflußmög-

309 Eine Ausnahme hinsichtlich der Empirie bildet gewissermaßen die Studie zu Süditalien, die bereits in den Vorbemerkungen dieser Arbeit angesprochen wurde. Das Ergebnis dieser Untersuchung, die ohne eine tiefere Auseinandersetzung über den theoretischen Wirkungsverbund vorgenommen wird, deutet darauf hin, daß einströmendes Investivkapital einen relevanten Gründungseffekt ausübt. Allerdings ist im Umgang mit dieser Studie und ihren Ergebnissen – neben den bereits in der Vorbemerkung genannten Gründen – auch deshalb Vorsicht geboten, weil aus den Angaben der Autoren nicht zweifelsfrei geschlossen werden kann, daß die Unternehmen, die sich in Süditalien angesiedelt haben, aus dem Ausland und nicht aus Norditalien stammen. Genau genommen untersuchen Del Monte und Luzenberger, ob die *Anzahl* lokaler Gründungen von der *Zahl* eintretender *nicht-lokaler* Unternehmen abhängt. Vgl. Del Monte/Luzenberger, 1989, S. 219ff.

lichkeiten einströmender Direktinvestitionen auf die Entstehung neuer Unternehmen in der Zielregion zu. Erst auf dieser Basis läßt sich dann entscheiden, ob die Vernachlässigung ausländischer Direktinvestitionen als Gründungsdeterminante in empirischen Modellen gerechtfertigt ist. Dies wäre der Fall, wenn drei Bedingungen gleichzeitig erfüllt werden. Erstens, daß aus der Interaktion der Direktinvestoren mit der heimischen Wirtschaft keine direkten Gründungsopportunitäten in der Zielregion entstehen. Zweitens, daß lokale Gründungsaspiranten nicht durch ausländische Unternehmen beim Ergreifen neuer Geschäftschancen beeinträchtigt oder verdrängt werden. Schließlich darf von ausländischen Direktinvestitionen kein Einfluß auf bereits identifizierte Gründungsdeterminanten ausgehen, denn dadurch könnten sie indirekt auf das lokale Gründungsgeschehen einwirken.

Wie weit diese Voraussetzungen erfüllt sind, soll nun untersucht werden.

3 Einflüsse zuströmender Direktinvestitionen auf die Gründungsaktivität

Im Mittelpunkt des folgenden dritten Teils steht die in der Literatur bislang wenig beachtete Frage, auf welche Weise und in welcher Intensität einströmende Direktinvestitionen die Gründungsaktivität in der Zielregion theoretisch beeinflussen können. Eine detaillierte Analyse dieser Aspekte setzt allerdings ein grundlegendes Verständnis über den Gegenstand der Direktinvestition voraus. Dementsprechend wird zunächst ein kurzer Überblick über das Wesen und die Motive ausländischer Direktinvestition gegeben (Kapitel 3.1).

Die eigentliche Analyse des Gründungseinflusses ausländischer Direktinvestitionen beginnt mit den Opportunitäten, die sich durch das Engagement der transnationalen Konzerne im Inland *direkt* ergeben (Kapitel 3.2). In dieser Diskussion wird unter anderem auf die Überlegungen zum industrieökonomischen Modell zurückgegriffen. Das anschließende Kapitel beleuchtet die Impulse, die theoretisch von einströmenden Direktinvestitionen auf bereits identifizierte raumökonomische Gründungsdeterminante ausgehen können (Kapitel 3.3). Damit werden die Effekte erörtert, die ausländische Direktinvestitionen *indirekt* auf die Entstehung neuer Firmen in der Gastregion auszulösen vermögen. Der dritte Teil schließt mit einer Zusammenfassung (Kapitel 3.4).

3.1 Grundlagen zu ausländischen Direktinvestitionen

Gemeinhin herrscht eine gewisse Vorstellung über die inhaltliche Bedeutung von Begriffen, die sich einer inflationären Verwendung rühmen können. Um Klarheit über das Wesen von Direktinvestitionen zu gewinnen, wird der Untersuchungsgegenstand in einem ersten Schritt definitorisch abgegrenzt (Abschnitt 3.1.1). Hieran anschließend werden die theoretischen Motive und ihre empirische Relevanz für ein Investitionsengagement im Ausland kurz vorgestellt (Abschnitt 3.1.2). Mit einer Zusammenfassung der wichtigsten Aspekte aus den ersten beiden Abschnitten sowie notwendigen Rückschlüssen für die folgende Diskussion (Abschnitt 3.1.3) schließt das Kapitel.

3.1.1 Definition ausländischer Direktinvestitionen

Im Interesse einer einheitlichen statistischen Erfassung bei ihren Mitgliedsländern versteht die OECD unter ausländischen Direktinvestitionen internationale Investitionen, die eine in einem Wirtschaftsgebiet ansässige Einheit (Direktinvestor) tätigt, um eine langfristige Beteiligung an einer in einem anderen Wirtschaftsgebiet ansässigen Einheit (Direktinvestitionsobjekt) zu erwerben. Zu den Direktinvestitionen zählen sowohl die ursprüngliche Transaktion zwischen den beiden Parteien als auch alle nachfolgenden Kapitaltransaktionen zwischen ihnen und zwischen verbundenen Unternehmen mit oder ohne eigene Rechtsfähigkeit.[310]

Ein Direktinvestor kann dabei eine Einzelperson, ein privates oder öffentliches Unternehmen mit oder ohne eigene Rechtsfähigkeit, eine staatliche Institution sowie eine Gruppe von miteinander verbundenen Personen oder Unternehmen mit oder ohne eigene Rechtsfähigkeit sein, die in einem Land, in dem sie nicht ansässig ist, ein Direktinvestitionsobjekt besitzt.

Als Direktinvestitionsobjekt – auch Direktinvestitionsunternehmen genannt[311] – wird wiederum ein Unternehmen mit eigener Rechtsfähigkeit bezeichnet, wenn ein nicht gebietsansässiger Investor mindestens zehn Prozent der Stammaktien[312] oder Stimmrechte an ihm hält. Besitzt der ausländische Investor einen vergleichbaren Anteil an einem Unternehmen ohne eigene Rechtsfähigkeit oder kann er dessen Geschäftspolitik maßgeblich beeinflussen, dann gilt auch dieses als Direktinvestitionsobjekt.[313]

Hat das Investitionsobjekt eine eigene Rechtspersönlichkeit, so spricht man von einem Tochterunternehmen beziehungsweise einem assoziierten Unternehmen. Die beiden Formen differenzieren sich über die Beteiligungshöhe des aus-

---

310 Die OECD orientiert sich vollständig an den Empfehlungen des Internationalen Währungsfonds (IMF). Vgl. OECD, 1999, S. 7f. und/oder International Monetary Fund, 1993, S. 86ff.

311 Vgl. OECD, 1999, S. 8 und/oder International Monetary Fund, 1993, S. 86.

312 OECD und IMF empfehlen die Anteilsbewertung auf Basis von Marktpreisen vorzunehmen. Vgl. z.B. OECD, 1999, S. 12.

313 Vgl. OECD, 1999, S. 8. Der Definition liegt die Annahme zugrunde, daß ab einer Beteiligungshöhe von zehn Prozent ein strategisches Interesse besteht. Ein niedrigerer Kapitalanteil geht als Portfolio-Investition in der Kapitalbilanz ein. Streng genommen kann diese Marke nicht willkürfrei sein. Man muß sich in diesem Sinne bewußt machen, daß eine geringfügige Aufstockung oder Minderung einer Beteiligung, die in der Nähe des Grenzwertes liegt, eine Umbuchung in der Kapitalbilanz zur Folge haben kann. Ein Gesamtbild über die Entwicklung des einströmenden Investivkapitals wird daher im Grunde erst unter Einschluß der Portfolio-Investitionen möglich.

ländischen Investors. Bei assoziierten Unternehmen kontrolliert der nicht gebietsansässige Investor mindestens zehn aber höchstens 50 Prozent der stimmberechtigten Aktien. Hält der Auslandsinvestor hingegen einen Anteil von mehr als 50 Prozent, dann handelt es sich bei dem rechtsfähigen Unternehmen um ein Tochterunternehmen.[314]

Abbildung 2

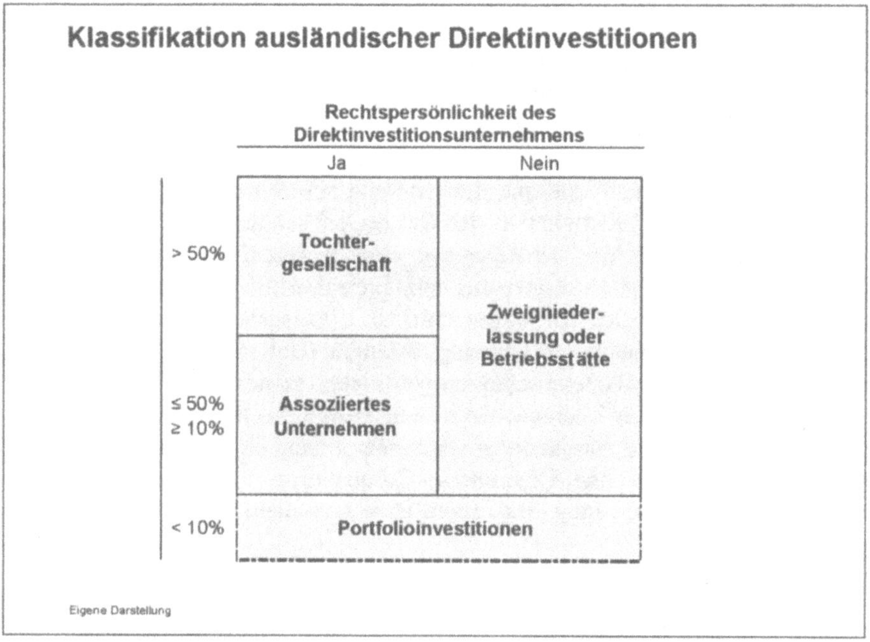

Als Zweigniederlassung oder Betriebsstätte (engl. „branch") wird hingegen ein Unternehmen ohne eigene Rechtsfähigkeit bezeichnet, das eine der vier Voraussetzungen erfüllt:

- ständige Niederlassung oder Niederlassungsbüro des Investors
- eine nicht rechtsfähige Personengesellschaft oder Joint Venture zwischen Direktinvestoren und Drittunternehmen
- Immobilie, die im unmittelbaren Eigentum des Direktinvestors steht (etwa Ferien- und/oder Zweitwohnungen)[315]

314 Vgl. OECD, 1999, S. 9.

315 Die OECD ist sich bewußt, daß die wenigsten Länder derartige Immobilien in der Kapitalbilanz entsprechend erfassen. Vgl. OECD, 1999, S. 10.

- bewegliche Anlage, etwa ein Schiff, ein Flugzeug oder eine Gas- beziehungsweise Ölbohrinsel, die innerhalb eines Gastlands mindestens ein Jahr lang unterhalten und vom Betreiber getrennt ausgewiesen wird.[316]

Das Schaubild bietet noch einmal einen graphischen Überblick (siehe Abbildung S. 91).

3.1.2 Motive ausländischer Direktinvestitionen

Der folgende Abschnitt verfolgt zwei Ziele: Zum einen, ein Grundverständnis über die vielfältigen Beweggründe ausländischer Direktinvestitionen zu vermitteln; zum anderen, deutlich zu machen, daß sich unter diesen Motiven Argumente befinden, die bereits als Gründungsdeterminanten im zweiten Kapitel vorgestellt wurden. Dieser Umstand läßt eine Rückwirkung einströmender Direktinvestitionen auf die Gründungsaktivität in der Gastregion bereits vermuten. Um diese beiden Ziele zu erreichen, wird eingangs ein Überblick über die bestehenden partialanalytischen Theorieansätze aus den unterschiedlichen Teildisziplinen der Wirtschaftswissenschaften (Unterabschnitt 3.1.2.1) gegeben. Darauf aufbauend wird der Syntheseversuch von Dunning diskutiert (Unterabschnitt 3.1.2.2). Die Darstellung in beiden Unterabschnitten wird dabei bewußt kurz gehalten: Zum einen finden sich in der Literatur bereits eingehende Erörterungen zu den unterschiedlichen Ansätzen; zum anderen wäre eine umfangreiche Replikation dieses vorhandenen Wissens ohne erkenntlichen Zusatznutzen für das Anliegen dieses Abschnitts und die Kernfrage der Arbeit. Es würde allein deren Rahmen sprengen.

Um die tatsächliche Relevanz der in der Theorie vorgebrachten Argumente für die Entstehung ausländischer Direktinvestitionen besser einordnen zu können, schließt der Abschnitt mit einem synoptischen Überblick über die Ergebnisse empirischer Untersuchungen (Unterabschnitt 3.1.2.3).

3.1.2.1 Partialanalytische Theorien

In der Literatur mangelt es nicht an Angeboten, die Existenz ausländischer Direktinvestitionen zu erklären. Der Mehrheit dieser Ansätze ist gemeinsam, daß sie nur einzelne Aspekte zur Entstehung transnationaler Konzerne herausgreift und

---

316 Vgl. OECD, 1999, S. 10.

damit in ihrer Erklärung weitgehend monokausal bleiben muß. Zu den wichtigsten partialanalytischen Theorien zählen:[317]

- der kapitalmarktorientierte Ansatz (neoklassisches Renditemotiv)
- handelstheoretische Ansätze
- Ansätze aus der Theorie der Firma
- Beiträge der Standorttheorien
- der Währungsraumansatz

Nach dem neoklassischen Renditemotiv kommt es aufgrund unterschiedlicher Grenzproduktivitäten des Kapitals zu einem Investitionsengagement im Gastland. Die restriktiven Modellprämissen der Neoklassik erlauben aber im Grunde nur, die Ursache internationaler Kapitalströme darzustellen. Demnach scheint die Theorie geeignet zu sein, Portfolio-Investitionen zu erklären, nicht aber die Existenz transnationaler Konzerne.[318]

Derartige Erklärungsmöglichkeiten ergeben sich im Rahmen der Neuen Handelstheorie: Hier lassen sich durch die Zulassung von Marktunvollkommenheiten horizontale und vertikale Direktinvestitionen im neoklassischen Analyserahmen modellieren.[319] Das absatzmarktsuchende Motiv ist dabei im Modell horizontaler Direktinvestitionen verankert, während die Suche nach natürlichen Rohstoffen wie Rohöl oder Bauxit ebenso wie die Ausschöpfung von Lohnunterschieden (und die damit verbundene innerbetriebliche Effizienzverbesserung) durch vertikale Investitionsmodelle darstellbar wird. Insofern koexistieren verschiedene handelstheoretische Ansätze, in denen jeweils ein bestimmter Beweggrund aufgegriffen wird, um die Entstehung transnationaler Unternehmen zu erläutern.

In den Ansätzen, die auf der Theorie der Firma basieren, stehen die Transaktionskosten im Mittelpunkt der Erklärung. Ganz der Tradition von Coase und Williamson verpflichtet, wird hier analysiert, unter welchen Gegebenheiten firmeninterne, hierarchische Transaktionen gegenüber der Marktlösung vorzuziehen sind.[320] Die standorttheoretischen Ansätze hingegen legen den Analysefokus auf Faktoren, die die Attraktivität der Zielregion als Investitionsstandort ausmachen. Diese Variablen bleiben in den anderen Theorien entweder unbeachtet, wie etwa

---

317 Eine Übersicht zu und Diskussion über die zahlreichen Theorien zur Erklärung ausländischer Direktinvestitionen findet sich bei Lizondo, 1991, S. 68ff. oder Stein, 1991, S. 49ff. Vgl. auch Jahrreiß, 1984.

318 Eine ausführliche Darstellung und Würdigung des neoklassischen Renditemotivs als Determinante für ausländische Direktinvestitionen findet sich bei Reichel, 2002, S. 196ff. Vgl. auch Lizondo, 1991, S. 68ff.

319 Eine ausführliche Erläuterung der Handelsmodelle findet sich bei Reichel, 2002, S. 203ff. oder bei Klodt, 1997, S. 444ff. Vgl. auch Navaretti/Haaland/Venables, 2002, S. 14ff.

320 Vgl. Coase, 1937, S. 388ff. Vgl. Williamson, 1967, S. 127ff. und Williamson, 1971, S. 113ff.

die politische Stabilität, staatliche Intervention und mögliche Steuervorteile, oder werden dort stiefmütterlich behandelt, wie etwa die Marktgröße und das Marktwachstum.[321] Aber auch diese standorttheoretischen Überlegungen leiden an der Monokausalität ihrer Erklärung.

Dieses Schicksal betrifft ebenfalls den Währungsraumansatz.[322] Diesem zur Folge bewerten internationale Kapitalgeber Unternehmen aus Hartwährungsländern anders als Unternehmen aus Ländern mit weicher Währung. Diese Unvollkommenheit auf den internationalen Kapitalmärkten hat zur Konsequenz, daß Unternehmen aus Hartwährungsländern günstigere Fremdkapitalzinsen erhalten, wodurch Investitionschancen in Ländern mit weicher Währung für begünstigte Unternehmen früher vorteilhafter werden als für heimische Firmen.

3.1.2.2 Eklektische Theorie von Dunning

Aus dem Mosaik an teilweise unverbunden nebeneinander stehenden Ansätzen wird deutlich, daß jede dieser Theorien zur Begründung ausländischer Direktinvestitionen einen unterschiedlichen Schwerpunkt wählt. Der jeweilige Erklärungsgehalt kann daher nur partialanalytisch sein.[323] Aus den Modellen kristallisiert sich zudem heraus, daß die unternehmerische Entscheidung für eine ausländische Direktinvestition stets auf einer sinnvollen Kombination von standort- und unternehmensspezifischen Faktoren basieren wird.[324]

Ausgehend von dieser Erkenntnis versuchte daher erstmalig Dunning im Jahre 1977 die verschiedenen Überlegungen in eine eklektische Theorie zu integrieren.[325] Nach diesem – auch *OLI*-Ansatz genannten – Paradigma werden Auslandsinvestitionen von einem Unternehmen getätigt, wenn drei Bedingungen erfüllt sind:

- firmenspezifische Vorteile („*O*wnership advantages")
- standortspezifische Vorteile („*L*ocation advantages")
- Internalisierungsvorteile („*I*nternalization advantages")

Als notwendige Voraussetzung muß ein Unternehmen zunächst über firmenspezifische Vorteile verfügen.[326] Ohne derartige Vorteile können offensichtliche Wettbewerbsnachteile, die sich etwa durch Sprachbarrieren oder aus der Unkenntnis örtlicher Gegebenheiten gegenüber lokalen Anbietern ergeben, beim

---

321 Vgl. Lizondo, 1991, S. 77ff. und Stein, 1991, S. 116ff.

322 Vgl. Lizondo, 1991, S. 74f. und Stein, 1991, S. 62ff.

323 Vgl. Klodt, 1997, S. 444.

324 Vgl. Dunning, 1977, S. 395ff. und Stein, 1991, S. 119.

325 Vgl. Dunning, 1977, S. 395ff.

326 Vgl. Dunning, 1977, S. 406. Vgl. zur OLI-Theorie auch Reichel, 2002, S. 194ff. oder Lizondo, 1991, S. 72.

Markteintritt nicht erfolgreich überkompensiert werden. Zu den unternehmensspezifischen Vorteilen zählen einzigartige Produkte und Produktionsprozesse, insbesondere die damit verbundenen immateriellen Vermögenswerte wie Marketing Know-how, Patente, Handelsmarken oder eine herausragende Service-Reputation.

Kann ein Unternehmen solche Vorteile aufweisen, ist noch keine Entscheidung über die Materialisierungsweise dieser Vermögenswerte gefallen. Der Produktionsverlagerung wird das Unternehmen erst dann den Vorzug geben, wenn der Zielmarkt spezifische Standortvorteile eröffnet.[327] Andernfalls kann exportiert werden. Das Gastland muß also gegenüber dem Heimatland des Unternehmens mindestens einen Standortvorteil haben. Dieser kann auf einer besseren Ausstattung mit natürlichen Ressourcen oder günstigeren Faktorpreisen beruhen. Aber auch „Negativfaktoren" wie hohe Transportkosten beim Export, hohe tarifäre und nicht-tarifäre Handelsbarrieren oder starke Wechselkursschwankungen können für den ausländischen Standort sprechen.

Die Erfüllung dieser zweiten Voraussetzung ist zwar ebenfalls notwendig, nicht aber hinreichend, damit das Auslandsengagement eines Unternehmens in Form einer Direktinvestition realisiert wird. Diese kommt erst zustande, wenn sich zudem auch Internalisierungsvorteile für den Investor nutzen lassen.[328] Alternativ könnte das Unternehmen seine spezifischen Vorteile auch über den Markt materialisieren, etwa durch die Vergabe von Lizenzen oder den Verkauf von Blaupausen. Mit der externen Lösung besteht für ein Unternehmen aufgrund asymmetrischer Informationen jedoch die latente Gefahr, von seinen lokalen Geschäftspartnern übervorteilt zu werden. Je höher diese Gefahr eingeschätzt wird, desto eher kommt es zur Investitionsentscheidung. Im allgemeinen steigt die Bereitschaft zur Internalisierung, je höher die Wissensintensität der Produkte und Prozesse ist und je unklarer die rechtlichen Rahmenbedingungen im Gastland sind.[329]

Das Verdienst der eklektischen Theorie, die auch verschiedentlich kritisiert wurde,[330] ist es herausgearbeitet zu haben, daß die Entscheidung für die Aufnah-

327 Vgl. Dunning, 1977, S. 406.

328 Vgl. Dunning, 1977, S. 410.

329 Für die Entscheidung zwischen den Alternativen „Direktinvestition" und „Marktlösung" sind Merkmale der Transaktion – die insbesondere im Rahmen der Theorie der Firma herausgearbeitet wurden – wesentlich: der Grad der Unsicherheit, das Ausmaß an Spezifität der Investition und die Häufigkeit der Transaktion. Vgl. Stein, 1991, S. 86ff. Problemfelder, die mit der externen Verwertung verbunden sind, diskutiert ausführlich auch Burger, 1998, S. 32ff.

330 Unter anderem wird darauf verwiesen, daß Dunning die Möglichkeit der Aneignung positiver externer Effekte nicht zu den Standortfaktoren gezählt hat. Vgl. Braunerhjelm, 1997, S. 64.

me einer Direktinvestition auf einer Kombination von unternehmens- und gastlandsspezifischen Vorteilen beruht. Dies gilt es für den Fortgang der Arbeit festzuhalten.

3.1.2.3 Stilisierte Fakten der Empirie

Die knappe Abhandlung der theoretischen Ansätze, mit denen die Existenz transnationaler Konzerne erklärt werden, brachte das breite Spektrum an Motiven für die Aufnahme von Direktinvestitionen zum Vorschein, etwa die Nutzung lokaler Rohstoffe. Um die tatsächliche Relevanz der Vielzahl der vorgebrachten *standortspezifischen* Argumente besser einordnen zu können, folgt an dieser Stelle ein synoptischer Überblick über die Ergebnisse empirischer Untersuchungen.

Zu den wichtigsten Determinanten ausländischer Direktinvestitionen gehören die politische Stabilität und das Investitionsklima in der Zielregion:[331] Ausländische Unternehmen schätzen demnach Rahmenbedingungen unter denen verläßliche, kalkulierbare Investitionsentscheidungen getroffen werden können.[332] Daneben belegen zahlreiche ökonometrische Analysen die hohe Bedeutung der Marktgröße, gemessen an der Höhe des Bruttoinlandsprodukts oder dem Pro-Kopf-Einkommen.[333] So erweist sich das Bruttoinlandsprodukt in einer von der UNCTAD wiederholt durchgeführten Querschnittsuntersuchung zu 142 Ländern stets als hoch signifikant. Auch das Pro-Kopf-Einkommen ist meist eine signifikante Determinante. Zusammen erklären beide Variablen 58 Prozent bis 78 Prozent des einströmenden Investivkapitals.[334]

Hinsichtlich der Bedeutung der Löhne sind die Ergebnisse etwas widersprüchlich. Einerseits bestätigen empirische Studien, daß Lohnkostendifferenzen

---

331 Vgl. Gerstenberger/Jungfer/Schmalholz, 2002, S. 13 oder auch MIGA, 2002, S. 19.

332 Daß die politische Stabilität im Gastland für Investitionsentscheidungen nicht an Wichtigkeit eingebüßt hat und weiterhin für viele (potentielle) Investoren von hoher Tagesaktualität ist, verdeutlichen jüngere Beispiele aus Lateinamerika, insbesondere in Venezuela und Bolivien. Vgl. Henkel/Höfinghoff/Clark, 2005, S. 16. Prominente Ausnahmen dieser Regel sind Nigeria und Angola: „Over the years, Nigeria and Angola have been two of the most successful countries because of their comparative location advantage in oil despite their unstable political and economic environment." Morriset, 2000, S.3.

333 Vgl. etwa Kravis/Lipsey, 1982, S. 221 oder Wheeler/Mody, 1992, S. 66f. Vgl. auch Reichel, 2002, S. 221ff. und die dort angegebene Literatur. Potter findet in einer Studie zu getätigten Direktinvestitionen in Großbritannien das Motiv des Marktzugangs gerade bei M&A-Transaktionen als äußerst bedeutsam bestätigt. Vgl. Potter, 1993, S. 201ff.

334 Die Analyse wurde mit Beginn 1980 alle fünf Jahre wiederholt. Vgl. UNCTAD, 1998, S. 135.

bei kostenorientierten Direktinvestitionen bedeutsam sind. Andererseits lassen sich erhebliche branchenspezifische Unterschiede entdecken. Daher darf die quantitative Bedeutung von Löhnen als Determinante ausländischer Direktinvestitionen in Summe nicht überbewertet werden. „Löhne gelten als ein Faktor unter vielen, der dann ausschlaggebend ist, wenn alle anderen Faktoren gleich sind.“[335]

Zu den stilisierten Fakten gehört außerdem, daß die Gewährung finanzieller Anreize bei den meisten Investitionsentscheidungen eine untergeordnete Bedeutung spielt.[336] Diese Erfahrung steht dabei nicht im Widerspruch zu einzelnen Beobachtungen, in denen sich die finanzielle Unterstützung durch staatliche Träger als ein wichtiges Entscheidungskriterium bei der konkreten Standortsuche *innerhalb* eines Marktes für Investoren gebärdet.[337] Vielmehr drängt sich aus den empirischen Ergebnissen unterschiedlicher Aggregationsebenen – d.h. nationaler und regionaler Ebene – der Verdacht auf, daß es bei den angebotenen staatlichen Finanzhilfen in Empfängerländern zu Mitnahmeeffekten durch externe Investoren kommt.

Die Nachkriegsgeschichte macht darüber hinaus deutlich, daß die Stärke des Kapitalzustroms positiv an den Grad der Integration in die Weltwirtschaft gekoppelt ist: Offene, exportorientierte Länder sind bevorzugte Investitionsstandorte.[338]

---

335 Gerstenberger/Jungfer/Schmalholz, 2002, S. 13. Vgl. auch Reichel, 2002, S. 221 oder Potter, 1993, S. 201 sowie Márquez, 1994, S. 78. Die eingeschränkte Bedeutung der Lohnhöhe als Erklärungsfaktor ausländischer Direktinvestitionen kann auf verschiedene Faktoren zurückzuführen sein. Zu den wichtigsten Argumenten zählt, daß Lohnkosten stets nur ein Bestandteil des Kostenblocks sind. Der Lohnkostenvorteil kann durch hohe Kosten anderer Inputgüter (etwa Energie) oder durch eine niedrige Produktivität schnell aufgezehrt werden.

336 Vgl. Gerstenberger/Jungfer/Schmalholz, 2002, S. 13.

337 So spielte die Höhe der Subventionen bei der Standortwahl innerhalb der USA für japanische Unternehmen zwischen 1980 und 1992 eine signifikante Rolle. Vgl. Head/Ries/Swenson, 1999, S. 197ff. Analoge Befunde finden sich zu „Greenfield Investitionen“ in Großbritannien. Vgl. hierzu Potter, 1993, S. 204. Vgl. aber auch Hill/Munday, 1992, S. 543 und Raines, 1998, S. 7.

338 Vgl. Kravis/Lipsey, 1982, S. 201ff. oder Gerstenberger/Jungfer/Schmalholz, 2002, S. 13. Es finden sich allerdings auch einzelne Studien, die eine deutlich eingeschränktere Verbindung zwischen der Offenheit eines Landes und dem Zustrom an ausländischen Direktinvestitionen zutage fördern. Vgl. etwa Braunerhjelm, 1994, S. 73 oder Wheeler und Mody, die den Zustrom von Investivkapital in 42 Ländern – mehrheitlich Entwicklungsländern – über den Zeitraum 1982 bis 1988 untersucht haben und dabei sogar einen schwach negativen Zusammenhang zwischen den Variablen entdecken. Allerdings gestehen die Autoren, daß die Konstruktion ihres Offenheitsindex problematisch ist. Vgl. Wheeler/Mody, 1992, S. 72.

Schließlich zeigt sich, daß bei der Standortentscheidung regionale Aspekte umso bedeutsamer sind, je stärker sich die Bedingungen in einem Land gleichen. Zu diesen regionalen Standortbedingungen werden immer wieder die Dichte wirtschaftlicher Aktivität oder die Spezialisierung („clustering") genannt.[339] Auch hat die Möglichkeit, qualifiziertes Personal regional anwerben zu können, einen hohen Stellenwert bei der Ansiedlungswahl.[340]

3.1.3 Zusammenfassung und Stand der Diskussion in der Literatur

Für die anschließende Diskussion über die Wirkungen ausländischer Direktinvestitionen auf die Gründungsaktivität in der Zielregion sind aus den grundlegenden Einführungen ein paar wesentliche Aspekte festzuhalten.

Zunächst wird aus der Definition zu Direktinvestitionen deutlich, daß hinter diesen nicht qua natura multinationale Konzerne stehen müssen. Auch Privatpersonen und staatliche Einrichtungen können Träger von Investitionen im Ausland sein. Da Informationen fehlen, mit denen sich die jeweiligen Anteile der drei Investorengruppen am gesamten Volumen berechnen beziehungsweise abschätzen lassen,[341] wird im weiteren – der üblichen Vorgehensweise in der Literatur folgend – unterstellt, Direktinvestitionen tätigten allein privatwirtschaftliche Unternehmen.[342] Ebenso wird eine Differenzierung zwischen multinationalen und

---

339 Eine Konzentration japanischer Direktinvestoren auf wenige Ballungsräume innerhalb der USA entdecken Head/Ries/Swenson, 1999, S. 216. Ähnliche Beobachtungen zum Ansiedlungsverhalten schwedischer Konzerne im Ausland macht Braunerhjelm, 1994, S. 73. Vgl. auch UNCTAD, 1998, S. 114ff. oder Wheeler/Mody, 1992, S.66ff. sowie Márquez, 1994, S. 79. Enright konstatiert in diesem Zusammenhang: „Recent work has indicated that foreign investment is more likely to be attracted into locations with pre-existing clusters than into other locations." Enright, 2003, S. 115.

340 Vgl. etwa Potter, 1993, S. 201 oder MIGA, 2002, S. 19.

341 Wie angedeutet ist sich die OECD bewußt, daß die wenigsten Länder den privaten Immobilienerwerb im Ausland in der Kapitalbilanz erfassen. Vgl. OECD, 1999, S. 10.

342 Diese Vorgehensweise rechtfertigt sich zum einen dadurch, daß Privatpersonen wohl nur einen verschwindend geringen Anteil an allen Direktinvestitionen halten, zum anderen damit, daß auch der Anteil des Staates an allen ausströmenden Direktinvestitionen einer Marktwirtschaft klein sein dürfte. Darüber hinaus macht es für die Untersuchung der Effekte im Zielgebiet keinen Unterschied, ob an dem investierenden Unternehmen die ausländische Regierung – wie etwa beim VW Konzern – beteiligt ist oder nicht. Einen Unterschied würde es wahrscheinlich erst dann machen, wenn für die einströmenden Direktinvestitionen vorwiegend staatliche Träger verantwortlich sind, die im Gastland nur als Endverbraucher in Erscheinung treten,

transnationalen Konzernen respektive Unternehmen unterlassen. Vielmehr werden beide Begriffe synonym verwendet.[343]

Zugleich leitet sich aus der Definition ab, daß bereits die Investitionsaufnahme ausländischer Akteure eine Erhöhung der Gründungsaktivität im Zielland bedeuten kann. Denn unberührt bleibt die Gründungsstatistik des Gastlandes allein, wenn ausländische Konzerne Erweiterungsinvestitionen in bereits bestehenden Direktinvestitionsunternehmen vornehmen. Bei Greenfield-Investments hingegen nimmt die Anzahl abhängig-originärer Gründungen zu. Erfolgt das ausländische Investment in Form einer Akquisition, so wird diese Transaktion eine Zunahme derivater Gründungen im Gastland zur Folge haben. Ohne an dieser Stelle zu stark vorgreifen zu wollen, läßt sich konstatieren, daß die quantitative Bedeutung ausländischer Gründungen, die sich unmittelbar aus dem Investitionsengagement im Gastland ergeben, verschwindend gering ist.[344]

Außerdem illustrieren Theorie und Empirie, daß die Gründe für Investitionsengagements im Ausland zahlreich sind. Unternehmensinterne, strategische Aspekte haben ebenso Bedeutung wie Gastlandscharakteristika. Bei der Standortwahl erhalten *regionale* Aspekte um so mehr Gewicht, je stärker sich die Bedingungen im Land gleichen.

Darüber hinaus gilt es im Hinblick auf die anstehenden Diskussionen zu vermerken, daß die Wirkungen ein- und ausströmender Direktinvestitionen in der wirtschaftswissenschaftlichen Literatur aus vielfältigen Perspektiven untersucht wurden – theoretisch wie empirisch.

---

wie dies etwa für das Goethe-Institut und andere kulturelle Einrichtungen vorstellbar ist. Es ist allerdings nicht davon auszugehen, daß derartige Direktinvestitionen eine große Rolle spielen.

343 In der Managementliteratur werden diese Begriffe teilweise voneinander abgegrenzt. Vgl. Bartlett/Ghoshal, 1998, S. 65ff. Die angebotene Unterscheidung ist im Kontext dieser Arbeit allerdings ohne Relevanz.

344 In den EU-15 Ländern erreicht der Anteil ausländischer Gründungen unter den registrierten Neuunternehmen in den allermeisten Fällen nicht einmal 0,2 Prozent. Es muß allerdings eingeräumt werden, daß sich dieser Wert aufgrund der Datensituation zu ausländischen Direktinvestitionen nur auf Basis vorliegender Projektdaten von transnationalen Konzernen abschätzen läßt (Details zur Datenherkunft befinden sich im Anhang). Da einströmende Direktinvestitionen im Rahmen von Projekten nicht zwingend eine Unternehmensgründung im Zielgebiet beinhalten, sondern reine Erweiterungsinvestitionen sein können, dürfte der genannte Schätzwert von 0,2 Prozent tendenziell sogar die Obergrenze sein. Unterstellte man jedoch, daß alle registrierten Projekte stets zu einer Gründung geführt haben, dann wären ausländische Unternehmen im Zeitraum von 1997 bis 2003 nur in Belgien und dort auch nur in einem einzigen Jahr für gute 0,2 Prozent aller Gründungen verantwortlich gewesen. Im gleichen Zeitraum lag dieser Anteil etwa in Frankreich und Großbritannien immer deutlich unter der genannten Marke.

In den Forschungsarbeiten zu Industrieländern liegt der Fokus zumeist auf den Beschäftigungseffekten ausströmender Direktinvestitionen im Ursprungsland des Investors. Hier steht die Frage im Zentrum, ob mit der Verlagerung von Wertschöpfungsaktivitäten ins Ausland ein Nettobeschäftigungsabbau in den Herkunftsländern einhergeht.[345] In jüngere Zeit wird allerdings auch die Frage untersucht, wie weit wissensintensive Aktivitäten wie Forschungs- und Entwicklungstätigkeiten ausländischer Unternehmen angezogen werden können, da man sich von diesen Tätigkeiten wachstumsinduzierende Spillover-Effekte verspricht.[346] Die überwältigende Mehrheit der empirischen Studien befaßt sich allerdings mit den Wirkungen, die einströmende Direktinvestitionen in Schwellen- und Entwicklungsländern entfalten.[347] In frühen Arbeiten war dabei der Blick auf den Beitrag transnationaler Konzerne zur makroökonomischen Kapitalbildung und zum Abbau der chronischen Unterbeschäftigung in den Empfängerländern gerichtet.[348] Zwischenzeitlich hat sich der Forschungsschwerpunkt allerdings verschoben. Der potentielle Entwicklungsbeitrag internationaler Unternehmen wird heute vermehrt aus der Perspektive technologischer Externalitäten untersucht.[349] Die Analyse der Gründungswirkung einströmender Direktinvestitionen wurde bislang allerdings auch hierbei vernachlässigt.

3.2 Gründungsopportunitäten durch ausländische Direktinvestitionen

Das folgende Kapitel unterteilt sich in zwei Abschnitte. Gründungsopportunitäten in den vom Investitionszustrom direkt betroffenen Branchen werden zunächst diskutiert (Abschnitt 3.2.1). Hierbei werden einerseits Überlegungen zum Eintritt neuer Marktteilnehmer aufgegriffen, die bereits im wettbewerbstheoretischen Modell erörtert wurden. Andererseits finden von Innovations- und Wachstumsökonomen betonte Aspekte Berücksichtigung, insbesondere die Bedeutung von Wissensspillovern.

Anschließend wird das Analysefeld erweitert, indem mögliche Gründungsimpulse in den inländischen Sektoren betrachtet werden, die mit den Direktinvestoren im Gastland leistungswirtschaftlich unmittelbar verflochten sind (Abschnitt 3.2.2).

---

345 Vgl. etwa Holwegler/Trautwein, 2000, S. 259ff.

346 Vgl. etwa Belitz, 2002, S. 245ff.

347 Vgl. verschiedene World Investment Reports der UNCTAD; vgl. OECD (2003a) und OECD (2003b) oder OECD (2002a); vgl. auch Nunnenkamp/Spatz (2003).

348 Vgl. zu einer frühen Studie etwa Bethke/Koopmann, 1975, S. 77ff.

349 Vgl. Blomström (1989), Burger (1998) und OECD (2002a).

3.2.1 Branchenspezifische Gründungsopportunitäten

3.2.1.1 Wettbewerbstheoretische Perspektive

Eine erste Annäherung an die Leitfrage dieser Arbeit kann mit dem Rückgriff auf das oben vorgestellte wettbewerbstheoretische Markteintrittsmodell gelingen. Unbenommen der Schwächen dieses komparativ-statischen Ansatzes[350] erlaubt er die Frage zu beleuchten, wie weit sich mit dem Auftritt der ausländischen Investoren der sektorale Eintrittsanreiz für weitere – insbesondere lokale – Wettbewerbsaspiranten verändern könnte.

Auf der einen Seite kann erwartet werden, daß sich mit dem Zutritt transnationaler Unternehmen die sektoralen Gewinnopportunitäten für weitere Eintrittskandidaten verschlechtern. So verfügen multinationale Konzerne vielfach über intangible Vermögenswerte, mit denen die Höhe der unwiederbringlichen Vergangenheitskosten für Wettbewerbsaspiranten steigt.[351] Denkbar ist zudem, daß die etablierten Anbieter dem verschärften Wettbewerb mit höheren Werbeausgaben begegnen, was eine zunehmende Produktdifferenzierung zur Folge hätte. Allein diese beiden Aspekte demonstrieren, daß lokalen Eintrittskandidaten der Marktauftritt über die Veränderung der sektoralen Barrieren erschwert werden kann.

Über die mögliche Verschärfung bereits diskutierter Eintrittsschranken hinaus läßt sich fragen, ob mit dem Einstrom des Investivkapitals die Errichtung zusätzlicher Hürden einhergeht. Eventuell bietet sich ausländischen Investoren die Chance, Vorteile, die unmittelbar mit der Entstehung eines Mehrbetriebsunternehmens einhergehen, gegenüber potentiellen lokalen Konkurrenten auszuschöpfen. Bekanntermaßen lassen sich für Mehrbetriebsunternehmen vielfältige unternehmensspezifische Kostenvorteile erschließen, etwa durch die Bündelung administrativer Tätigkeiten („headquarter services"). Aus dieser Fähigkeit ergeben sich für Mehrbetriebsunternehmen Skalenpotentiale, die nicht nur einen echten Kostenvorteil gegenüber Einbetriebsunternehmen darstellen, sondern auch als Drohkulisse gegenüber potentiellen Wettbewerbern einsetzbar sind: Aus strategischen Gründen können die ausländischen Investoren aufgrund unternehmensspezifischer Vorteile eine niedrigere Preis-Kosten-Marge vorübergehend akzeptieren, mit der weitere Marktteilnehmer im Gastland abgeschreckt werden.[352]

---

350 Vgl. die Diskussion weiter oben unter 3.2.1.

351 Insbesondere sei an die Schaffung einer (internationalen) Marke erinnert. Beispiele wie McDonalds, Starbucks, Walmart, Goldman Sachs oder McKinsey zeigen, daß diese Firmen vielfach einen hohen Bekanntheitsgrad in Auslandsmärkten haben, bevor sie diese bedienen.

352 Vgl. Duetsch, 1984, S. 478.

Empirisch hat sich Duetsch mit der Frage auseinandergesetzt, ob die Anwesenheit von Mehrbetriebsunternehmen Einfluß auf die sektorale Gründungsaktivität ausübt. In seiner Untersuchung zu 95 amerikanischen Industrien über den Zeitraum von 1963 bis 1972 findet er die Hypothese bestätigt, daß Mehrbetriebsunternehmen das Auftreten von Neugründungen signifikant beeinträchtigen.[353] Obwohl Duetsch keine Hinweise darauf gibt, inwieweit sich unter den Mehrbetriebsunternehmen seiner Analyse ausländische befinden, läßt sich der von ihm identifizierte Wirkungszusammenhang vorsichtig auf den Untersuchungsgegenstand der vorliegenden Arbeit übertragen: Gerade bei horizontalen, d.h. absatzmarktsuchenden Direktinvestitionen, ist die Entstehung von Mehrbetriebsunternehmen, die über unternehmensspezifische Kostenvorteile verfügen, relevant.[354]

Da sich die unternehmensspezifischen Vorteile nicht nur gegenüber Eintrittsaspiranten ausschöpfen lassen, besteht die Möglichkeit, daß etablierte Anbieter von den wettbewerbsfähigeren Direktinvestoren verdrängt werden. Wenn der Zustrom ausländischer Direktinvestitionen zur Liquidation lokaler Produzenten führt, muß ceteris paribus eine Erhöhung der Marktkonzentration einhergehen. Damit würde wiederum eine Eintrittsbarriere nach oben verschoben.

Auf der anderen Seite darf aber nicht übersehen werden, daß sich mit dem Zustrom der ausländischen Konzerne die sektoralen Opportunitäten verbessern können. So wird der Zustrom von Direktinvestitionen ceteris paribus von sinkenden Zinsen begleitet.[355] Damit werden die Kapitalkosten reduziert, was eine Gewinnverbesserung *auch* für die inländischen Unternehmen impliziert, die auf den lokalen Absatzmärkten mit den Direktinvestoren im Wettbewerb stehen. Des weiteren können durch multinationale Unternehmen aber auch andere Effekte entstehen: Vielfach verfügen ausländische Direktinvestoren über forschungsintensive Produkte. Wie oben unter den industrieökonomischen Gründungsdeterminanten angesprochen, lassen die Resultate empirischer Arbeiten erkennen, daß hiermit die Marktkonzentration gesenkt wird.

3.2.1.2 Demonstrationseffekt

Die komparativ-statische Wettbewerbstheorie diente für die bislang identifizierten Gründungseffekte ausländischer Direktinvestitionen als Analyserahmen. In diesem wird grundsätzlich unterstellt, daß in den Markt eintretende Unternehmen

---

353 Vgl. Duetsch, 1984, S. 483ff.

354 Auf diesen Überlegungen fußt im weitesten Sinne das handelstheoretische Modell zu horizontalen Direktinvestitionen. Vgl. Reichel, 2002, S. 209ff. oder Klodt, 1997, S. 444ff.

355 Die Auswirkungen sinkender Zinsen werden im nächsten Kapitel (3.3) ausführlich besprochen.

Duplikate bestehender sind. Diese hehre Annahme stößt gerade bei multinationalen Unternehmen an ihre Grenzen. Denn wie dargelegt, begründet sich das Engagement der Direktinvestoren im Zielland nur bei einem unternehmensspezifischen Wettbewerbsvorteil gegenüber den dort bereits etablierten Anbietern.[356] An dieser notwendigen Voraussetzung knüpfen die Überlegungen zum Demonstrationseffekt an, der auch eine stärkere Gründungsaktivität auslösen kann.

Grundsätzlich darf zunächst davon ausgegangen werden, daß es mit der Einführung überlegener Technologien bei den heimischen Produzenten zu Anpassungsreaktionen kommt, in deren Folge sie ihre Fertigungsmethoden modernisieren und analoge Technologien wie die Direktinvestoren einsetzen werden.

Dieses Imitationsverhalten kann sich aus Sicht inländischer Hersteller beispielsweise mit einer veränderten Risikobewertung der Technologieeinführung erklären. Lokale Unternehmen könnten die Einführung neuer Produktionstechnologien bislang aufgrund der damit verbundenen Unsicherheit gescheut haben. Ursache für die vormalig prohibitive Risikobewertung kann der Mangel an (technischen) Informationen gewesen sein. Heimischen Produzenten mag das Wissen gefehlt haben, das zu einer erfolgreichen Adaption der Technologie an die spezifischen lokalen Umweltbedingungen notwendig ist. Demonstrieren multinationale Konzerne die Einführung und erfolgreiche Verwendung neuer Technologien im Gastland, kann dies über die Neubewertung des Risikos in einer erhöhten Adaptionsbereitschaft der lokalen Unternehmen münden.[357]

Obwohl diese Argumentation in der Literatur ohne expliziten Bezug auf die Entstehung neuer lokaler Unternehmen geführt wird, gibt es keinen plausiblen Grund, warum die Technologieadaption durch imitierende Gründungsunternehmen prinzipiell ausgeschlossen sein sollte. Gerade wegen der fehlenden Notwendigkeit, einen bestehenden Kundenstamm mit seinen technischen Präferenzen berücksichtigen zu müssen, erscheinen kleine, flexible Unternehmen sowie Neugründungen in vielen Fällen für rasche Adaptionen durchaus prädestiniert.[358] Imitierende Gründungen durch lokale Unternehmer werden insbesondere dann zu

---

356 Siehe insbesondere Abschnitt 3.1.2.2.

357 Vgl. OECD, 2002a, S. 100.

358 Das Dilemma innovativer Unternehmen mit ihren Kunden hat Christensen eingehend dargestellt. Er schildert Fälle, in denen die Orientierung an den technischen Ansprüchen der Stammkunden die Einführung radikaler Innovationen durch diese Unternehmen verhindert hat. Er schließt daraus, daß es zur Durchsetzung neuer, radikaler Lösungen oft Neulinge bedarf, die auf bestehende Kunden keine Rücksicht zu nehmen haben. Vgl. Christensen, 1997, S. 29ff.

erwarten sein, wenn mit dem Eintritt eines ausländischen Konzerns ein bislang nicht existierender Produktmarkt mit großer latenter Nachfrage entsteht.[359]

Empirische Evidenz für den Demonstrationseffekt zu bekommen, ist allein aus methodischen Gründungen schwer. Denn dieser Effekt ist eng mit dem Wettbewerbseffekt verzahnt.[360] Dennoch gibt es ein paar deskriptive Hinweise auf seine realökonomische Bedeutung. Allerdings scheint der Impuls vom Ausmaß der leistungswirtschaftlichen Verknüpfung abzuhängen.[361]

3.2.2 Gründungsopportunitäten durch leistungswirtschaftliche Verflechtung

Positive Impulse für die Wirtschaft des Gastlandes werden von multinationalen Konzernen besonders dann erwartet, wenn sie zu lokalen Unternehmen geschäftliche Beziehungen aufbauen und unterhalten. Denn diese Interaktion ermöglicht einen fruchtbaren Austausch von Wissen und Know-how. Zwei Formen der vertikalen Integration werden dabei unterschieden. Zum einen können ausländische Unternehmen mit heimischen Produzenten Lieferantenbeziehungen eingehen. Diese werden mit Unternehmen aus vorgelagerten und komplementären Wertschöpfungsstufen („backward linkages“) unterhalten. Zum anderen können Geschäftsbeziehungen zu gewerblichen Kunden („forward linkages“) im Gastland entwickelt werden. Beide Ausprägungen werden in der Literatur thematisiert, zumeist mit dem Fokus auf Wissensspillover. Die Impulse auf die Gründungsaktivität werden bislang nicht diskutiert.

3.2.2.1 Opportunitäten in vorgelagerten und komplementären Industrien

Direktinvestoren, die im Gastmarkt mit einer eigenen Niederlassung vertreten sind, haben diese Art der Marktbearbeitung oft aus dem strategischen Grund ge-

---

359 In diesem Fall lassen sich die nachfolgenden indigenen Gründungen der Wettbewerbstheorie entsprechend als weitreichende Duplikate bestehender Unternehmen interpretieren.

360 Die beiden Effekte sind eng miteinander verbunden, weil die von transnationalen Konzernen eingeführten Technologien häufig allein für unmittelbare, etablierte Wettbewerber relevant sind. Daher bedingen und verstärken sich der Demonstrations- und Wettbewerbseffekt: Durch die Präsenz der ausländischen Unternehmen kommt es für lokale Anbieter zur Wettbewerbsintensivierung, was für sich genommen bereits einen Anreiz stiftet, neue Produktionsmethoden einzuführen. Vgl. OECD, 2002a, S. 100f. Der Wettbewerbseffekt wird in Abschnitt 3.3.5.1 ausführlich diskutiert.

361 Vgl. Del Monte/Luzenberger, 1989, S. 220.

wählt, technologische Spillover möglichst gering zu halten.[362] Die leistungswirtschaftliche Verflechtung zwischen den Direktinvestoren und lokalen Unternehmen bedeutet für letztere daher nicht per se die Aneignung zusätzlichen Wissens und technologischer Fähigkeiten. Andererseits ist es unwahrscheinlich, daß die Direktinvestoren vollständig verhindern können beziehungsweise vollständig zu verhindern beabsichtigen, daß Wissen auf ihre lokalen Geschäftspartner übertragen wird.[363]

Daher eröffnen sich den lokalen Zulieferbranchen vielfältige Möglichkeiten, vom Wissen und den Technologien ihrer ausländischen Geschäftspartner zu profitieren und damit ihre eigene Produktivität zu verbessern. Direktinvestoren können beispielsweise zur Qualitätsverbesserung technische Unterstützung gewähren, Informationen bereitstellen oder bei der Beschaffung von (Roh-)Materialien und Vorprodukten beraten. Zudem können auf Basis interpersoneller Kontakte Innovationen angeregt und/oder erleichtert werden. Im Extremfall werden ansiedelnde Unternehmen Bereitschaft signalisieren, potentielle Lieferanten vollständig aufzubauen.

Wesentliche Faktoren, die das Verflechtungsausmaß zwischen transnationalen Konzernen und lokalen Zulieferindustrien bestimmen, hat erstmalig Rodríguez-Clare in einem Modell formalisiert. Demnach hängt die Verflechtungsintensität mit dem Gastland von drei Größen ab. Erstens vom Umfang, zu dem ausländische Unternehmen in ihren Produktionsprozeß Zwischenprodukte einsetzen. Ceteris paribus führt ein höherer Bedarf an Vorprodukten zu einer stärkeren Einbindung im Gastland. Zweitens, werden mit steigenden Kommunikationskosten zwischen den Auslandsgesellschaften und den Konzernzentralen die lokalen Geschäftsbeziehungen ausgeweitet. Schließlich bestimmt der Unterschied im Entwicklungsniveau zwischen Gast- und Ursprungsland die Chancen der lokalen Unternehmerschaft auf neue Abnehmer. Demnach wird das Ausmaß vertikaler Geschäftsbeziehungen von den technologischen Kompetenzen und Fähigkeiten der lokalen Lieferanten geprägt. Empirisch untermauert Rodríguez-Clare seine Argumente mit deskriptiven Beobachtungen in Mexiko. Dort waren US-amerikanische Tochtergesellschaften um so stärker mit der lokalen Wirtschaft vernetzt, je weiter sich die Niederlassungen von der mexikanisch-amerikanischen Grenze befanden. Die Distanz zum Heimatmarkt erhöhte zum einen die Kommunikationskosten mit den Muttergesellschaften. Zum anderen reduzierte sich mit zunehmender Entfernung zum mexikanischen Norden das Technologiegefälle zwi-

---

362 Vgl. Burger, 1998, S. 33ff. Siehe auch die Erörterung im Rahmen des OLI-Paradigma zur notwendigen Voraussetzung eines Internalisierungsvorteils (Abschnitt 3.1.2.2).

363 Vgl. OECD, 2002a, S. 99.

schen den Direktinvestoren und den heimischen Unternehmen, woraus sich zugleich ein höheres Verflechtungspotential ergab. Auf Basis dieser statistisch nicht erhärteten Beobachtung bleibt die Bedeutung der einzelnen von Rodríguez-Clare formalisierten Determinanten aber unklar.[364]

Neben den von Rodríguez-Clare vorgebrachten Argumenten wird die Integrationstiefe der ausländischen Investoren mit der Wirtschaft des Gastlands noch von zwei weiteren Faktoren abhängen: zum einen von der Marktgröße, zum anderen von der konzernweiten Beschaffungsstrategie und -politik der Auslandsinvestoren.[365]

Bezüglich der Beschaffungsaktivitäten ausländischer Direktinvestoren hat die Unternehmensberatung PA Cambridge Consultants eine deskriptive Untersuchung in Großbritannien durchgeführt. Die Berater entdecken bei den ausländischen Niederlassungen im Verarbeitenden Gewerbe mehrheitlich eine explizite Strategie, ihr britisches Lieferantennetzwerk zu entwickeln. Besonders bedacht sind die Tochtergesellschaften darauf, daß ihre lokalen Partner angemessene Qualitätssicherheitssysteme haben und Produktentwicklungen betreiben. Um beide Ziele zu erreichen, legen die Direktinvestoren vielfach ihre eigenen Systeme und Aktivitäten den Lieferanten offen.[366] Konsistent zu diesen Beobachtungen erkennen auch McIntyre et al., daß die Qualitätsansprüche der transnationalen Unternehmen an die Produkte ihrer Lieferanten der Haupttreiber technologischer Transfers sind. Insbesondere wenn die ausländischen Tochtergesellschaften ihre Waren auf dem Weltmarkt abzusetzen beabsichtigen, zögern sie nicht, lokalen Lieferanten zu assistieren.[367]

In einem der seltenen empirisch-quantitativen Ansätze hat Smarzynska auf Basis von Unternehmensdaten untersucht, ob die lokale Zulieferindustrie in Litauen von Externalitäten ausländischer Direktinvestoren profitiert. Sie findet über den Analysezeitraum von 1996 bis 2000 statistisch signifikante Effekte. Die sektorale Erhöhung ausländischer Direktinvestitionen um zehn Prozent bedingte eine durchschnittliche Umsatzsteigerung bei allen heimischen Lieferanten der vorgelagerten Industrie um 0,38 Prozent. Darüber hinaus bringt Smarzynska noch weitere Aspekte zutage: Die positiven Effekte sind unabhängig von der Höhe des ausländischen Eigentumsanteils; d.h. einhundertprozentige Niederlassungen und Joint Ventures mit ausländischer Beteiligung üben die gleichen Impulse in der Zulieferindustrie aus. Im Kontrast zu den Beobachtungen von McIntyre et al. kommt Smarzynska durch ihre Untersuchung zu dem Schluß, daß die lokalen

364 Vgl. Rodríguez-Clare, 1996, S. 866f.
365 Vgl. OECD, 2002a, S. 99.
366 Vgl. PA Cambridge Consultants, 1995, S. V.
367 Vgl. McIntyre/Narula/Trevino, 1996, S. 443.

Lieferanten höhere Produktivitätsgewinne realisieren, wenn die Direktinvestoren eine Marktbearbeitungsstrategie anstatt einer Exportstrategie verfolgen.[368]

Hinsichtlich des Aufbaus von Geschäftsbeziehungen zu heimischen Lieferanten darf auch die zeitliche Dimension nicht vernachlässigt werden: Die ausländischen Investoren benötigen in der Regel eine Anlaufzeit, um mit lokalen Unternehmen geschäftliche Verbindungen zu knüpfen. Insofern wird erst nach einer gewissen Verweildauer im Gastland der lokale Anteil und Wert am Beschaffungsvolumen der Direktinvestoren steigen.[369] Rashia untermauert dies im Rahmen seiner Untersuchungen zur malaysischen Elektronikindustrie: Dort waren die lokalen Vorprodukte, die in den Produktionsprozeß der Direktinvestoren einflossen im ersten Jahr vernachlässigbar. Im fünften Jahr hatten sie allerdings schon ein beachtliches Niveau erreicht.[370]

Allerdings darf nicht der Eindruck eines Automatismus erweckt werden. Der mittelfristige Verflechtungsgrad transnationaler Konzerne mit der heimischen Wirtschaft wird nicht zuletzt von der Weltmarktorientierung der jeweiligen Industrie und der Größe der technologischen Lücke abhängen. Beispielsweise hat eine weitere Studie zu Malaysia über die Beschaffungsstrategien von 18 großen Auslandstöchtern aus der Elektrik- und Elektronikindustrie ergeben, daß die betroffenen Unternehmen nahezu 80 Prozent aller benötigten Komponenten und Materialien einführen. Hieraus resultiert, daß diese Tochtergesellschaften vertikale Geschäftsbeziehungen zur malaysischen Zulieferindustrie nur in begrenztem Umfang eingegangen sind.[371]

Aus der Mehrheit der empirischen Studien zu den Beschaffungsstrategien ausländischer Direktinvestoren kristallisiert sich jedoch heraus, daß der Kapitaleinstrom nur für eine kurze Periode von einer hohen Importtätigkeit begleitet wird.[372]

Aus diesen Ausführungen läßt sich ableiten, daß Direktinvestitionsunternehmen Geschäftsbeziehungen zu lokalen Unternehmen in vorgelagerten und komplementären Branchen knüpfen und aufbauen. Der Umfang dieser geschäftlichen Verflechtung wird von Faktoren wie etwa der Marktgröße des Gastlands, der bestehenden technologischen Lücke zwischen heimischer Industrie und multinationalen Unternehmen sowie den Beschaffungsstrategien der ausländischen Kon-

368 Vgl. Smarzynska, 2002, S. 16.
369 Vgl. OECD, 2002a, S. 86 zu weiteren Angaben über Studien zu diesem Thema.
370 Vgl. Rashia, 1994, S. 285ff.
371 Obwohl dieser Anteil erheblich über dem der durchschnittlich importierten Vorprodukte der Industrie liegt, muß vor voreiligen Schlüssen gewarnt werden; insbesondere deshalb, weil es sich um eine global wettbewerbsfähige Industrie handelt, die auf hochqualitative Vorprodukte angewiesen ist. Vgl. OECD, 2002a, S. 85.
372 Vgl. z.B. Fontagné, 1999, S. 1ff.

zernzentralen bestimmt. Infolgedessen ergeben sich für heimische Wirtschaftssubjekte direkt und indirekt Opportunitäten, die auch von Gründungsunternehmen ergriffen und wahrgenommen werden können. Die lokale Präsenz ausländischer Unternehmen kann beispielsweise die Nachfrage nach unternehmensnahen Dienstleistungen – etwa bei Logistik, Sicherheit und Reinigung – entstehen lassen, die von heimischen Betrieben bislang nicht artikuliert wurde. Demzufolge können ganz neue Nischenmärkte entstehen, die idealer Nährboden für Neugründungen sind. Die lokale Nachfrage nach solchen komplementären Dienstleistungen wird dabei in vielen Fällen vollkommen losgelöst von beschaffungsstrategischen Überlegungen im Mutterkonzern sein.

Bringen die ausländischen Investoren die Bereitschaft mit, strategisch bedeutsame Vorleistungen von lokalen Anbietern zu beziehen, dann besteht prinzipiell auch hierbei die Möglichkeit, daß Gründungsunternehmen in die Rolle des heimischen Kooperationspartners schlüpfen. Jedoch wird es sich bei Partnerschaften zwischen Direktinvestoren und lokalen Gründungsunternehmen wahrscheinlich nur um Einzelfälle handeln. Diese Einschätzung betrifft vor allem kleine, originäre Neugründungen. Denn Großkonzerne dürften ganz allgemein nicht dazu neigen, strategische Partnerschaften mit kleinen, sich im Markt gerade etablierenden Unternehmen einzugehen. Schließlich ist für etablierte Unternehmen die Gefahr viel zu hoch, daß ein Jungunternehmen die notwendige Prozeßstabilität nicht einhalten und/oder die Lieferverpflichtung nicht gewährleisten kann. Oftmals ist gar das Wissen nur in wenigen Personen der Gründer inkorporiert, d.h. ein unternehmensinternes Wissens- und Technologiemanagement, das unabhängig von einzelnen Personen funktioniert, ist in der Regel noch nicht aufgebaut.

Zu den diskutierten Effekten ausländischer Direktinvestoren auf die Gründungsaktivität in vorgelagerten und komplementären Industrien besteht nur anekdotische Evidenz. So gibt es Beispiele aus sektoralen Untersuchungen zu asiatischen Schwellenländern, in denen sich lokale Dienstleistungsunternehmen nach dem Zustrom ausländischer Direktinvestitionen gebildet haben. In Costa Rica hat die Errichtung einer Mikroprozessorenfabrik von Intel sogar dazu geführt, daß sich eine vorher nicht existierende Lieferantenindustrie entwickeln konnte.[373]

3.2.2.2 Opportunitäten in nachgelagerten Industrien

Vom Zustrom ausländischer Direktinvestitionen profitieren nicht allein die lokalen Zulieferindustrien. In gleicher Weise entfalten sich in nachgelagerten Wertschöpfungsstufen neue Geschäftsgelegenheiten. Durch den Aufbau neuer Kapazitäten können multinationale Unternehmen etwa Versorgungsengpässe überwin-

373 Vgl. UNCTAD, 1999, S. 172f.

den helfen.[374] Entscheidender dürften aber neue Optionen sein, die den lokalen Abnehmern aus dem Technologietransfer der multinationalen Unternehmen erwachsen. So ergibt sich für heimische Produktionsbetriebe in nachgelagerten Brachen die Möglichkeit, höherwertige und/oder günstigere Vorleistungen zu beziehen und im Rahmen ihrer Fertigung einzusetzen. Dieser Weg kann ihnen direkt über die Produktpalette der Direktinvestoren eröffnet werden. Aber auch indirekt lassen sich diese Vorteile realisieren, wenn mit dem Markteintritt transnationaler Konzerne der Wettbewerb auf den lokalen Beschaffungsmärkten intensiviert wird, und in dessen Folge Preissenkungen und/oder Innovationen zu verzeichnen sind.[375]

Die genannten Auswirkungen einströmender Direktinvestitionen begründen in den Abnehmerindustrien des Gastlands nicht nur für etablierte Firmen neue Gewinnopportunitäten. Die Reaktionen der heimischen Wirtschaftssubjekte auf die veränderten Rahmendaten kann auch in Form von Neugründungen Gestalt annehmen. Wegen mangelnder Vertragsverpflichtungen gegenüber langjährigen Geschäftspartnern können Gründungsunternehmen möglicherweise sogar erheblich schneller und flexibler auf ein moderneres Technologieangebot ausländischer Konzerne reagieren als lokale „Pfründehalter".[376] Dieser Rückschluß steht ganz im Einklang mit der Auffassung, Gründungsunternehmen seien mehrheitlich Nutzer statt Entwickler neuer Technologien.[377]

Das Ausmaß der skizzierten Gründungsopportunitäten, die sich in den nachgelagerten Sektoren der heimischen Wirtschaft durch den Zustrom ausländischer Direktinvestitionen ergeben, darf nicht überschätzt werden. Der Hinweis auf eine latente Überbewertungsgefahr ist vor allem bei offenen Volkswirtschaften angebracht. Denn hier haben die inländischen Wirtschaftssubjekte bereits vor dem Aufbau von Auslandsdependancen die Möglichkeit, hochwertigere und/oder günstigere Vorprodukte ausländischer Anbieter über den Außenhandel zu materialisieren.[378] Insofern darf in diesen Fällen eine systematische Verbesserung oder starke Ausweitung der Gründungsgelegenheiten in nachgelagerten Wirtschafts-

374 Vgl. Del Monte/Luzenberger, 1989, S. 220.

375 Vgl. Pack/Saggi, 1999, S. 15ff.

376 Im Englischen wird der Begriff „Incumbent" (Amtsinhaber, Pfründehalter) zur Unterscheidung von Neugründungen in diesem Zusammenhang verwendet.

377 Vgl. etwa Callejón/Serraga, 1999, S. 253.

378 Diese Tatsache korrespondiert mit der Erfahrung, daß transnationale Konzerne in offene Auslandsmärkte vielfach graduell eintreten. Demnach geht die Bedienung eines fremden Marktes durch Export einer Investitionstätigkeit im Ausland voraus. Umgekehrt beobachtet man eine prompte Errichtung einer Niederlassung meist in abgeschotteten Märkten. Hier erlangt für den Investor das Motiv der Zollüberbrükkung („tariff jumping") zentrale Bedeutung.

zweigen durch den Zustrom ausländischer Direktinvestitionen nicht erwartet werden.

3.3 Ausländische Direktinvestitionen und raumökonomische Gründungsdeterminanten

Gründungsopportunitäten erzeugen transnationale Konzerne nicht nur in den von ihnen betretenen und leistungswirtschaftlich verbundenen Sektoren. Durch ihr Engagement werden die Rahmenbedingungen im Gastland ganz allgemein verändert, woraus in weiteren Wirtschaftsbereichen zusätzliche Opportunitäten für die Entstehung neuer Unternehmen erwachsen können. Diesen indirekten Gründungsimpulsen widmet sich die folgende Erörterung.

Im Vordergrund der Analyse stehen dabei die Einflüsse ausländischer Direktinvestitionen auf bereits identifizierte Bestimmungsgrößen von Gründungen. Diese Vorgehensweise erklärt sich allen voran damit, daß unter den im zweiten Kapitel der Arbeit identifizierten Bestimmungsfaktoren von Gründungen zahlreiche sind, die zugleich als standortspezifische Voraussetzungen beziehungsweise als Determinanten ausländischer Direktinvestitionen theoretische und empirische Bedeutung haben.[379] Mit dem Zustrom von Investivkapital sind daher Rückwirkungen auf diese gründungsrelevanten Faktoren zu erwarten, die nun untersucht werden.[380]

Zunächst werden die Kapitalmarktwirkungen des zuströmenden Investivkapitals beleuchtet (Abschnitt 3.3.1). Die Veränderung der Faktorkosten, d.h. der Zinsen, wird dabei eine Rolle spielen. Anschließend wendet sich die Diskussion den arbeitsmarktrelevanten Effekten ausländischer Direktinvestitionen zu (Abschnitt 3.3.2). Hier werden neben rein quantitativen Impulsen, die sich in der Höhe der Arbeitslosigkeit in der Zielregion niederschlagen können, auch qualitative Aspekte betrachtet, wie etwa die Humankapitalbindung der Direktinvestoren. Der Impuls auf die Wirtschaftsaktivität (Abschnitt 3.3.3) und die Spezialisierung der Zielregion (Abschnitt 3.3.4) stehen darauf im Mittelpunkt. Schließlich richtet sich der Blick auf die Frage, welche Auswirkungen Direktinvestitionen auf die

---

379 Vgl. hierzu insbesondere die Abschnitt 2.2.3 und 3.1.

380 Diese Überlegungen deuten darauf hin, daß Direktinvestitionen auch Impulse auf ihre eigenen Determinanten ausüben und somit das Ausmaß ihres zukünftigen Einstroms mitbestimmen. Eine zirkuläre Selbstverstärkung ausländischer Direktinvestitionen ist insofern denkbar. Möglicherweise kann dies eine zusätzliche Erklärung für den gelegentlich beobachteten Herdentrieb von Direktinvestoren liefern. Vgl. Gerstenberger/Jungfer/Schmalholz, 2002, S.12. Dieser Aspekt wird im Folgenden nicht weiter explizit diskutiert.

Wissensproduktion im Gastland haben. Hierzu werden die Effekte auf die FuE-Aktivitäten untersucht (Abschnitt 3.3.5).

3.3.1 Kapitalmarkteffekt

Eine relative Kapitalknappheit im Gastland, die sich in hohen Zinsen niederschlägt, kann Beweggrund für Direktinvestitionen sein.[381] Losgelöst von der empirischen Bedeutung internationaler Zinsunterschiede als zentralem Investitionsmotiv,[382] weitet sich in der Empfängerregion der Kapitalstock durch den Zustrom ausländischer Direktinvestitionen ceteris paribus aus.[383] Damit erweisen sich einströmende Direktinvestitionen als wichtiges Komplement zum heimischen Sparen, mit denen die gesellschaftlich optimale Kapitalbildung erlangt werden kann.[384] Begleitet wird die Verringerung der Kapitalknappheit von einem niedri-

381 Vgl. Abschnitt 3.1.2.1 und die dortigen Literaturverweise.

382 Einen differenzierten Test hinsichtlich des Erklärungsgehalts von Renditeunterschieden für die Entstehung von ausländischen Direktinvestitionen hat Reichel unternommen. Für 25 OECD-Staaten findet er die Renditethese von der Abflußseite bestätigt. Hingegen erhält die These von der *Zuflußseite* durch die Empirie nur eingeschränkte Unterstützung. Vgl. Reichel, 2002, S. 225ff.

383 Es läßt sich beobachten, daß transnationale Konzerne im Gastland Kapital aufnehmen. In aller Regel wird der lokale Finanzmarkt allerdings nur eine von mehreren Finanzquellen für die ausländischen Investoren sein. Dieser Schluß leitet sich nicht zuletzt daraus ab, daß die Auslandsgesellschaften oft nur einen eingeschränkten Entscheidungsspielraum zugebilligt bekommen und die Finanzabteilungen weiterhin zu den am stärksten zentralisierten Konzernbereichen gehören. Diese Einschätzung wird durch eine UNCTAD-Studie gestützt. Aus dieser geht unter anderem hervor, daß die ausländischen Tochtergesellschaften amerikanischer Konzerne in Schwellenländern wie Mexiko und Brasilien über die konzerninternen Netzwerke zwei Drittel der benötigten Finanzmittel im Jahre 1994 bereitgestellt bekamen. Der lokale Finanzmarkt mußte demnach nicht mehr als ein Drittel des Kapitalbedarfs der ansässigen US-Töchter decken. Infolgedessen läßt sich ableiten, daß sich die Lage auf dem lokalen Kapitalmarkt üblicherweise mit dem Eintritt ausländischer Direktinvestoren entspannt. Vgl. UNCTAD, 1999, S. 158ff.

384 Ausgenommen der am wenigsten entwickelten Länder, denen der Zugang zum internationalen Kapitalmarkt mangels Kreditwürdigkeit teilweise verwehrt ist, stehen einem Land prinzipiell Alternativen zu ausländischen Direktinvestitionen offen, um einen temporären Kapitalengpaß zu mildern: Kreditaufnahme und/oder Portfolio-Investitionen. Für viele Gastländer stellen diese Finanzierungsformen nominal sogar die günstigeren Varianten dar. Zusatzkosten können den Zinsvorteil allerdings leicht aufzehren, sofern es heimischen Unternehmen zur Durchführung von Projekten an Kompetenzen mangelt, die ausländische Investoren bereits besitzen. Vor diesem Hintergrund läßt sich vermuten, daß Direktinvestitionen einen höheren Beitrag als Kredite zum Wirtschaftswachstum stiften. Agrawal findet diese Hypothese in ei-

geren Zinssatz.[385] Dieser wird wiederum einen Anreiz auf lokale Wirtschaftssubjekte ausüben, neue und/oder bislang unrentable Investitionsprojekte zu realisieren. Diese Opportunitäten können dabei prinzipiell von Gründungsunternehmen ebenso wie von etablierten Produzenten ergriffen werden.

Ob die tendenziell besseren Investitionsvoraussetzungen von lokalen Kräften tatsächlich zu einer höheren Investitions- und Gründungstätigkeit genutzt werden, ist unter dynamischen Gesichtspunkten allerdings nicht eindeutig. Denn es ist nicht ausgeschlossen, daß der Einstrom ausländischer Direktinvestitionen die binnenwirtschaftliche Kapitalbildung beeinträchtigt.[386] Im Extremfall kann es sogar dazu kommen, daß die heimische Investitionstätigkeit so stark zurückgeht, daß der Impuls auf den gesamtwirtschaftlichen Kapitalstock negativ wird. Solche Verdrängungseffekte („crowding out") bürden der Zielregion insbesondere dann langfristige Kosten auf, wenn der Investitionszustrom Initiativen heimischer Anbieter in den Ausbau der Innovationsbasis unterdrückt oder gar abwürgt, ohne daß die Investoren kompensierenden Wissensaufbau betreiben.[387]

Verdrängungseffekte entstehen über die Verschärfung des Wettbewerbs. So werden heimische Anbieter durch die Störung des etablierten Marktgefüges veranlaßt, ihre Gewinne und Marktanteile durch kostenbewußteren Ressourceneinsatz zu schützen. Aber auch der Wettbewerb auf den Faktormärkten kann die

---

ner Panelanalyse zu fünf südasiatische Empfängerländern bestätigt. Vgl. Agrawal, 2003, S. 134f. Vgl. zu den Finanzalternativen auch UNCTAD, 1999, S. 161ff. Wie Márquez zeigt, begrenzt sich diese Überbrückungsfunktion nicht auf Entwicklungsländer. Auch in Spanien hat ausländisches Investivkapital das heimische Sparen wesentlich ergänzt und damit den erzielten Wachstumspfad in den 1980er Jahren ermöglicht. Vgl. Márquez, 1994, S. 78.

385 Mit Blick auf den Finanzmarkt des Gastlandes wird Direktinvestitionen gegenüber anderen Finanzierungsformen, insbesondere Portfolio-Investitionen, noch ein weiterer Vorteil zugesprochen: die geringere Schwankungsanfälligkeit. Wie die Fragilität der asiatischen und lateinamerikanischen Volkswirtschaften in den Finanzkrisen der 1990er Jahre gezeigt hat, können hohe Schwankungen in den Mittelzuflüssen die stetige Entwicklung massiv beeinträchtigen. Daher wird zunehmend gefordert, die externe Finanzierung in den Entwicklungsländern auf ein krisenfesteres Fundament zu stellen. Direktinvestitionen können wegen ihres langfristigen Anlagecharakters dieser Anforderung besser als Portfolio-Investitionen gerecht werden. Vgl. z.B. Lall, 2000, S. 7 oder Nunnenkamp, 2002, S. 23ff. Eine Übersicht über verschiedene Arbeiten zu den Volatilitätseigenschaften von Direkt- und Portfolio-Investitionen findet sich bei UNCTAD, 1999, S. 162f.

386 Von einer Beeinträchtigung der gesamtwirtschaftlichen Investitionstätigkeit spricht man, wenn diese bei einer einprozentigen Zunahme der ausländischen Direktinvestitionen um weniger als ein Prozent wächst.

387 Auf dieser Argumentation basiert die von List in die Literatur eingebrachte Forderung, einen „Erziehungszoll" zum Schutze „junger" Industrien einzuführen. Vgl. Lall, 2000, S. 11.

heimische Kapitalbildung bremsen, insbesondere wenn die Direktinvestoren einen privilegierten Zugang zu lokalen Ressourcen haben. Die größere Reputation der Direktinvestoren mag etwa dazu führen, daß einheimische Unternehmen im Wettbewerb um qualifizierte Arbeitskräfte das Nachsehen erlangen und daher geplante Investitionen zurückstellen müssen.

Schließlich kann heimischen Investoren der Zugang zum lokalen Finanzmarkt verwehrt beziehungsweise erschwert werden, weil sie nicht in gleichem Maße Sicherheiten stellen können wie die Direktinvestoren.[388] Wie in der Diskussion über die Bestimmungsfaktoren von Gründungen hervorgehoben wurde, bereiten die Unvollkommenheiten des Kapitalmarkts gerade kleinen originären Gründungen bei der Kapitalsuche Schwierigkeiten. Der zinssenkende Effekt einströmender Direktinvestitionen auf die Gründungsaktivität bleibt von daher a priori ebenso unbestimmt wie der auf die allgemeine Investitionstätigkeit.

Die Ergebnisse empirischer Studien zu den Impulsen ausländischer Direktinvestitionen auf das heimische Investitionsverhalten sind gemischt. Auf Länderebene wurde die Wirkung auf die heimische Kapitalbildung im Rahmen von Panelanalysen untersucht. Borensztein et al. analysieren 69 Entwicklungsländer und kommen zu dem Ergebnis, daß im Zeitraum von 1970 bis 1989 der FDI-Einstrom die gesamtwirtschaftliche Investitionstätigkeit in diesen Ländern stimuliert hat. Der positive Impuls liegt in Abhängigkeit der Regressionsspezifizierung zwischen dem 1,5- und 2,3fachen des Wachstums der einströmenden Investitionen. Darüber hinaus entdecken die Autoren einen Schwelleneffekt: Die Direktinvestitionen beflügeln das gesamtwirtschaftliche Wachstum nur dann, wenn im Empfängerland ein Mindestmaß an Humankapital vorhanden ist. Länder, welche die minimale Anforderung nicht erfüllen, verzeichnen sogar einen negativen Wachstumseffekt. Interessanterweise erweist sich die unterschwellige Humankapitalausstattung im Zusammenhang mit der inländischen Kapitalbildung jedoch als statistisch insignifikant.[389]

Differenzierte Ergebnisse aus Sicht des anfänglichen Wohlfahrtsniveaus erhält auch De Mello in seiner Panelanalyse zu 16 OECD Ländern und 17 Nicht-OECD Ländern. Im Zeitraum von 1970 bis 1990 haben in den Nicht-OECD Ländern ausländische Direktinvestitionen über stimulierende Kapitalbildungseffekte das gesamtwirtschaftliche Wachstum erhöht. In den OECD Ländern hingegen basierte der Wachstumsimpuls ausschließlich auf Produktivitätsänderungen.[390]

---

388 Wie oben beschrieben können sich Zinsprivilegien für multinationale Unternehmen allerdings schon durch den Rückgriff auf den globalen Finanzmarkt ergeben. Eine mögliche Investitionsverdrängung muß daher nicht zwingend auf den Reaktionen der lokalen Faktormärkte ruhen. Vgl. Lall, 2000, S. 12.

389 Vgl. Borensztein/DeGregorio/Lee, 1995, S. 12ff.

390 Vgl. De Mello 1999, S. 133ff.

Zusammenfassend lassen sich aus den empirischen Studien einige vorläufige Schlüsse ziehen. Zum einen, daß die meisten Arbeiten einen positiven Effekt auf Kapitalstock und Wachstum des Gastlandes ausmachen; zum anderen, daß die vorteilhaften Wirkungen am geringsten für die am wenigsten entwickelten Länder ausfallen.[391] Daher können auch Verdrängungseffekte nicht prinzipiell ausgeschlossen werden. Diese sind aber nicht die Regel.[392]

Zudem muß festgehalten werden, daß die empirischen Untersuchungen mehrheitlich im entwicklungspolitischen Kontext vorgenommen wurden. Damit könnte verbunden sein, daß den ausländischen Investitionen mehrheitlich Motive zugrunde liegen, die diese als vertikale Direktinvestitionen klassifizieren. Unter den Industrieländern dürfte hingegen der Anteil an Absatzmarkt suchenden Direktinvestitionen überwiegen.[393] Die Ergebnisse empirischer Untersuchungen sollten daher insbesondere für industrialisierte Empfängerländer vorsichtig interpretiert werden. Gerade die zitierte Studie von De Mello erhärtet den Verdacht, daß die Wirkung ausländischer Direktinvestitionen auf die Kapitalbildung mit dem Reifegrad beziehungsweise mit dem ökonomischen Wohlfahrtsniveau der Zielregion variiert.

Auf der makroökonomischen Analyseebene dieser Studien muß freilich offen bleiben, welche Reaktion der Einstrom auf das Gründungsverhalten auslöst.

---

391 Vgl. OECD, 2002a, S. 68f. Methodische Probleme erschweren die Vergleichbarkeit der empirischen Ergebnisse zwischen Direktinvestitionen und heimischer Kapitalbildung. So sind politikbedingte Verzerrungen keine Ausnahmen, weil in einigen Ländern Direktinvestitionen nur in speziellen Sektoren zugelassen und in anderen heimische Investoren gegenüber ausländischen diskriminiert werden, etwa durch Steuervergünstigungen. Vgl. hierzu Nunnenkamp, 2002, 26f. und UNCTAD, 1999, S. 172.

392 In den Fällen, in denen Verdrängungseffekte identifiziert wurden, ist mehrheitlich kein absoluter Rückgang der Investitionstätigkeit oder des Wachstums zu verzeichnen gewesen. Die Untersuchungsvariablen entwickelten sich lediglich unterproportional zum Anstieg der Direktinvestitionen. Vgl. UNCTAD, 1999, S. 172 und Nunnenkamp/Spatz, 2003, S. 38.

393 Für diese Einschätzung spricht, daß zum einen die Größe des Absatzmarktes ganz allgemein eine wesentliche Rolle für die Aufnahme von Direktinvestitionen einnimmt. Siehe hierzu die Ausführungen zu den stilisierten Fakten der Empirie in Abschnitt 3.1.2.3. Darüber hinaus vereinen die Industrieländer den weitaus größten Anteil unter den Direktinvestitionen auf sich. Vgl. hierzu die Zahlungsbilanzstatistiken („Balance of Payments Statistics Yearbook") des Internationalen Währungsfonds.

3.3.2 Arbeitsmarkteffekte

Transnationale Konzerne können über den Arbeitsmarkt vielfältige, gründungsrelevante Impulse ausüben; der offensichtlichste besteht in einem möglichen Eigenbedarf an qualifizierten Beschäftigten. Die Auswirkungen dieser zusätzlichen Nachfrage für den „Gründungsmarkt" werden in einem ersten Schritt erörtert (Unterabschnitt 3.3.2.1). Danach wird die Möglichkeit beleuchtet, daß ausländische Direktinvestoren einen direkten Beitrag zum Humankapitalaufbau im Gastland leisten, woraus sich möglicherweise ein Impuls für neue lokale Unternehmen ergibt. Dieser sogenannte Brutkasteneffekt steht im Mittelpunkt des zweiten Unterabschnitts (3.3.2.2). Zuletzt werden indirekte arbeitsmarktrelevante Aspekte besprochen, etwa die Eindämmung von Auswanderungen aus der Gastregion (Unterabschnitt 3.3.2.3).

3.3.2.1 Eigenbedarf an Arbeitskräften

Grundsätzlich besteht die Möglichkeit, daß durch das Engagement ausländischer Investoren die Erwerbslosigkeit im Gastland – zumindest vorübergehend – erhöht wird. Übernehmen Direktinvestoren etwa einheimische Unternehmen im Rahmen einer M&A-Transaktion, so kann nicht ausgeschlossen werden, daß im Gefolge der konzernweiten Integration der Kaufobjekte spezifische Aktivitäten bei den erworbenen Firmen eingestellt werden. Davon können administrative Aufgaben betroffen sein, die von den Konzernzentralen im Ausland häufig durch das Ausschöpfen von Skaleneffekten wesentlich effizienter erbracht werden. Aber auch die Nutzung von Verbundvorteilen, etwa im Vertrieb, kann zu einem direkten Arbeitsplatzabbau im Gastland führen. Zusätzlich können indirekt Arbeitskräfte freigesetzt werden, allen voran bei den lokalen Konkurrenten der transnationalen Konzerne aufgrund des intensiveren Wettbewerbs.[394]

Direktinvestoren haben in aller Regel jedoch einen Bedarf an lokalen Arbeitskräften.[395] Unter den beiden zusätzlichen Annahmen, daß eine Zielregion lediglich über eine begrenzte Anzahl an potentiellen Gründern verfügt, und diese Personen alternativ Führungsaufgaben in einem Konzern wahrnehmen können,

394 Indirekte Freisetzungseffekte können sich unabhängig von der Art des Markteintritts der transnationalen Konzerne ergeben. Der Wettbewerb intensiviert sich durch den Erwerb eines etablierten inländischen Unternehmens ebenso wie durch eine „Greenfield-Investition" der ausländischen Konzerne.

395 Theoretisch können transnationale Konzerne die Geschäftstätigkeit im Gastland auch unter alleinigem Einsatz von Expatriates, also Mitarbeitern aus dem Mutterland, aufnehmen. Dieser theoretische Extremfall dürfte in der Realität nur in Ausnahmefällen, vor allem bei sehr kleinen Einheiten, zu beobachten sein.

muß die Nachfrage der Direktinvestoren nach Managern mit dem Angebot an potentiellen Unternehmern interagieren. Insofern versteht sich die Sorge, der Eigenbedarf der Investoren an Managern könne einen Rückgang an lokaler Gründungsaktivität induzieren.[396]

Das Ausmaß der tatsächlichen Rückwirkung auf den „Markt für Unternehmensgründungen" wird entscheidend von der Stellung der ausländischen Konzerne auf dem „Beschaffungsmarkt" des Gastlandes abhängen. Dabei gilt, daß der Impuls auf dem „Gründungsmarkt" um so stärker ausfällt, je höher die Einkaufsmacht der Investoren ist. Diese Erkenntnis ergibt sich unmittelbar aus der Monopsontheorie, in der ein einziger Käufer einer großen Zahl an Anbietern gegenübersteht.

Im Extremfall eines monopsonistischen Direktinvestors wird dieser die gehaltsabhängige Bereitschaft der Gründungsaspiranten, ihre Arbeitskraft alternativ in das Monopson als Führungskraft einzubringen, bei seiner Nachfrage nach Managern zunächst berücksichtigen.[397] Unter dieser Nebenbedingung wirbt das Monopson nun die gewinnmaximale Menge an Führungskräften an. Die Nachfrage erschöpft sich demnach, wenn die Grenzausgaben für die Manager dem Wert der Grenzproduktivität gleichen. Bei dieser Nachfragemenge überschreiten die Grenzausgaben das Durchschnittsgehalt der Führungskräfte.[398] Die Höhe der Differenz dieser beiden Werte bringt die Monopsonmacht zum Ausdruck.

Diese ist um so ausgeprägter, je geringer die Alternativen für die umworbenen Führungskräfte sind. Umgekehrt bedeutet dies, daß die Angebotselastizität der anvisierten Manager um so größer ist, je mehr Gründungsgelegenheiten sie haben. Hierbei bringt die Angebotselastizität die Stärke zum Ausdruck, mit der das Arbeitsangebot der potentiellen Führungskräfte auf Gehaltssenkungen des Monopsons reagiert.[399]

---

396 Die „Austauschbarkeitsannahme" rechtfertigt sich vor dem Hintergrund, daß Gründer und Manager – wie im ersten Teil der Arbeit dargelegt wurde – anhand ihrer Charaktereigenschaften nicht zu unterscheiden sind. Vgl. Abschnitt 1.1.2 oder Bygrave, 2004, S. 5.

397 Diese Vorstellung steht ganz im Einklang mit der Theorie der unternehmerischen Wahl, wonach die tatsächliche Gründungstätigkeit eine Funktion des erwarteten Einkommens der potentiellen Gründer darstellt. Vgl. Florio, 1996, S. 288.

398 Dieser Umstand beruht darauf, daß das Managergehalt mit zunehmendem Mengenbedarf steigt. Wird etwa ein Gehalt von 1.000 Euro, bei dem 10 Individuen ihre Arbeitskraft zur Verfügung stellen, auf 1.100 Euro erhöht und steigt daraufhin das Angebot auf 11 Arbeitskräfte, so beläuft sich die Grenzausgabe auf 1.100 Euro zuzüglich der Mehrausgabe von 100 Euro für die bereits gewonnen Manager, so daß die Grenzausgabe insgesamt 2.100 Euro beträgt.

399 Die Elastizität kann demnach als Ausdruck für das Vorhandensein von Alternativen interpretiert werden. Zum Monopson vgl. etwa Neumann, 1991, S. 48ff.

Diese grundlegenden Überlegungen zum Monopson hat Grossman in ein komparativ-statisches Modell eingebracht, mit dem er explizit die Auswirkung eintretender Direktinvestoren auf die Unternehmertätigkeit in der Zielregion analysiert.[400] Grossman kommt mit seinem rein theoretischen, also empirisch nicht überprüften Ansatz zum Ergebnis, daß der Umfang der Selbständigkeit lokaler Wirtschaftssubjekte und das nationale Einkommen sinken. Der zweite Teil seines Resultats erschließt sich aus den Modellprämissen: Annahmegemäß müssen die Arbeitskräfte, welche die transnationalen Konzerne zur Unterhaltung ihrer Operationen im Gastland benötigen, in der lokalen Wirtschaft freigesetzt werden. Zugleich wird unterstellt, die Nachfrage nach Arbeitskräften durch die ausländischen Unternehmen habe keinen Einfluß auf den Reallohn. Dieser bleibt aufgrund der unendlich hohen Preiselastizität des Arbeitsangebots quasi unverändert. Das gesunkene nationale Einkommen erklärt sich unter diesen Modellannahmen dadurch, daß die einheimischen Wirtschaftssubjekte, die ihre Selbständigkeit zugunsten einer abhängigen Beschäftigung bei einem ausländischen Investoren aufgeben, nun einen Lohn aber keine unternehmerische Risikoprämie mehr erhalten. Um diese Prämie, die jetzt von den multinationalen Konzernen in Anspruch genommen wird, sinkt die Wohlfahrt des Gastlands.[401]

Mit den vorangegangenen Bemerkungen zum Monopson wird unmittelbar deutlich, daß im Modell von Grossman die ausländischen Direktinvestoren im Gastland auf ein unerschöpfliches Reservoir an alternativlosen Arbeitskräften mit homogenen Qualifikationen stoßen. Andernfalls läßt sich der unveränderte Reallohn auf die zusätzliche Nachfrage nicht erklären. Aufgrund dieser restriktiven Prämissen, die sehr stark von Arbeitsmarktvorstellungen zu Entwicklungs- und Schwellenländern geprägt sind,[402] lassen sich daher aus diesem Ansatz nur bedingt Kenntnisse für Industrieländer ableiten. Unter anderen Annahmen kann allein ein positiver Einkommenseffekt im Empfängerland eintreten.[403]

Empirische Erkenntnisse zu den Wirkungen auf die Selbständigkeit oder Gründungsaktivität in der Zielregion aufgrund des Eigenbedarfs an Managern

400 Vgl. Grossman, 1984, S. 612.

401 Die Lohnzahlungen sind geringer als die Profite der (früheren) Unternehmer. Die Höhe des dadurch induzierten Rückgangs des aggregierten Volkseinkommens darf als die Bereitschaft nationaler Wirtschaftssubjekte verstanden werden, für die Gewährleistung eines festen Lohnes eine Versicherungsprämie zu zahlen. Vgl. Grossman, 1984, S. 612.

402 Im Grunde unterstellt Grossman eine „kollektive Subsistenzwirtschaft" in der Empfängerregion.

403 Vgl. Del Monte/Luzenberger, 1989, S. 220. Ein weiterer Kritikpunkt am Modell von Grossman beruht darauf, daß die Arbeitsplatzentscheidung unumstößlich ist, denn die Entscheidung kann nicht revidiert werden beziehungsweise ist modelltechnisch verschlossen. Vgl. Florio, 1996, S. 287.

durch die Direktinvestoren liegen nicht vor. Einige Beispiele zeugen jedoch vom verschärften Wettbewerb auf dem Arbeitsmarkt mit teilweise negativen Konsequenzen für die heimische Wirtschaft. So wurden in Costa Rica unbenommen der vielfältigen Impulse, die von der Ansiedlung der Firma Intel ausgingen, Beschwerden lokaler Unternehmen vernommen, wonach sie auf dem Arbeitsmarkt keine Programmierer mehr finden, da diese alle von Intel absorbiert werden.[404] In Süditalien wiederum konnte beobachtet werden, daß lokale Betriebe im Moment des Produktionsstättenaufbaus durch nicht-lokale Unternehmen einer massiven Abwanderung ihrer Beschäftigten ausgesetzt waren. Der damit einhergehende Personalkostenanstieg kulminierte in der Folgezeit in einer gestiegenen Liquidationsrate lokaler Unternehmen.[405]

Die Beispiele unterstreichen die nachhaltige Sogkraft transnationaler Konzerne auf dem Arbeitsmarkt der Gastländer. Dies schließt einen Effekt auf die Entstehung neuer Betriebe nicht aus.

3.3.2.2 Brutkasteneffekt

Bislang konzentrierte sich die arbeitsmarktpolitische Diskussion auf den Entzugseffekt einfließender Direktinvestitionen. Es wurde sichtbar, daß der Eigenbedarf der multinationalen Konzerne an Führungskräften eine Verkürzung der Angebotsseite auf dem „Markt für Unternehmensgründungen" verursachen kann. Eine Beeinträchtigung dieser Marktseite durch den Eintritt ausländischer Unternehmen ist aber nicht zwingend, da sich diese Firmen als Brutkästen von Ausgründungen entpuppen und damit (zumindest kompensierende) Gründungsimpulse auslösen können.[406]

Trotz der unbestrittenen Brutkastenfähigkeit der Direktinvestoren hat sich die Forschung diesem Phänomen bislang nicht systematisch gewidmet. Zumeist stand im Mittelpunkt empirischer Arbeiten das Migrationsverhalten der Mitarbeiter ausländischer Konzerne.[407] Da analog der Abwanderung zu einem neuen Arbeitgeber auch die Ausgründungsaktivität einer Wechselbereitschaft unterliegt, werden im Folgenden die Erkenntnisse zur Migration beleuchtet. Hierauf aufbauend können ergänzende Rückschlüsse zu der spärlichen empirischen Evidenz hinsichtlich des Ausgründungsgeschehens gezogen werden.

---

404 Vgl. UNCTAD, 1999, S. 172f.

405 Vgl. Del Monte/Luzenberger, 1989, S. 220.

406 Vgl. Del Monte/Luzenberger, 1989, S. 220.

407 In der Migration zu lokalen Unternehmen wird eine bedeutende Quelle für Spillover-Effekte gesehen. Zu diesem Effekt und den damit verbundenen methodischen Schwierigkeiten siehe etwa Saggi, 2000, S. 24.

In einer frühen Studie macht Gershenberg innerhalb der kenianischen Industrie zur Wechselaktivität zwei Beobachtungen: Zum einen stellt er fest, daß die Manager transnationaler Unternehmen weniger mobil als ihre Kollegen aus lokalen Unternehmen sind. Zum anderen erkennt Gershenberg, daß die Manager der Direktinvestitionsunternehmen nur in begrenztem Maße zu heimischen Firmen wechseln.[408]

Eine hohe Wechselneigung entdecken hingegen Pack und Saggi in einer Untersuchung zu Taiwan. Dort hat Mitte der 1980er Jahre nahezu die Hälfte aller einen transnationalen Konzern verlassenden Ingenieure zu lokalen Firmen gewechselt.[409] Analoge Erfahrungen bestehen zu Lateinamerika, wo zahlreiche Manager inländischer Produzenten zu Beginn ihrer Karriere in Direktinvestitionsunternehmen ausgebildet wurden.[410]

Vor dem Hintergrund der gemischten Empirie stellt sich die Frage, welche Faktoren für die Mitarbeitermigration bestimmend sind und ob diese Determinanten Schlußfolgerungen über die unterschiedlichen Ländergebnisse erlauben.

Im Rahmen eines spieltheoretischen Modells haben Motta et al. einen ersten Bestimmungsfaktor der Wechselaktivität herausgearbeitet. Mit ihrem Ansatz zeigen die Autoren, daß die Wettbewerbsintensität auf dem Produktmarkt die Mobilität der Beschäftigten bestimmt. In der Modellwelt mit einem multinationalen und einem lokalen Unternehmen kommt es ceteris paribus zu einer stärkeren Mobilität und höheren technologischen Spillovern, wenn der lokale Anbieter kein naher Wettbewerber des MNU ist. Denn sofern beide Unternehmen miteinander im direkten Wettbewerb stehen, muß das MNU den Verlust seines technologischen Vorsprungs nach der Abwanderung qualifizierter Mitarbeiter befürchten. Da das multinationale Unternehmen sich dieser Gefahr bewußt ist, wird es versuchen, mit der Zahlung eines Effizienzlohns („efficiency wage") den Migrationsanreiz seiner Mitarbeiter zu reduzieren beziehungsweise deren Abwanderung zu verhindern.[411] Das Lohndifferential drückt dabei in etwa den Wert aus, den der

408 Vgl. Gershenberg, 1987, S. 934ff.

409 Vgl. Pack/Saggi, 1997, S. 81ff.

410 Vgl. OECD, 2002a, S. 103.

411 Alternativ kann der ausländische Investor im Gastland Expatriates einsetzen, wenn die Gefahr der Abwanderung heimischer Beschäftigter hoch ist. Vgl. Motta/Fosfuri/Ronde, 1999, S. 3ff. Fallstudien aus Entwicklungsländern zeigen, daß sich ausländische Tochtergesellschaften insbesondere in der ersten Phasen nach dem Markteintritt im Gastland intensiv auf Expatriates verlassen, die erst nach und nach durch lokale, zwischenzeitlich geschulte Erwerbstätige ersetzt werden. Der Einsatz von Expatriates ist in diesen Fällen somit nicht als Vorsichtsmaßnahme gegen die Abwanderung von Wissensträgern sondern als Reaktion auf das Fehlen qualifizierter Beschäftigter in den Gastländern zu werten. Vgl. OECD, 2002a, S. 102 und 113ff.

ausländische Investor der Bewahrung des technologischen Vorsprungs und Wissens beimißt.[412]

Allerdings ist Vorsicht geboten, die Resultate von Motta et al. aufgrund der restriktiven Modellannahmen mit zwei Unternehmen vorschnell zu verallgemeinern. Denn zum einen kristallisiert sich aus einer Befragung von 358 schweizerischen FuE-Managern heraus, daß das Abwerben von Mitarbeitern aus innovativen Unternehmen als die am wenigsten geeignete Methode unter den möglichen Lern- und Trainingsmethoden betrachtet wird.[413] Demnach wäre die Zahlung eines Effizienzlohns nur bedingt rational.

Zum anderen unterstellt das Modell, daß sich von jedem Beschäftigten des transnationalen Unternehmens Wissen aneignen läßt, welches er unisono bei Wettbewerbern einsetzen kann. Damit übersieht diese Annahme, daß die Natur des erworbenen Wissens und Know-hows einen wesentlichen Einfluß auf die Wechselneigung ausübt. Diese wird nämlich um so ausgeprägter sein, je allgemeiner die Lerneffekte für die Beschäftigten sind. Denn eine generalistische Ausbildung erlaubt auch nach Abwanderung zu einem lokalen Unternehmen eine gleich hohe Produktivität. Hingegen ist diese bei der spezifischen Form im Ausbildungsbetrieb, also dem multinationalen Unternehmen, höher.[414] Berücksichtigt man, daß die Direktinvestoren ihren lokalen Managern und Führungskräften meist qualitativ hochwertige Ausbildungsprogramme anbieten und die hierbei vermittelten Inhalte häufig über die unmittelbaren Bedürfnisse der ausländischen Gesellschaften hinausgehen, so läßt sich schließen, daß die Abwanderungsbereitschaft unter den Managern und Führungskräften höher als unter den einfachen (Fertigungs-)Arbeitern sein sollte. Letztere erhalten nämlich weitgehend nichtformale Trainings, die sehr unternehmensspezifisch „on the job" ergriffen werden. Folglich haben die so erworbenen Kompetenzen auf dem allgemeinen Arbeitsmarkt nur begrenzten Nutzen.[415]

---

412 Vgl. zum Lohnpremium der transnationalen Konzerne auch Saggi, 2000, S. 25.

413 Vgl. Harabi, 1997, S. 627.

414 Vgl. Motta/Fosfuri/Ronde, 1999, S. 13. Vor diesem Hintergrund erklärt sich auch die Beobachtung, daß arbeitslos gewordene Arbeitnehmer wesentlich schneller eine neue Beschäftigung finden, wenn sie zuvor eine generalistische statt einer spezifischen Ausbildung erhalten haben. Vgl. Le Grand, 2000, S. 19ff.

415 Vgl. UNCTAD, 1992, S. 171. Vgl. auch Görg/Strobl/Walsh, 2002, S. 19f. Die Autoren beobachten – ganz im Einklang mit den hier getroffenen Überlegungen – in einer Studie zu Ghana, daß Erwerbstätige, die *keine formalen* Trainings im Rahmen ihrer Beschäftigung erhalten, bei in- und ausländischen Unternehmen gleich entlohnt werden. Beschäftigte, die formale Ausbildungsprogramme bei ihren Arbeitgebern hingegen durchlaufen, bekommen in multinationalen Unternehmen über die Zeit höhere Gehälter als in lokalen Firmen gezahlt.

Schließlich darf nicht übersehen werden, daß die lokale Absorptionskapazität eine wichtige Voraussetzung einnimmt, um den Beschäftigten bei ausländischen Investitionsunternehmen den Wechsel überhaupt zu ermöglichen.[416] Denn je höher die technologische Rückständigkeit des Gastlands ist, desto unwahrscheinlicher wird es auch für Führungskräfte, daß sie das bei Auslandsniederlassungen angeeignete Wissen in einem lokalen Unternehmen verwerten können. Der hohe Stellenwert einer adäquaten Aufnahmefähigkeit erklärt möglicherweise, warum in Schwellenländern wie Korea und Taiwan eine höhere Migration als in Kenia beobachtet wird.[417]

Auch für das Ausgründungspotential, welches im Hinblick auf die Kernfrage der Arbeit hier grundsätzlich zu thematisieren ist, werden die drei angeführten Mobilitätsdeterminanten, d.h. die Wettbewerbsintensität auf dem Produktmarkt, die Lerneffekte und die Absorptionskapazität, bedeutend sein. So vermuten auch Del Monte und Luzenberger einen engen Zusammenhang zwischen den Lerneffekten bei und der Brutkastenfunktion von transnationalen Konzernen. Nachdem ihrer Ansicht nach in rückständige Regionen – aufgrund der technologischen Lücke – nur Funktionen und Tätigkeiten mit geringen Lerneffekten von den Direktinvestoren verlagert werden, muß der Ausgründungsumfang dort letztlich gering bleiben.[418] Ihre Auffassung untermauern die Autoren mit dem Verweis auf die Situation in Süditalien und Irland Mitte der 1980er Jahre. In beiden Fällen waren zahlreiche multinationale Konzerne über einen längeren Zeitraum aktiv angesiedelt worden, ohne daß aus diesen Unternehmen heraus nennenswerte Ausgründungen hervorgegangen wären.[419]

---

416 Vgl. Borensztein/DeGregorio/Lee, 1995, S. 2.

417 Diese Erklärung ist vereinbar mit der Beobachtung, daß branchenspezifische Unterschiede in der Mitarbeitermobilität bestehen können. So zeigt sich, daß dynamische Branchen, in denen sich der technologische Wandel rasch vollzieht, von einer höheren Wechselneigung der Mitarbeiter geprägt sind als reife Industrien. Da nun die Absorptionsfähigkeit eines Landes – allen voran in Abwesenheit von Politikverzerrungen – zu einem großen Teil die industrielle Komposition der Direktinvestition mitbestimmen wird, können länderspezifische Unterschiede in der Mitarbeitermobilität auch sektoral begründet sein. Vgl. hierzu Saggi, 2000, S. 25f. Saggi erwähnt auch, daß die lokale Gesetzgebung die Mobilität der Beschäftigten zum Teil erheblich beeinträchtigen kann. So verbietet das bulgarische Wettbewerbsrecht allen Managern den unmittelbaren Wechsel zu einem direkten Wettbewerber. Erst drei Jahre nach Beendigung eines Arbeitsverhältnisses darf eine Tätigkeit bei einem Konkurrenten des ehemaligen Arbeitgebers aufgenommen werden. Die Gründung eines eigenen Unternehmens scheint aber von dieser Beschränkung ausgenommen.

418 Vgl. Del Monte/Luzenberger, 1989, S. 220.

419 Vgl. Del Monte/Luzenberger, 1989, S. 220f. Einen geringen Brutkasteneffekt konstatiert für Irland auch Grimes, 1993, S. 486.

In Umkehrung der Schlußfolgerung von Del Monte und Luzenberger müßte der Brutkasteneffekt besonders stark ausfallen, wenn die technologische Lücke zwischen dem Investitionsunternehmen und dem Gastland relativ gering ist. Konsistent mit dieser These dürfte das wohl bekannteste anekdotische Beispiel einer regen Ausgründungsaktivität sein: das Exempel aus der Textilindustrie in Bangladesh.[420] Dort hat im Jahr 1979 der koreanische Daewoo Konzern im Rahmen eines Kooperationsabkommens 130 Mitarbeiter seines lokalen Partners, der T-Shirt-Manufaktur Desh, im südkoreanischen Pusan für sieben Monate ausgebildet. Zurück in Bangladesh hatten sich 115 dieser Desh-Beschäftigten bis Mitte der 1980 Jahre entweder selbständig gemacht oder waren zu einem anderen neu entstandenen Textilunternehmen gewechselt. Sie alle waren damit maßgeblich an der Entstehung der Textilindustrie in Bangladesh beteiligt. Die neu gegründeten Unternehmen haben sich differenziert auf die Produktion von Handschuhen, Hosen etc.[421]

Dieses Beispiel, das mit der These vereinbar ist, eine geringe technologische Lücke unterstütze den Brutkasteneffekt, nährt die Vermutung, daß für die Entfaltung eines solchen Impulses gerade Industrieländer prädestiniert sind.

Hierfür spricht zum einen die Absorptionsfähigkeit dieser Länder beziehungsweise die relativ geringe technologische Lücke zwischen den industrialisierten Empfängerländern und den dort investierenden ausländischen Konzernen, zum anderen der relativ hohe Anteil an Führungskräften und Managern, der in den Direktinvestitionsunternehmen beschäftigt ist. Schließlich kann angenommen werden, daß die Motive der Absatzmarktbearbeitung oder der Partizipation an und der Aneignung von lokalem Wissen und Know-how dominieren, wenn multinationale Konzerne heute eine Direktinvestition in Industrieländern vornehmen. Hingegen dürften arbeitsintensive Aktivitäten in aller Regel weder innerhalb der Industrieländer noch in diese verlagert werden, sondern in Transformations- und Schwellenländer. Dementsprechend wird in den industrialisierten Zielregionen ein relativ hoher Anteil der in Direktinvestitionsunternehmen Beschäftigten eine generalistische Ausbildung erwerben, die wiederum die Mobilität ceteris paribus erhöht.

Entgegenstehen könnte einem kräftigen Brutkasteneffekt in den Industrieländern allerdings der intensive Wettbewerb auf den Produkt- und Faktormärkten. Gerade die zentralen Beweggründe für die Aufnahme von Direktinvestitionen in diesen Ländern machen die Zahlung eines mobilitätseinschränkenden Effizienz-

420 Zu einem Beispiel aus Taiwan siehe Motta/Fosfuri/Ronde, 1999, S. 13 und zu einem weiteren Beispiel aus Mauritius siehe Aitken/Harrison, 1999, S. 605.

421 Vgl. zum Desh-/Daewoo-Beispiel Easterly, 2001, S. 146ff. und UNCTAD, 1992, S. 214f.

lohns wahrscheinlich. Solche Löhne könnten dann direkt und indirekt den Brutkasteneffekt drosseln. Direkt, indem Gründungsaspiranten wegen ihrer eigenen verbesserten Verdienstmöglichkeiten als abhängige Beschäftigte – gemäß der Theorie der unternehmerischen Wahl – von der Gründungsidee abrücken. Dieser unmittelbare Bremseffekt wird indirekt verstärkt, wenn latente Gründer von dem Vorhaben absehen, weil sie fürchten, auf dem lokalen Arbeitsmarkt infolge der Gehaltszahlungen transnationaler Konzerne keine qualifizierten Mitarbeiter für ihr Unternehmen gewinnen zu können. Diese Sorge dürfte nicht unberechtigt sein, denn neue empirische Befunde aus den Industrieländern bringen zutage, daß multinationale Unternehmen tatsächlich höhere Gehälter als lokale Produzenten zahlen.[422] Darüber hinaus gibt es erste Hinweise, daß kleine Gründungsunternehmen in den ersten Jahren in aller Regel niedrigere Löhne als etablierte Unternehmen *gleicher Größe* zahlen.[423]

Neben unterschiedlichen Verdienstmöglichkeiten bei multinationalen Konzernen und kleinen Gründungsunternehmen eröffnet der Verweis auf die Unternehmensgröße eine weitere Erklärung für einen begrenzten Brutkasteneffekt: Wie die Erörterung bei den Gründungsdeterminanten im zweiten Kapitel zeigt, wird gerade kleinen und mittelständischen Unternehmen eine ausgeprägte Brutkastenfunktion nachgesagt. Transnationale Konzerne dürften diese organisatorischen Strukturanforderungen in vielen Fällen jedoch nicht mehr erfüllen.

Die Ausführungen zeigen in Summe, daß die bloße Umkehrung des von Del Monte und Luzenberger angeführten Arguments, eine große technologische Lücke erkläre den geringen Brutkasteneffekt in Süditalien und Irland Mitte der 1980er Jahre, nicht hinreichend für ein großes Ausgründungspotential ist. Allerdings kann nicht ausgeschlossen werden, daß ein unterproportionales Ausgründungspotential in den beiden Regionen durch eine aktive Ansiedlungspolitik gefördert wurde. So ist denkbar, daß transnationale Konzerne durch finanzielle Anreize Tätigkeiten verlagert haben, die dem relativen Entwicklungsstand und damit der Absorptionsfähigkeit der Zielregionen nicht angemessen war, wodurch sich diese mit einem *besonders niedrigen* Brutkasteneffekt begnügen mußten.

---

422 Eine derartige Untersuchung haben etwa Driffield und Taylor zu Großbritannien vorgenommen. Vgl. Driffield/Taylor, 2002, S. 1ff. Eine Übersicht zu weiteren Studien zu Lohn- und Gehaltsunterschieden zwischen in- und ausländischen Unternehmen in den USA und in Kanada befindet sich bei Görg/Strobl/Walsh, 2002, S. 1f.

423 Vgl. Brixy/Kohaut/Schnabel, 2004, S. 2ff. und zum entwicklungspolitischen Kontext siehe OECD, 2002a, S. 103.

3.3.2.3 Indirekte Wirkungen

Das Engagement ausländischer Investoren kann auf dem „Gründungsmarkt" des Gastlandes weitere Effekte auslösen, die letztlich als indirekte Arbeitsmarktwirkungen interpretierbar sind. Dazu gehören insbesondere das Versiegen eines bis dato bestehenden Humankapitalabflusses („brain drain") sowie die Bereitstellung eines verbesserten Angebots an Qualifizierungsmaßnahmen für die heimischen Arbeitskräfte.[424] Diese indirekten Impulse, die eine quantitative und qualitative Dimension haben, sind in der Literatur hinlänglich bekannt, werden dort allerdings bislang ohne Rückschlüsse auf das lokale Gründungsverhalten diskutiert. Dieser Umstand verwundert. Schließlich mißt die Gründungsforschung dem Humankapitalbestand für die Entstehung neuer Unternehmen Bedeutung bei.[425] Insofern darf nicht ausgeschlossen werden, daß die indirekten arbeitsmarktpolitischen Wirkungen ausländischer Direktinvestition die Gründungsaktivität im Gastland erhöhen.

Ein positiver Gründungseffekt mag sich etwa einstellen, wenn die Auswanderung von Arbeitskräften durch die Präsenz ausländischer Konzerne eingedämmt beziehungsweise gestoppt werden kann.[426] Ein Beispiel für die Eindämmung von brain drain liefert Israel, wo in den 1990er Jahren Hochqualifizierte durch das FDI-unterstützte Wachstum in der Hightech-Industrie im Land gehalten werden konnten.[427] Das ebenfalls stark von ausländischen Direktinvestitionen induzierte Wachstum der irischen Wirtschaft führte sogar so weit, daß das traditionelle Auswanderungsland seit Mitte der 1990er Jahre eine Nettoimmigration verzeichnet. Die wirtschaftlichen Opportunitäten haben sich im einstigen „Armenhaus Europas" so verbessert, daß inzwischen per Saldo ungefähr 10.000 irische Arbeit-

---

424 So positiv die Eindämmung von brain drain im Kontext einströmender Direktinvestitionen für die Zielländer prima facie erscheinen mag, so schwierig bestimmbar ist das mit dem Humankapitalverlust verbundene Ausmaß negativer Effekte. Gerade in mittel- beziehungsweise langfristiger Sicht ergeben sich für die Entsendeländer Vorteile. Denn Beobachtungen zeigen, daß selbst bei geringen Rückkehrquoten die Emigranten mit ihrer Heimat wirtschaftlich verbunden bleiben. Sogar Investitionen und die Schaffung von Arbeitsplätzen im Herkunftsland sind keine Seltenheit. Vgl. OECD, 2002a, S. 116 und vgl. Devan/Tewari, 2001, S. 53ff.

425 Zur Bedeutung des Humankapitals als Gründungsdeterminante siehe Abschnitt 2.2.3.4.

426 Es sei darauf hingewiesen, daß in der einschlägigen Literatur kein eindeutiger Hinweis gegeben wird, in welcher Weise sich Auswanderung (engl. „migration") von „brain drain" unterscheidet. Tendenziell wird mit „brain drain" der Abfluß von Humankapital, also qualifizierten Arbeitskräften, in Verbindung gebracht. In der Praxis dürften erhebliche Schwierigkeiten bestehen, das auswandernde Humankapital von den übrigen Emigranten unterscheiden zu wollen.

427 Vgl. OECD, 2002a, S. 114.

nehmer pro Jahr zurückkommen („brain gain").[428] Analoge Beobachtungen existieren zu Taiwan. Auch dort bewirkte die Präsenz ausländischer Konzerne in den 1990er Jahren eine Umkehr der Wanderungsströme.[429] Obwohl diese Beispiele keine Hinweise auf die Gründungsaktivität latenter Emigranten oder zurückkehrender Immigranten offerieren,[430] lassen sie doch erahnen, daß jedes dieser drei Länder eine beachtliche Zahl an Erwerbsfähigen durch verbesserte wirtschaftliche Rahmenbedingungen halten und an sich binden konnte.[431] Da Wirtschaftssubjekte grundsätzlich auf Opportunitäten mit Markteintritten reagieren und diesen „gewonnenen" Personen eine ausgeprägte Risikobereitschaft zugesprochen wird, kann sich deren unternehmerisches Potential nun tendenziell in einer erhöhten Gründungsaktivität in den Heimatländern niederschlagen.[432]

Eine qualitative und quantitative Dimension hat ein weiterer indirekter Impuls, der sich aus dem Zustrom ausländischer Direktinvestitionen für den Arbeitsmarkt und damit mittelbar auch für die Gründungsaktivität der Zielregion ergeben kann. So unternehmen inländische Träger teilweise parallel zum Kapitaleinstrom begleitende Ausbildungsinitiativen. Diese komplementären Maßnahmen zielen darauf ab, das allgemeine Bildungsniveau der heimischen Erwerbsbevölkerung zu erhöhen, um die entsprechenden Ansiedlungsvoraussetzungen zu schaffen oder zu verbessern.[433] Derartigen Aktivitäten steht die Überlegung voran, daß multinationale Konzerne gerade aus relativ technologieintensiven Branchen bei der Standortsuche in aller Regel von der lokalen Verfügbarkeit notwendiger Fähigkeiten geleitet werden.[434] Aufgrund bestehender Defizite schicken sich manche Länder daher an, diese auszugleichen, um schließlich von den vielfältigen, positiven Wirkungen ausländischer Direktinvestitionen profitieren zu

428 Vgl. Werner, 1999, S. 3.

429 Vgl. OECD, 2002a, S. 115.

430 Devan und Tewari wissen allerdings anekdotisch zu berichten, daß diverse Taiwanesen, die im Silicon Valley gearbeitet hatten, nach ihrer Rückkehr nach Taiwan dort eine eigene Firma gegründet haben. Vgl. Devan/Tewari, 2001, S. 53.

431 Begrenzte oder wenig flexible Karrierechancen im Heimatland sind ein wesentlicher Grund für die Auswanderung qualifizierter Beschäftigter – auch aus Industrieländern. Vgl. Devan/Tewari, 2001, S. 53 oder Heuer/Pflaeging, 2004, S. 102ff.

432 Die in der Literatur getroffene Annahme über die höhere Risikobereitschaft und größere Affinität zu einer Unternehmensgründung von Immigranten, muß im Umkehrschluß auch für latente Emigranten gelten. Zur Bedeutung des Immigrantenanteils unter der Bevölkerung als Gründungsdeterminante siehe Abschnitt 2.1.

433 Teilweise gehen solche Bildungs- und Qualifizierungsmaßnahmen dem Zustrom ausländischer Investoren gezielt voraus. So hat Singapur in die Ausbildung von Arbeitskräften mit dem Ziel investiert, Direktinvestitionen anzuziehen beziehungsweise präsenten transnationalen Konzernen die Aufwertung ihrer lokalen Aktivitäten „schmackhaft" zu machen. Vgl. OECD, 2002a, S. 122.

434 Vgl. z.B. Potter, 1993, S. 200f.

können. Diese oft von der öffentlichen Hand initiierten Bildungsmaßnahmen führen zu einer höheren Qualifikation der lokalen Arbeitskräfte.[435] Daraus resultiert wiederum eine größere Absorptionsfähigkeit für ausländisches Know-how, das durch den Zustrom transnationaler Konzerne in die Gastländer gelangt. Zugleich kann die höhere Ausbildung bei den Erwerbsfähigen dazu führen, daß diese ihre Gewinnchancen besser erkennen können. In Summe werden diese bildungspolitischen Initiativen in den Empfängerländern den Humankapitalbestand erhöhen, dessen Bedeutung für die Gründungsaktivität bereits ausführlich diskutiert wurde.

Diese indirekten arbeitsmarktpolitischen Wirkungen werden sich vorwiegend auf Entwicklungs- und Schwellenländern begrenzen. Denn in den industrialisierten Ländern werden die Regierungen tendenziell keine zusätzlichen Ausbildungsangebote bereitstellen, um ausländische Direktinvestoren anzuziehen. Schließlich erweist sich dort das allgemeine Ausbildungsniveau nur in Ausnahmefällen als limitierender Faktor für den Zustrom von Direktinvestitionen.

Die Entwicklungs- und Schwellenländern müssen zugleich davor gewarnt werden, den hier diskutierten Gründungsimpuls in seiner Stärke zu überschätzen. Eine systematische Verbesserung des Bildungsniveaus in der Breite wird sich in aller Regel langsam gestalten und nicht durch punktuelle ad-hoc-Maßnahmen zur kurzfristigen Gewinnung transnationaler Konzerne.

3.3.3 Ballung wirtschaftlicher Aktivität

Die Wirtschaftsleistung im Zielgebiet erhöht sich unmittelbar durch das Engagement der Direktinvestoren, wenn keine lokal etablierten Produzenten verdrängt oder bestimmte Wertschöpfungsaktivitäten bei M&A-Transaktionen eingestellt werden. Darüber hinaus können vom Zustrom des Investivkapitals agglomerationstypische Effekte verstärkt oder erzeugt werden, welche die Grundlage für weiteres Wirtschaftswachstum in der Gastregion bilden.[436]

---

435 Insbesondere asiatische Schwellenländer demonstrieren, daß bildungspolitische Engagements auch unter Mitwirkung ausländischer Tochtergesellschaften in Form von Public-Private-Partnerships organisierbar sind. In Malaysia wurde im Jahre 1989 wegen der wachsenden Lücke an qualifizierten Arbeitskräften ein Ausbildungszentrum von Staat und transnationalen Unternehmen gemeinsam ins Leben gerufen. Dieses Zentrum, das oft als exzellentes Fallbeispiel („best practice case“) betrachtet wird, trägt sich heute selbst. In Thailand unterhalten die Regierung und die Handelskammern verschiedener Länder gemeinsame Einrichtungen beziehungsweise bieten gemeinsam Bildungsprogramme an. Vgl. OECD, 2002a, S. 122.

436 Die Initiierung agglomerationstypischer Externalitäten durch Direktinvestoren ist auch in einem Modell der „New Economic Geography“ verankert. In diesem Ansatz löst die Niederlassung ausländischer Firmen kumulative Agglomerationsprozesse in

Die wachsende Wirtschaftsaktivität kann dabei auf einer einsetzenden oder steigenden Exporttätigkeit lokaler Unternehmen basieren, die sich etwa mit einer verbesserten Wettbewerbsfähigkeit auf Drittmärkten begründet. Diese mag wiederum das Resultat gesunkener Beschaffungskosten sein, welche lokale Unternehmen mit der Aufnahme von Geschäftsbeziehungen zu den Direktinvestoren realisieren können. Das klassische Beispiel hierzu sind niedrigere Transport- beziehungsweise Anbahnungskosten aufgrund regionaler Nähe. Aber auch ein neu entstandener Zugang zu qualitativ hochwertigen Vor- und Zwischenprodukten wird die Konkurrenzfähigkeit lokaler Produzenten auf Auslandsmärkten erhöhen.

Möglicherweise profitieren lokale Firmen sogar vom Netzwerk der multinationalen Konzerne, wodurch sie ihre Produktionsvolumina anheben und die Ausfuhraktivitäten steigern können. Schließlich belegen zahlreiche Beispiele, daß Lieferanten die Möglichkeit geboten bekommen, Schwestergesellschaften ihrer transnationalen Abnehmer in Drittmärkten eigenständig zu bedienen. Beispielsweise hat der Halbleiterhersteller Hitachi in Malaysia seinen einheimischen Lieferanten Kontakte zu weiteren Konzerntöchtern außerhalb des Landes vermittelt.[437]

Für manche Zulieferer, für die das konzernweite Netzwerke der Direktinvestoren nicht unmittelbar offen steht, dürften sich immerhin die Erschließungskosten von Drittmärkten reduzieren lassen, da durch die neuen Geschäftsverbindungen im Heimatmarkt ihre eigene Reputation aufgewertet wird. Damit erleichtert man sich vielfach die Verhandlungen mit potentiellen Kunden außerhalb der Region.[438]

Geschäftsbeziehungen mit multinationalen Unternehmen sind allerdings keine notwendige Voraussetzung für eine steigende Export- und Wirtschaftsaktivität: Kostensenkende Lerneffekte ergeben sich für heimische Produzenten teilweise allein aus dem Beobachten der Investoren („learning-by-watching"). Im Gastland komplementär entstandene Einrichtungen wie Außenhandelskammern können ebenfalls Quelle neuer Informationen und Kontakte für erste Ausfuhrtätigkeiten lokaler Firmen sein.

Die These von der Katalysatorenrolle ausländischer Investoren für den heimischen Export finden Aitken et al. bestätigt. Die Autoren haben die Bedeutung der räumlichen Anwesenheit von Exporteuren für die Exportaufnahme heimischer Unternehmen in Mexiko zunächst ganz allgemein untersucht. Sie kommen dabei zu dem Ergebnis, daß zwischen der räumlichen Präsenz exportierender Unter-

---

der Zielregion aus, woraus sich dort ein „Kern" – in Abgrenzung zur Peripherie – herausbildet. Vgl. Ottaviano/Puga, 1998, S. 713.

437 Weitere Beispiel ähnlicher Art finden sich bei UNCTAD, 2002, S. 160ff.

438 Vgl. UNCTAD, 2002, S. 160.

nehmen und der unternehmerischen Entscheidung zur Exportaufnahme kein signifikanter Zusammenhang besteht. Allerdings korreliert die Exportentscheidung positiv mit der räumlichen Nähe zu multinationalen Unternehmen.[439]

Weiterhin ist denkbar, daß durch die ausländischen Investoren – direkt oder indirekt – zusätzliche Nachfrage im Gastland nach Produkten generiert wird, die bislang unterhalb des wirtschaftlich effizientesten Niveaus gefertigt werden mußten. Mit dem Auftritt zusätzlicher Nachfrage können die Skalenpotentiale der Produktion nun ausgeschöpft werden, wodurch sich lokale Güter auf bislang unbearbeiteten Märkten zu wettbewerbsfähigen Preisen anbieten lassen.[440] Schließlich kann der Eintritt ausländischer Konzerne den Wettbewerb auf Produkt- und Beschaffungsmärkten verschärfen. Damit einhergehende Effizienz- und Allokationsgewinne können wiederum die Basis für konkurrenzfähigere Produkte sein, mit denen (mittelfristig) die regionale Ausfuhr- und Gesamtleistung weiter erhöht werden kann.

Der intensivere Wettbewerb kann allerdings auch einen Rückgang der gesamtwirtschaftlichen Leistung in der Zielregion verursachen. Leicht vorstellbar ist, daß bei Unternehmensübernahmen die neuen ausländischen Eigentümer bisherige Wertschöpfungsaktivitäten am Ort einstellen, weil konzerninterne Skalen- und Verbundvorteile genutzt werden können.[441] Ebenso kann ein Eigentümerwechsel bei lokalen Firmen die Auflösung gewachsener Lieferantenstrukturen in der Region bedingen, wenn die Direktinvestoren örtliche Geschäftspartner durch konzernweite Lieferanten substituieren.[442] Können die lokalen Produzenten den Wegbruch einstiger Umsätze nicht durch Neugeschäfte kompensieren, sinkt die

---

439 Vgl. Aitken/Hanson/Harrison, 1997, S. 128. Die Funktion als Export-Katalysator für lokale Unternehmen von MNUs beruht weitgehend auf dem Informationsmangel lokaler KMUs über ausländische Märkte. Vgl. Buckley, 1989, S. 94.

440 Die Möglichkeit produktionstechnisch latent vorhandende Skalenpotentiale erst durch veränderte exogene Rahmenbedingungen, etwa durch gesunkene Raumüberbrückungskosten, realisieren zu können, ist ein zentrales Element in den Modellen der „New Economic Geography". Dort entfalten sich mit der Ausschöpfbarkeit von Skalenökonomien kumulative Prozesse, die zur Formung von Kern-Peripherie-Strukturen führen. Ausführlich zur „New Economic Geography" siehe Krieger-Boden, 2000, S. 5ff. und Brülhart, 1998, S. 775ff. Vgl. auch Fujita/Krugman/ Venables (2000) oder Venables (1998) sowie Brülhart/Torstensson (1996).

441 Vgl. Ashcroft/Love/Malloy, 1992, S. 405.

442 Vgl. Ashcroft/Love/Malloy, 1992, S. 405. Übernehmen marktsuchende Direktinvestoren lokale Unternehmen und substituieren anschließend lokale Lieferanten, dann muß ceteris paribus der Import in die Region zunehmen. Studien zeigen, daß der Umfang dauerhafter Importe durch transnationale Konzerne zum einen von der Industrie und zum anderen von der lokalen Präsenzdauer der Investoren abhängt. In den meisten Fällen nimmt die Vernetzung mit den lokalen Unternehmen im Zeitablauf zu und damit der Importbedarf sukzessive ab. Vgl. etwa OECD, 2002a, S. 85ff.

regionale Wertschöpfung. Möglicherweise reduziert sich die lokale Produktion auch durch Demonstrationseffekte, wenn durch den Aufbau von Loyalitäten und Goodwill im Gastland Begehrlichkeiten nach hochwertigen ausländischen Gütern entstehen. Somit könnten ausländische Direktinvestitionen ergänzende Importe – im einfachsten Fall konzerneigene Produkte[443] – nach sich ziehen, durch die lokale Waren ersetzt werden.

Unabhängig von der Art des Markteintritts verdrängt möglicherweise eine Wettbewerbsverschärfung auf den Produktmärkten lokale Hersteller, die keine Skaleneffekte ausschöpfen können. Die Wirtschaftsleistung in der Gastregion kann – wie bereits an anderer Stelle diskutiert – auch durch einen stärkeren Wettbewerb auf den Faktormärkten gedämpft werden. So beobachten Del Monte und Luzenberger in Süditalien eine ansteigende Liquidation heimischer Produktionsbetriebe aufgrund des Bedarfs nicht-lokaler Konzerne an qualifizierten Arbeitskräften zur Unterhaltung ihrer lokalen Operationen.[444]

Abträglich für die gesamtwirtschaftliche Leistung am Investitionsstandort kann sich auch die Verstärkung oder die Entstehung von Verstopfungseffekten („diseconomies“) erweisen. Steigende Immobilienpreise, Mieten oder Verkehrsstaus stärken die Fliehkräfte, die prinzipiell zu einer „Entballung“ der Wirtschaftsaktivität führen können.[445] Dabei ist zu berücksichtigen, daß von steigenden Agglomerationskosten die transnationalen Mehrbetriebsunternehmen tendenziell weniger betroffen sind als lokale Einbetriebsunternehmen.

Außerdem mag der Markteintritt von Direktinvestoren zu einer Umlenkung öffentlicher Gelder in Infrastrukturprojekte beitragen, die vorwiegend den ausländischen Unternehmen zugute kommen.[446] Infolgedessen schwinden ceteris paribus die staatlichen Möglichkeiten, Maßnahmen wie die Errichtung eines Technologiezentrums zu ergreifen, aus denen pekuniäre und technologische Externalitäten für lokale Firmen entspringen.

Die Ausführungen demonstrieren, daß ausländische Direktinvestitionen über vielfältige Kanäle auf die Wirtschaftleistung in der Zielregion einwirken. Zugleich läßt sich konstatieren, daß der Impuls in seiner Stärke und vor allem in seiner Richtung a priori nicht eindeutig ist. Denn auf der einen Seite können transnationale Konzerne pekuniäre und technologische externe Effekte sowie

---

443 Dieser Effekt wird auch als „Proximity advantage“ bezeichnet. Vgl. hierzu Brainard, 1993, S. 3ff.

444 Vgl. Del Monte/Luzenberger, 1989, S. 220. Bezüglich der gewählten Formulierung „nicht-lokale Konzerne“ siehe auch die Fußnotenanmerkung in Abschnitt 2.3.

445 Diese Überlegungen, wonach steigende Kosten immobiler Produktionsfaktoren, etwa Arbeiter oder Boden, Zentrifugalkräfte erzeugen, sind in den Modellen der „New Economic Geography“ verankert. Vgl. etwa Krieger-Boden, 2000, S. 5ff.

446 Vgl. Del Monte/Luzenberger, 1989, S. 220.

Allokationseffekte auslösen oder verstärken, die allesamt zu einem Wachstum und einer weiteren Agglomeration in der Zielregion führen. Auf der anderen Seite ist denkbar, daß über Verdrängungs- und weitere negative Agglomerationseffekte die Wirtschaftleistung der Region durch den Zustrom von Investivkapital geschwächt wird.

Infolgedessen kann resümiert werden, daß theoretisch offen bleibt, ob sich die Gründungswirkung einströmender Direktinvestitionen in einer Region mit geballter Wirtschaftsaktivität von der unterscheidet, die in einem Zielgebiet mit geringerer Ballung ausgelöst wird. Dieser Schluß muß gezogen werden, da bereits die Bedeutung der Agglomeration als Gründungsdeterminante im zweiten Kapitel der Arbeit als theoretisch indeterminiert herausgearbeitet wurde.

3.3.4 Spezialisierung

Die dezidierte Auffassung Porters, der Einstrom ausländischer Direktinvestitionen schwäche die dynamische Wettbewerbsfähigkeit der Zielregion,[447] hat heftige Debatten in den Wirtschafswissenschaften entfacht. So begann unter Außenhandelstheoretikern unter anderem eine Kontroverse darüber,[448] ob der Saldo der Direktinvestitionsbilanz ein Indikator für die Wettbewerbsfähigkeit eines Landes sein kann.[449] Parallel dazu fingen Regionalwissenschaftler – losgelöst von makroökonomischen Aspekten – zu diskutieren an, ob mit der *gezielten* Anwerbung ausländischer Direktinvestitionen die Clusterbildung entgegen der Porterschen

---

447 Vgl. Porter, 1990, S. 671.

448 Nicht zuletzt wegen seines selbsternannten Anspruchs, ein neues Paradigma entwickelt zu haben, welches das Heckscher-Ohlin-Theorem ablöst, rief Porter die Außenwirtschaftstheoretiker auf den Plan und erntete von diesen teilweise heftigste Kritik. So sezieren Davies und Ellies den Diamant-Ansatz unnachgiebig und machen mit beißendem Spott deutlich, daß Porter das Heckscher-Ohlin-Theorem und die neueren Ansätze der Handelstheorie inhaltlich nicht durchdrungen hat. Die Kritik kulminiert in der Empfehlung, daß „academicians of international business would be well advised to revisit the elementary economics of trade and growth before venturing too boldly into the field of policy." Davies/Ellis, 2000, S. 1189.

449 Mittlerweile ist allgemein anerkannt, daß die isolierte Saldo-Betrachtung ein- und ausströmender Auslandsinvestitionen „keine zuverlässige Beurteilung der relativen Wettbewerbsposition eines Landes [erlaubt]." Reichel, 2002, S. 233. Dieser Saldo stellt allenfalls einen sehr groben Indikator für den systematischen und intertemporalen Vergleich der Wettbewerbsstärke dar. Vgl. hierzu die detaillierte Diskussion bei Reichel, 2002, S. 191ff. sowie Davis/Ellis, 2000, S. 1193ff.

Hypothese initiiert werden kann: Die jüngsten Entwicklungen etwa in Irland, Schottland oder Malaysia gaben Anlaß für diese Vermutung.[450]

In der einsetzenden Diskussion über die Möglichkeit und Grenzen einer exogen angestoßenen Entwicklung drehte sich dabei weitgehend einseitig alles um die Frage nach der Netzwerkeinbindung der ausländischen Investoren im Gastland.[451]

Unter Verweis auf die geringe lokale Vernetzungs- und Wertschöpfungstiefe wurde zunächst betont, daß der Beitrag der ausländischen Investoren für eine nachhaltige Entwicklung in den Gastländern gering sei.[452] Darüber hinaus belege der hohe Anteil multinationaler Unternehmen an den Exporten der Gastländer, daß die Direktinvestoren lediglich „Satellitenplattformen" in diesen peripheren Regionen errichtet haben. Cluster seien trotz beeindruckender Entwicklung und zunehmender Spezialisierung in den zitierten Fallbeispielen demnach nicht entstanden.[453]

Im Verlauf der Zeit wurde dann der vorgebrachte Pessimismus über die Impulsmöglichkeiten einströmender Investitionen zur Entwicklung von Clustern zunehmend in Frage gestellt. Schließlich habe man zu bedenken, daß auch ausländische Niederlassungen sich entwickeln. Tochtergesellschaften könnten infolgedessen mit der Zeit eine höhere Wertschöpfungstiefe und eine stärkere Netzwerkeinbindung im Gastland erreichen, die sich fruchtbar auf die Herausbildung innovativer Cluster auswirken kann.[454]

---

450 Zur Bedeutung ausländischer Direktinvestitionen zum Aufbau und zur Entwicklung von Clustern in Irland oder Schottland siehe etwa Peters/Hood, 2000, S. 74ff. oder Wolter, 2001, S. 49ff. Eine differenzierte Analyse zum irischen Wirtschaftswachstum, wonach unter anderem auch der Einfluß von Direktinvestitionen für die wirtschaftliche Entwicklung überschätzt wird, findet sich bei Powell, 2003, S. 440ff. Zu den Elektrotechnik-Clustern in Malaysia vgl. Best, 2001, S. 163ff.

451 Die kleine Bandbreite an Diskussionsinhalten in den Regionalwissenschaften zu den Wirkungen ausländischer Direktinvestitionen muß vor dem Hintergrund erstaunen, daß im entwicklungspolitischen Kontext Themen wie Verdrängungseffekte auf Produkt- und Faktormärkten längstens adressiert waren und aus diesen Ergebnissen keine Rückschlüsse hinsichtlich der Clusterentwicklung gezogen wurden.

452 Vgl. etwa Birkinshaw, 2000, S. 112 oder Peters/Hood, 2000, S. 73.

453 Zum Wesen und den Limitationen von „Satellitenplattformen" siehe Markusen, 1996, S. 304ff.

454 Vgl. Peters/Hood, 2000, S. 68ff. Enright präsentiert ein „drittes Modell", nach dem sich Cluster und ausländische Konzerne gegenseitig verstärken und befruchten. Demnach sind die Entwicklung der Konzerntöchter und die des Clusters interdependent. Der Dienstleistungsclusters in Hongkong dient ihm dabei als deskriptives Beispiel. Vgl. Enright, 2000, S. 114ff. Zum strategischen Entwicklungspotential von Auslandsniederlassungen im allgemeinen vgl. Delany, 1998, S. 239ff.

Unabhängig von der noch nicht abschließend geklärten Frage, ob ausländische Direktinvestitionen nun eine Initialzündung für die Entwicklung eines Clusters auszulösen vermögen oder nicht,[455] macht die Diskussion im vorangegangenen Unterabschnitt 3.3.3 bereits deutlich, daß einströmendes Investivkapital über zahlreiche Mechanismen die Wirtschaftleistung in der Zielregion verändern kann.

Dabei zeigte sich auch, daß durch Direktinvestitionen induzierte Expansionskräfte in der lokalen Wirtschaft die Bedienung bislang unbearbeiteter Drittmärkte zur Folge haben, wenn sich die Wettbewerbsfähigkeit der örtlichen Produzenten verbessert. Eine solche Entwicklung impliziert, daß mit dem Auftritt ausländischer Unternehmen über eine steigende Exporttätigkeit eine tiefere Integration in die Weltwirtschaft verbunden ist. Die stärkere Einbindung in die weltweite Arbeitsteilung dürfte wiederum aller Erkenntnis nach mit einer zunehmenden Spezialisierung einhergehen.[456]

In der Empirie sind die kurz- und mittelfristigen Einflüsse ausländischer Direktinvestitionen auf die Exportentwicklung der Gastländer gemischt.[457] Empirische Untersuchungen bestätigen allerdings langfristig einen positiven Zusammenhang, beispielsweise eine Studie von Fontagné zu 14 OECD-Länder über den Zeitraum 1984 bis 1993.[458]

---

455 Das Kernproblem bei der Antwortsuche besteht darin, daß es bislang einer allgemein akzeptierten Definition von Cluster mangelt. Vgl. etwa Preissl/Solimene, 2001, S. 41f. Mit den definitorischen Problemen müssen zwangsläufig methodische Schwierigkeiten zur Identifizierung von Clustern einhergehen. Verschiedene Klassifizierungsversuche, die in der Literatur einander gegenüberstehen, verdeutlichen, daß Cluster keine homogene Gruppe und ihre Unterschiede in aller Regel größer als ihre Gemeinsamkeiten sind. Vgl. hierzu etwa Peters/Hood, 2000, S. 73.

456 Zu entsprechenden Erfahrungen für die Länder der europäischen Union vgl. Midelfart-Knarvik et al., 2000, S. 4ff. und Stirböck, 2002, S. 17.

457 Vgl. OECD, 2002a, S. 82.

458 Vgl. Fontagné, 1999, S. 5. Ganz generell zeigen empirische Analysen, daß die Verbindung zwischen Direktinvestitionen und Außenhandel enger wird, je höher die Bedeutung des Außenhandels am Bruttosozialprodukt ist. Vgl. OECD, 2002a, S. 78. Insofern versteht sich auch, daß verschiedene Studien zu einem deutlich neutraleren Ergebnis hinsichtlich des Zusammenhangs von einströmenden Direktinvestitionen und Exportaktivität kommen, insbesondere bei politikverursachter Diskriminierung der Warenausfuhr. So dürfte nach Ansicht Sharmas die systematische Entmutigung der Exportaktivität infolge einer langjährigen Importsubstitutionspolitik die Ursache dafür sein, daß er in seiner Längsschnittanalyse zu Indien nicht einmal auf dem zehnprozentigen Signifikanzniveau einen Einfluß ausländischer Direktinvestitionen für die indische Ausfuhrentwicklung über den Zeitraum von 1970 bis 1997 entdecken kann. Vgl. Sharma, 2000, S. 16f. Zur Bedeutung der Offenheit der Wirtschaft für das hier diskutierte Wirkungsverhältnis siehe auch Agrawal (2003).

Angesichts dieses Befunds läßt sich ableiten, daß die kurz- und mittelfristige Wirkung des einströmenden Investivkapitals auf die Spezialisierung offen ist. Langfristig dürften ausländische Direktinvestitionen allerdings eine zunehmende Spezialisierung der Zielregion infolge einer stärkeren Einbindung in die Weltwirtschaft bewirken. Ceteris paribus sollten insofern transnationale Konzerne zu einer Stärkung der Gründungsdeterminanten Spezialisierung führen.

3.3.5 Forschung und Entwicklung

Der Umfang wissensbildender Aktivitäten wie Forschung und Entwicklung wurde als Größe identifiziert, welche die Gründungsaktivität einer Raumwirtschaft potentiell mitbestimmt. Im Anschluß wird daher untersucht, welche Entwicklungen der Einstrom von Direktinvestitionen in Bezug auf die privatwirtschaftliche FuE-Tätigkeit in der Zielregion erzeugen kann. Die Diskussion ist zweigeteilt. Zunächst werden die möglichen Reaktionen der inländischen Wirtschaftssubjekte unter der Annahme analysiert, die Direktinvestoren unterhielten selbst keine FuE-Aktivitäten vor Ort. In diesem Falle sind neue wissenserzeugende Initiativen insbesondere bei den lokalen Konkurrenten (Wettbewerbseffekt) oder bei den Betrieben in den vor- und nachgelagerten Branchen (Vernetzungseffekt) der transnationalen Konzerne zu vermuten. In einem zweiten Schritt werden Anpassungen lokaler Unternehmen erörtert, wenn die multinationalen Konzerne explizit FuE-Kapazitäten im Gastland aufbauen und unterhalten. Der Wettbewerb um qualifiziertes FuE-Personal spielt hierbei eine zentrale Rolle.

3.3.5.1 Forschung und Entwicklung bei Wettbewerbern und Unternehmen vernetzter Branchen

Bei den lokalen Wettbewerbern wird der Eintritt ausländischer Direktinvestoren eine Anpassungsreaktion hervorrufen. Dazu kann eine Verstärkung der FuE-Aktivitäten gehören, insbesondere wenn die transnationalen Unternehmen mit überlegenen Technologien den Wettbewerb bestreiten.[459] Aus der vermehrten Wis-

---

459 Die ursprüngliche Intensität des Wettbewerbs in der Zielregion wird wiederum bestimmen, welche Technologien ausländische Direktinvestoren in das Gastland transferieren. Je intensiver der Wettbewerb im Augenblick des Markteintritts im Zielland ist, desto eher setzen die Investoren „state of the art“-Technologien ein, um im Wettbewerb erfolgreich bestehen zu können. Vgl. OECD, 2002a, S. 100f. Andernorts wird angemerkt, daß der Umfang transferierter Technologie auch von den Investitionen des Gastlands in „learning activities“ begleitet ist. Djankov/Hoekman, 1999, S. 6.

sensproduktion heimischer Betriebe können wiederum neue Gründungsopportunitäten entstehen.[460]

Einige deskriptive Studien belegen, daß ausländische Tochtergesellschaften in aller Regel früher als lokale Wettbewerber neue Methoden und Techniken einführen.[461] Untersuchungen über die reaktive Entwicklung der FuE-Tätigkeit bei lokalen Konkurrenten fehlen allerdings. Der Fokus der wenigen empirischen Arbeiten zum Wettbewerbseffekt liegt – der Einfachheit halber[462] – auf der Veränderung der totalen Faktorproduktivität heimischer Unternehmen nach Zustrom von Investivkapital.[463]

Frühe Studien, welche die sektorale Produktivitätsveränderung analysieren, kommen dabei zu der Erkenntnis, daß die Produktivität hoch positiv mit dem Umfang an ausländischen Direktinvestitionen in einer Industrie korreliert. Diese Beobachtung eröffnet den Interpretationsspielraum, die höhere Produktivität könne zumindest teilweise auf Maßnahmen zur Generierung neuen Wissens bei lokalen Produzenten zurückzuführen sein.

Bekanntermaßen darf eine hohe Korrelation aber nicht mit Kausalität verwechselt werden. Insbesondere deshalb nicht, weil es theoretisch plausibel erscheint, daß sich ausländische Investoren gerade in den produktivsten Sektoren des Gastlandes engagieren.[464] Zudem muß die breitere Technologiepalette in einer Industrie nicht eine Einführung neuer Methoden durch inländischen Produzenten bedeuten. Aus diesem Grunde sind Untersuchungen über das Wirkungsverhältnis zwischen ausländischer Direktinvestitionen und der Produktivität inländischer Marktteilnehmer auf Unternehmensebene innerhalb eines Sektors aussagekräftiger.

Aitken und Harrison haben eine solche Analyse zu 4.000 venezuelanischen Firmen unternommen. Die Ergebnisse ihrer Panelanalyse zeigen, daß sich die sektorale Zunahme ausländischer Direktinvestitionen negativ auf die Produktivität derjenigen Unternehmen ausgewirkt hat, die in der entsprechenden Branche

460 Vgl. hierzu die Diskussion in Abschnitt 2.2.3.5.

461 Vgl. OECD, 2002a, S. 101.

462 Der Wettbewerbseffekt ist eng mit dem bereits diskutierten Demonstrationseffekt verbunden, da die von Direktinvestoren eingeführten Technologien häufig allein für unmittelbare, etablierte Wettbewerber relevant sind. Daher bedingen und verstärken sich beide Effekte. Versuche, den Demonstrationseffekt über veränderte FuE-Ausgaben heimischer Produzenten auf Industrieebene zu isolieren, scheitern, weil sich der Einfluß ausländischer Direktinvestitionen auf die Industriestruktur schwer kontrollieren läßt. Diese methodischen Schwierigkeiten erläutern, warum empirische Evidenz für die Bedeutsamkeit der beiden Effekte auf Basis von FuE-Ausgaben fehlen.

463 Vgl. Saggi, 2000, S. 20.

464 Vgl. etwa Görg/Strobl, 2001, S. 738.

vollständig unter inländischer Kontrolle waren.[465] Zu einem analogen Resultat kommen Djankov und Hoekman für Tschechien. Auch sie beobachten auf sektoraler Ebene, daß einströmendes Investivkapital mit negativen Produktivitätsentwicklungen bei vollständig tschechischen Unternehmen einhergeht.[466]

Die Resultate dieser Arbeiten erlauben, gewisse Zweifel an der Auffassung anzubringen, lokale Unternehmen werden allein wegen des intensiveren Wettbewerbs vermehrt wissensbildende Maßnahmen wie Forschung und Entwicklung ergreifen, um ihre Marktanteile gegenüber den ausländischen Konzernen zu verteidigen. Der vorsichtige Rückschluß aus den zitierten Studien muß vielmehr ein anderer sein. Denn die gesunkene Produktivität in den heimischen Betrieben deutet eher auf eine Einschränkung als an eine Verstärkung wissensaufbauender Aktivitäten hin. Eine Verallgemeinerung dieser beiden Studienergebnisse sollte insofern für den Moment noch zurückhaltend erfolgen, als sie ausschließlich Erkenntnisse aus Entwicklungs- und Schwellenländern liefern. Wie eine jüngere Analyse über britische Unternehmen der Elektro- und Maschinenbauindustrie offenlegt, gelingt es allerdings auch in den Industrieländern einer großen Mehrheit inländischer Betriebe nicht, ihre Produktivität im Gefolge des Markteintritts ausländischer Wettbewerber zu verbessern. Vielmehr zeigt sich, daß es selbst in Großbritannien dem überwiegenden Teil der lokalen Unternehmen an einer ausreichenden Absorptionskapazität mangelt, also der Fähigkeit, die mit dem einströmenden Investivkapital verbundenen Spillover-Potentiale für Produktivitätssteigerungen zu nutzen.[467] Infolgedessen kann daher unabhängig vom Entwicklungsstand des Empfängerlandes davon ausgegangen werden, daß bestenfalls ein kleiner Teil der lokalen Wettbewerber seine FuE-Aktivitäten zeitnah ausdehnt, wenn sich Direktinvestoren im Land engagieren.

Eine mögliche Ausdehnung der FuE-Tätigkeit in der Zielregion ausländischer Direktinvestitionen muß sich allerdings nicht auf die lokalen Wettbewerber der multinationalen Konzerne begrenzen. Neue, wissenserweiternde Initiativen sollten auch in den lokalen Industrien zu entdecken sein, die über die Wertschöpfungskette mit den Direktinvestoren vernetzt sind. Zusätzliche FuE-Anstrengungen in den Zuliefer- und Abnehmerbranchen können ganz im Sinne der Lernhypothese von Cohen und Levinthal eine notwendige Voraussetzung sein, um die moderneren Technologien und Produktionsmethoden der Direktinvestoren zu bedienen oder aufgreifen zu können.[468]

---

465 Die Produktivität der gesamten Industrie wurde durch den Investitionszustrom schwach positiv beeinflußt. Vgl. Aitken/Harrison, 1999, S. 616.

466 Vgl. Djankov/Hoekman, 1999, S. 20.

467 Vgl. Girma/Görg, 2005, S. 16ff.

468 Cohen und Levinthal haben gezeigt, daß Firmen Forschungs- und Entwicklungsaktivitäten zu einem doppelten Zweck betreiben. Neben dem Ziel, selbst neues Wissen

Für die ergänzende Aufnahme von FuE-Aktivitäten lokaler Lieferanten und Geschäftspartner könnte ein Aspekt wachsende Bedeutung erlangen, der in der wissenschaftlichen Diskussion bislang unbeachtet blieb: der Erwerb und die Verwendung ungenutzter Patente. Den Wert ihres brachliegenden immateriellen Vermögens („Intellectual Property") haben transnationale Konzerne nämlich erst vor wenigen Jahren entdeckt. Entsprechend steckt der Verkauf solcher Patente noch in den Kinderschuhen.[469] Schreitet die Materialisierung dieser Werte voran, so ist denkbar, daß lokale Zulieferbetriebe über ihre Geschäftskontakte einen privilegierten Zugang zu dem geistigen Eigentum der Konzerne erhalten. Die vollständige Aneignung des wirtschaftlichen Potentials dieser Patente dürfte bei den Käufern ergänzende FuE-Aktivitäten erforderlich machen.

3.3.5.2 Internationalisierung von Forschung und Entwicklung durch transnationale Konzerne

Transnationale Konzerne betreiben heute eigene FuE-Aktivitäten außerhalb ihrer Herkunftsländer. Aus strategischen Gründen haben viele von ihnen diese Unternehmensfunktion bewußt dezentralisiert.[470] Die Aufgabe dieser relativ autonomen Labore besteht daher vielfach darin, neues technologisches Wissen zu erschließen und zu erzeugen und somit einen Beitrag zur langfristigen Innovations-

---

zu entwickeln, unterhalten Unternehmen privatwirtschaftliche Forschung und Entwicklung, um ihre sogenannte Absorptionskapazität für fremdes Wissen zu erhöhen. Denn erst eine adäquate Wissensgrundlage befähigt die Unternehmen, neues, extern entwickeltes Wissen aufzunehmen und in den eigenen Produktionsprozeß fruchtbar zu integrieren. Vgl. Cohen/Levinthal, 1989, S. 569f.

469 Vgl. Jahn, 2005, S. 83ff. sowie Hürter, 2004, S. 20ff. oder Goltzsch, 2004, S. 4 und Elton/Shah/Voyzey, 2002, S. 59ff.

470 Die Internationalisierung von FuE-Aktivitäten multinationaler Konzerne setzte erst vergleichsweise spät zum Ende der 1970er Jahre ein. In den Anfängen war sie weitgehend von der unternehmerischen Absicht geprägt, die Marktdurchdringung der Tochtergesellschaften im Ausland durch entsprechende lokale Entwicklungsabteilungen zu unterstützen. Dabei beschränkte sich die Unterstützung der neu errichteten Labore darauf, die Produkt- und Prozeßtechnologien aus dem Stammland auf lokale Fertigungs- und Absatzbedürfnisse zu adaptieren. Allerdings hat sich über die Zeit die strategische Bedeutung ausländischer FuE-Aktivitäten für viele Muttergesellschaften gewandelt. So werteten viele ab Mitte der 1980er Jahre ihr FuE-Engagement im Ausland auf, indem sie die ausländischen FuE-Einrichtungen mit Finanzmitteln stärkten und deren Kompetenzen ausweiteten. Seitdem betreiben ausländische Niederlassungen Forschung in zunehmendem Maße auf hohem Niveau. Einen detaillierten Überblick über die historische Entwicklung der Internationalisierung von FuE-Aktivitäten bietet Howell, 1990, S. 499ff. Vgl. auch Borrmann et al., 2001, S. 227ff.

fähigkeit der Mutterkonzerne zu leisten.[471] Vor diesem Hintergrund versteht sich, daß einige Gastländer mit den ansiedelnden Unternehmen die Hoffung verbinden, diese könnten die gesamtwirtschaftliche Wissensproduktion durch eigene Initiativen direkt unterstützen.[472]

Der Gesamterhöhung wissensbildender Aktivitäten in den Gastländern kann allerdings wiederum der notwendige Eigenbedarf an qualifizierten Arbeitskräften durch die Investoren entgegenstehen.[473] Von einer Wettbewerbsverschärfung um qualifizierte Forscher und Entwickler werden prinzipiell alle Branchen betroffen sein. So ist denkbar, daß relativ rückständige Wirtschaftssektoren, in denen indigene Unternehmen dominieren, ihre FuE-Aktivitäten einschränken oder sogar einstellen müssen, weil das FuE-Personal vollständig in die moderneren (exportorientierten) Sektoren abwandert, in denen multinationale Konzerne präsent sind.[474]

In dynamischer Sicht kann eine rapide, sektorale Verschiebung der FuE-Aktivitäten zu den transnationalen Konzernen die gesellschaftliche Wissensbildung langfristig sogar beeinträchtigen, insbesondere wenn durch den Eigenbedarf der Konzerne eine duale Wirtschaft entsteht. Eine solche ist davon belastet, daß die lokalen Unternehmen, die den Binnenmarkt bedienen, technologisch so stark hinter die ausländischen, exportorientierten Konzerne zurückfallen, daß sich zwei voneinander isolierte Parallelwirtschaften herausbilden. Die technologische Lücke zwischen den Akteuren beginnt sich dabei zunächst zu weiten, anstatt sich zu verkleinern. Die Möglichkeit vertikaler Geschäftsbeziehungen zwischen den Direktinvestoren und den einheimischen Betrieben schwindet in der Folge stetig. Schlußendlich ist unter den lokalen Unternehmen die Fähigkeit neues Wissen zu

---

471 Die unterschiedlichen Aufgaben räumlich getrennter FuE-Einheiten zur Unterstützung des Innovationsnetzwerkes multinationaler Unternehmen beleuchtet Zander, 1999, S. 197ff. Eine Diskussion zu Organisationsprinzipien ausländischer FuE-Einheiten findet sich bei Gassmann/Zedtwitz von, 1999, S. 248.

472 Es wird argumentiert, daß die FuE-Aktivitäten internationaler Konzerne wertvoller für die Zielregion seien als die lokaler Firmen. Diese These basiert auf dem Befund, daß transnationale Unternehmen zumindest theoretisch auf ein ganzes Innovations- und Wissensnetzwerk zurückgreifen können und sich von daher durch ihr lokales FuE-Engagement auch reichhaltigere Wissensspillover in der Zielregion einstellen müßten als durch FuE-Aktivitäten heimischer Betriebe. Vgl. OECD, 2002a, S. 104.

473 Zuweilen wird Unternehmen empfohlen, im „Clusterwettbewerb ... den Weg zu den qualifizierten Menschen [zu] suchen." Späth, 2003, S. 10.

474 Das abwandernde FuE-Personal muß nicht vollständig von den multinationalen Konzernen aufgesogen werden. Prinzipiell können – wie der vorangegangene Abschnitt zeigt – auch die nationalen Wettbewerber oder die Zulieferer der Direktinvestoren ihre FuE-Aktivitäten erhöhen.

produzieren oder gar aufzunehmen so verkümmert, daß nachhaltige Geschäftskontakte zu Direktinvestoren unmöglich geworden sind.

An einem solchen Punkt angekommen, werden die ausländischen Investoren wiederum ihre eigene Strategie überdenken. Denn durch die strukturelle Entwicklung im Gastland haben sich auch für ihre dort ansässigen Tochtergesellschaften die Opportunitäten verkürzt, etwa von den wissensbildenden Aktivitäten heimischer Unternehmen zu profitieren. Die Konzernzentralen in den Mutterländern werden daraufhin einen Abbau beziehungsweise eine Verlagerung der lokalen FuE-Kapazitäten an einen anderen Standort innerhalb des konzernweiten „Innovationsnetzwerkes" prüfen und gegebenenfalls umsetzen. Am Ende dieses Prozesses nimmt die gesellschaftliche Wissensproduktion ein niedrigeres Niveau als zu Beginn des Zustroms ausländischer Direktinvestitionen ein.

Obwohl der skizzierte Extremfall einer langfristig niedrigeren Wissensproduktion in der Realität nur selten beobachtbar sein dürfte, sollte die Gefahr nicht unterschätzt werden, daß sich das Grundmuster einer dualen Wirtschaft durch den Einstrom von ausländischem Investivkapital herausbilden kann. So erkennen Foley und Griffith für Irland zu Beginn der 1990er Jahre ernsthafte Anzeichen einer dichotomen Wirtschaftsstruktur. Den Autoren bereitet eine Verstetigung dieser Strukturen nicht zuletzt deshalb Sorge, weil der Anteil qualifizierter Beschäftigter in den von transnationalen Konzernen dominierten Exportbranchen wesentlich höher als in den nicht exportierenden Sektoren liegt.[475] Nach Ansicht von Günther hat sich in Ungarn und in anderen osteuropäischen Transformationsländern gerade mit der Aufnahme von FuE-Aktivität ausländischer Investoren die Entwicklung einer dualen Wirtschaft verschärft.[476]

Andererseits darf nicht übersehen werden, daß es keines intensiveren Wettbewerbs um qualifizierte Arbeitskräfte bedarf, damit in der Gastregion lokales technisches Wissen mit dem Eintritt von Direktinvestoren vernichtet wird.[477] Howells weist richtigerweise darauf hin, daß sich die Analysen in der Literatur einseitig auf die Errichtung neuer FuE-Kapazitäten im Gastland beschränken. Aufgrund dieses Einbahnstraßendenkens wird die Möglichkeit des Schließens solcher Unternehmenseinheiten im Gastland durch den ausländischen Investor meist mißachtet.

Die Einstellung lokaler FuE-Aktivitäten ist aber im Rahmen von Akquisitionen nicht ausgeschlossen. Denn Skalen- und Verbundvorteile in bestehenden FuE-Zentren können das Fortführen von FuE-Aktivitäten bei den übernommenen

---

475 Vgl. Foley/Griffith, 1992, S. 382ff.
476 Vgl. Günther, 2002, S. 269.
477 Vgl. OECD, 2002a, S. 99.

Unternehmen unrentabel machen.[478] Exemplarisch sei hier die Schließung der FuE-Abteilung eines slowakischen Unternehmens genannt, welches die Firma Henkel zuvor erworben hatte.[479] Ähnlich entdeckt Márquez in seiner Untersuchung zu Spanien, daß bei der Neuausrichtung übernommener Unternehmen der Fokus der ausländischen Neueigentümer meist auf dem Marketing und der Finanzabteilung liegt. Auch wenn die FuE-Abteilungen mehrheitlich bestehen bleiben, so werden sie doch selten aufgewertet und häufig eher stiefmütterlich behandelt.[480] Neues technologisches Wissen wird demnach an anderen Orten innerhalb des Konzerns gebildet. Hieraus kann folgen, daß das Gastland langfristig eine Einschränkung privatwirtschaftlicher FuE-Aktivitäten verzeichnet.

Die Ausführungen zeigen, daß die Aufnahme oder (vorübergehende) Fortführung bestehender FuE-Aktivitäten durch transnationale Konzerne nicht zwingend in einer gesamtwirtschaftlichen Ausweitung wissensbildender Aktivitäten mündet. Die Politik muß bei ihrem häufig geäußerten Wunsch, Forschungs- und Entwicklungsabteilungen transnationaler Konzerne anzuziehen, zugleich bedenken, daß von den umworbenen Unternehmen hohe Anforderungen an einen potentiellen FuE-Standort gestellt werden. Dabei werden sich die Vorbedingungen durch den komplexen Innovationsprozeß sektoral erheblich unterscheiden.[481] Auch kristallisiert sich im Lichte empirischer Untersuchungen heraus, daß die Bereitschaft, FuE-Aktivitäten international zu verlagern, bei den transnationalen Konzernen nicht überschätzt werden darf, und sich eine mögliche Verlagerung in aller Regel auf wenige Raumwirtschaften begrenzen wird. Denn von einer Globalisierung konzernweiter Innovationsaktivitäten kann nicht die Rede sein. Allenfalls hat bei der Verlagerung von Forschung und Entwicklung eine „Triadisierung" eingesetzt.[482] Konzerninterne FuE ist nach wie vor „weniger internationalisiert beziehungsweise dezentralisiert als andere Unternehmensfunktionen (wie Produktion, Absatz oder Finanzierung)."[483] Zugleich läßt sich seit Mitte der 1990er Jahre eine Re-Organisation der FuE-Aktivitäten internationaler Konzerne beob-

---

478 Vgl. Howells, 1990, S. 509.

479 Vgl. OECD, 2002a, S. 151.

480 Vgl. Márquez, 1994, S. 76f.

481 Vgl. Reger/Beise/Belitz, 1999, S. 141ff.

482 In vielen „Schlüsseltechnologien" werden in Westeuropa, Nordamerika und Japan 95 Prozent und mehr der weltweiten Patentaktivitäten durchgeführt. Vgl. etwa Borrmann et al., 2001, S. 219. Aufgrund dieser geographischen Konzentration sperren sich zahlreiche Autoren gegen die Verwendung des Begriffs „Globalisierung" und bevorzugen, von einer „Internationalisierung" der FuE-Aktivitäten zu sprechen. Vgl. Soete, 1993, S. 175ff. oder Reger/Beise/Belitz, 1999, S. 9ff.

483 Borrmann et al., 2001, S. 227.

achten, die eine Bündelung der Tätigkeiten an wenigen Kompetenzzentren zum Ziel hat.[484]

Losgelöst von den Aspekten, die dafür sprechen, die Verlagerungsbereitschaft von multinationalen Unternehmen bei FuE-Aktivitäten nicht zu überschätzen, kann resümiert werden, daß theoretisch unbestimmt bleibt, in welcher Weise Direktinvestoren auf die potentielle Gründungsdeterminante der gesamtwirtschaftlichen Wissensproduktion einwirken, wenn sie selbst im Gastland FuE-Aktivitäten unterhalten.

3.4 Zusammenfassung

Die Diskussionen in den vorangegangenen Abschnitten haben gezeigt, daß die Gründungsaktivität einer Raumwirtschaft durchaus vom einströmenden Investivkapital beeinflußt werden kann. Dabei wird sich der mögliche Gründungsimpuls der Direktinvestitionen aus einer Vielzahl an direkten und indirekten Effekten zusammensetzen. Der Komplexität dieses Wirkungsgeflechts ist es geschuldet, daß der Gesamteffekt, den multinationale Unternehmen im Gastland auf das Gründungsgeschehen letztlich entfalten, theoretisch unbestimmt bleibt.

So sind die Richtung und die Stärke der gründerischen Wirkung bereits in den Branchen offen, in denen die transnationalen Konzerne im Gastland wirtschaftlich aktiv werden. Denn für diese Branchen läßt sich nicht klären, ob das Engagement der Investoren zu einer Erhöhung oder Reduzierung der sektoralen Markteintrittsbarrieren führt. Zudem ist nicht ausgeschlossen, daß multinationale Unternehmen quasi die Initialzündung für die Entstehung einer neuen Branche oder eines neuen Branchensegments in der Zielregion geben, indem sie heimische Akteure durch ihre Aktivitäten auf eine bislang latente Nachfrage aufmerksam machen. Infolgedessen kann der Auftritt neuer, lokaler Unternehmen über einen Demonstrationseffekt angestoßen werden.

Auch in den Branchen, die mit den transnationalen Konzernen wirtschaftlich verflochten sind, können sich neue Geschäftsgelegenheiten ergeben – allen voran in der lokalen Zulieferindustrie. Die Erörterungen haben gezeigt, daß kein Grund zur Annahme besteht, derartige Opportunitäten könnten ausschließlich von bestehenden Firmen der Gastregion ergriffen werden. Im Gegenteil, in verschiedenen Fällen sind Gründungen prädestinierter als etablierte Unternehmen, die sich bietenden Chancen wahrzunehmen.

---

484 Vgl. Gerybadze/Reger, 1999, S. 251. Zur starken räumlichen und sektoralen Konzentration ausländischer FuE-Aktivitäten in den Vereinigten Staaten siehe Frost/Zhou, 2000, S. 10ff.

Ebenso sind die facettenreichen indirekten Gründungseffekte ausländischer Direktinvestitionen a priori unbestimmt. Beispielsweise bleibt offen, ob die tendenziell zinssenkende Wirkung ausländischer Direktinvestitionen tatsächlich eintritt und diese auf unvollkommenen Kapitalmärkten an lokale Akteure weitergegeben wird, so daß eine steigende Gründungsaktivität induziert werden könnte.

Die Rückkoppelungen des Investitionsengagements ausländischer Unternehmen auf arbeitsmarktpolitische Gründungsdeterminanten lassen sich ebenfalls weder in der Richtung noch in der Stärke theoretisch klären. Bereits der Effekt auf die Höhe der lokalen Beschäftigungslosigkeit bleibt indeterminiert; denn dem potentiellen Eigenbedarf ausländischer Investoren an Arbeitskräften sowie Neueinstellungen bei lokalen Lieferanten steht ein möglicher Stellenabbau aufgrund innerbetrieblicher Effizienzverbesserungen in akquirierten Unternehmen gegenüber. Daneben sind Entlassungen bei lokalen Anbietern infolge eines stärkeren Wettbewerbs vorstellbar.

Multinationale Unternehmen können allerdings durch innerbetriebliche Aus- und Weiterbildungsmaßnahmen auch zu einer besseren Qualifikation der Beschäftigten im Gastland beitragen. Nicht zuletzt hierdurch besteht die Möglichkeit, daß Direktinvestoren einen Brutkasteneffekt auslösen. Aber auch indirekt können sich mit dem ausländischen Investitionsengagement gründungsrelevante Effekte entfalten. Etwa dadurch, daß sich die wirtschaftliche Situation in der Gastregion verbessert und damit die Auswanderung potentieller Gründer („brain drain") eingedämmt wird.

Darüber hinaus läßt sich a priori nicht bestimmen, wie einströmende Direktinvestitionen auf die beiden raumstrukturellen Gründungsdeterminanten der Agglomeration und der Spezialisierung wirken. Die wirtschaftliche Spezialisierung dürfte mit dem Engagement ausländischer Investoren infolge einer stärkeren Einbindung der Zielregion in den Weltmarkt tendenziell zunehmen, sofern dies nicht durch protektionistische Maßnahmen gezielt verhindert wird. Von daher müßte nach den Vorüberlegungen aus dem zweiten Kapitel die Investitionstätigkeit ausländischer Akteure über die zunehmende Spezialisierung der lokalen Wirtschaft dort zu einer steigenden Gründungsaktivität führen. Allerdings scheint es möglich, daß dieser indirekte Wirkungsmechanismus erst mittel- bis langfristig greift. Der Einfluß der Direktinvestitionen auf den Umfang der wirtschaftlichen Aktivität ist noch weitaus unbestimmter. Denn hier kann es im Gefolge von M&A-Transaktionen und/oder der Verdrängung von lokalen Anbietern („crowding out") bereits kurzfristig dazu kommen, daß die Bruttowertschöpfung der Zielregion nicht erhöht wird, sondern sinkt.

Schließlich bleibt theoretisch unbestimmt, welchen Effekt ausländische Direktinvestitionen auf die Wissensbildung – approximiert durch den Umfang privatwirtschaftlicher FuE-Aktivität – in der Gastregion ausüben. Auf der einen

Seite ist denkbar, daß die Wettbewerber der Direktinvestoren ebenso wie deren potentielle Lieferanten und/oder Kunden ihre wissensbildenden Maßnahmen erweitern. Auf der anderen Seite kann die Umsetzung dieser Absichten aber am intensiveren Wettbewerb um qualifizierte Beschäftigte scheitern. Im Ernstfall mündet der gestiegene Wettbewerb um qualifizierte Forscher und Entwickler sogar in einem Rückgang der privatwirtschaftlichen FuE-Tätigkeit. Dies müßte sich dann allerdings negativ in der Gründerstatistik der Empfängerregion bemerkbar machen, wenn die Wissensbildung – wie häufig unterstellt – für neue Firmenauftritte eine bedeutende Quelle darstellt.

Insgesamt läßt sich resümieren, daß sowohl die direkten als auch die indirekten Wirkungen ausländischer Direktinvestitionen auf die Entstehung neuer Unternehmen in der Gastregion theoretisch nicht bestimmbar sind. Zugleich ist vor dem Hintergrund der ausführlichen Diskussionen dieses Kapitels aber auch der Schluß zu ziehen, daß die theoretischen Voraussetzungen eindeutig erfüllt sind, ausländische Direktinvestitionen als potentielle Determinante in entsprechenden Gründungsmodellen zu berücksichtigen: Denn die Direktinvestitionen können sowohl Opportunitäten direkt schaffen als auch verhindern. Darüber hinaus üben sie Einfluß auf potentielle Gründungsdeterminanten aus. Es spricht demnach alles dafür, die Bedeutung ausländischer Direktinvestitionen auf die Entstehung neuer Unternehmen nun empirisch zu überprüfen.

4 Empirie

Die empirische Relevanz der in den vorangegangenen Kapiteln herausgearbeiteten Einflußgrößen gründerischer Aktivität wird nachfolgend für eine Stichprobe europäischer Länder und Regionen überprüft. Die Untersuchung orientiert sich dabei ganz an der raumökonomischen Perspektive. Da diese mit den arbeitsmarkttheoretischen Überlegungen problemlos verknüpft werden kann, wird aber auch der Aspekt der Arbeitslosigkeit berücksichtigt. Die industrieökonomischen Gründungsdeterminanten werden hingegen keine direkte Rolle spielen, da diese – wie weiter vorne dargelegt wurde – das Gründungsverhalten nur begrenzt erklären können.[485]

Ziel der Analyse ist es insbesondere, die Hypothesen über das Wirkungsverhältnis zwischen dem Zustrom ausländischer Direktinvestitionen und dem Gründungsverhalten in der Zielregion zu testen.

Die Überprüfung der Thesen erfolgt im Rahmen einer Panelanalyse mit balancierten Daten, d.h. für die verschiedenen Untersuchungsobjekte – hier Raumwirtschaften – liegt die gleiche Zahl an Beobachtungen über die Zeit vor. Im Vergleich zu Querschnitts- und/oder Längsschnittuntersuchungen beziehen Panelmodelle also beide Dimensionen ein. Folglich basiert ceteris paribus die Analyse auf einer breiteren Informationsmenge und verbessert damit grundsätzlich die Effizienz der Schätzung. Zu den weiteren Vorteilen von Panelmodellen gehört, daß mit ihnen dynamische Anpassungen besser beobachtet werden können als mit wiederholten Querschnittsanalysen. Schließlich läßt sich nur in Panelanalysen die Heterogenität der Individuen kontrollieren.[486]

Zunächst werden der Datensatz und die daraus für die ökonometrische Analyse konstruierten Variablen (Abschnitt 4.1) sowie die verwendeten ökonometrischen Grundmodelle (Abschnitt 4.2) vorgestellt. Daran schließt sich die Formulierung der Hypothesen und die Diskussion der Schätzergebnisse (Abschnitt 4.3) an.

---

485 Vgl. hierzu Abschnitt 2.2.1.3.

486 Zu den Vorzügen und Limitationen der Panelanalyse vgl. z.B. Baltagi, 2003, S. 5ff.

4.1 Daten und Variablen

Die Bedeutung der Gründungsdeterminanten wird im Folgenden auf zwei unterschiedlichen Raumebenen untersucht. In einem ersten Schritt werden die Zusammenhänge auf nationalstaatlicher Ebene für 13 Mitgliedsländer der Europäischen Union überprüft. Dabei unterliegt die Auswahl der in die Untersuchung aufgenommenen Staaten einzig der Restriktion der Datenverfügbarkeit.[487]

Da die Literatur gerade regionalen Aspekten hohe Aufmerksamkeit in Bezug auf das Gründungsverhalten schenkt,[488] wird das Modell in einem zweiten Schritt auf kleinräumigere Wirtschaftsgebiete angewandt. Hierzu werden die eingangs analysierten Länder in Regionen aufgeteilt. Aufgrund dessen, daß die Operationalisierung der empirischen Variablen wesentlich auf den Regionaldaten des europäischen Statistikamts (Eurostat) beruht, wird bei der Unterteilung der Länder auf das Regionalsystem NUTS („Nomenclature des unités territoriales statistiques")[489] zurückgegriffen, das den Datensätzen von Eurostat zugrunde liegt. In ihrer aktuellen Fassung gliedert die NUTS-Systematik das Wirtschaftsgebiet der 13 europäischen Staaten, die in der Länderanalyse einbezogen werden, in 67 NUTS 1 Regionen.[490] Von diesen finden 53 Regionen Eingang in die empirische Untersuchung.[491] Auf die Aufnahme der übrigen muß wegen fehlender oder lükkenhafter Datensätze verzichtet werden. Die vier niederländischen und sieben spanischen Regionen werden nicht berücksichtigt, weil in den betroffenen Ländern nur nationale, aber keine regionalisierten Gründungsdaten existieren. Zudem werden wegen Datenmangels die drei insularen Regionen Französisch Übersee, die Azoren und Madeira von der kleinräumigen Analyse ausgeklammert.[492]

---

487 Es handelt sich um die früheren EU-15 Mitgliedsstaaten ohne Griechenland und Luxemburg. Der Ausschluß der beiden genannten Länder aus der Untersuchung ist der starken Lückenhaftigkeit beziehungsweise dem vollständigen Fehlen mehrerer – für die Regressionsanalyse notwendiger – Datensätze zu diesen Staaten und/oder ihren Regionen geschuldet.

488 Siehe hierzu insbesondere die ersten beiden Unterabschnitte in Abschnitt 2.2.3.

489 Dieses System wurde von Eurostat zu Beginn der 1970er Jahre erstmalig vorgestellt und hat seit Mai 2003 legalen Status. Vgl. European Commission, 2004a, S. 3.

490 Das hierarchische NUTS-Konzept besteht heute aus drei Stufen. Dabei repräsentiert die Ebene NUTS 1 die raumwirtschaftliche Einheit unterhalb der Nationalstaaten; die kleinräumigsten Einheiten sind die NUTS 3 Regionen. Aufgrund der Datenverfügbarkeit muß sich die Analyse auf die Ebene NUTS 1 begrenzen. Die alten EU15 Länder setzen sich insgesamt aus 72 NUTS 1 Regionen zusammen. Die nicht berücksichtigten Länder Griechenland und Luxemburg bestehen aus vier beziehungsweise einer NUTS 1 Region. Vgl. European Commission, 2004a, S. 6.

491 Die namentliche Auflistung dieser 53 NUTS 1 Regionen befindet sich in Anhang I.

492 Demnach werden acht der neun NUTS 1 Ebenen Frankreichs sowie eine („Continente") der drei portugiesischen NUTS 1 Regionen berücksichtigt. In beiden Fällen

Die regionalökonomische Analyse hat gegenüber der Untersuchung auf Länderebene zwei entscheidende Vorteile: Erstens steigt mit der regionalen Aufspaltung die Anzahl an Beobachtungen, womit die Schätzergebnisse zuverlässiger werden. Zweitens kann sie einen Einblick gewähren, ob auf der Länderebene durch das höhere Aggregationsniveau mesoökonomisch bedeutsame Gründungseffekte ausgeblendet werden. Weichen die Schätzer in den beiden Raumanalysen etwa hinsichtlich ihrer Signifikanz voneinander ab, so kann das ein Indiz dafür sein, daß durch die Informationsverdichtung relevante Effekte neutralisiert beziehungsweise verwischt werden. Insofern erlauben die Aufgliederung der Länder in Regionen und der anschließende Vergleich der beiden raumwirtschaftlichen Regressionsergebnisse Einsichten über mögliche makroökonomische Ausgleichstendenzen. Ein Werturteil über die Eignung nationalstaatlicher Gründungsvergleiche läßt sich schließlich auf Basis dieser vergleichenden Analyse fällen.

Ein konsistenter Vergleich der beiden raumwirtschaftlichen Regressionsergebnisse ist aber nur möglich, wenn beiden Analysen die gleiche Untersuchungsgruppe zugrunde liegt. Wie aus den bisherigen Erläuterungen jedoch hervorgeht, können in der regionalökonomischen Analyse lediglich elf der 13 Länder mit ihren Regionen einfließen. Daher muß zum Ende der Nationenuntersuchung die Regression für das kleinere Sample, d.h. für die betreffenden EU11 Länder, zusätzlich erfolgen. Damit kann die Vergleichbarkeit zwischen den verschiedenen Raumebenen gewährleistet werden.[493] Zugleich wird möglich, die Ländergebnisse aus den unterschiedlichen Sample-Größen miteinander zu vergleichen. Hiermit lassen sich gegebenenfalls zusätzliche Rückschlüsse über die Robustheit des Modells gewinnen.

Damit eine balancierte Länder- und Regionenanalyse parallel möglich ist, muß sich die Analyse auf den Zeitraum 1996 bis 2000 beschränken. In dieser Periode erstellten die ausgewählten 53 Regionen mehr als 85 Prozent des gesamten Bruttoinlandsproduktes der EU15 Länder. Zugleich vereinten sie knapp 70 Pro-

---

deckt die Summe der verbleibenden Regionen mindestens 95 Prozent der Wirtschaftsleistung des jeweiligen Landes ab.

493 Wie ausgeführt, bestehen die elf Untersuchungsländer grundsätzlich aus 56 NUTS 1 Regionen. Fehlende Daten zu Französisch Übersee, den Azoren und Madeira erlauben hingegen nur die Berücksichtigung von 53 dieser Einheiten in der Regionalanalyse. Allerdings gestattet die Tatsache, daß die wirtschaftliche Bedeutung der drei unberücksichtigten Regionen äußerst gering ist, einen weitgehend konsistenten, verzerrungsfreien Vergleich der Regressionsergebnisse. Gemeinsam erwirtschaften die drei insularen Regionen weniger als 0,37 Prozent des gesamten Bruttoinlandsproduktes dieser elf Länder. Dieser Anteil blieb auch über den Beobachtungszeitraum von 1996 bis 2000 quasi konstant: Erst auf der vierten Nachkommastelle ist eine „Erhöhung“ des Anteils über die Zeit zu entdecken, d.h. von 0,3684 im Jahre 1996 auf 0,3689 im Jahr 2000.

zent des hier einfließenden Investivkapitals auf sich. Berücksichtigt man darüber hinaus den hohen Stellenwert der Europäischen Union im Hinblick auf das weltweit zuströmende Investivkapital,[494] so kann der mögliche Einwand einer mangelnden Repräsentativität der in die Stichprobe enthaltenen Regionen entkräftet werden.

Eine ausführliche Beschreibung zu den Quellen der verwendeten Daten befindet sich im Anhang (Anhang XIV).

4.1.1 Gründungen

4.1.1.1 Erfassungsmethoden

Für die Anwendung einer Panelanalyse, die zum Ziel hat, die Bedeutung von Gründungsdeterminanten zu ermitteln, müssen verschiedene theoretische Vorbedingungen erfüllt sein. Zu diesen zählen eine konsistente Definition des Ausdrucks „Gründung" und die Anwendung einer darauf abgestellten, einheitlichen Erhebungsmethodik über alle Individuen der Untersuchungsgruppe. In den Mitgliedsländern der Europäischen Union sind diese Voraussetzungen bislang nur eingeschränkt vorzufinden: Die statistische Erfassung von Gründungen folgt keinem einheitlichen Abgrenzungs- und Erhebungsverständnis.[495]

Die Abgrenzungsdivergenzen basieren auf Fragen zur Gründungseinheit und dem Gründungsakt. Zum einen unterscheidet sich die Auffassung darin, ob die Person (Selbständigkeit) oder das Unternehmen (Unternehmensgründung) die Erfassungseinheit sein soll. Zum anderen herrscht Uneinigkeit über die „Natur" einer Unternehmensgründung. Hiervon betroffen ist vor allem die Frage, welche Wandelereignisse im Lebenszyklus eines Unternehmens als derivate Gründungsereignisse aufzufassen und entsprechend in den Statistiken zu berücksichtigen sind. Infolgedessen schließen die nationalen Definitionen teilweise verschiedene Formen von Wandelereignissen ein, zu denen u. a. der Rechtsformwechsel, Änderungen in der Eigentümerstruktur aufgrund von Übergaben, Spaltungen oder

---

494 Die EU15 Länder verbuchten im Zeitraum von 1996 bis 2000 knapp 59 Prozent aller in die Industrieländer einfließenden Direktinvestitionen. Gemessen an den weltweiten Zuströmen entfiel immerhin ein Anteil von fast 44 Prozent auf diese Ländergruppe. Vgl. etwa IMF, 2002 („Balance of Payments Statistics Yearbook"). Folglich vereinnahmen die 53 Regionen, die in der kleinräumigen Analyse berücksichtigt sind, im Untersuchungszeitraum etwa 30 Prozent der weltweit einfließenden Direktinvestitionsströme.

495 Vgl. hierzu auch Holz, 2002, S. 96.

Verschmelzungen, die Errichtung von Filialen und Zweigstellen oder gar ein Ortswechsel gehören.[496]

Unbenommen dieser Unterschiede stehen originäre Neugründungen, bei denen erstmalig betriebliche Faktorkombinationen errichtet werden und denen in der Analyse des Gründungsgeschehens besonders hohe Aufmerksamkeit gewidmet wird, überall eindeutig im Vordergrund.[497]

Die skizzierten Interpretationsunterschiede erklären teilweise den Mangel an einer einheitlichen Erhebungsmethodik. Zusätzlich ist für die uneinheitliche Methodologie innerhalb der europäischen Länder aber auch der Umstand verantwortlich, daß überall die Gründungsaktivität aus Datenquellen abgeleitet wird, die nicht explizit mit dem Ziel errichtet wurden, das Gründungsgeschehen abzubilden.

Die beiden Verfahren, auf denen in Europa die Registrierung der Gründungsaktivität grundsätzlich fußt, sind die Mehrwertsteuer beziehungsweise die Handelsregister basierte Methode.[498] Bei der **Mehrwertsteuer basierten Methode** (sogenannte VAT-Methode: Value Added Tax) ergeben sich erste Probleme dadurch, daß die Deklarierungspflicht erst ab Überschreiten einer gesetzlich vorgeschriebenen Umsatzhöhe entsteht. Dies impliziert einerseits eine zeitliche Verzerrung von echtem und registriertem Gründungsgeschehen, weil tatsächliche Neugründungen so lange unerfaßt bleiben, bis der entsprechende Umsatz erstmalig realisiert wird.[499] Andererseits resultiert aus dieser Methode eine systematische Untererfassung klein- und kleinstunternehmerischer Gründungsaktivität. Auch kann der intertemporale Vergleich durch Schwellenwertanpassungen erschwert werden. So hebt Großbritannien die obligatorische Umsatzhöhe jährlich um eintausend Pfund Sterling an. Im November 1995 lag sie bei 47.000 Pfund und am

---

496 Vgl. Engel/Fryges, 2001, S. 6. Ein Überblick zu den unterschiedlichen nationalen Abgrenzungen liefert Anhang II.

497 Nichtsdestotrotz läßt sich mit Schmitz konstatieren, daß „die wenigsten Datensätze ... eine Unterscheidung zwischen verschiedenen Formen der Gründung [erlauben], insbesondere ob es sich um reine Neugründungen oder Ausgründungen aus bestehenden Unternehmen handelt." Schmitz, 2001, S. 34.

498 Die Erfassung des Gründungsgeschehens wird in manchen Ländern, etwa Spanien, auch durch die Verwendung der Sozialstatistik (Sozialversicherungspflicht) gestützt. Die Berücksichtigung dieser Daten hat jedoch eher komplementären Charakter und stellt daher keine eigenständige Erhebungsmethodik dar. Details hierzu finden sich im Anhang.

499 Die zeitliche Verzerrung kann insbesondere technologieintensive Gründungen betreffen, die aufgrund operativer Vorlaufzeiten erst nach Jahren der de facto Gründung entsprechende Umsätze erzielen. Anhand von Biotechnologie-Unternehmen mag man sich verdeutlichen, daß eine beträchtliche Zeitspanne zwischen den beiden Zeitpunkten liegen kann.

Ende des zugrunde liegenden Analysezeitraums war die Grenze bereits auf 52.000 Pfund angestiegen.[500] Diese regelmäßigen Modifikationen, die nicht nur der reinen Inflationsanpassung dienen, beeinträchtigen damit – wenn auch nur geringfügig – die zeitliche Vergleichbarkeit der Gründungsaktivität in einem Land. Die internationale Vergleichbarkeit wird zusätzlich durch variierende nationale Schwellenwerte gehemmt. Des weiteren sind die Ausnahmeregelungen, mit denen gewisse Wirtschaftssektoren oder Berufsstände von der Abführung der Mehrwertsteuer und damit von der Registrierung befreit sind, uneinheitlich. Weitgehend einheitlich werden landwirtschaftliche Betriebe, Berufe im Gesundheitssektor und Freiberufler in den Ländern befreit.[501] Darüber hinaus bestehen aber länderindividuelle Arrangements. In Belgien sind zum Beispiel auch Versicherungen oder Versicherungsmakler von der Abführungspflicht ausgenommen.[502]

Die **Handelsregister basierte Gründungserfassung** berücksichtigt gegenüber der VAT-Methode „zeitecht" jede Unternehmensgründung. Vergleichsschwierigkeiten ergeben sich bei dieser Methode daraus, daß nicht mit jeder Registrierung unmittelbar die Aufnahme eines Geschäftsbetriebs verbunden ist. Wirtschaftsinaktive Gründungen oder Ruhendgründungen werden genauso wie „Teilzeitgründungen" erfaßt, deren Unternehmer möglicherweise eine Vollzeitanstellung in einem anderen Unternehmen bekleidet.[503]

Durch unterschiedliche nationale Eintragungspflichten wird auch bei der Handelsregister basierten Methode der internationale Vergleich erschwert. So können auch hier gewisse Berufsstände oder sehr kleine Unternehmen nicht eintragungspflichtig sein.[504]

Die Ausführungen zur Definition von Gründungen und den Erhebungsmethoden der Gründungsaktivität zeigen, daß sich die Gründungsdaten innerhalb der europäischen Mitgliedsländer nur eingeschränkt miteinander vergleichen lassen. Vor dem Hintergrund dieser Schwierigkeiten versteht sich, daß „international organisations like the OECD and Eurostat do not compile or publish any data at the moment."[505] Zumindest sind die Anforderungen an die Statistik zwischenzeitlich erkannt, geeignetes Datenmaterial über das nationale und regionale Gründungsgeschehen bereitzustellen.[506]

500 Vgl. hierzu die Informationen auf der Website http://www.sbs.gov.uk/statistics.
501 Vgl. hierzu die entsprechenden Anhänge in European Commission (2002).
502 Auskunft hierzu erteilt das Belgische Wirtschaftsministerium.
503 Vgl. Holz, 2002, S. 98.
504 Vgl. etwa Engel/Fryges, 2001, S. 3.
505 Holz, 2002, S. 96.
506 Vgl. Engel/Fryges, 2001, S.1.

Ende der neunziger Jahre wurde daher eine Initiative zur Vereinheitlichung der Erfassungsmethodik von Gründungen und Liquidationen in der EU durch Eurostat angestoßen. Infolge dieser Initiative konnte Eurostat im Jahr 2003 erstmals entsprechende unternehmensdemographische Daten für zehn Mitgliedsländer veröffentlichen. Das Zahlenmaterial reicht allerdings nur bis 1998 zurück und muß ohne Angaben zu Deutschland, Frankreich, Irland, Österreich und Griechenland auskommen.[507]

Nationale Gründungsdaten waren bei aller Unterschiedlichkeit in der Abgrenzung und der Erhebung für dreizehn Mitgliedsländer und 53 Regionen der europäischen Union ab Mitte der neunziger Jahre verfügbar. Eine detaillierte Beschreibung der Daten und ihrer Herkunft befindet sich im Anhang.

Zusammenfassend ist festzustellen, daß das Thema der internationalen Vergleichbarkeit problembehaftet ist und die Interpretation der Ergebnisse daher mit Vorsicht erfolgen muß. Dennoch läßt sich eine Panelanalyse rechtfertigen, weil über den Beobachtungszeitraum weder die Gesetzgebung, die Gründungen regelt, noch die dazugehörige Datenerfassung in den betrachteten Ländern und Regionen einen systematischen Methodenwechsel verzeichnen.[508]

4.1.1.2 Skalierung von Gründungen

Aus der Diskussion wurde bislang die wichtige Frage ausgeblendet, in welcher konkreten Form die Variable im Modell berücksichtigt werden soll? Da die Aus-

---

507 Für die zweite Ausgabe des Berichts „Business Demography in Europe – Results for 10 Member States and Norway“ der Europäischen Kommission konnte der teilnehmende Länderkreis erweitert werden. Weiterhin fehlen Deutschland, Frankreich, Österreich, Irland und Griechenland. Vgl. European Commission (2004b). Laut Eurostat wird es auf absehbare Zeit zudem keine harmonisierten Regionaldaten zum Gründungsgeschehen geben. Wie ein Telefonat mit einem Eurostat-Mitarbeiter zutage brachte, ist eine Diskussion mit den nationalen Statistikämtern über die Ausdehnung der Harmonisierungsinitiative auf das regionale Gründungsgeschehen nicht vor dem Jahr 2006 geplant.

508 Lediglich in Belgien gab es eine den Untersuchungsgegenstand potentiell tangierende Änderung. Dort trat im Jahr 1999 ein Gesetz in Kraft, welches Gründungen erschweren sollte. Details hierzu befinden sich im Anhang. Da die Relevanz dieser Gesetzesänderung auf das Gründungsverhalten unklar scheint, wird das empirische Modell zunächst ohne eine Dummy-Variable für Belgien berechnet. Zur Prüfung der Robustheit der Schätzergebnisse und der Bedeutung der Gesetzesänderung für die Gründungsaktivität in Belgien wird am Ende ein entsprechender Dummy in die Regression eingesetzt.

sagekraft absoluter Zahlen bei heterogenen Untersuchungseinheiten gering ist,[509] muß eine geeignete Normierungsgröße verwendet werden, die aussagekräftige Ergebnisse in der vergleichenden Analyse zuläßt.

In der Literatur sind zur Skalierung der absoluten Gründungszahlen zwei Ansätze bekannt: der evolutorische und der „Arbeitsmarkt“-Ansatz.[510] Bei der evolutorischen Methodik werden die Gründungen zum Unternehmensbestand in Bezug gesetzt. Ein erhebliches Problem hierbei ist, daß Raumwirtschaften mit einer hohen Anzahl an kleinen und mittelständischen Unternehmen (KMU) ceteris paribus eine niedrigere Gründungsrate haben als Wirtschaftsräume mit einer geringen KMU-Anzahl. Dieses Methodenproblem beruht darauf, daß die skalierende Variable nicht unabhängig vom Zähler ist. Umgangen wird dieser Malus mit dem zweiten Verfahren, der „Arbeitsmarkt“-Methodik. Die relative Gründungsaktivität ergibt sich demnach unter Einbindung von Arbeitsmarktdaten. Allerdings werden auch hiermit verzerrungsfreie Vergleiche unmöglich, wenn in den Untersuchungsräumen verschiedene Definitionen und Erfassungsmethoden von Arbeitslosigkeit, Frühverrentung etc. bestehen. Dieses Problem kann aber leicht überwunden werden, wenn mit der Skalierung auf die Einwohnerzahl (in Tsd.) zwischen 15 und 64 Jahren abgestellt wird. Genau diesem Normierungsansatz, der auf der „Theorie der unternehmerischen Wahl“ basiert,[511] folgt diese Arbeit. Demnach handelt es sich bei der endogenen Modellvariable (ENTRY) um die raumwirtschaftliche Gründungsintensität. Diese spiegelt folglich die relative Gründungsstärke dadurch wider, indem sie die registrierte Zahl an Gründungen auf das *wirtschaftsaktive* Einwohner*potential* einer Raumwirtschaft bezieht.

4.1.2 Ausländische Direktinvestitionen

4.1.2.1 Erfassungsmethoden

Die Erfassung ausländischer Direktinvestitionen erfolgt im Rahmen der nationalen Kapitalbilanzen. Der dort ausgewiesene Zustrom an ausländischen Direktinvestitionen setzt sich auf Basis der Empfehlungen des IMF und der OECD aus

509 Der limitierte Wert absoluter Zahlen erklärt sich dadurch, daß aus ihnen keine Aussagen über das unterschiedliche Potential der Untersuchungseinheiten ableitbar sind. Vgl. etwa Fritsch, 1992, S. 235.

510 Zu einer ausführlichen Diskussion der beiden Skalierungsmethoden vgl. Holz, 2002, S. 98ff. oder Fritsch, 1997, S. 439ff.

511 Vgl. etwa Holz, 2002, S. 100.

drei Bestandteilen zusammen:[512] dem Beteiligungskapital, den reinvestierten Gewinnen und den sonstigen Direktinvestitionen.[513]

Neben dem Eigenkapital beziehungsweise dem Kapitalanteil am Direktinvestitionsunternehmen werden unter das Beteiligungskapital auch sonstige Kapitalzuführungen subsumiert, etwa in Form von Maschinen. Reinvestierte Gewinne werden nur soweit berücksichtigt, wie diese nicht an den Investor zurückfließen, beziehungsweise diese nicht als Dividende ausgeschütteten Gewinne der Anteilshöhe des Investors am Direktinvestitionsunternehmen entsprechen. Sonstige Direktinvestitionen umfassen alle Formen von konzerninternen Kredittransaktionen; d.h. auch Handelskredite werden darunter eingeordnet.

Ein weiterer methodischer Aspekt bei der statistischen Erfassung betrifft die geographische Zuordnung der Investitionsströme. Die vermeintliche Trivialität dieser Frage erhält durch die vielfach komplexen, konzerninternen Verflechtungen multinationaler Unternehmen nachweisliche Bedeutung: Welchen Ländern sind die ein- beziehungsweise ausströmenden Investitionszahlungen zuzuordnen, wenn ein französischer Konzern über seine belgische Tochtergesellschaft in Deutschland eine Vertriebsniederlassung errichtet?

Nach dem sogenannten Debitor/Kreditor-Prinzip eröffnen sich generell zwei Möglichkeiten der Zuweisung. Zum einen kann die Investition in den Zahlungsbilanzen der Länder verbucht werden, die an den Enden der „Investitionskette" stehen („ultimate host country/ultimate investing country"). Alternativ erfolgt die zahlungsbilanztechnische Erfassung bei den unmittelbar beteiligten Ländern („immediate host country/immediate investing country"). Mittels der letztgenannten Methode wird im Rahmen des genannten Beispiels die ausländische Investition in Deutschland als ein- und in Belgien als ausströmende Investition erfaßt. Beide Verfahren haben Vorzüge. Der IMF und die OECD empfehlen aber wegen des geringeren Informationsbedarfs und leichteren -zugangs in der Praxis nachdrücklich die Investitionsströme in das und aus dem Ausland nach dem Unmittelbarkeits-Prinzip zu erfassen.[514]

---

512 Statistiken, die auf der in Abschnitt 3.1.1 vorgestellten Abgrenzung ausländischer Direktinvestitionen beruhen, berücksichtigen alle Unternehmen, an denen sich ausländische Investoren unmittelbar oder mittelbar mit Direktinvestitionen beteiligt haben. Es wird von einem vollständig konsolidiertem System („Fully Consolidated System") gesprochen. Vgl. etwa OECD, 1999, S. 10.

513 Vgl. etwa IMF, 1996, S. 58ff. oder OECD, 1999, S. 12ff.

514 Vgl. etwa OECD, 1999, S. 19. Würden alle Länder die Empfehlungen zur Erfassung ein- und ausströmender Investitionen anwenden, so müßte die Zahlungsbilanz der Welt ausgeglichen sein. Ein Blick in die Jahresausgaben der „Balance of Payments Statistics" des IMF zeigt, daß dies allerdings nicht der Fall ist. Die Unausgeglichenheit der globalen Zahlungsbilanz ist auf weiterhin bestehende Unterschiede

Ein weiteres theoretisches Zuordnungskonzept besteht in dem Transaktionspartnerprinzip. Im Unterschied zum Debitor/Kreditor-Prinzip werden hier die Investitionsströme dem Land zugerechnet, in dem der gebietsfremde Investor seinen juristischen Geschäftssitz hat. Dieses Prinzip hat für die in dieser Arbeit untersuchten Länder auf Ebene der Nationalstaaten keine Bedeutung. Allerdings findet eine adaptierte Form dieses Prinzips in Deutschland statt, um die empfangende Region der Auslandsinvestition zu ermitteln. Details dazu werden im Anhang besprochen.

Dort befindet sich auch eine ausführliche Beschreibung über die Herkunft der verwendeten Daten zum einströmenden Investivkapital. Während für die Mitgliedsländer der Europäischen Union über den IMF und/oder die OECD langjährige Zeitreihen zu ausländischen Direktinvestitionen auf Staatsebene lückenlos zur Verfügung stehen, sind regionalisierte Daten dieser Variablen weit weniger präsent. Es muß auf Angaben staatlicher Nationalbanken, Wirtschaftskammern und/oder Investitionsagenturen zurückgegriffen werden.

4.1.2.2 Skalierung ausländischer Direktinvestitionen

Auch die absoluten Beträge an einströmendem Investivkapital können auf verschiedene Weisen zur besseren Vergleichbarkeit skaliert werden. Ein möglicher Ansatz besteht darin, den monetären Wert mit der Einwohneranzahl zu normieren. Die Gründungsintensität würde damit von den „Auslandsinvestitionen pro Kopf" (in Euro) bestimmt werden. Nachteilig an der Verwendung eines solchen Maßes ist, daß die relative Bedeutung der ausländischen Direktinvestitionen zur Wirtschaftsleistung unbeachtet bleibt. Als Skalierungsgröße wird daher das Bruttoinlandsprodukt herangezogen. Dies impliziert, daß in das Modell als exogene Variable der prozentuale Anteil ausländischer Direktinvestitionen am Bruttoinlandsprodukt (DI_SHARE) einfließt.

4.1.3 Spezialisierung und wirtschaftliche Ballung

Zur Berücksichtigung der wirtschaftlichen Spezialisierung sowie der Dichte der Wirtschaftsaktivität werden im Regressionsmodell für jedes Jahr des Untersuchungszeitraums zwei entsprechende Indizes erstellt. Die Modellierung beider

in den Erfassungs- und Bewertungsmethoden der einzelnen Länder zurückzuführen. Vgl. IMF, 2000, S.1.

Maße orientiert sich dabei an üblichen Ansätzen in der wirtschaftswissenschaftlichen Literatur.[515] Diese Verfahren werden nun kurz vorgestellt.

4.1.3.1 Spezialisierungsindex

Der jährliche Spezialisierungsindex (YSP) wird auf Basis von neun Wirtschaftszweigen (NACE C bis P)[516] in Form eines adaptierten Balassa-Index konstruiert.[517]

$$YSP_i = \sum_{j=1}^{9} YSP_{ij}$$

mit

$$YSP_{ij} = (x_{ij} / \sum_{j=1}^{9} x_{ij}) / (\sum_{i=1}^{n} x_{ij} / \sum_{i=1}^{n} \sum_{j=1}^{9} x_{ij})$$

Dieser Gesamtindex berechnet sich für einen Wirtschaftsraum (i) aus der Summe seiner neun branchenspezifischen Indizes. Hierbei verkörpert der Ausdruck x_j die reale Bruttowertschöpfung des Sektors j in einem bestimmten Jahr. Der Einzelwert für einen Wirtschaftszweig ergibt sich aus der Division des sektoralen Wertschöpfungsanteils im Wirtschaftsraum i mit dem Wertschöpfungsanteil des entsprechenden Sektors im gesamten Analyseraum, d.h. der Summe über alle Wirtschaftsräume (i=1, 2, ...n). Der branchenspezifische Indikator besitzt einen neutralen Wert von eins. In diesem Fall ist die branchenspezifische Bedeutung im Teil- und Gesamtraum identisch. Da in der vorliegenden Arbeit die Berechnung der Spezialisierung auf der realen Bruttowertschöpfung von neun Wirtschaftszweigen basiert, nimmt der neutrale Wert des Gesamtindexes neun an.[518] Die

---

515 Vgl. etwa Stirböck, 2002, S. 4f. zur Konstruktion eines Spezialisierungsindex und Sternberg/Litzenberger, 2003, S. 17f. für die Verwendung eines Agglomerationsindex.

516 Eine namentliche Auflistung dieser neun Wirtschaftszweige findet sich bei der Beschreibung zur Datenherkunft (Bruttowertschöpfung) im Anhang.

517 Ursprünglich hat Balassa diesen Index als ein Maß für die Exportperformance eines Landes in die *handelswirtschaftliche* Diskussion eingeführt. Dort ist dieser Index als „Revealed comparative advantage" (RCA) bekannt. Vgl. z.B. Reichel, 2002, S. 237. Eine Adaption dieses Indexes für *regionalwirtschaftliche* Untersuchungsfragen hat etwa Stirböck vorgenommen. Vgl. Stirböck, 2002, S. 5.

518 Damit unterscheidet sich die verwendete Methode von der Stirböcks zum einen darin, daß zur Indexberechung die Bruttowertschöpfung und nicht die Bruttoinvestitionstätigkeit herangezogen wurde. Zum anderen werden hier die einzelnen Indi-

Sektoren Landwirtschaft und Fischerei (NACE A und B) wurden bei der Erstellung des Indexes bewußt ausgeschlossen, weil heute für keine Untersuchungseinheit Gründungsimpulse von einer Spezialisierung im Primärsektor mehr zu erwarten sind. Zur Berechnung des europäischen Sektoranteils ist auf die reale Wirtschaftsleistung von 14 Staaten, d.h. auf die Mitgliedsländer der EU-15 ohne Luxemburg, zurückgegriffen worden.

4.1.3.2 Agglomerationsindex

Die Ermittlung des jährlichen Agglomerationsindexes (YAG) ähnelt der vorher beschriebenen zum Spezialisierungsmaß:

$$YAG_i = (x_i / qkm_i) / (\sum_{i=1}^{n} x_i / \sum_{i=1}^{n} qkm_i)$$

Die kumulierte reale Bruttowertschöpfung (x) eines Wirtschaftsraumes (i) wird in jedem Jahr zu dessen Größe (in qkm) in Bezug gesetzt. Das so errechnete, normierte Maß der regionalen Wirtschaftsleistung wird anschließend durch die durchschnittliche Wertschöpfung pro qkm in Europa des gleichen Jahres dividiert. Verglichen mit dem europäischen Mittel signalisiert ein Wert größer eins eine überdurchschnittliche, der Wert eins eine durchschnittliche und schließlich eine Zahl geringer als eins eine unterdurchschnittliche Wirtschaftsleistung der Region pro qkm.

In die Berechnung der Agglomerationsindizes fließt die Bruttowertschöpfung von zehn Wirtschaftszweigen (NACE A bis P)[519] ein. Im Gegensatz zum Spezialisierungsindex wird hier auf zehn Sektoren abgestellt, weil aus der Bruttowertschöpfung des Primärsektors Kaufkraft beziehungsweise regionale Nachfrage entstehen kann. Der europäische Durchschnittswert wird analog zur Vorgehensweise beim Spezialisierungsindex auf Basis der Wertschöpfung und der Fläche der 14 EU-Länder berechnet.

---

zes der neun Wirtschaftszweige zu einem Gesamtindex verdichtet. Vgl. Stirböck, 2002, S. 5.

519 Eine namentliche Auflistung dieser neun Wirtschaftszweige findet sich bei der Beschreibung zur Datenherkunft (Bruttowertschöpfung) im Anhang.

4.1.4 Forschungs- und Entwicklungsaktivität und Humankapital

Die Innovationsaktivität in den Untersuchungseinheiten wird – den Ausführungen zu den Gründungsdeterminanten sowie gängiger Praxis in der Wachstums- und Innovationsforschung folgend – durch FuE-Ausgaben approximiert.[520] Die Daten liegen grundsätzlich für alle Individuen zu jedem Zeitpunkt getrennt nach Ausgaben der öffentlichen Hand (FuEgv_r) und der Privatwirtschaft (FuEpr_r) vor. Der Diskussion bei den Gründungsdeterminanten zufolge wäre es geboten, die zwei Größen separat in der Regression zu berücksichtigen, weil beide Variablen theoretisch inhomogen hinsichtlich ihres Gründungsimpulses sein können.[521] Verhindert wird die getrennte Berücksichtigung von öffentlicher und privatwirtschaftlicher FuE-Tätigkeit allerdings durch die äußerst hohe Korrelation der beiden Größen in Höhe von 95,0 Prozent auf der Länderebene (siehe Tabelle 4.1).

Tabelle 4.1

Korrelation zwischen öffentlichen (FuEgv_r) und privatwirtschaftlichen FuE-Ausgaben (FuEpr_r) – jeweils reale Ausgaben

	EU13	**EU11**	**N53**
Korrelationskoeffizient	0,951	0,936	0,741
Beobachtungen	65	55	256

Würden beide Größen nebeneinander als exogene Modellvariable verwendet, wäre für die Länderebene eine der zentralen Prämissen des linearen Regressionsmodells verletzt, wonach keine linearen Abhängigkeiten unter den Regressoren bestehen dürfen.[522]

520 Vgl. etwa Schwitalla, 1993, S. 10 oder Audretsch/Vivarelli, 1996, S. 251 sowie Bitzer, 2003, S. 83ff. Gelegentlich werden als Proxy der Wissensbildung beziehungsweise der Innovationsaktivität auch Patentdaten herangezogen. Hierbei handelt es sich um eine Größe, die den Innovationsoutput approximiert. Eine intensive Abhandlung der Vor- und Nachteile verschiedener Innovationsindikatoren findet sich bei Schwitalla, 1993, S. 125ff. Vgl. auch Griliches, 1984, S. 2ff.

521 Vgl. dazu die Ausführungen weiter oben in Abschnitt 2.2.3.5.

522 Im Fall linearer Abhängigkeit zwischen den exogenen Variablen liegt Multikollinearität vor. Das impliziert, daß die Koeffizienten nicht mehr verläßlich geschätzt werden und die Schätzwerte ineffizient sind. Geometrisch bedeutet perfekte Abhängigkeit zweier erklärenden Variablen, daß die Lage der Regressionsgerade im n-dimensionalen Raum vollkommen unbestimmt ist, weil sich durch die exakte Abhängigkeit die Raumdimensionalität (auf mindestens n-1) vermindert. Die Einzeleinflüsse der exogenen Variablen auf die Endogene können in der Folge nur unge-

Da es ein Ziel der Arbeit ist, einen konsistenten Vergleich der Ergebnisse unterschiedlicher Raumaggregate zu ermöglichen, wird das Modell zunächst mit den kumulierten FuE-Ausgaben öffentlicher und privatwirtschaftlicher Träger spezifiziert.

Analog zu den weiter oben gemachten Bemerkungen bei Gründung und ausländischen Direktinvestitionen gilt auch für die Innovationstätigkeit, daß die Verwendung absoluter Zahlen wegen der Heterogenität der Untersuchungseinheiten wenig sinnvoll ist.

Die FuE-Intensität kann wiederum über verschiedene Größen berechnet werden. Der in sektorspezifischen Untersuchungen häufig verwendete Ansatz, die FuE-Intensität über den Umsatz beziehungsweise die Wertschöpfung zu bestimmen, ist im Rahmen dieser Arbeit wenig geeignet. Da es hier um den Einfluß ökonomischer Faktoren auf die Gründungsaktivität einer Raumwirtschaft geht, bietet sich zur Skalierung die Verwendung einer Größe an, die das Gründungspotential dieser Wirtschaft verkörpert.

Unter diesem Gesichtspunkt könnte beispielsweise grundsätzlich auf die Einwohnerzahl zurückgegriffen werden. Allerdings wurde oben schon erörtert, daß die Gesamtheit der Bevölkerung als potentielle Gründer nicht zur Verfügung steht. Insofern ist diese Größe auch hier als Skalierungsmaß nicht geeignet. Demnach würde sich analog der Argumentation bei der Normierung der Gründungsaktivität die Anzahl der Einwohner zwischen 15 und 64 Jahren anbieten.

Alternativ dazu liegt es nahe, die Ausgaben für Forschung und Entwicklung mit der Anzahl qualifizierter Beschäftigter, dem Humankapital, zu normieren. Denn wie die Diskussion im zweiten Teil dieser Arbeit gezeigt hat, wird auch dem Humankapital Bedeutung für regional variierende Gründungsaktivität beigemessen. Insofern bildet das Humankapital eine geeignete Potential- und Absorptionsgröße von FuE-Aktivitäten respektive FuE-Ausgaben.

Neben diesem inhaltlichen Argument spricht für diese Vorgehensweise bei der Skalierung der FuE-Ausgaben noch ein modelltheoretisches: So zeigen die bivariaten Korrelationen zwischen dem Humankapital (HK) und den realen FuE-Ausgaben (FuE_r) in der Tabelle 4.2, daß zwischen diesen Variablen ebenfalls ein sehr hoher Zusammenhang auf allen Untersuchungsebenen besteht. Würden beide Größen nebeneinander als exogene Modellvariable verwendet, bestünde wiederum die Gefahr, gegen die lineare Unabhängigkeit der Regressoren, eine der zentralen Prämissen des linearen Regressionsmodells, zu verstoßen.

---

nau bestimmt werden. Multikollinearität wird durch hohe Korrelationskoeffizienten angezeigt. „Als Faustregel kann hierbei ein Korrelationskoeffizient von 0,8 und größer gelten.“ Eckey/Kosfeld/Dreger, 2001, S. 90. Insofern macht Tabelle 4.1 deutlich, daß diese Regel zwar im Regionenmodell eingehalten, im Ländermodell aber verletzt werden würde.

Tabelle 4.2

Korrelation zwischen Humankapital (HK) und realen FuE-Ausgaben (FuE_r)

	EU13	EU11	N53
Korrelationskoeffizient	0,961	0,969	0,837
Beobachtungen	65	55	256

Durch die Skalierung der Forschungs- und Entwicklungsausgaben mit dem Humankapital wird die Verletzung der Modellprämisse beziehungsweise Multikollinearität vermieden. Zugleich bleibt mit dieser Modifikation die Möglichkeit erhalten, den Einfluß von zwei potentiellen Determinanten – wenn auch nur gemeinsam – auf die Gründungsintensität abzuschätzen. Die Wirkung der Innovationstätigkeit auf das Gründungsverhalten wird infolgedessen durch die Variable „reale FuE-Ausgaben je Tausend qualifizierter Beschäftigter" (FuE_HK) im Modell operationalisiert.[523]

4.1.5 Beschäftigte in KMUs und im Dienstleistungssektor

Der Beschäftigungsanteil kleiner und mittelständischer Unternehmen, der weiter oben als potentielle Strukturdeterminante von Gründungen erörtert wurde, wird aus zwei Gründen nicht in das Modell aufgenommen. Zum einen, weil sich die hinter dieser Variablen stehenden Argumente mit denen stark vermengen, die für die Bedeutung des Dienstleistungssektors als Gründungsdeterminante vorgetra-

523 Die Konfiguration dieser Determinante macht deutlich, daß extraterritorialen FuE-Aktivitäten keine Gründungsrelevanz beigemessen wird. Prinzipiell kann nicht ausgeschlossen werden, daß auch außerhalb einer Raumwirtschaft generiertes Wissen zu Gründungen in dieser führen kann. Wie empirische Studien auf Basis von Produktivitätsveränderung zeigen, nehmen die Spillover-Effekte mit zunehmender Entfernung jedoch stark ab. Vgl. etwa Funke/Niebuhr, 2000, S. 24. In diesen Arbeiten bleibt interessanterweise der Transfermechanismus der Spillover meist vage. Da im vorliegenden Modell ausländische Direktinvestitionen explizit berücksichtigt werden, läßt sich interpretieren, daß ein Teil der extraterritorialen Wissensproduktion über diesen Kanal in eine Raumwirtschaft gelangt. Einen Überblick über empirische Arbeiten zu internationalen Spillover-Effekten findet sich bei Bitzer, 2003, S. 65. Vgl. zu interregionalen Spillover-Effekten auch Koschatzky, 1998, S. 277ff. oder Audretsch/Feldman, 1996, S. 630ff. Einen Eindruck zu den Analysen von Vertretern des innovationsökonomischen Netzwerkansatzes, in dem in aller Regel auf *intraregionale* Spillover abgestellt wird, vermitteln die Aufsätze Fritsch et al., 1998, S. 243ff. und Koschatzky, 2001, S. 5ff.

gen werden. Dieser Umstand wurde im Abschnitt zu den Gründungsdeterminanten bereits dargelegt.[524] Zum anderen sind für den hier zugrunde liegenden Untersuchungszeitraum keine lückenlosen Datensätze auf regionaler Ebene verfügbar, mit denen der KMU-Anteil geeignet abgebildet werden könnte.

Die Konstruktion der Variable „Anteil der im Dienstleistungssektor Beschäftigten" (EMS) bedarf an dieser Stelle einzig der ergänzenden Anmerkung, daß die Bezugsgröße, also der Nenner, nur die Beschäftigten im Dienstleistungsgewerbe und in der Industrie einschließt. Die abhängig Beschäftigten in der Landwirtschaft bleiben – nicht zuletzt wegen vorhandener Datenlücken – demnach unbeachtet. Die Herkunft der sektoralen Beschäftigungsdaten sind im Anhang beschrieben.

4.1.6 Zinsen und Arbeitslosigkeit

Neben den soweit erläuterten Variablen werden als Bestimmungsgrößen der Gründungsintensität die Realzinsen (IRR) und die Anzahl arbeitsloser Personen (UNEMPL) im Modell berücksichtigt. Die Argumente und Thesen zur Bedeutung dieser Faktoren sind im zweiten Kapitel dieser Arbeit bei den ökonomischen Gründungsdeterminanten ausführlich vorgestellt worden. Details zur Datenherkunft dieser Größen befinden sich wiederum im Anhang.

4.2 Ökonometrisches Modell

Als ökonometrisches Grundmodell wird das Pool-Modell verwendet, das eine Kombination von Querschnitts- und Zeitreihendaten darstellt. Wie bei diesen eindimensionalen Regressionsanalysen kommt auch im gepoolten Modell das Standardverfahren zur Schätzung von Regressionskoeffizienten, die Methode der Kleinsten Quadrate (auch OLS-Schätzung[525] genannt), zur Anwendung. Das Modell läßt sich folgendermaßen darstellen:

$$(4.1) \quad y_{it} = \alpha_0 + \beta' x_{it} + \mu_{it}$$

Dabei repräsentiert i als Querschnittsindex die i-te Raumwirtschaft (mit i=1,...,N). Für die Länderstichprobe gilt demnach i=1,...,13 und für die Regionenanalyse i=1,...,53. Der Zeitreihenindex t (mit t=1,...,T) bezieht sich entspre-

524 Vgl. Abschnitt 2.2.3.3.
525 OLS steht für Ordinary Least Squares.

chend auf die fünf Jahre des Untersuchungszeitraums. Die abhängige Variable y_{it} gibt dann die Gründungsintensität der Raumwirtschaft i im Jahr t an. Der Vektor x besteht aus den k erklärenden Variablen wie etwa den Zinsen oder der Arbeitslosigkeit, während der Vektor β' die dazugehörigen Regressionskoeffizienten $(\beta_1,...,\beta_K)'$ verkörpert. Des weiteren ist α_0 das autonome Glied beziehungsweise die Regressionskonstante, während μ_{it} den üblichen Störterm beschreibt, der zufallsbedingte Einflüsse absorbiert.[526]

Mit diesem Ansatz werden die verschiedenen Untersuchungseinheiten gebündelt („pooling“) und folglich gemeinsam betrachtet. Anstelle von 13 beziehungsweise 53 Längsschnittregressionen mit jeweils fünf Beobachtungen ($t = 1, ...,T$) wird eine einzige Regression mit 65 beziehungsweise 265 Beobachtungen (entspricht N*T) durchgeführt.

Im Vergleich zu den Schätzern einzelner Längs- oder Querschnittanalysen sind die Schätzer eines gepoolten Modells effizienter, weil die höhere Beobachtungszahl zu kleineren Standardfehlern der Regressionskoeffizienten führt. Gepoolte Modelle unterstellen allerdings, daß sich das Gründungsverhalten für die Individuen der jeweiligen Untersuchungsgruppe nicht signifikant unterscheidet. Ebenso wird angenommen, daß die gründerische Aktivität über die einzelnen Jahre des Analysezeitraums unbedeutend variiert. Theoretisch sind inhomogene Gründungsmuster über die Zeit oder über die Querschnittseinheiten jedoch vorstellbar. Allein wegen verschiedener institutioneller Rahmenbedingungen wie der nationalen Rechts-, Handwerks- oder Gewerbeordnung erscheinen querschnittsindividuelle Gründungseffekte plausibel. Für die Möglichkeit zeitvariater Effekte, die insbesondere auf konjunkturelle Einflüsse zurückgehen können, spricht, daß die Boomjahre der „New Economy“ im Untersuchungszeitraum eingeschlossen sind. In beiden skizzierten Fällen wären bei Inhomogenitäten unterschiedliche Regressionsparameter die Folge, d.h. die Schätzer des gepoolten Modells wären verzerrt und der Effizienzvorteil verloren.

Die Bedeutung von querschnitts- und/oder zeitindividuellen Effekten in den Stichproben muß daher überprüft werden. Hierzu sind zunächst die Restriktionen des gepoolten Modells aufzuheben und die Regression als Panel neu zu schätzen. Anschließend läßt sich im Rahmen eines F-Tests die Signifikanz der individuellen Effekte beurteilen.[527] In der allgemeineren Form eines Panel-Modells lautet die Regressionsgleichung:

---

526 Vgl. etwa Pindyck/Rubinfeld, 1998, S. 250ff. oder Baltagi, 2003, S. 11ff.

527 Beim F-Test wird das entsprechende Panelmodell dem gepoolten Regressionsmodell gegenübergestellt. Die Teststatistik basiert auf dem Zuwachs der Residuenquadratsumme im restringierten Modell, der aufgrund der stärkeren Restriktionen dieses Ansatzes zu erwarten ist. Verbessert sich das Schätzergebnis durch die Auf-

(4.2) $y_{it} = \alpha_i + \beta'_{it} x_{it} + \mu_{it}$

Aus dem Vergleich mit Gleichung 4.1 wird ersichtlich, daß für $\alpha_1 = \alpha_2 = \ldots = \alpha_N$ und $\beta_{11} = \beta_{12} = \ldots = \beta_{NT}$ das Panel- und das Pool-Modell identisch sind. Erfüllen die Analysedaten die Restriktion $\beta_{11} = \beta_{12} = \ldots = \beta_{NT}$, dann lassen sich beobachtbare Unterschiede im Verhalten der Querschnittseinheiten durch variable Absolutglieder α_i oder individuelle μ_{it} modellieren.

Insofern erlaubt der Panelansatz grundsätzlich zwei Arten, die Individualität zu modellieren: mit fixen oder mit zufälligen Effekten. Ein Panel-Modell mit fixen Effekten kontrolliert potentielle Unterschiede zwischen den Raumwirtschaften (und /oder den Jahren) über die Einbeziehung entsprechender Dummy-Variablen.[528] Im Gegensatz dazu wird in einem Panel-Modell mit zufälligen Effekten die Heterogenität im Störterm (mit $u_{it} = \mu_i + v_{it}$) berücksichtigt. Dies impliziert, daß in diesem Ansatz die Individualeffekte nicht nur stochastisch sondern auch mit den erklärenden Variablen unkorreliert sind. Gerade die zweite Annahme ist kritisch, weil die zufälligen, unbeobachtbaren Effekte und die Regressoren miteinander in Beziehung stehen können. In einem solchem Fall wären die Schätzer eines Modells mit zufälligen Effekten inkonsistent.[529]

Ein Zusammenhang zwischen der individuellen Besonderheit einer Querschnittseinheit und den erklärenden Variablen ist gerade für die vorliegende Untersuchung vorstellbar. So versuchen in einigen Raumwirtschaften eigens gegründete Ansiedlungsagenturen Auslandsinvestoren aus spezifischen Branchen zu gewinnen, um die jeweiligen regionalen Cluster zu stärken und auszubauen.[530] Das in diesen Agenturen inkorporierte, spezifische Know-how mag das Ausmaß des Gründungsimpulses ausländischer Direktinvestitionen daher partiell mitver-

---

gabe der Restriktionen insignifikant, kann die Nullhypothese homogener Einheiten nicht verworfen werden.

528 Die Einführung von Dummies bedeutet, daß für jedes Land beziehungsweise für jedes Jahr ein individueller absoluter Term in der Regressionsgleichung berücksichtigt wird. Geometrisch läßt sich dann die Regressionsgerade als Parallelverschiebung interpretieren. Es sind (länder- beziehungsweise zeitspezifische) Regressionsgeraden, die parallel zueinander im Punktraum liegen, verschoben um die unterschiedliche Höhe des konstanten Terms.

529 Vgl. Baltagi, 2003, S. 20.

530 Einen Einblick über die strategischen Ziele und operativen Aufgaben der einzelnen Ansiedlungsagenturen in Großbritannien gewährt die Internetadresse www.uktrade-invest.gov.uk. Analoge Informationen erhält man etwa zum wallonischen „Office for Foreign Investors" (OFI) über www.investinwallonia.be. Unter der Führung des Bundesministeriums für Wirtschaft und Arbeit (BMWA) wird auch in Deutschland versucht, zur Stärkung des Standorts ausländische Investoren strategisch anzuwerben. Vgl. hierzu www.investingermany.de.

antworten. Damit sind die individuellen Effekte einer Querschnittseinheit aber an die Variable „Anteil ausländischer Direktinvestitionen am BIP“ (DI_SHARE) gekoppelt. Auch kann die Gründungsintensität von der Effizienz nationaler oder regionaler Forschung- und Entwicklungsprogramme sowie der Effektivität des anschließenden Transfer- und Verwertungssystems von FuE-Ergebnissen abhängen.[531] Schließlich ist nicht ausgeschlossen, daß Umfang und Qualität gründungsrelevanter Lehrangebote – beispielsweise im Rahmen der universitären Ausbildung – wegen nationaler und regionaler Gepflogenheiten variieren. Die qualifizierten Beschäftigten wären dann aber in unterschiedlichem Maße für eine eigene Unternehmensgründung gerüstet, was wiederum die querschnittsindividuelle Gründungsneigung beeinflussen kann.

Wie die Ausführungen zeigen, würde es sich im konkreten Prüfungsvorhaben bei einer unterstellten Zusammenhangslosigkeit zwischen individuellen Effekten und den unabhängigen Variablen um eine hehre Annahme handeln. Vor diesem Hintergrund wird auf die Verwendung eines Modells mit zufälligen Effekten verzichtet.[532]

4.3 Hypothesen und Ergebnisse

Zunächst wird untersucht, welchen Einfluß die sieben raumökonomischen Determinanten auf die Gründungsintensität in einer Querschnittseinheit, d.h. einem Land oder einer Region, ausüben (Abschnitt 4.3.1). In einem zweiten Schritt wird der Frage nachgegangen, inwieweit spezifische ökonomische Merkmale der Zielregion den identifizierten Gründungsimpuls ausländischer Direktinvestitionen verantworten oder verändern können (Abschnitt 4.3.2). Abschließend werden weitere Ergebnisse aus der Regressionsanalyse präsentiert, mit denen erste Antworten auf offen gebliebene Fragen im Kontext des Gründungsgeschehens gegeben werden können (Abschnitt 4.3.3).

531 Die Verwertungseffektivität kann auch durch unterschiedliche Gesetzgebung, etwa der Mitarbeiterpatentgesetze, bestimmt sein.

532 Weitere Beispiele, die mögliche Zusammenhänge zwischen individuellen Effekten und der exogenen Variable illustrieren, finden sich etwa bei Hsiao, 1986, S. 43 oder Greene, 2003, S. 301. Zur allgemeinen Bedeutung von Panel-Modellen mit fixen Effekten siehe auch Hsiao, 1986, S. 72.

4.3.1 Wirkung raumökonomischer Faktoren auf die Gründungsintensität

Das ökonometrische Modell lautet zunächst:

$$ENTRY = \alpha + \beta_1 FuE\_HK + \beta_2 UNEMPLY + \beta_3 EMS + \beta_4 IRR + \beta_5 YAG + \beta_6 DI\_Share + \mu$$

Wie die Diskussion zu den Gründungsdeterminanten gezeigt hat, ist die Auswirkung einer höheren Innovationstätigkeit auf die Gründungsintensität a priori nicht bestimmbar. Infolgedessen ist das Vorzeichen des Koeffizienten β_1 der Variable FUE_HK, welche die Innovationstätigkeit repräsentiert, nicht eindeutig.

Ebenso läßt sich der Effekt der Arbeitslosigkeit auf das Gründungsverhalten nicht vorhersagen. Entsprechend den Ausführungen sinken auf der einen Seite mit der Beschäftigungslosigkeit die individuellen Opportunitätskosten. Der Anreiz zur Selbständigkeit müßte demnach wachsen. Auf der anderen Seite signalisiert ein hohes Niveau an Arbeitslosigkeit aber eine Unterauslastung der Produktionsfaktoren und Einkommenseinbußen. Die damit einhergehende allgemeine Kaufzurückhaltung verschlechtert die Absatzchancen für Neugründer. Demnach muß auch das Vorzeichen von β_2 offen bleiben.

Oben wurde sichtbar, daß der Dienstleistungssektor stärker als der industrielle Sektor von kleinen und mittelständischen Unternehmen geprägt ist. Gegenüber Beschäftigten in Großunternehmen haben Angestellte in KMUs den Vorteil grösserer Kunden- und Marktnähe. Hieraus ermöglichen sich Lerneffekte, welche die Gründung eines eigenen Unternehmens erleichtern. Zudem ist der Sektor von relativ niedrigen Markteintrittsbarrieren gekennzeichnet. Daher sollte der Anteil der Beschäftigten im Dienstleistungsgewerbe die Gründungsintensität ENTRY positiv beeinflussen ($\beta_3>0$). Eine negative Beziehung ist hingegen zwischen den Zinsen IRR und der Gründungsintensität zu erwarten. In Analogie zur allgemeinen Investitionstheorie ist davon auszugehen, daß bei fallenden Kapitalkosten nicht nur Investitionen im allgemeinen, sondern auch „Gründungsprojekte" rentabler werden. Demnach ist eine inverse Verbindung ($\beta_4<0$) zwischen den beiden Größen zu erwarten.

Die Richtung des Impulses, den die Dichte wirtschaftlicher Aktivität auf die Gründungsaktivität ausübt, bleibt wiederum a priori indeterminiert. Auf der einen Seite ist zu erwarten, daß in verdichteten Räumen aufgrund der Produktionsintensität und Kundennähe neue Opportunitäten aufgezeigt werden. Auch kann ein breites Infrastrukturangebot zu Kostenersparnissen führen und damit die Umsetzung einer Gründungsidee erleichtern. Dem steht eine möglicherweise große Nachfrage nach dem infrastrukturellen Angebot mit entsprechenden Kostensteigerungen gegenüber. Zudem besteht die Möglichkeit, daß etablierte Unternehmen in Agglomerationen Skalenpotentiale ausschöpfen und damit Gründungswillige wegen hoher Markteintrittsbarrieren von der Realisierung ihres Vorhabens abschrecken. Insofern ist das Vorzeichen des Regressionskoeffizienten β_5 theoretisch nicht eindeutig. Unzweideutig hingegen stimuliert die wirtschaftliche Spezialisierung den theoretischen Ausführungen zufolge die gründerische Aktivität (β_6>0).

Der Anteil ausländischer Direktinvestitionen DI_SHARE ist nach den herausgearbeiteten Zusammenhängen wiederum unbestimmt. Der Regressionskoeffizient β_7 kann daher ein positives oder negatives Vorzeichen annehmen. Darüber hinaus bleibt die Kausalität zwischen der Gründungsintensität und dem einströmenden Investivkapital a priori uneindeutig. Denn eine rege Gründungsaktivität könnte auch ursächlich für die Standortwahl von Direktinvestoren sein. Das Silicon Valley deutet bereits auf die Existenz dieses Phänomens in Einzelfällen hin. Um Klarheit über das Ursachen-Wirkungsverhältnis der beiden Grössen in den Stichproben zu erhalten, wird die Variable DI_SHARE („Anteil ausländischer Direktinvestitionen am Bruttoinlandsprodukt") im Anschluß an die Regression des Grundmodells auf beiden Ebenen – Länder und Regionen – zeitverzögert: Sofern ausländische Direktinvestitionen einen Gründungsimpuls verursachen, ist zu erwarten, daß nicht nur die unverzögerte, sondern auch die verzögerte Variable anschlägt.[533] Demnach lautet die modifizierte Gleichung:

$$ENTRY = \alpha + \beta_1 FuE\_HK + \beta_2 UNEMPLY + \beta_3 EMS + \beta_4 IRR + \beta_5 YAG + \beta_6 YSP + \beta_7 DI\_Share\,(-1) + \mu$$

4.3.1.1 Länderanalyse

Die einfachste Schätzung der Gründungsgleichung mit gepoolten Daten für das breite Sample der 13 Länder bringt ein korrigiertes Bestimmtheitsmaß von 0,3549 hervor. Durch die Berücksichtigung fixer Zeiteffekte reduziert sich dieser Wert auf 0,3093. Aus dem Ergebnisvergleich der beiden Modelle berechnet sich ein empirischer F-Wert von 0,06, der den tabellierten, kritischen Wert auf einem Signifikanzniveau von 95 Prozent unter Beachtung der entsprechenden Freiheits-

533 Gerade bei der Gründungsentscheidung, die mit vorgeschalteter Informationsbeschaffung und -verarbeitung verbunden ist, sollte eine verzögerte Reaktion auf veränderte Marktbedingungen – die sich im Gefolge des Einstroms ausländischer Direktinvestitionen entwickeln – plausibel sein.

grade deutlich unterschreitet.[534] Die Nullhypothese ist daher nicht zu verwerfen, daß zeitvariate Fixeffekte nicht vorliegen. Die Bündelung über die Zeit ist damit gerechtfertigt.

Werden analog Länder-Dummies eingeführt und die Gleichung erneut geschätzt, dann resultiert aus der Schätzung des modifizierten Modells ein korrigiertes Bestimmtheitsmaß in Höhe von 0,90. Der empirische F-Wert berechnet sich mit 26,9 und übersteigt den kritischen Wert bei zwölf Freiheitsgraden des Zählers und 45 Freiheitsgraden des Nenners bei jedem beliebigen Signifikanzniveau. Die Nullhypothese, daß die autonomen Terme der 13 Länder identisch sind, muß daher verworfen werden. Die Gründungsintensität in den analysierten 13 EU-Staaten ist von länderspezifischen Merkmalen geprägt.[535] Folglich muß dem Panelmodell mit festen Ländereffekten gegenüber dem einfachen gepoolten Modell der Vorzug gegeben werden. Bei dieser Modellspezifikation hat die exogene Variable DI_SHARE ein positives Vorzeichen. Allerdings erweist sich ihr Einfluß auf die Gründungsintensität nicht einmal bei einer Vertrauenswahrscheinlichkeit von 90 Prozent als signifikant.[536]

Die Signifikanz der Variable DI_SHARE verbessert sich auch nicht durch die Integration eines Zeitverzugs, mit dem Sicherheit über die Kausalität gewonnen werden soll. Interessanterweise wechseln aber die zeitverzögerte Variable DI_SHARE (-1) und die Variable EMS ihre Vorzeichen.[537]

Um sicherzustellen, ob der Vorzeichenwechsel der Variable DI_SHARE auf die Verzögerung oder den verkürzten Untersuchungszeitraum zurückgeht, wird das Modell mit der unverzögerten Variable über die Periode von 1997 bis 2000 erneut regressiert. Es zeigt sich, daß die unverzögerte Variable DI_SHARE auch über die reduzierte Analysezeit ein positives Vorzeichen aufweist. Begleitet wird der abermalige Vorzeichenwechsel der Variable von einem t-Wert in Höhe von knapp 0,4, d.h. die Variable bleibt weiter insignifikant.[538] Aus dem Ergebnisver-

---

534 Der theoretische F-Wert beläuft sich bei vier und sechzig Freiheitsgraden auf 2,53 bei einem Signifikanzniveau von 95 Prozent. Dieser Wert ist kleiner als derjenige, der hier grundsätzlich für vier Freiheitsgrade im Zähler und 53 im Nenner zu bestimmen aber nicht tabelliert ist. Insofern weicht der empirische F-Wert (0,06) vom theoretischen noch deutlicher ab.

535 Die Einführung der Zeit-Dummies nach Berücksichtigung von länderspezifischen Effekten führt zum gleichen Resultat: Mittels des F-Tests kann die Hypothese nicht abgelehnt werden, daß keine zeitvariaten Effekte bestehen.

536 Das Regressionsergebnis mit länderindividuellen Effekten und verzögerter Variable DI_SHARE ist in Anhang III – a tabelliert.

537 Das Schätzergebnis dieses Zwischenschritts befindet sich in Anhang III – b.

538 Vgl. hierzu die Tabelle in Anhang III – c.

gleich der beiden Modelle über den vierjährigen Zeitraum geht hervor, daß die Schätzung der Gründungsgleichung mit verzögerter Variable leicht besser ist.[539]

Aus den bisherigen Tests konnte die Erkenntnis gewonnen werden, daß die Gründungsgleichung mit länderindividuellen Effekten und einer Zeitverzögerung zu modellieren ist. Allerdings erweckt das Modell aufgrund springender Vorzeichen bei einigen Variablen nicht den Eindruck besonderer Stabilität. Im nächsten Schritt wird daher die restriktive Annahme des Panelmodells einem Test unterzogen, daß der Regressionskoeffizientenvektor β über den Zeitraum der Untersuchung konstant ist.[540] Es wird also getestet, ob β_t für alle $t=1,...T$ identisch ist. Bei stark inhomogenen Untersuchungseinheiten werden sich die Koeffizienten im Vektor β unterscheiden und ein Panelmodell mit verzerrten Schätzern wäre die Folge. In einem solchen Fall müßte der Vektor individuell über verschiedene Zeitabschnitte bestimmt werden. Um die Richtigkeit der Annahme eines zeitlich konstanten Koeffizientenvektors zu prüfen, wird die vierjährige Beobachtungszeit in die Abschnitte 1997 bis 1998 und 1999 bis 2000 unterteilt. Anschließend wird die Gründungsgleichung über die beiden zweijährigen Perioden regressiert und die jeweilige Residualquadratsumme ermittelt. Mit diesen beiden Werten und der Summe der Residuenquadrate aus der Regression über die vier Jahre läßt sich wiederum ein F-Test durchführen. Dessen empirischer Wert in Höhe von 1,01 unterschreitet bei einem Signifikanzniveau von 95 Prozent den kritischen Wert von 2,12 eindeutig.[541] Damit ist die Nullhypothese eines über die Zeit konstanten Koeffizientenvektors nicht zu verwerfen.

---

539 Das korrigierte Bestimmtheitsmaß im Modell mit verzögerter Variable beträgt 0,9086 während dieses Gütemaß im unverzögerten Modell über den Zeitraum 1997 bis 2000 einen Wert von 0,9082 annimmt. Vgl. hierzu die genannten Tabellen mit den Schätzergebnissen zu den Zwischenschritten der Regression in Anhang III.

540 Grundsätzlich kann die dem Panelmodell zugrundeliegende, restriktive Annahme eines homogenen Vektors Beta auch entlang der Querschnittsdimension überprüft werden. Der entsprechende F-Test erfolgt analog, wobei die Nullhypothese hier nicht mehr durch das gepoolte Regressionsmodell, sondern durch den Panelansatz gegeben ist. Im vorliegenden Fall ist allerdings ein derartiger Test nur für die Zeitdimension machbar. Die interessante Frage, ob der Koeffizientenvektor sich zum Beispiel zwischen den Ländern mit unterschiedlicher Gründungserfassung signifikant unterscheidet, läßt sich aufgrund der relativ geringen Anzahl an Beobachtungen und der Modellkonfiguration mit sieben Regressoren nicht beantworten. Die modelltechnische Unmöglichkeit der Durchführung eines Tests über die Individuen erklärt sich damit, daß die Anzahl der erklärenden Variablen k größer ist als die Zahl der Jahre T, die dem Datensatz zugrunde liegt.

541 Der empirische F-Wert müßte grundsätzlich mit dem F-Wert bei 21 Freiheitsgraden im Zähler und 20 Freiheitsgraden im Nenner verglichen werden. Da dieser nicht tabelliert ist, wurde hier der Wert von 2,12 angegeben, der sich bei je 20 Freiheitsgraden von Zähler und Nenner ergibt. Dieser Wert ist unwesentlich höher als die ei-

Daher wird das Ergebnis des zeitverzögerten Panelmodells mit festen Effekten nun darauf überprüft, ob es die Modellprämisse der Homoskedastizität erfüllt. Andernfalls liegen heteroskedastische Störterme mit der Folge ineffizienter Schätzer vor. Die Überprüfung der Varianzen der Residuen erfolgt mit einem White-Test.[542] Bei 52 Beobachtungen und einem unkorrigierten Bestimmtheitsmaß in Höhe von 0,7996 resultiert ein Wert der Prüfgröße von 41,6, der über dem kritischen Wert der Chi-Quadrat-Verteilung von 38,9 bei einem Signifikanzniveau von 95 Prozent liegt.

Zur Behebung der heteroskedastischen Fehlspezifikation wird versucht, das OLS-Modell zu transformieren und die Gleichung mit der GLS-Methode[543] zu schätzen. Die Analyse der Matrix der Koeffizientenkovarianzen ergibt allerdings keinen Aufschluß, welcher Regressor gegebenenfalls für die Heteroskedastizität verantwortlich und damit als Gewichtungsfaktor für die verallgemeinerte Methode der Kleinsten Quadrate-Methode herangezogen werden könnte.[544] Deshalb wird im nächsten Schritt die Gründungsgleichung mit der Einwohnerzahl gewichtet, um zu sehen, ob die beobachtbare Heteroskedastizität auf den Größenunterschied der untersuchten Länder zurückzuführen ist. Die Residuen der modifizierten Gleichung werden analog des beschriebenen Verfahrens einem White-Test auf Homoskedastizität unterzogen. Hieraus ergibt sich für die Prüfgröße W

---

gentlich zu verwendende Prüfgröße. An dem Ergebnis ändert diese Tatsache nichts: Der theoretische Wert ist deutlich größer als der empirische.

542 Beim White-Test werden die quadrierten Residuen auf die ursprünglichen Regressoren, ihre Quadrate und ihre Kreuzprodukte regressiert. Die Prüfgröße W erhält man durch Multiplikation des unkorrigierten Bestimmtheitsmaßes der Hilfsregression und der Anzahl n der Beobachtungen (W= n * R^2). Die Teststatistik ist unter der Nullhypothese homoskedastischer Störterme asymptotisch Chi-Quadrat verteilt. Die Zahl der Freiheitsgrade entspricht dabei der Anzahl der Regressoren der Hilfsregression. Bei einer großen Anzahl von Regressoren kann der White-Test unter Vernachlässigung der Kreuzprodukte durchgeführt werden. Die Anzahl der Freiheitsgrade berechnet sich ohne den konstanten Term. Vgl. etwa Eckey/Kosfeld/Dreger, 2001, S. 109.

543 GLS steht für „Generalized Least Square“ und bedeutet die Verallgemeinerung des OLS-Modells. Ziel der Transformation ist es, die effizientesten Parameter-Schätzungen für den Regressionskoeffizientenvektor β zu finden. Die Transformation erfolgt unter der Annahme, daß die Heteroskedastizität von einem Regressor, also einer erklärenden Variablen, verursacht wird. Nach dieser Verfahrensweise wird die Heteroskedastizität demnach durch die Gewichtung der Modellvariablen beseitigt. Vgl. Eckey/Kosfeld/Dreger, 2001, S. 126.

544 Die Hauptdiagonale der Matrix der Koeffizientenkovarianzen muß bei Homoskedastizität aus Einsen bestehen. Unterschiedliche Werte in der Hauptdiagonalen der Koeffizientenkovarianzmatrix erklären sich damit als multiplikative Verknüpfung mit der Varianz i desjenigen Regressors, der für die Heteroskedastizität verantwortlich ist.

ein Wert, der gegenüber dem Prüfwert aus der ungewichteten Regressionsgleichung nahezu unverändert ist.[545] Durch die Gewichtung kann die Heteroskedastizität der Residuen also nicht behoben werden. Deshalb wird im Anschluß die Gründungsgleichung mit dem White-Schätzer geschätzt, um effiziente Ergebnisse zu erhalten. Durch die Schätzung der Regressionsgleichung mit dem White-Schätzer ergeben sich für jedes Individuum, sprich jedes Land, konstante Varianzen über den Beobachtungszeitraum, während sich die individuellen Varianzen im Querschnitt unterscheiden. Im Ergebnis kommt es zu effizienten Schätzern.

Das Regressionsergebnis für die 13 Länder zeigt, daß die Variable DI_SHARE (-1) ein negatives Vorzeichen hat, aber insignifikant bleibt (vgl. Tabelle 4.3). Bei einer Vertrauenswahrscheinlichkeit von 95 Prozent erreichen in dieser Modellspezifikation lediglich die Arbeitslosigkeit (UNEMPLY) und die Innovationsvariable (FuE_HK) Signifikanz. In beiden Fällen lösen die Variablen einen negativen Impuls auf die Gründungsintensität der Länder aus.

Im Anschluß an die Länderanalyse in ihrer breitesten Fassung wird nun die Gründungsgleichung für die elf Länder regressiert, deren Teilgebiete die Basis der anschließenden Regionenanalyse darstellen werden. Damit wird die Grundlage für einen konsistenten Vergleich der Regressionsergebnisse auf beiden Raumwirtschaftsebenen geschaffen. Der Prüfprozeß folgt dem beschriebenen Verfahren. Auch unter Ausschluß der Niederlande und Spanien sind länderindividuelle Effekte signifikant. Die heteroskedastischen Residuen können auch hier weder mit der GLS-Methode noch mit der Gewichtung mit den Einwohnern behoben werden, so daß analog zu den 13 Ländern auch hier die Regression erst unter Verwendung des White-Schätzers effiziente Ergebnisse erbringt. Der Vergleich der Ergebnisse aus den beiden Länder-Modellen zeigt, daß in dem Modell ohne Niederlande und Spanien die Vorzeichen der Determinanten der Gründungsintensität alle unverändert bleiben (siehe folgende Tabelle 4.3).

D.h. auch im 11 Länder-Modell hat die Variable DI_SHARE (-1) ein negatives Vorzeichen. Analog zu der breiteren Länderanalyse ist die Variable auch insignifikant. Die Signifikanzen der übrigen Variablen ändern sich allerdings erheblich. Die drei Variablen Spezialisierung (YSP), Zinsen (IRR) und Beschäftigtenanteil im Dienstleistungssektor (EMS), die sich im Rahmen der umfassenderen Analyse als insignifikant für die Gründungsaktivität erweisen, schlagen nun als bedeutsam an. Umgekehrt sinken die t-Werte der Arbeitslosigkeit

545 Das unkorrigierte Bestimmtheitsmaß des White-Tests reduzierte sich gegenüber der ungewichteten Variante nur marginal auf 0,7984. Daraus berechnet sich die Prüfgröße W = 41,5. Bei 26 Freiheitsgraden liegt der Wert erst auf einem Signifikanzniveau von 97,5 Prozent knapp unter dem theoretischen Wert der Teststatistik in Höhe von 41,9.

Tabelle 4.3

Determinanten der Gründungsintensität 1996 bis 2000 für 13 beziehungsweise 11 EU-Staaten auf Länderebene (Schätzung mit festen Ländereffekten)

Abh. Variable: ENTRY	**EU13**	**EU11**
Determinante	Koeffizient	Koeffizient
FUE_HK	-0,693***	-0,474*
	(-3,25)	(-1,94)
UNEMPLY	-0,001***	-0,001
	(-4,56)	(-1,59)
EMS	0,011	0,042*
	(0,28)	(2,04)
IRR	-0,117	-0,188***
	(-1,35)	(-3,33)
YAG	1,124	0,926
	(1,59)	(0,89)
YSP	0,143	0,364**
	(0,87)	(2,08)
DI_SHARE (-1)	-1,567	-2,984
	(-0,79)	(-1,34)
korr. R^2	0,909	0,877
Beobachtungen	52	44
F-Wert	27,67***	19,02***
Heteroskedastizitäts-konsistente t-Werte (White) in Klammern * Signifikanzniveau von 90 Prozent ** Signifikanzniveau von 95 Prozent *** Signifikanzniveau von 99 Prozent		

(UNEMPLY) und der relativen FuE-Ausgaben (FuE_HK), so daß diese Variablen im Modell mit elf Ländern bei einer Vertrauenswahrscheinlichkeit von 95 Prozent nicht mehr signifikant sind.

Insgesamt wirkt das Modell wegen der veränderten Signifikanzen nicht sonderlich robust. Es stellt sich zum einen die Frage, ob die wechselnden Vorzeichen und Signifikanzen auf die Abnahme einer bereits geringen Anzahl an Beobachtungen zurückzuführen sind. Zum anderen läßt das Ergebnis für die elf Länder offen, ob hier die Insignifikanz der mehrheitlichen Gründungsdeterminanten auf eine prinzipielle Fehlspezifizierung des Ansatzes zurückzuführen ist oder mit den hoch aggregierten Daten eines so kleinen Samples keine eindeutigeren Ergebnisse erwartet werden dürfen. Wie der Blick auf die deskriptive Statistik in Tabelle 4.4 zeigt, könnten eindeutige Effekte auf der regionalen Ebene in verdichteten

Tabelle 4.4

Deskriptive Statistik zu den Modellvariablen auf unterschiedlicher Analyseebene (Länder vs. Regionen)[546]

13 Länder	**ENTRY**	**FUE_HK**	**UNEMPLY**	**EMS**	**IRR**	**YAG**	**YSP**	**DI_ SHARE (-1)**
Mittelwert	6,92	3,74	1.202,1	67,5	5,19	1,41	9,14	0,040
Maximum	12,61	6,32	3.812,5	73,9	6,63	4,39	11,66	0,242
Minimum	3,68	1,02	77,4	56,1	4,44	0,15	7,89	0,002
Stand.-abw.	2,19	1,36	1.279,9	4,8	0,59	1,21	1,06	0,048
Beob.	52	52	52	52	52	52	52	52

11 Länder	**ENTRY**	**FUE_HK**	**UNEMPLY**	**EMS**	**IRR**	**YAG**	**YSP**	**DI_ SHARE (-1)**
Mittelwert	6,47	3,99	1.132,8	67,5	5,20	1,23	8,94	0,040
Maximum	11,09	6,32	3.812,5	73,9	6,63	3,22	11,37	0,242
Minimum	3,68	1,02	77,4	56,1	4,44	0,15	7,89	0,002
Stand.-abw.	1,85	1,30	1.260,1	4,9	0,59	0,91	0,93	0,051
Beob.	44	44	44	44	44	44	44	44

53 Regionen	**ENTRY**	**FUE_HK**	**UNEMPLY**	**EMS**	**IRR**	**YAG**	**YSP**	**DI_ SHARE (-1)**
Mittelwert	6,51	2,69	234,9	67,3	5,13	3,83	8,60	0,029
Maximum	13,39	7,65	1.079,6	86,4	6,63	116,18	11,16	0,242
Minimum	2,49	0,10	0,0	50,3	4,44	0,15	6,72	-0,002
Stand.-abw.	2,30	1,58	182,7	6,7	0,56	15,20	0,80	0,035
Beob.	212	212	212	212	212	212	212	212

546 Zu den regionalen Variablen befindet sich die detaillierte deskriptive Statistik in Anhang XIII.

nationalen Daten verloren gegangen sein und somit kleinräumig signifikante Determinanten auf nationaler Analyseebene zur Unkenntlichkeit verwässert haben. Um dieser Frage nachzugehen, wird sich jetzt der Analyse auf regionaler Ebene zugewendet.

4.3.1.2 Regionenanalyse

Die Gründungsgleichung wird nun für 53 Regionen der Europäischen Union geschätzt. Wie bei der Länderregression wird auch hier zunächst mit einem gepoolten OLS-Modell begonnen, dessen restriktive Annahmen anschließend Schritt für Schritt auf Haltbarkeit überprüft werden. Ein erster F-Test, der zwischen dem gepoolten Modell und einem Panelmodell mit zeitfesten Effekten diskriminiert, zeigt, daß auch für die Regionalanalyse die Hypothese homogenen Gründungsverhaltens über die Zeit nicht verworfen werden kann: Mit den Werten der Residualquadrate des gepoolten Modells und des Panelmodells berechnet sich ein empirischer F-Wert von 0,34, der den kritischen Wert bei vier beziehungsweise 253 Freiheitsgraden von Zähler und Nenner eindeutig nicht überschreitet.[547]

Durch die Einführung von Querschnitts-Dummies soll nun die potentielle Heterogenität der Regionen im Panelmodell kontrolliert werden. Die Ergebnisse aus der Länderanalyse lassen erwarten, daß die Einführung von Länder-Dummies das Regressionsergebnis für die 53 Regionen signifikant verbessern wird. Das entsprechende Schätzergebnis und der dazugehörige F-Test bestätigen diese Erwartung. Aus der Panelregression resultiert ein korrigiertes Bestimmtheitsmaß von 0,7973. Damit geht eine Residualquadratsumme von 275,6 einher, was einen empirischen F-Wert von 11,88 impliziert. Da dieser Wert bei einem Signifikanzniveau von 95 Prozent den kritischen Wert von F = 1,55 bei 52 beziehungsweise 205 Freiheitsgraden erheblich überschreitet, muß die Nullhypothese verworfen werden, daß die 53 analysierten Regionen homogen in ihrem Gründungsverhalten sind.[548]

Nachdem die Einbeziehung gruppenindividueller Effekte die Testgüte signifikant erhöht, stellt sich die Frage, ob das Schätzergebnis weiter verbessert wird, wenn die unterstellte Annahme aufgegeben wird, daß die Gesamtheit der Regionen eines Landes identische Fixeffekte aufweist. Möglicherweise sind regional-

547 Das korrigierte Bestimmtheitsmaß des gepoolten Modells beläuft sich auf 0,2179, während das Gütemaß im Fall des Panelmodells mit zeitfixen Effekten den Wert 0,2098 annimmt. Vgl. hierzu auch die Tabellen in Anhang IV.

548 Der F-Wert von 1,55 entspricht dem tabellierten F-Wert bei 30 und 120 Freiheitsgraden; der nicht-tabellierte Wert für 52 und 205 Freiheitsgraden ist damit noch kleiner als 1,55.

spezifische Effekte wie die kleinräumige Vernetzung unter den Akteuren und/ oder die regionale Wirtschaftspolitik bedeutsamer als nationale Institutionen und Rahmenbedingungen. Dies lassen nicht zuletzt einige innovationsökonomische Ansätze erwarten.[549] Zur Beantwortung dieser Frage muß das Panelmodell mit festen, regionalindividuellen Effekten geschätzt werden. Die Regression über das weniger restriktive Modell verbessert die Güte der Schätzung nochmals deutlich: Das korrigierte Bestimmtheitsmaß nimmt den Wert 0,9423 an. Die Signifikanz der individuellen festen Regionaleffekte wird durch den entsprechenden F-Test bestätigt. Da der empirische F-Wert den kritischen bei jedem Signifikanzniveau überschreitet, ist die Nullhypothese zu verwerfen, daß die Berücksichtigung länderspezifischer Faktoren zur Beschreibung der regionalen Gründungsintensität ausreicht.[550] Für die Untersuchungsgruppe läßt sich somit konstatieren, daß das Gründungsverhalten in den Teilräumen eines Landes von regionenspezifischen und nicht allein von nationalen Faktoren geprägt ist. Mit anderen Worten: Die Regionen innerhalb der einzelnen Untersuchungsländer sind in ihrem Gründungsverhalten nicht homogen.

Im Unterschied zur Länderebene weist die Variable DI_SHARE in jeder Schätzung über den gesamten Beobachtungszeitraum von 1996 bis 2000 für die 53 Regionen ein negatives Vorzeichen auf. Außerdem ist sie im Regionalmodell zumindest bei einer Vertrauenswahrscheinlichkeit von 90 Prozent signifikant.

---

549 Innerhalb der Innovationsökonomie bestehen neben dem Cluster-Ansatz von Porter weitere Theorien, die explizit den regionalen Institutionen und dem Geflecht lokal unterhaltener Beziehungen einen hohen Stellenwert zur Erklärung des Innovationsverhaltens der Wirtschaftsakteure und damit der regionalen Wirtschaftsentwicklung beimessen. Zu nennen ist hier insbesondere der Netzwerkansatz und der Milieuansatz, der Mitte der 1980er Jahre von der französischen GREMI-Gruppe („Groupe de Recherche Européen sur les Milieux Innovateurs“) entwickelt worden ist. Darüber hinaus findet sich in der Literatur eine regionale Adaption der Theorie des nationalen Innovationssystems. Vgl. zu diesen Ansätzen Cooke/Boekholt/Tödtling, 2000, S. 21ff. und Camagni, 1991, S. 1ff. sowie DeBresson/Amesse, 1991, S. 363ff. oder Aydalot/Keeble, 1988, S. 7ff. und Armstrong/Taylor, 2000, S. 292ff. Vgl. auch Sternberg, 1995, S. 52f. Zum Innovationssystem siehe insbesondere Edquist, 1997, S. 1ff. und Preissl/Solimene, 2003, S. 28ff. Es sei bemerkt, daß in diesen drei innovationsökonomischen Ansätzen die regionale Gründungsaktivität als Determinante der wirtschaftlichen Entwicklung keine Rolle spielt. Vor dem Hintergrund der Ausführungen in Abschnitt 1.2.2 zum Innovationseffekt junger Unternehmen ist dies einigermaßen erstaunlich. In allen drei Ansätzen liegt der Fokus unausgesprochen auf der Innovationstätigkeit bestehender (kleiner und mittelständischer) Unternehmen. Indem Porter die Gründungsaktivität explizit in seinem Cluster-Ansatz berücksichtigt, unterscheidet er sich von diesen alternativen Ansätzen.

550 Das Modell mit den Regionen-Dummies wird dem mit den Länder-Dummies gegenübergestellt. Für die Prüfgröße ergibt sich der Wert F =12,7.

Analog zur Vorgehensweise bei der Länderanalyse wird die exogene Variable DI_SHARE im nächsten Schritt mit einem Zeitverzug versehen und die Gleichung erneut geschätzt. Durch die Modifikation des Modells bleiben die Vorzeichen aller Variablen diesmal unverändert.[551] Darüber hinaus wird die Variable DI_SHARE (-1) hoch signifikant, was als Indiz dafür angesehen werden kann, daß ausländische Direktinvestitionen das Gründungsverhalten in den Zielregionen beeinflussen und nicht umgekehrt die regionale Gründungsaktivität den Zustrom ausländischen Investivkapitals verursacht.

Zur Beantwortung der Frage, ob die zeitverzögerte oder die unverzögerte Hauptvariable die Endogene stärker beeinflußt, muß das Modell im nächsten Schritt über den kürzeren Zeitraum mit der unverzögerten Variable geschätzt werden, bevor die Regressionsergebnisse der beiden Modelle verglichen werden können. Der Abgleich der Resultate macht deutlich, daß die Güte der Regression – repräsentiert durch das korrigierte Bestimmtheitsmaß – im Modell mit der verzögerten Variable etwas höher als bei der Regression mit der Unverzögerten ausfällt.[552]

Daher wird im Anschluß mit einem White-Test geprüft, ob die Annahme homoskedastischer Störtermvarianzen für das verzögerte Modell erfüllt ist. Für die Prüfgröße W berechnet sich bei 212 Beobachtungen ein Wert von 132,3. Dieser überragt den kritischen Wert der Chi-Quadrat-Verteilung auf jedem beliebigen Signifikanzniveau,[553] woraus sich die Evidenz für heteroskedastische Störterme ableiten läßt. Über die Analyse der Matrix der Koeffizientenkovarianzen lassen sich auch in der regionalen Anwendung der Gründungsgleichung keine Anhalts-

551 Die vollständige Darstellung dieses Regressionsergebnisses befindet sich in Anhang V.

552 Vgl. die Tabelle in Anhang VI. An dieser Stelle wurde das Regionalmodell mit querschnittsindividuellen **Zufallseffekten** trotz der vorne erhobenen Bedenken gegen die Eignung dieses Modelltyps geschätzt. Die Summe der Residualquadrate beläuft sich auf 54,7 und liegt damit über dem Wert, der sich aus der Regression mit fixen Effekten ergibt. Die Entscheidung für die Modellspezifikation mit fixen oder zufälligen Effekten hängt allerdings grundsätzlich vom Ausgang des Hausman-Tests ab. In der vorliegenden Anwendung erhält man für die Prüfgröße einen Wert von H=17,3, der den kritischen Wert von H=14,1 der Chi-Quadrat-Verteilung bei sieben Freiheitsgraden übersteigt. Die Nullhypothese eines Modells mit zufälligen Effekten ist daher abzulehnen. Damit bestätigt das Ergebnis die weiter oben getroffene Annahme, daß von einer Zusammenhanglosigkeit zwischen den individuellen Effekten und den Regressoren nicht auszugehen ist.

553 Der tabellierte Wert beträgt für 80 Freiheitsgrade bei einem Signifikanzniveau von 95 Prozent 60,4. Da für das Modell nur 66 Freiheitsgrade zu berücksichtigen sind, nimmt der eigentlich relevante kritische Wert einen noch niedrigeren Wert als 60,4 an.

punkte für einen die Heteroskedastizität verursachenden Regressor gewinnen.[554] Daher wird wiederum der Versuch unternommen, die Fehlspezifikation des Modells durch die Gewichtung aller Variablen mit der Einwohnerzahl zu beheben. Der White-Test über die Residuen der modifizierten Regression führt zu einer Prüfgröße W = 91,0, die den theoretischen Wert bei 66 Freiheitsgraden weiterhin

Tabelle 4.5

Determinanten der Gründungsintensität 1996 bis 2000 auf regionaler Ebene (Schätzung mit regionalindividuellen Effekten)

Abh. Variable: ENTRY	**N53**
Determinante	Koeffizient
FUE_HK	-0,163**
	(-2,30)
UNEMPLY	-0,006***
	(-8,91)
EMS	-0,022
	(-0,98)
IRR	-0,042
	(-0,75)
YAG	0,035***
	(3,41)
YSP	0,752***
	(8,52)
DI_SHARE (-1)	-7,358***
	(-8,31)
korr. R^2	0,952
Beobachtungen	212
F-Wert	71,56***
Heteroskedastizitäts-konsistente t-Werte (White) in Klammern */**/*** Signifikanzniveau von 90/ 95/ 99 Prozent	

554 Die computergestützte Anwendung der GLS, nach der die Heteroskedastizität mithin durch eine Gewichtung der Modellvariablen beseitigt wird, blieb erfolglos: Auch die Residuen der GLS-Schätzungen blieben heteroskedastisch, wie der anschließende White-Test zeigte.

bei einem Signifikanzniveau von 95 Prozent eindeutig übersteigt. Damit kann auch in der regionalwirtschaftlichen Version des Regressionsansatzes die heteroskedastische Störung nicht durch die Einwohnergewichtung überwunden werden.

Analog der Vorgehensweise im Ländermodell wurde daher die verzögerte Gründungsgleichung unter Nutzung des White-Schätzers erneut regressiert. Hiermit gelingt es, nicht nur konsistente, sondern auch effiziente Schätzer zu erhalten.[555] In Tabelle 4.5 ist das Ergebnis dieser Modellspezifikation wiedergegeben. Wie sich zeigt, sind fünf der sieben Variablen für die Gründungsintensität von signifikanter Bedeutung. Insignifikant sind lediglich die Realzinsen IRR und der Anteil an Beschäftigten im Dienstleistungssektor EMS. Während bei den Realzinsen IRR das Vorzeichen noch den Erwartungen eines inversen Zusammenhangs zwischen dieser Größe und der Gründungsintensität entspricht, überrascht bei der Variablen EMS zudem das negative Vorzeichen. Die Variable DI_SHARE (-1) ist hoch signifikant. Dabei geht von ihr ein bremsender Effekt auf die regionale Gründungsintensität aus.

4.3.1.3 Interpretation der Ergebnisse

Die Ausführungen zeigen, daß das Regressionsmodell für die 53 Regionen in gleicher Weise wie das Modell für die elf Länder spezifiziert ist. Daher lassen sich die Resultate konsistent vergleichen (siehe nachfolgende Tabelle 4.6).

Die Gegenüberstellung der Ergebnisse verdeutlicht, daß die Vorzeichen der Gründungsdeterminanten in beiden Anwendungen des Modells weitestgehend übereinstimmen. Ausgenommen der Variable EMS werden für alle exogenen Größen die Impulsrichtungen, die sich im Ländermodell herauskristallisieren, auf der regionalen Untersuchungsebene bestätigt. Die abweichenden Signifikanzen, die sich aus dem Wechsel der Analyseebene für die einzelnen Determinanten ergeben, erklären sich zum einen bereits durch die unterschiedliche Anzahl an Beobachtungen. Zum anderen begründen sie sich damit, daß mit der Disaggregation der Länderdaten zugleich ein Informationsgewinn verbunden ist. Denn es werden regionale Effekte freigelegt, die sich möglicherweise durch die Datenverdichtung auf der Makroebene neutralisiert haben.

Ferner enthüllt der Vergleich der Ergebnisse eine höhere Schätzgüte für die regionale Regression. Hieraus läßt sich schließen, daß das Modell in der kleinräumigeren Anwendung besser geeignet ist, die Bedeutung der einzelnen Bestimmungsfaktoren zu beurteilen.

---

555 Konstant ist die Varianz über die Zeit für jede Region. Allerdings können wiederum die Regionen unterschiedliche Varianzen haben.

Tabelle 4.6

Determinanten der Gründungsintensität 1996 bis 2000 für 11 EU-Staaten auf Länder- beziehungsweise Regionenebene (Schätzungen mit querschnittsindividuellen Effekten)

Abh. Variable: ENTRY	**EU11**	**N53**
Determinante	Koeffizient	Koeffizient
FUE_HK	-0,474*	-0,163**
	(-1,94)	(-2,30)
UNEMPLY	-0,001	-0,006***
	(-1,59)	(-8,91)
EMS	0,042*	-0,022
	(2,04)	(-0,98)
IRR	-0,188***	-0,042
	(-3,33)	(-0,75)
YAG	0,926	0,035***
	(0,89)	(3,41)
YSP	0,364**	0,752***
	(2,08)	(8,52)
DI_SHARE (-1)	-2,984	-7,358***
	(-1,34)	(-8,31)
korr. R^2	0,877	0,952
Beobachtungen	44	212
F-Wert	19,02***	71,56***
Heteroskedastizitäts-konsistente t-Werte (White) in Klammern */**/*** Signifikanzniveau von 90/ 95/ 99 Prozent		

Die Determinanten DI_SHARE (-1), UNEMPLY und YAG, die in der Modellversion mit aggregierten Daten nicht einmal bei einer Vertrauenswahrscheinlichkeit von 90 Prozent Bedeutsamkeit erlangen, werden in der regionalökonomischen Anwendung eindeutig signifikant. Von diesen drei Variablen, für die jeweils das Vorzeichen a priori nicht bestimmbar ist, haben der zeitverzögerte Anteil ausländischer Direktinvestitionen am Bruttoinlandsprodukt DI_SHARE (-1) und die Arbeitslosigkeit UNEMPLY ein negatives Vorzeichen.

Demnach hat in den Stichprobenregionen die Anzahl arbeitsloser Erwerbsfähiger nicht zu einer verstärkten Eigeninitiative in Form vermehrter Neugründungen geführt. Der signifikant inverse Zusammenhang von Arbeitslosigkeit und Gründungsintensität deutet vielmehr darauf hin, daß der spürbare Mangel an regionalen Beschäftigungsverhältnissen einer zunehmenden Risikoaversion der Individuen den Weg bahnt. Demzufolge dürfte in das Kalkül potentieller Gründer auch die Form der Landung im Fall des Scheiterns einfließen. Dieses Verhalten wirkt angesichts eines besonders hohen Liquidationsrisikos in den ersten Unternehmensmonaten plausibel.[556] Das Szenario, in Kürze wieder eine abhängige Beschäftigung suchen zu müssen, erscheint dem einzelnen Gründungsaspiranten demnach alles andere als utopisch. Die Aussicht „hart zu landen" hat wohl zur Lähmung der Gründungsbereitschaft – zumindest in dieser Stichprobe – beigetragen. Insofern kann mit diesem Ergebnis festgehalten werden, daß die in der Cluster-Theorie implizit enthaltene These, eine hohe Beschäftigungsauslastung sei der Gründungsneigung zuträglich, bestätigt wird.[557]

Förderlich auf die Intensität des Gründungsgeschehens wirkt auch die räumliche Dichte der wirtschaftlichen Leistungserstellung (YAG). Hieraus läßt sich schließen, daß in der Regionen-Stichprobe der stimulierende Gründungseffekt eines großen Absatzpotentials und/oder eines umfassenden Angebots geeigneter Infrastruktur die bremsenden Gründungsimpulse eines Ballungsgebiets erheblich überkompensiert, die sich hier beispielsweise aus steigenden Immobilienkosten ergeben können.

Unabhängig von der raumwirtschaftlichen Betrachtungsebene erweist sich auch das Spezialisierungsniveau als äußerst fruchtbar für die gründerische Aktivität einer Wirtschaft. Der Koeffizient der Variable YSP ist sowohl in der Länder- als auch in der Regionenanalyse signifikant positiv. Infolgedessen kann das Regressionsergebnis auch als vorsichtige Unterstützung der These Porters gewertet werden, daß spezialisierte Branchencluster die Gründungsaktivität stimulieren. Mit Blick auf Porters Hypothese darf aber aus methodischen Gründen das Regressionsergebnis nur vorsichtig ausgelegt werden: Zum einen sind die meisten der analysierten Regionen wesentlich großflächiger als diejenigen, mit denen in der Literatur gemeinhin der Begriff Cluster in Verbindung gebracht wird;[558]

556 Es gehört zu den „stilisierten Fakten des Scheiterns", daß das Liquidationsrisiko in den ersten Monaten grundsätzlich hoch ist und in aller Regel noch über die ersten drei Jahre wächst, bevor es anschließend zu sinken beginnt. Vgl. hierzu etwa Wagner, 1999, S. 259ff. oder Konings/Roodhooft/Gucht, 1996, S. 1ff. und Geroski, 1995, S. 423f.

557 Vgl. dazu die Ausführungen in Abschnitt 2.2.3.2.

558 Obwohl in der Literatur keine allgemein akzeptierte Cluster-Definition besteht, ist die Ansicht weit verbreitete, Cluster seien geographisch kleinräumige Gebilde. Preissl und Solimene weisen diese gängige Auffassung allerdings entschieden zurück und betrachten innovative Cluster in ihrer geographischen Dimension als überregional. Vgl. Preissl/Solimene, 2003, S. 52ff. und S. 61ff.

zum anderen basiert die Berechnung des jährlichen Spezialisierungsindexes, wie beschrieben, auf neun hoch aggregierten Wirtschaftszweigen. Es ist nicht auszuschließen, daß sich bei einer stärkeren Disaggregation der sektoralen Aktivität differenziertere Einsichten eröffnen könnten.

Die Resultate lassen auf beiden Untersuchungsebenen durch das negative Vorzeichen ein inverses Verhältnis zwischen den Realzinsen IRR und der Gründungsaktivität hypothesenkonform erkennen. Im Rahmen der Länderanalyse schlägt die Variable sogar bei einer Vertrauenswahrscheinlichkeit von 99 Prozent signifikant an. Der Erklärungsgehalt der Kapitalkosten für unterschiedliche Gründungsaktivitäten in den Raumwirtschaften schwindet allerdings in der Regionalanalyse. Der statistische Bedeutungsverlust der Größe auf der tieferen Analyseebene dürfte darauf zurückzuführen sein, daß andere Variablen wie die Agglomeration durch die Disaggregation der Daten an Gewicht gewonnen haben. Insofern läßt sich auf Basis der beiden Regressionsergebnisse vorsichtig ableiten, daß die Gründungsrelevanz der Zinshöhe nicht überschätzt werden sollte. Dieser Schluß steht ganz im Einklang mit den Einsichten aus den industrieökonomischen Studien. Hierbei finden zwar einzelne Autoren wie Audretsch, daß die sektorale Herausbildung neuer Unternehmen signifikant von der Zinshöhe negativ beeinflußt wird;[559] doch in Summe geht auch aus diesen Untersuchungen hervor, daß der Gründungsbeitrag der Zinsen nicht überbewertet werden darf.[560] Denn auch kleine Unternehmen werden durch die Höhe der Kapitalkosten nicht substantiell am Eintritt gehindert. Infolgedessen kann abgeleitet werden, daß unabhängig von der gewählten industrie- oder raumökonomischen Perspektive die Zinsen theoriekonform mit der Entstehung neuer Unternehmen invers verknüpft sind, diese aber nicht zu den bedeutsamsten Gründungsdeterminanten zu zählen sind.

Der Anteil der Beschäftigten im Dienstleistungssektor wirkt sich in der Länderanalyse in der erwarten Weise positiv auf die Gründungsintensität aus. Die Variable hat zudem Signifikanz. Diese geht allerdings analog der Beobachtung für die Zinsen in der disaggregierten Analyse verloren. Interessanterweise wird der Bedeutungsverlust der Variable EMS auf der regionalen Untersuchungsebene von einem Vorzeichenwechsel begleitet. Die Insignifikanz des Beschäftigtenanteils im Dienstleistungssektor für die regionale Gründungsaktivität mag darauf hinweisen, daß die dem Servicesektor in der theoretischen Literatur attestierten, gründungsförderlichen Merkmale überbewertet sind. Wie im zweiten Kapitel ausführlich dargelegt wurde, zeichnet sich dieser Sektor gegenüber der Industrie nach allgemeiner Ansicht durch eine niedrige Kapitalintensität sowie eine stärkere Präsenz kleiner und mittelständischer Unternehmen aus. Diese Betriebe dienen

559 Vgl. Audretsch, 1995, S. 61f.
560 Vgl. Abschnitt 2.2.1.2.

als Sprungbrett in die Selbständigkeit, weil ihre Organisationsstrukturen dem einzelnen Beschäftigten eine große Kunden- und Marktnähe bieten, die das Identifizieren neuer Opportunitäten erleichtert.[561]

Die These an sich, die Kunden- und Marktnähe fördere die Gründungsaktivität, läßt sich mit Blick auf das gesamte Regressionsergebnis nicht ohne weiteres verwerfen. Denn dieses Argument wird auch für eine besondere Gründungsvitalität in geballten und spezialisierten Wirtschaftsräumen beansprucht, die beide die Entstehung neuer Firmen signifikant befruchten. Insofern könnte gemutmaßt werden, daß die fehlende Signifikanz der Determinante EMS auf der regionalen Analyseebene auf einer korrekturbedürftigen Vorstellung über die unternehmensdemographische Unterschiedlichkeit von Industrie und Dienstleistungssektor beruht. Erste Anhaltspunkte dafür, daß die postulierten mittelständischen Strukturen in *verschiedenen* Segmenten des Servicesektors in den letzten Jahren zumindest ausgedünnt worden sein könnten, liefern etwa die Banken- und Versicherungsbranche, die IT- und Telekommunikationsindustrie, die Logistik sowie der Beratungsmarkt.[562] Eine Erhärtung dieser These bedarf freilich einer eingehenden empirischen Analyse im Rahmen einer eigenständigen Studie.

Die fehlende Signifikanz des Dienstleistungssektors als Gründungsdeterminante auf der regionalen Analyseebene geht möglicherweise aber auch weitgehend auf die bereits diskutierte untergeordnete Bedeutung der Kapitalkosten zurück.

Im Unterschied zur empirischen Arbeit von Reynolds et al. zu den Determinanten neuer Unternehmen in den USA stellt sich die Innovationstätigkeit in der vorliegenden Studie als signifikante Bestimmungsgröße der Gründungsaktivität heraus. Von der Höhe der FuE-Ausgaben pro qualifizierten Beschäftigtem geht hierbei ein negativer Effekt auf die lokale Gründungsaktivität aus.[563]

Signifikant beeinträchtigt wird die regionale Gründungsintensität ebenfalls vom vorjährigen Anteil ausländischer Direktinvestitionen am Bruttoinlandsprodukt. Der Vergleich der Regressionskoeffizienten liefert darüber hinaus einen ersten Hinweis, daß das einströmende Investivkapital von allen exogenen Variablen die stärkste Wirkung auf die Bildung neuer Unternehmen entfaltet; denn DI_SHARE (-1) hat von den sieben Regressoren den Koeffizienten mit dem größten Betrag.

561 Vgl. hierzu Abschnitt 2.2.3.3.

562 Anhaltspunkte zur „Industrialisierung“ des Dienstleistungssektors bemerkt auch Begg, 1993, S. 820f.

563 Auf die Gründungsdeterminante FuE_HK wird weiter unten noch ausführlich eingegangen. Der Diskussion im zweiten Kapitel entsprechend wird dann zwischen öffentlichen und privatwirtschaftlichen FuE-Ausgaben differenziert und die damit verbundenen Wirkungen auf der Ebene der Stichprobenregionen untersucht.

Durch die Umformung der Koeffizienten zu standardisierten Regressionskoeffizienten, die wegen der unterschiedlichen Meßdimensionen der unabhängigen Variablen notwendig ist, um deren Impulsstärke auf die abhängige vergleichen zu können, wird der erste Eindruck bestätigt: Dem einströmenden Investivkapital gebührt der größte Erklärungsbeitrag in der Regressionsfunktion (siehe Tabelle 4.7).[564]

Tabelle 4.7

Determinanten der regionalen Gründungsintensität 1996 bis 2000, Standardabweichung und standardisierte Koeffizienten (Schätzung mit regionalindividuellen Effekten)

Determinante	Koeffizient	Standard-abweichung	Standard. Koeffizient
FUE_HK	-0,163**	1,563	-0,109
	(-2,30)		
UNEMPLY	-0,006***	183,0	-0,468
	(-8,91)		
EMS	-0,022	6,660	-0,062
	(-0,98)		
IRR	-0,042	0,916	-0,016
	(-0,75)		
YAG	0,035***	18,1	0,270
	(3,41)		
YSP	0,752***	0,801	0,257
	(8,52)		
DI_SHARE (-1)	-7,358***	0,538	-1,687
	(-8,31)		
korr. R^2	0,952		
Beobachtungen	212		
Standabweichung abh. Variable (ENTRY)		2,346	
Heteroskedastizitäts-konsistente t-Werte (White) in Klammern */**/*** Signifikanzniveau von 90/ 95/ 99 Prozent			

564 Die nicht standardisierten Koeffizienten liefern wegen der unterschiedlichen Meßdimensionen der exogenen Variablen nur Anhaltspunkte über die Stärke der Verbindung zwischen den unabhängigen Größen und der abhängigen Variable. Zur Standardisierungsmethodik siehe etwa Backhaus et al., 2000, S. 18f.

Vor diesem Hintergrund läßt sich nun die ökonomische Relevanz des gründungshemmenden Einflusses der Direktinvestitionen ermitteln. Mit dem Regressionskoeffizienten von -7,358 (Tabelle 4.7) ergibt sich, daß die Intensität gründerischer Tätigkeit um knapp 0,074 Gründungen pro Tausend Einwohner im Alter von 15 bis 64 Jahren zurückgeht, wenn sich der Anteil der Direktinvestitionen am Bruttoinlandsprodukt um einen Prozentpunkt im Vorjahr erhöht hat. Nimmt man die für die Stichprobe mittlere Gründungsintensität in Höhe von 6,51 Gründungen pro Tausend erwerbsfähiger Einwohner für eine Region an,[565] so reduziert sich dort mit dem marginalen Anteilsanstieg ausländischer Direktinvestitionen die Gründungsintensität ceteris paribus um 1,13 Prozent.[566] Dies impliziert einen Rückgang neu gegründeter Unternehmen in gleichem Umfang, wenn man unterstellt, daß die Anzahl erwerbsfähiger Personen in der Bevölkerung, also der Nenner der abhängigen Variable, über die Zeit unverändert bleibt.[567]

Aufgrund des gewählten Beispiels scheint der Rückgang der Gründungsaktivität nahezu bedeutungslos. Allerdings ist der beeinträchtigende Einfluß des ausländischen Investivkapitals nicht zu unterschätzen. Denn es muß zunächst einmal bedacht werden, daß der eben hergeleitete Effekt auf einem Gedankenexperiment beruht, das eine durchschnittliche Gründungsaktivität unterstellt. In Regionen wie Schottland, in denen die Gründungsintensität im Beobachtungszeitraum nur die Hälfte des durchschnittlichen Niveaus erreicht hat, würde eine Anhebung des aktuellen Anteils ausländischer Direktinvestitionen am Inlandsprodukt um einen Prozentpunkt schon zu einer Abnahme der Gründungszahl von 2,25 Prozent im Folgejahr führen. Zu bedenken gilt ferner, daß in einigen europäischen Regionen der Anteil ausländischer Direktinvestitionen Jahr für Jahr ein beachtliches Niveau einnimmt. Zweistellige Werte erreichte dieses während des Analysezeitraums etwa in Irland oder Flandern – nicht zuletzt unter Mithilfe gezielter Ansiedlungsstrategien. Infolgedessen sollten gerade Regionen mit einer notorischen Gründungsschwäche gewarnt werden, daß eine Politik der gezielten Ansiedlung ausländischer Konzerne spurlos an der Gründungsstatistik vorbeigeht.[568]

---

565 Vgl. die deskriptive Statistik in Tabelle 4.4.

566 Dieser Schluß ergibt sich aus dem folgenden, einfachen mathematischen Zusammenhang: [1 – ((6,51 – 7,358*0,01)/6,51)]*100.

567 Gerade in kurzer Perspektive dürfte die getroffene Annahme zulässig erscheinen.

568 Im hypothetischen Fall eines plötzlich versiegenden Zustroms ausländischer Direktinvestitionen könnte sich etwa in Schottland – bei einer im Jahr 2000 beobachteten Gründungsintensität von 3,4 und einem BIP-Anteil ausländischer Direktinvestitionen von fünf Prozent – die Gründungsaktivität im Folgejahr um fast 11,0 Prozent ceteris paribus erhöht haben. Es sei angemerkt, daß Schottland nicht nur im hier zugrundeliegenden Untersuchungszeitraum von 1996 bis 2000 eine weit unterdurchschnittliche Gründungsaktivität ausweist. In Studien zur Entstehung neuer Unter-

Darüber hinaus besteht die Gefahr, die Gründungswirkung ausländischer Direktinvestitionen fatal zu unterschätzen, wenn sich die Beurteilung auf die bisherige Perspektive des rein quantitativen Rückgangs neuer Unternehmen begrenzt. Möglicherweise hat eine angemessene, differenzierte Würdigung des hemmenden Gründungseffekts unter Beachtung weiterer, qualitativer Dimensionen – etwa der potentiellen Verhinderung technologieintensiver Firmen – zu erfolgen.

Unterstellt man einmal, daß vom ausländischen Investitionsengagement einzig die Entstehung technologieintensiver Unternehmen negativ betroffen ist, erhält der zunächst unwesentlich erscheinende Effekt eine vollkommen neue Bedeutung. Denn unter allen Neuunternehmen befindet sich in aller Regel nur ein sehr geringer Anteil, der als technologieintensiv klassifiziert wird. Dieser betrug beispielsweise in Deutschland knapp 7,5 Prozent über den Zeitraum von 1997 bis 2000.[569] Senkte sich dieser Anteil infolge einer marginalen Erhöhung von DI_SHARE (-1) auf 6,37 Prozent ab, so hätte dies zur Konsequenz, daß die Anzahl technologieorientierter Neugründungen in Deutschland um mehr als ein Siebtel beziehungsweise um 15 Prozent im Folgejahr zurückgeht.

Angesichts der fundamentalen Bedeutung innovativer Gründungsunternehmen für das Wirtschaftswachstum und die Bewältigung des Strukturwandels könnte demnach die Wirkung einer geringen aber dauerhaften Erhöhung des Anteils ausländischer Direktinvestitionen selbst für eine Region mit mittlerer Gründungsintensität äußerst folgenschwer sein.

Die bisherigen Regressionsergebnisse geben allerdings keine Anhaltspunkte, weshalb ausländische Direktinvestitionen vorwiegend die Bildung innovativer Technologieunternehmen im Gastland beeinträchtigen sollte. Nichtsdestotrotz zeigen die vorangegangenen Überlegungen, daß eine eindimensionale, quantitative Beurteilung des negativen Gründungsimpulses dem Problem und seiner potentiellen Tragweite nicht gerecht werden könnte. Möglicherweise erlauben die Untersuchungen zu den gastraumspezifischen Wirkungen im nächsten Abschnitt 4.3.2 hierzu weitere erhellende Aufschlüsse. Zunächst gilt es jedoch, kurz einen anderen methodischen Aspekt zu betrachten.

---

nehmen in Großbritannien wird schon zu Beginn der 1990er Jahre die notorische Gründungsschwäche Schottlands thematisiert. Vgl. etwa Ashcroft/Love/Malloy, 1992, S. 405.

569 In der Gründerstatistik des Zentrums für Europäische Wirtschaftsforschung (ZEW) werden aufgrund der hohen jährlichen Schwankungen stets nur die Durchschittswerte über jeweils vier Jahre für technologieintensive Gründungen ausgewiesen. Das aktuelle PDF-Dokument (Stand 2004) mit der ausführlichen Beschreibung der Methodik, die dem ZEW Gründerpanel zugrunde liegt, finden sich auf der Website http://www.zew.de/de/forschung/datenbanken.php3.

4.3.1.4 Robustheit der Regionalanalyse

Aus der im Anhang detailliert beschriebenen Herkunft der Daten wird deutlich, daß nicht für jede Region alle benötigten Werte verfügbar sind. Dieser Umstand betrifft insbesondere die Daten zu Forschung und Entwicklung sowie zum Humankapital. Auch sind für Portugal und Finnland bei einigen Variablen zu Beginn des Beobachtungszeitraums nur nationale Werte erhältlich. Infolgedessen mußten, um eine balancierte Panelanalyse zu ermöglichen, fehlende Werte selbständig geschätzt werden. Schließlich ist unklar, inwieweit die in Belgien im Jahre 1999 in Kraft getretene Gesetzesänderung, die eine Verschärfung der Gründungsvoraussetzungen beinhaltet, für die dort in den Folgejahren beobachtbare, rückläufige Gründungsaktivität tatsächlich mitverantwortlich ist.[570]

Die Robustheit der Schätzergebnisse aus der regionalökonomischen Regressionsspezifikation muß daher überprüft werden. Dazu werden drei verschiedene Tests vorgenommen.[571]

Zunächst wird die Robustheit der Schätzergebnisse durch den Austausch der Innovationsvariablen getestet. Die input-orientierte Variable FuE_HK wird durch die output-orientierte Variable Patente pro Tausend Einwohner (PAT) ersetzt, die lückenlos für alle Regionen vorhanden ist. Die Änderung der Gründungsgleichung wirkt sich nicht auf die Erkenntnisse aus der ursprünglichen Regression aus: Durch den Tausch der Variablen verändert sich weder ein Vorzeichen noch die Signifikanz einer Determinanten. Die Patentvariable ist wie die Variable FuE_HK signifikant negativ.

Im nächsten Schritt wird eine Dummy-Variable BE für Belgien in das Modell eingeführt, mit welcher der mögliche Einfluß der gesetzlichen Änderungen geschätzt werden soll. Auch diese Modifikation hält dem Test stand: Das Regressionsergebnis bleibt in seiner Aussage unverändert. Interessanterweise ist die Dummy-Variable mit einem t-Wert von minus 4,96 hoch signifikant negativ. Der Rückgang der Gründungsaktivität in den belgischen Regionen in den letzten beiden Jahren des Untersuchungszeitraums ist also auch auf die gesetzliche Änderung zurückzuführen. Ein entsprechender F-Test zeigt allerdings, daß die Berücksichtigung der Dummy-Variable für das Gesamtergebnis der Schätzung unbedeutend ist.[572]

570 Vgl. dazu auch die Ausführungen im Datenanhang beziehungsweise die Erläuterung zu den Erfassungsmethoden von Gründungen im Unterabschnitt 4.1.1.1 zu Beginn dieses Kapitels.

571 Die Ergebnisse der drei Robustheitstests befinden sich der Übersichtlichkeit halber wiederum im Anhang. Vgl. die Tabellen in Anhang VII bis Anhang IX.

572 Der empirische F-Wert berechnet sich auf 0,34 und unterschreitet den theoretischen, der bei 53 Freiheitsgraden im Zähler und 152 Freiheitsgraden im Nenner einen Wert

Schließlich wird die regionale Gründungsgleichung noch einmal unter Ausschluß der beiden finnischen Regionen „Manner-Suomi" und „Aland" sowie dem portugiesischen Festland („Continente") berechnet. Auch durch das verkleinerte Sample verändern sich die Ergebnisse der finalen Schätzgleichung für die 53 Regionen nicht. Einzig das Vorzeichen der Dienstleistungsvariable EMS wechselt, was aber nichts daran ändert, daß ihr t-Wert weiterhin nahe Null liegt und damit insignifikant bleibt.

4.3.1.5 Zwischenfazit

Die potentiellen Gründungsdeterminanten offener Raumwirtschaften, die im zweiten und dritten Kapitel der Arbeit theoretisch hergeleitet wurden, haben sich im Rahmen der empirischen Überprüfung alle als signifikant erwiesen. Diese Feststellung bedarf allerdings der Differenzierung, da die Signifikanz der einzelnen Variable von der gewählten Analyseebene abhängt. Beispielsweise kristallisieren sich die Zinsen und der Anteil der im Dienstleistungssektor Beschäftigten nur dann als Bestimmungsfaktoren mit hoher Vertrauenswahrscheinlichkeit heraus, wenn das Gründungsgeschehen auf der Ebene der Länder untersucht wird. Betrachtet man den Auftritt neuer Unternehmen hingegen für die kleinräumigeren Regionen, verlieren sowohl die Zins- als auch die Dienstleistungsvariable ihre statistische Bedeutung. Bei anderen Größen wie dem Anteil ausländischer Direktinvestitionen am Bruttoinlandsprodukt oder der Arbeitslosigkeit verhält es sich genau umgekehrt. Sie werden zu signifikanten Einflußfaktoren der Gründungsaktivität, sobald das Modell mit Datensätzen für die Teilräume der Länder, also die Regionen, getestet wird.

Insgesamt erlangen in der regionalen Anwendung des Modells fünf Bestimmungsgrößen Signifikanz. Mit dem Wechsel auf die tiefere Untersuchungsebene verbessert sich zugleich die Schätzgüte der Regression, was auf die gestiegene Beobachtungszahl und die niedrigere Informationsverdichtung zurückzuführen ist.

Durch das gewählte Panelverfahren, mit dem die Heterogenität in den analysierten Wirtschaftsräumen kontrolliert werden kann, wird zudem deutlich, daß länderspezifische Faktoren einen Erklärungsbeitrag für die variierenden Gründungsaktivitäten in den Stichprobenregionen stiften. Allerdings reichen die Eigenheiten der elf Analyseländer nicht aus, um das Gründungsgeschehen in ihren Teilräumen präzise zu beschreiben. Regionalspezifische Elemente erzeugen ei-

---

von 1,48 erreicht. Es sei ergänzend erwähnt, daß auch in der Länderanalyse die Integration des Dummies keine Änderung in puncto Vorzeichen und Signifikanz der Variablen bewirkt. Die Dummy-Variable ist aber auch dort signifikant.

nen ergänzenden, bedeutsamen Einfluß hinsichtlich der Entstehung neuer Unternehmen. Welche konkreten institutionellen Arrangements das heterogene Gründungsverhalten in den Stichprobenregionen verantworten, erschließt sich aus der Regressionsanalyse freilich nicht. Denkbar sind Unterschiede in der Rechts- und Gewerbeordnung, dem Transfer- und Austauschsystem zwischen lokalen Wissenschaftseinrichtungen und der Wirtschaft oder in der Vorhaltung bestimmter Gründungsunterstützung wie der Durchführung eines Businessplan-Wettbewerbs. Ein mögliches erstes Indiz für die Bedeutung der regionalen Autonomie zur Ausgestaltung adäquater lokaler Gründungsstrukturen kann der Blick auf die Länder Großbritannien, Deutschland, Frankreich und Italien liefern. Denn hierbei zeigt sich, daß in den föderalistischen Ländern die Streuung der regionalen fixen Effekte, welche die raumwirtschaftlichen Besonderheiten verkörpern, auffallend kleiner ist als in den stärker zentralistisch organisierten Ländern. Besonders augenfällig unterscheiden sich Deutschland und Großbritannien auf der einen und Frankreich auf der anderen Seite (siehe die Tabelle in Anhang X). Diese Beobachtung kann darauf hinweisen, daß zur Errichtung gründungsförderlicher Strukturen und Institutionen ein hoher wirtschaftspolitischer Gestaltungsspielraum auf der regionalen Ebene wesentlich ist.

Schließlich demonstriert das regionale Modellergebnis, daß die Hypothese, der Zustrom ausländischer Direktinvestitionen habe keinen Einfluß auf die Entstehung neuer Unternehmen in der Zielregion, verworfen werden kann. Das Resultat bringt vielmehr zutage, daß mit steigendem Anteil einströmender Direktinvestitionen am Inlandsprodukt die regionale Gründungsintensität statistisch signifikant beeinträchtigt wird. Da in der finalen Modellspezifikation die Variable DI_SHARE zeitverzögert eingeht, wird auch der Zusammenhang zwischen den beiden Untersuchungsgrößen deutlich. Nicht die Vitalität des regionalen Gründungsgeschehens induziert einen Impuls auf die Höhe des einfließenden Investivkapitals, sondern umgekehrt. Das Engagement transnationaler Konzerne bremst die Gründungsaktivität am Investitionsstandort.

Diesen Bremseffekt in seiner ökonomischen Relevanz zu beurteilen, sollte behutsam erfolgen. Die ersten Erkenntnisse zeigen zum einen, daß das quantitative Ausmaß vor dem Hintergrund der regionalen Gründungshistorie zu würdigen ist. Gerade in Wirtschaftsräumen mit traditioneller Gründungsschwäche wird eine dauerhafte Erhöhung des Investitionsengagements transnationaler Konzerne merkliche Spuren in der Gründungsstatistik hinterlassen können. Zum anderen wird deutlich, daß die angemessenen Einordnung des negativen Gründungseffekts auch qualitative Aspekte berücksichtigt muß. Insbesondere ist zu hinterfragen, inwieweit einströmende Direktinvestitionen die Entstehung technologieorientierter, innovativer Gründungsunternehmen beeinträchtigen. Da die Antwort hierauf möglicherweise mit der Ausprägung standortspezifischer Merkmale der

Gastregion variiert, wird im nächsten Abschnitt der Versuch unternommen, tiefergehende Einsichten über den Zusammenhang zwischen gastraumspezifischen Merkmalen und den Gründungseffekten ausländischer Direktinvestitionen zu erlangen. Die Diskussion erfolgt dabei ausschließlich auf Ebene der Untersuchungsregionen.

4.3.2 Gastraumspezifische Wirkungen

Die Ausführungen im dritten Kapitel zur Theorie ausländischer Direktinvestitionen haben illustriert, daß ein bestimmter Standortvorteil eine notwendige Voraussetzung für die Aufnahme der Investitionstätigkeit im Zielgebiet ist.[573] Die Merkmale des Zielstandorts werden dabei nicht nur über die Investition als solche, sondern auch über deren Art und Umfang entscheiden.

Beispielsweise lohnt es sich für Unternehmen, die neue Absatzmärkte suchen, erst ab einer bestimmten Marktgröße im Gastland dort eigene Produktionsaktivitäten aufzubauen und zu unterhalten. Andernfalls werden sie den Export aus dem Mutterland in das Zielgebiet bevorzugen. In ähnlicher Weise werden Direktinvestoren, die beabsichtigen lohnintensive Tätigkeiten zu verlagern, die Anforderung relativ niedriger Löhne an potentielle Investitionsstandorte knüpfen. Innerhalb der Industrieländer wird dieses Kriterium tendenziell von Räumen erfüllt, die von einer hohen Arbeitslosigkeit geplagt sind. Denn dort dürften die Lohnkosten aufgrund der Misere am Arbeitsmarkt ceteris paribus niedriger sein als in Regionen mit geringer Erwerbslosigkeit.[574] Zumindest befinden sich ansiedlungswillige Direktinvestoren in strukturschwachen Gebieten bei Verhandlungen mit potentiellen Arbeitnehmern in einer Position der Stärke – gerade wenn von den Beschäftigten keine besonderen Qualifikationen verlangt werden.[575]

---

573 Vgl. die Abschnitte 3.1.2 und dort insbesondere Unterabschnitt 3.1.2.2.

574 Die Hypothese, daß regionale Arbeitslosigkeit mit niedrigen Löhnen einhergeht, wird seit Anfang der 1990er Jahre unter dem Begriff der „Lohnkurve" in der Literatur diskutiert. Während die empirischen Ergebnisse zu den angelsächsischen Ländern auf eine Bestätigung der These deuten, sind die für Deutschland vorgelegten Resultate der empirischen Forschung nicht ganz eindeutig. Allerdings besteht Einigkeit darin, daß die Alternativhypothese – eines positiven Zusammenhangs zwischen der regionalen Erwerbslosigkeit und dem regionalen Durchschnittslohn – verworfen werden kann. Vgl. Blien, 1996, S. 455ff. oder Blien, 2001, 81ff.

575 Außerdem sehen sich multinationale Konzerne in diesen Regionen nicht der Gefahr ausgesetzt, daß der aktuelle Eigenbedarf an Arbeitskräften zu rasch steigenden Löhnen am allgemeinen Arbeitsmarkt führt, was einer späteren Expansion analoger Aktivitäten am Investitionsstandort die Grundlage entziehen würde.

Der Blick auf die stilisierten Fakten der Empirie verdeutlichte im dritten Kapitel zudem, daß unter den wichtigsten Determinanten ausländischer Direktinvestitionen zahlreiche sind, die in der Gründungsforschung als Einflußgrößen für die Entstehung neuer Unternehmen diskutiert werden. Hierzu gehören die lokale Präsenz qualifizierter Arbeitskräfte, die Dichte wirtschaftlicher Aktivität sowie die Spezialisierung;[576] Faktoren also, deren Gründungsrelevanz im Rahmen der regionalen Anwendung des Grundmodells soeben bestätigt werden konnten.

Die intensive Auseinandersetzung mit der Frage, in welcher Form und Intensität das einströmende Investivkapital auf die *einzelnen* potentiellen Gründungsfaktoren einwirkt, demonstrierte, daß in allen Fällen die Effekte – insbesondere in kurzer Perspektive – theoretisch nicht eindeutig sind.[577] Offen bleibt etwa, inwieweit der Investitionszustrom die wirtschaftliche Ballung im Zielgebiet verändert. So können multinationale Konzerne mit ihren Direktinvestitionen auf der einen Seite einen direkten Beitrag zur Verstärkung der wirtschaftlichen Ballung leisten, allen voran bei Neuansiedlungen. Auf der anderen Seite kann aber mit der Präsenz ausländischer Konzerne auch der Niedergang einer Agglomeration eingeleitet werden, wenn diese etwa lokale Wettbewerber verdrängen und/oder die transnationalen Unternehmen im Gefolge einer Akquisition verschiedene Wertschöpfungsaktivitäten am Ort einstellen, weil sie konzernweite Skalen- und Verbundeffekte ausschöpfen.[578] Auf ähnliche Weise bleibt a priori unbestimmt, welche Impulse das Investitionsengagement ausländischer Unternehmen auf die lokale Beschäftigungslage, die Forschungs- und Entwicklungstätigkeit oder den Fortgang der regionalen Spezialisierung ausübt.

Infolgedessen konnte auf Basis der theoretischen Überlegungen auch zum *gesamten* indirekten Gründungseffekt, der sich über die Veränderung der verschiedenen raumwirtschaftlichen Rahmenbedingungen durch das einströmende Investivkapital formiert, keine eindeutige Antwort abgeleitet werden. Die Diskussionen gaben allerdings Anlaß zu vermuten, daß der konkrete Effekt ausländischer Direktinvestitionen hinsichtlich der Bildung neuer Unternehmen von den Gastlandscharakteristika wesentlich abhängt, weil diese Merkmale den Investitionszustrom in Art und Stärke determinieren.[579]

Damit wird die Frage aufgeworfen, unter welchen raumwirtschaftlichen Gegebenheiten der Gründungimpuls ausländischer Direktinvestitionen von der bis-

576 Vgl. Abschnitt 3.1.2.3.
577 Vgl. dazu die ausführliche Diskussion in Abschnitt 3.3.
578 Siehe ausführlich hierzu Abschnitt 3.3.3.
579 In ähnlicher Weise haben sich etwa Nunnenkamp und Spatz im entwicklungspolitischen Kontext mit der Frage auseinandergesetzt, ob und wie weit die Entfaltung induzierter Wachstumseffekte von den Charakteristika der Empfängerländer ausländischer Direktinvestitionen abhängt. Vgl. Nunnenkamp/Spatz, 2003.

herigen empirischen Beobachtung abweicht, wonach diese die Gründungsintensität im allgemeinen signifikant beeinträchtigen. Alternativ läßt sich fragen, welche Standorteigenschaften für die negative Gründungswirkung der Direktinvestitionen maßgeblich verantwortlich sind.

Ein positiver Effekt ausländischer Direktinvestitionen auf die Entstehung neuer Unternehmen ist etwa in besonders stark spezialisierten Regionen vorstellbar. Genährt wird diese Vermutung über einen solchen Zusammenhang durch zwei Faktoren: Zum einen aus dem Diskurs im dritten Kapitel, der hervorbrachte, daß mit dem Zustrom von Direktinvestitionen ceteris paribus eine tiefere Integration in die Weltwirtschaft einhergeht, die wiederum – zumindest langfristig – eine Zunahme der Spezialisierung zur Folge hat; zum anderen durch den empirischen Befund, daß sich die Spezialisierungsvariable als signifikanter Gründungstreiber theoriekonform herauskristallisiert hat. Angesichts dieser beiden Aspekte könnte in den „Cluster“-Regionen der Stichprobe der Impuls ausländischer Direktinvestoren auf die Gründungsintensität von der allgemeinen Beobachtung abweichen.

Einem positiven – den negativen Gesamteffekt zumindest kompensierenden – Gründungseffekt kann allerdings der Wettbewerb auf den Faktormärkten um tendenziell immobile Arbeitskräfte entgegenstehen. Denn es darf erwartet werden, daß vor allem in spezialisierten Räumen der Wettbewerb um qualifizierte, talentierte Erwerbstätige besonders ausgeprägt ist. Daher werden multinationale Unternehmen gerade in einem solchen Umfeld geneigt sein, Effizienzlöhne an ihre hochqualifizierten Beschäftigten zu zahlen. Dieses Verhalten wird wiederum zu einer allgemeinen Erhöhung des regionalen Lohnniveaus führen. Gemäß der Theorie der unternehmerischen Wahl hat eine solche lohnsteigernde Entwicklung zur Konsequenz, daß sich für Erwerbsfähige die Selbständigkeit als die zunehmend unattraktivere Alternative gegenüber der abhängigen Beschäftigung gebärdet.

Auch für Regionen, die von hoher Arbeitslosigkeit betroffen sind, ist ein positiver Gründungseffekt durch einströmendes Investivkapital denkbar. Denn in diesen Gebieten, in denen die Löhne aufgrund der Arbeitsmarktlage relativ niedrig sind, werden transnationale Unternehmen vornehmlich arbeitsintensive, meist für den (Re-)Export bestimmte Aktivitäten verlagern. Infolgedessen konkurrieren die Direktinvestoren nur zu einem geringen Maße mit den heimischen Firmen auf den Produktmärkten des Gastlands. Unter diesen Umständen scheint es plausibel, daß der Zustrom ausländischer Direktinvestitionen latente private Gründungsinitiativen weit weniger verdrängt als in der Durchschnittsregion. Zudem leisten die multinationalen Konzerne in diesen von Unterauslastung geprägten Regionen einen direkten Beitrag zum Abbau der Arbeitslosigkeit. Damit unterstützen die Direktinvestoren indirekt die Herausbildung neuer Unternehmen; denn die Gründungsaktivität ist – wie das Regressionsergebnis für die Stichprobenregionen zeigt – mit der Beschäftigungslosigkeit invers verknüpft. Folglich ginge von den ausländischen Direktinvestitionen in solchen kriselnden Räumen eine ihren allgemein negativen Gründungseffekt kompensierende Wirkung aus.

Ein positiver (Über-)Kompensationseffekt kann allerdings nicht automatisch für strukturschwache Regionen angenommen werden. Schließlich ist nicht ausgeschlossen, daß sich in diesen Gebieten die Lage auf dem Arbeitsmarkt mit dem Eintritt der Direktinvestoren noch verschärft. Denn nicht selten werden in von Wirtschaftskrisen geschüttelten Regionen lokale Unternehmen von ausländischen Investoren übernommen. Im Zuge anstehender Sanierungsmaßnahmen setzen die neuen, ausländischen Eigentümer möglicherweise weitere Erwerbstätige frei, womit sich die ohnehin schlechte Arbeitsmarktlage noch weiter eintrübt. Darüber hinaus können sich lokale Anbieter durch die Wettbewerbsintensivierung auf den Produktmärkten gezwungen sehen, ähnliche arbeitskräfteeinsparende Schritte einzuleiten.

In Summe zeigen diese Überlegungen, daß die Gründungsvitalität in wirtschaftsschwachen Regionen durch den Einstrom von Direktinvestitionen sogar besonders stark belastet werden könnte, wenn mit dem Kapitalzustrom eine weitere Arbeitsmarktverschlechterung verbunden ist.[580]

Für die These einer außergewöhnlichen Beeinträchtigung der Gründungsaktivität in strukturschwachen Regionen liefern die wenigen empirischen Befunde allerdings keine Anhaltspunkte. Diese unterstützen vielmehr die Vermutung eines stimulierenden Impulses. So entdeckt Potter in einer Studie zu zwei britischen Regionen, die beide von einer hohen Beschäftigungslosigkeit geprägt sind, daß parallel zur Errichtung neuer Betriebsstätten durch ausländische Konzerne die Anzahl heimischer KMU-Unternehmen gestiegen ist.[581] Die Frage nach der Signifikanz der möglichen Verbindung bleibt in dieser deskriptiven Arbeit allerdings offen. Mit ökonometrischen Methoden haben jedoch Del Monte und Luzenberger in ihrer Längsschnittuntersuchung zu Süditalien einen signifikanten Effekt entdeckt: Dort haben im Zeitraum von 1951 bis 1981 die vorwiegend in den Aufbau von reinen Produktionsstätten („branch plants“) geflossenen Investitionen extraterritorialer Großunternehmen die lokale Gründungtätigkeit belebt.[582]

Zur Überprüfung der These, daß der Zusammenhang zwischen dem Zustrom ausländischer Direktinvestitionen und der Entstehung neuer Unternehmen von

580 Vgl. zur Bandbreite möglicher Arbeitsmarkteffekte einströmender Direktinvestitionen die Diskussion in Abschnitt 3.3.2.

581 Vgl. Potter, 1993, S.199.

582 Vgl. Del Monte/Luzenberger, 1989, S. 219ff. Hinsichtlich des hier verwendeten Begriffs der „extraterritorialen“ Unternehmen siehe die Fußnotenanmerkung in Abschnitt 2.3.

bestimmten Raummerkmalen der Zielregion abhängt, werden nun in die ursprüngliche Regressionsgleichung Interaktionsterme eingeführt und das Modell erneut geschätzt. Mit diesen Termen, die nichts anderes als eine multiplikative Verknüpfung zweier Variablen darstellen, wird es möglich, den Gründungseinfluß der ausländischen Direktinvestitionen DI_SHARE (-1) und einer jeweils anderen Determinante, die zugleich die Zielregion charakterisiert, gemeinsam zu ermitteln. Damit läßt sich der Gründungsimpuls des einströmenden Investivkapitals unter bestimmten raumökonomischen Konstellationen für die Stichprobenregionen abschätzen. In Summe werden vier Interaktionsterme gebildet. Es wird die verknüpfte Wirkung ausländischer Direktinvestitionen mit der Arbeitslosigkeit UNEMPLY, der Spezialisierung YSP, der regionalen Innovationsintensität FuE_HK und der Dichte wirtschaftlicher Aktivität YAG analysiert.

Der Übersichtlichkeit halber wird auf die Aufnahme der Realzinsen IRR und des Beschäftigtenanteils im Dienstleistungssektor EMS in der modifizierten Regressionsgleichung verzichtet. Beide Größen haben sich im Grundmodell als insignifikant für die regionale Gründungsintensität erwiesen.[583] Dafür wird der Dummy für Belgien BE aufgenommen, dessen Signifikanz im Rahmen der Robustheitsprüfung festgestellt wurde.

Die modifizierte Regressionsgleichung lautet:

$$\begin{aligned} ENTRY = {} & \alpha + \beta_1 FuE\_\beta_2 UNEMPLY + \beta_5 YAG + \beta_6 YSP + \\ & \beta_7 DI\_SJARE(-1) + \beta_8 BE + \beta_9 DI\_SHARE(-1)*UNEMPLY + \\ & \beta_{10} DI\_SHARE(-1)*YSP + \beta_{11} DI\_SHARE(-1)*FuE\_HK + \\ & \beta_{12} DI\_SHARE(-1)*YAG + \mu \end{aligned}$$

Auf Basis der vorherigen Überlegungen, daß die Richtung des Gründungsimpulses ausländischer Direktinvestitionen an raumökonomische Charakteristika gebunden sein könnte, gilt es nun zu testen, ob die Vorzeichen der Regressionskoeffizienten β_9, β_{10}, β_{11} und β_{12} positiv sind und damit von der dämpfenden Gesamtwirkung abweichen, die aus den verschiedenen direkten und indirekten Effekten resultiert. Die Ergebnisse der modifizierten Regression gibt die folgende Tabelle 4.8 wieder.

583 Durch die Aufnahme der beiden im Grundmodell insignifikanten Variablen ändern sich die Ergebnisse nicht wesentlich. Alle zentralen Erkenntnisse haben Bestand. Vgl. auch die Tabelle in Anhang XI.

Tabelle 4.8

Determinanten der regionalen Gründungsintensität 1996 bis 2000 (Schätzung mit regionalindividuellen Effekten und vier Interaktionstermen)

Abh. Variable: ENTRY	**N53**
Determinante	Koeffizient
FUE_HK	-0,331***
	(-3,54)
UNEMPLY	-0,006***
	(-4,45)
YAG	0,019**
	(2,58)
YSP	0,835***
	(8,69)
DI_SHARE (-1)	15,089
	(0,79)
BE	-1,064***
	(-3,15)
DI_SHARE (-1)*UNEMPLY	0,010
	(0,45)
DI_SHARE (-1)*YSP	-2,532
	(-1,29)
DI_SHARE (-1)*FuE_HK	0,233**
	(2,30)
DI_SHARE (-1)*YAG	-0,080**
	(-2,14)
korr. R^2	0,958
Beobachtungen	212
F-Wert	77,80***
Heteroskedastizitäts-konsistente t-Werte (White) in Klammern	
*/**/*** Signifikanzniveau von 90/ 95/ 99 Prozent	

Das Regressionsresultat offenbart bei zwei der vier gebildeten Interaktionsterme ein positives Vorzeichen, etwa beim Interaktionsterm aus ausländischen Direktinvestitionen und Arbeitslosigkeit. Diese interaktive Variable ist allerdings insignifikant. Hieraus läßt sich zurückhaltend ableiten, daß für die Stichprobenregionen die postulierte These prinzipiell nicht zu verwerfen ist, wonach Direktinvestitionen in Gebieten mit hoher Unterauslastung der Produktionsfaktoren einen positiven Impuls auf die lokale Gründungsvitalität ausüben. Zumindest kommt es zu kompensierenden Effekten, so daß der in der Standardregion beobachtbare negative Gründungsimpuls hier geringer ausfällt.

Die fehlende Signifikanz des positiven, interagierenden Terms scheint bei näherer Betrachtung nicht einmal unschlüssig. Denn es darf für die untersuchten Regionen vermutet werden, daß sich unter dem hier eingeströmten Investivkapital nur ein ganz geringer Anteil befindet, der aus dem lohnkostensparenden Motiv erfolgt. Transnationale Konzerne, die heute arbeitsintensive Wertschöpfungsaktivitäten verlagern beziehungsweise ausgliedern wollen, werden hierzu tendenziell keine westeuropäischen Regionen mehr aufsuchen. Immerhin kann der empirische Befund als ein vorsichtiges Indiz dafür gewertet werden, daß die Anwesenheit multinationaler Unternehmen die indigene Gründungsaktivität in Regionen mit hoher Arbeitslosigkeit weniger stark beeinträchtigt als in Gebieten mit Vollbeschäftigung.

Etwas überraschend ist das positive und zugleich signifikante Vorzeichen des Interaktionsterms von ausländischen Direktinvestitionen und Innovationstätigkeit. Ein naheliegender Erklärungsbeitrag hierfür liegt in den multinationalen Unternehmen selbst. So ist vorstellbar, daß gerade in Räumen mit einer starken Forschungs- und Entwicklungslandschaft die Brutkastenfunktion der Direktinvestoren besonders ausgeprägt ausfallen wird. Die überdurchschnittliche Ausgründungsbereitschaft von FuE-Mitarbeitern transnationaler Konzerne mag sich schon einmal dadurch begründen, daß die Investoren in diesen forschungsintensiven Regionen eine besonders prädestinierte Ausgangslage für Ausgründungen schaffen, indem sie gerade an diesen Standorten eigene FuE-Aktivität unterhalten. Wie die Ausführungen weiter oben ergaben, kann eine hohe regionale Forschungsintensität den Anreiz geliefert haben, daß transnationale Unternehmen hier eigene FuE-Abteilungen errichten.

Darüber hinaus kann möglicherweise die Existenz komplementäre Forschungsinfrastruktur, die Gründungsentscheidung von Ausgründungswilligen erleichtern; denn Kooperationen mit lokalen Forschungsinstituten und Laboren können helfen, einen Innovationsvorsprung des Gründungsunternehmens zu bewahren und damit die Wahrscheinlichkeit für einen Gründungserfolg zu erhöhen.[584] Es darf erwartet werden, daß solch fruchtbare Rahmenbedingungen in

584 Zur Bedeutung der lokalen Präsenz von Forschungsinstituten für die Innovationskooperationen kleiner und mittelständischer Unternehmen siehe Abschnitt 2.2.3.5.

forschungsintensiven Regionen tendenziell eher zur Verfügung stehen als andernorts.

Das Phänomen, daß in forschungsintensiven Regionen von ausländischen Direktinvestitionen ein positiver, den allgemeinen Impuls zumindest teilweise kompensierender Gründungseffekt ausgeht, erlaubt allerdings noch andere Deutungen.

Eine weitere besteht etwa darin, daß Direktinvestoren, die sich in Regionen mit hoher Innovationsintensität niederlassen oder ihre dortige Position ausbauen, ein Zeichen hoher Aufnahmebereitschaft für unternehmensexterne Ideen an die Akteure der lokalen Forschungslandschaft bewußt oder unbewußt aussenden. Für die Forscher und Entwickler lokaler Labore könnte die regionale Anwesenheit transnationaler Konzerne infolgedessen ein Schlüsselanreiz zur Umsetzung der eigenen Ideen in Form einer Unternehmensgründung darstellen. Diese latenten Gründer erblicken in den technologieaffinen Direktinvestoren eventuell potentielle Kunden ihrer innovativen Geschäftsideen. Möglicherweise wird die Gründungsentscheidung in manch einem Fall auch von der Hoffnung getragen, das eigene Startup-Unternehmen beziehungsweise die dahinter stehende Technologie nach einiger Zeit an die finanzpotenten Direktinvestoren veräußern zu können.[585]

Der häufigere Entschluß zur eigenen Gründung kann an forschungsintensiven Standorten mit ausländischer Konzernpräsenz auch durch arbeitsmarktpolitische Aspekte motiviert sein. So ist vorstellbar, daß Direktinvestoren an ausgeprägten Wissenschaftsstandorten einen Eigenbedarf an FuE-Beschäftigten haben. Erweist sich diese zusätzliche Nachfrage als relativ groß und stetig, verbessert sich ceteris paribus die Auffanglösung für Forscher und Entwickler, falls die Umsetzung der eigenen Geschäftsidee nach dem Verlassen der Alma Mater oder eines FuE-treibenden lokalen Unternehmens scheitert. Der Mut zur eigenen Gründung könnte demnach auch in dieser Gruppe hochqualifizierter Gründeraspiranten vom Ausmaß alternativer Angebote am Arbeitsmarkt entscheidend bestimmt sein. Mit

---

585 In diesem Zusammenhang sei an den zum Teil befremdlich anmutenden Zeitgeist der „New Economy“ erinnert, deren Aufstieg im Untersuchungszeitraum lag. Es gehörte zu den seltsamen Blüten dieser Zeit, alle Gründungsunternehmen der IT- und Biotechnologiebranche ebenso wie die etablierten Konzerne weitgehend in Sippenhaft zu nehmen. Während letztere kollektiv als schwerfällig und ideenfrei verschrieen wurden, eilte den anderen der glanzvolle Ruf voraus, per se schöpferische Zerstörer zu sein. In diesem Kontext war es verschiedenen Gründern gelungen, ihr Unternehmen nach relativ kurzer Zeit zu „attraktiven Konditionen“ an Großunternehmen zu verkaufen, die darin mitunter die einzige Möglichkeit sahen, ihre konzerninterne Ideenpipeline zu füllen. Da diese Transaktionen teilweise sehr medienwirksam inszeniert wurden, waren mitunter „realökonomisch entkoppelte“ Begehrlichkeiten in der „Gründergemeinde“ entstanden. Zur Sippenhaft von Gründungs- und jungen Wachstumsunternehmen siehe Lehmann, 2004, S. 169f.

Blick auf den empirischen Befund wäre es direkt verwunderlich, wenn die FuE-Beschäftigten sich grundlegend anders als die Gesamtheit der Erwerbstätigen in der Stichprobe verhielten: Diese distanzierten sich mit zunehmender Eintrübung am Arbeitsmarkt vom Gründungsgedanken. Insofern ist der entsprechende Umkehrschluß hier einzig auf den Sonderfall der Forscher und Entwickler angewendet worden.

Schließlich mag der gründungsstimulierende Effekt ausländischer Direktinvestitionen in forschungsintensiven Wirtschaftsräumen auch auf die Wettbewerbsverschärfung zurückzuführen sein. Müssen lokale Wettbewerber oder auch von Direktinvestoren erworbene Unternehmen ihre Aktivitäten straffen und neu ausrichten, können gerade in diesen Regionen gründungsrelevante Besonderheiten auftreten. Die Pharmaindustrie liefert hierzu beispielsweise anekdotische Evidenz. So sortierte Novartis, nach dem das Unternehmen aus dem Zusammenschluß von Ciba und Sandoz entstanden war, verschiedene Medikamentenkandidaten aus. Einige Mitarbeiter ergriffen die Gelegenheit, kauften dem neuen Konzern die Lizenz ab, machten sich selbständig und trugen damit unabsichtlich zur Entstehung der Biotechnologiebranche in der Schweiz bei.[586] Derartige Effekte sind sicherlich auf Regionen begrenzt, in denen entsprechende Forschungsaktivitäten unterhalten werden.

Als Zwischenresümee kann festgehalten werden, daß in Regionen ausgeprägter Forschungsaktivität das Investitionsengagement ausländischer Unternehmen auf die lokale Gründungsaktivität einen von der Standardregion tendenziell abweichenden, positiven Impuls entfaltet. Zudem dürften sich die Aktivitäten ausländischer Investoren auf die Entstehung neuer Unternehmen weit weniger negativ niederschlagen, wenn die Gastregion von hoher Beschäftigungslosigkeit anstatt von Vollbeschäftigung gezeichnet ist. Darüber hinaus kann gefolgert werden, daß der gründungshemmende Gesamteffekt ausländischer Direktinvestitionen stark an die beiden raumwirtschaftlichen Merkmale Ballung und Spezialisierung gebunden ist. Dieser Schluß ergibt sich nicht nur dadurch, daß die Vorzeichen der beiden interaktiven Terme von DI_SHARE (-1) und YAG beziehungsweise von DI_SHARE (-1) und YSP negativ sind. Hierfür spricht auch der positive – wenn auch insignifikante – Gründungseffekt der Direktinvestitionen, der nicht auf der Interaktion der Variable mit den vier raumspezifischen Merkmalen beruht.

Auf Basis dieser Einsichten werden im nächsten Schritt die Interaktionsterme mit einem positiven Vorzeichen aus der Gleichung wieder eliminiert und das Modell erneut regressiert. Diese Vorgehensweise dient dem Zweck, ein besseres Verständnis für die Zusammenhänge zu entwickeln. Denn es scheint durchaus

586 Vgl. Kuchenbuch, 2005, S. A2.

denkbar, daß der Gründungsimpuls einströmender Direktinvestitionen signifikant positiv wird, sobald die Variable DI_SHARE (-1) nicht mit der Ballung YAG oder der Spezialisierung YSP interagiert.

Das Resultat der neuerlichen Berechnung entspricht den Erwartungen: Das Vorzeichen der Variable DI_SHARE (-1) bleibt positiv und ihr t-Wert erhöht sich, ohne dadurch allerdings signifikant zu werden (siehe Tabelle 4.8). Die verbliebenen Interaktionsterme haben andererseits ihr negatives Vorzeichen bewahrt. Allein die statistische Bedeutung des Interaktionsterms von DI_SHARE (-1) und YSP hat sich gegenüber der Regression mit vier Interaktionstermen erhöht. Der Term erreicht nun bei einer Vertrauenswahrscheinlichkeit von 90 Prozent Signifikanz.

Testet man das Modell nun wahlweise mit nur einem der beiden negativen Interaktionsterme, so ergibt sich eine weitere interessante Erkenntnis: Die Gründungsbeeinträchtigung ausländischer Direktinvestitionen, die undifferenziert von raumspezifischen Konstellationen im Grundmodell beobachtet werden konnte, resultiert vorwiegend auf der Interaktion mit der Spezialisierung der Empfängerregion. Denn die Separierung der gemeinsamen Wirkung einströmender Direktinvestitionen und wirtschaftlicher Spezialisierung von der Variable DI_SHARE (-1) führt dazu, daß deren verbleibender Effekt die Gründungsaktivität signifikant stimuliert (siehe folgende Tabelle 4.9).[587]

Dem Befund nach läßt sich schließen, daß die an der Oberfläche beobachtbare Gründungsbeeinträchtigung ausländischer Direktinvestitionen wohl weniger auf die Verdrängung von Gründungsopportunitäten als auf die reduzierte Attraktivität der Selbständigkeit zurückzuführen ist. Denn die schwindende Neigung, ein eigenes Unternehmen zu gründen, dürfte zu einem erheblichen Ausmaß auf Lohn- und Gehaltssteigerungen beruhen, die transnationale Konzerne in spezialisierten Wirtschaftsräumen induzieren. Gerade dort wird – so läßt sich annehmen – das Engagement ausländischer Direktinvestoren den Wettbewerb um qualifizierte Arbeitskräfte besonders intensivieren und zu entsprechenden Anpassungen von Löhnen und Gehältern führen, die wiederum die Gründungsentscheidung erschweren.

Lohn- und Gehaltssteigerungen werden dabei das Resultat einer erhöhten Nachfrage nach Hochqualifizierten und/oder der Bereitschaft zur Zahlung von

---

587 Indem das Modell auch einzig unter Erweiterung um den Interaktionsterm von DI_SHARE (-1) und UNEMPLY beziehungsweise um den Interaktionsterm von DI_SHARE (-1) und FuE_HK getestet wurde, finden sich die vorherigen Ergebnisse bestätigt. D.h. der erste Interaktionsterm (DI_SHARE (-1) und UNEMPLY) bleibt insignifikant positiv, während der zweite signifikant positiv wird. Die Variable DI_SHARE (-1) ist in beiden Fällen bei negativem Vorzeichen signifikant.

Tabelle 4.9

Determinanten der regionalen Gründungsintensität 1996 bis 2000 (Schätzung mit regionalindividuellen Effekten und einzelnen Interaktionstermen)

Abh. Variable: ENTRY	***N53***		
Determinante	Koeffizient	Koeffizient	Koeffizient
FUE_HK	-0,342***	-0,325***	-0,274***
	(-6,11)	(-4,51)	(-4,57)
UNEMPLY	-0,006***	-0,006***	-0,006***
	(-5,77)	(-7,36)	(-5,89)
YAG	0,018**	0,019**	0,018**
	(2,31)	(2,22)	(2,31)
YSP	0,859***	0,763***	0,882***
	(6,46)	(8,11)	(6,44)
DI_SHARE(-1)	2,481	-4,425***	29,85**
	(1,44)	(-4,16)	(2,20)
BE	-1,092***	-1,061***	-1,247***
	(-3,39)	(-3,42)	(-4,53)
DI_SHARE(-1)*UNEMPLY			
DI_SHARE(-1)*YSP	-3,397*		-4,051**
	(-1,68)		(-2,55)
DI_SHARE(-1)*FUE_HK			
DI_SHARE(-1)*YAG	-0,082**	-0,107***	
	(-2,44)	(-4,76)	
korr. R^2	0,9580	0,9576	0,9578
Beobachtungen	212	212	212
F-Wert	81,16***	81,66***	82,20***
Heteroskedastizitäts-konsistente t-Werte (White) in Klammern */**/*** Signifikanzniveau von 90/ 95/ 99 Prozent			

mobilitätseinschränkenden Effizienzlöhnen an diese sein, mit welcher der Verlust von Know-how-Trägern unterbunden beziehungsweise eingeschränkt werden soll. Gemäß der Theorie der unternehmerischen Wahl wird sich unter solchen Rahmenbedingungen die Gründungsvitalität ceteris paribus ermäßigen.

Da qualifizierte Erwerbsfähige von den Veränderungen am Arbeitsmarkt am stärksten profitieren, darf der vorsichtige Schluß gezogen werden, daß von dem bremsenden Gründungseffekt die Entstehung innovativer, technologie-orientierter Unternehmen überproportional betroffen ist, weil deren Gründer sehr häufig über eine hohe formale Ausbildung und Qualifikation verfügen. Die Beeinträchtigung der Formation neuer Unternehmen erhält damit eine qualitative Dimension: Wie mehrfach angesprochen leisten gerade innovative Gründungsunternehmen einen fundamental wichtigen Beitrag für die langfristige, nachhaltige Entwicklung einer Wirtschaft.

Vor dem Hintergrund des hohen statistischen Einflusses der regionalen Spezialisierung für den Gründungseffekt, den das Investitionsengagement transnationaler Konzerne entfaltet, lohnt eine genauere Untersuchung der Zusammenhänge. Hierdurch zeigt sich, daß die marginale Erhöhung einströmender Direktinvestitionen keinen Effekt auf die Gründungsintensität ausübt, sofern der Spezialisierungsindex den Wert 7,369 hat.[588] Nimmt diese Variable hingegen einen höheren Betrag an, führt jedes Investitionsengagement ausländischer Unternehmen automatisch zu einer Beeinträchtigung der Gründungsaktivität in der Zielregion. Entsprechend muß gelten, daß bei einem niedrigeren Wert des Spezialisierungsindexes die Entstehung neuer Unternehmen vom Zustrom ausländischer Direktinvestitionen *nicht* eingeschränkt wird.

Der Blick auf die Spezialisierungswerte in der Stichprobe bringt hervor, daß allein eine der 53 Untersuchungsregionen in den ersten drei Jahren des Beobachtungszeitraumes einen niedrigeren Wert als den kritischen in Höhe von 7,369 einnimmt. Es handelt sich bei dieser Region um das Saarland.

Angesichts dieses eindeutigen Befundes kann geschlossen werden, daß die wirtschaftliche Spezialisierung der untersuchten europäischen Regionen ein Ausmaß angenommen hat, das unweigerlich zu einer Beeinträchtigung der lokalen Gründungsaktivität führt, wenn ausländische Direktinvestitionen einströmen. Diese Beobachtung verliert auch für das Saarland ab 1999 nicht an Gültigkeit. Zugleich läßt sich festhalten, daß die Hypothese verworfen werden kann, der Gründungsimpuls ausländischer Direktinvestitionen sei von standortspezifischen Merkmalen der Gastregion unabhängig.

---

588 Dieser Wert ergibt sich mit Hilfe der Regressionskoeffizienten aus Tabelle 4.9. Es gilt zu berechnen: 29,85 * DI_SHARE (-1) + (-4,051 * DI_SHARE (-1) * YSP) = 0. Nach entsprechender Umformung und Auflösung erhält man den Ausdruck: YSP = (29,85 / 4,051) = 7,369.

4.3.3 Weitere Erkenntnisse

4.3.3.1 Öffentliche und privatwirtschaftliche Forschung und Entwicklung

In Abschnitt 2.2.3.5 wurde theoretisch hergeleitet, daß der Gründungseinfluß öffentlicher und privatwirtschaftlicher Forschungs- und Entwicklungstätigkeit nicht im Gleichklang erfolgen muß. Während von staatlicher FuE wegen des öffentlichen Gutcharakters des hierbei generierten Wissens eindeutig ein positiver Impuls auszugehen und nur deren Signifikanz fraglich zu sein scheint, muß der Effekt privatwirtschaftlicher FuE-Maßnahmen a priori indeterminiert bleiben.

Da der Gründungseinfluß der beiden Faktoren bislang nur in verdichteter Form im Rahmen der verschiedenen Modelle empirisch getestet wurde und sich dieser dabei als signifikant negativ herauskristallisiert, bietet es sich an dieser Stelle an, die Zusammenhängen für die Stichprobenregionen noch etwas genauer zu beleuchten.

Nach den theoretischen Überlegungen stellt sich vor allem die Frage, ob die Intensität öffentlicher Forschung und Entwicklung positiv auf die regionale Gründungsaktivität ausstrahlt und damit der beobachtbare Bremseffekt der gesamtwirtschaftlichen FuE-Tätigkeit der Dominanz privatwirtschaftlicher Forschungsarbeit geschuldet ist.

In Tabelle 4.10 ist das Ergebnis der neuerlichen Regression abgebildet. Der Übersichtlichkeit halber wird diesem noch einmal das ursprüngliche Resultat vorangestellt, in dem der Gründungeinfluß der gesamtwirtschaftlichen FuE-Aktivität überprüft worden war.

Die Resultate illustrieren, daß beide FuE-Variablen ein negatives Vorzeichen haben und damit in der Tendenz überraschenderweise synchron laufen. Separiert erweist sich dabei keine der beiden Größen bei einer Vertrauenswahrscheinlichkeit von 95 Prozent als signifikant. Die Intensität privatwirtschaftlicher Forschung und Entwicklung genießt allerdings auf einem Signifikanzniveau von zehn Prozent Vertrauen. In Summe bedeutet dies aber, daß sich die beiden Formen gegenseitig verstärken, um gemeinsam einen signifikanten Bremseffekt auf die Bildung neuer Unternehmen zu entfalten.

In Anbetracht der theoretischen Erörterung zum Gründungseinfluß öffentlicher Forschungs- und Entwicklungstätigkeit gilt es daher die Frage zu beantworten, wie sich das empirische Ergebnis interpretieren läßt. Eine mögliche Erklärung kann darin bestehen, daß der öffentliche Sektor – analog der Privatwirtschaft – durch seinen Bedarf an Hochqualifizierten zur Durchführung entsprechender FuE-Projekte einen unmittelbaren Entzug potentieller Gründer verursacht, während die Früchte dieser Tätigkeit erst zu einem späteren Zeitpunkt in Form von Gründungen in Erscheinung treten. Gerade die staatliche Grundlagen-

Tabelle 4.10

Determinanten der regionalen Gründungsintensität 1996 bis 2000 mit besonderer Beachtung privatwirtschaftlicher und öffentlicher Forschung und Entwicklung (Schätzung mit regionalindividuellen Effekten)

Abh. Variable: ENTRY	**N53**	*Abh. Variable: ENTRY*	**N53**
Determinante	Koeffizient	Determinante	Koeffizient
FUE_HK	-0,240***	*FUEPR_HK*	-0,219*
	(-2,95)		(-1,94)
		FUEGV_HK	-0,515
			(-1,44)
UNEMPLY	-0,006***	UNEMPLY	-0,006***
	(-8,46)		(-8,35)
EMS	-0,015	EMS	-0,014
	(-0,63)		(-0,59)
IRR	-0,040	IRR	-0,042
	(-1,39)		(-1,31)
YAG	0,019**	YAG	0,020**
	(2,33)		(2,05)
YSP	0,761***	YSP	0,752***
	(8,08)		(9,29)
DI_SHARE(-1)	-5,152***	DI_SHARE(-1)	-5,145***
	(-4,12)		(-4,17)
BE	-1,262***	BE	-1,250***
	(-4,96)		(-4,78)
korr. R^2	0,957	korr. R^2	0,956
Beobachtungen	212	Beobachtungen	212
F-Wert	78,53***	F-Wert	76,83***
Heteroskedastizitäts-konsistente t-Werte (White) in Klammern */**/*** Signifikanzniveau von 90/ 95/ 99 Prozent			

forschung gibt Anlaß, eine zeitverzögerte Gründungswirkung zu vermuten, denn der kommerzielle Nutzen ihrer Ergebnisse wird vielfach erst in der nachgelagerten, anwendungsorientierten Entwicklung ersichtlich.[589]

589 Am Beispiel der medizinischen Forschung läßt sich dieser Umstand besonders eindrucksvoll demonstrieren. Dort können von der Erforschung neuer Substanzen bis

Demnach kann aber erwartet werden, daß die zeitversetzte Variable FUEGV_HK gründungsfördernd wirkt. Ein solches Muster wäre wiederum konsistent mit anderen Arbeiten zur gesamtwirtschaftlichen Produktivitätswirkung öffentlicher Forschung und Entwicklung.[590]

Indem das Modell unter Berücksichtigung eines Zeitverzugs von einem Jahr für die öffentliche FuE-Intensität regressiert wird, ergeben sich bestätigende Anzeichen für die differenzierte Wirkungsthese, denn die Variable wechselt erwartungskonform das Vorzeichen. Sie erreicht jedoch selbst bei einem Signifikanzniveau von zehn Prozent kein Vertrauen.[591]

In einem weiteren Schritt wurden die beiden Komponenten der Forschungs- und Entwicklungstätigkeit analog der Vorgehensweise in Abschnitt 4.3.2 jeweils mit der Variable DI_SHARE (-1) zu einem Interaktionsterm verwoben. Aus dem dortigen Ergebnis, bei dem der Interaktionsterm aus Direktinvestitionen und gesamtwirtschaftlicher FuE-Intensität signifikant positiv anschlug, erschließt sich das Interesse an dieser zusätzlichen Analyse. Denn es stellt sich die Frage, ob beide FuE-Komponenten auch in der Interaktion mit den Direktinvestitionen homogen sind.

Die neuerliche Regression gewährt folgende zusätzliche Einsichten: Die beiden Interaktionsterme sind signifikant, jedoch mit unterschiedlichen Vorzeichen (siehe Tabelle 4.11).

Der positive Gründungsimpuls, den transnationale Konzerne induzieren, wenn sie in Regionen mit hoher *privatwirtschaftlicher* FuE-Intensität investieren, geht mit der Beobachtung einher, die für die Interaktion der *gesamtwirtschaftlichen* FuE-Tätigkeit mit den Direktinvestitionen gemacht wurde. Ob dieses Resultat nun vorwiegend auf dem Brutkasteneffekt bei den Investoren oder auf den einzigartigen Opportunitäten basiert, die sich aus dem potentiellen Anstieg technologieaffiner Nachfrager oder der Straffung der Forschungsaktivität – bei akquirierten Unternehmen beziehungsweise lokalen Wettbewerbern – ergibt, muß

---

zur Markteinführung eines neuen Medikaments bis zu 13 Jahre vergehen. Vgl. Kuchenbuch, 2006, S. 34.

590 Zu zeitversetzten Effekten öffentlicher und privatwirtschaftlicher FuE des In- und Auslands auf die Produktivität in OECD-Ländern siehe Pack, 1995, S. 583ff. Vgl. auch Bitzer, 2003, S. 83f. und Pakes/Schankerman, 1984, S. 82f.

591 Das Ergebnis der Schätzung mit einem Zeitverzug von einem Jahr für öffentliche Forschung und Entwicklung befindet sich in Anhang XII. Dieser Tabelle kann auch entnommen werden, daß sich mit der entsprechenden Modifikation die Schätzgüte verschlechtert. Ein weiterer Test mit einem ergänzenden Zeitverzug für privatwirtschaftliche FuE ändert an den Ergebnissen nichts. Staatliche FuE bleibt insignifikant positiv, während die privatwirtschaftlichen Aktivitäten auch in der verzögerten Variante insignifikant negativ auf die Gründungsaktivität einwirken.

Tabelle 4.11

Determinanten der regionalen Gründungsintensität 1996 bis 2000 mit besonderer Beachtung privatwirtschaftlicher und öffentlicher Forschung und Entwicklung (Schätzung mit regionalindividuellen Effekten und Interaktionstermen)

Abh. Variable: ENTRY	**N53**
Determinante	Koeffizient
FUEPR_HK	-0,267***
	(-3,92)
FUEGV_HK	-0,238
	(-0,62)
UNEMPLY	-0,006***
	(-7,02)
EMS	0,001
	(0,04)
IRR	-0,046*
	(-1,86)
YAG	0,012*
	(1,67)
YSP	0,706***
	(9,76)
DI_SHARE(-1)	-7,951**
	(-2,24)
BE	-1,282***
	(-4,48)
DI_SHARE(-1)*(FUEPR_HK)	1,689**
	(2,29)
DI_SHARE(-1)*(FUEGV_HK)	-7,074***
	(-5,22)
korr. R^2	0,957
Beobachtungen	212
F-Wert	75,93***
Heteroskedastizitäts-konsistente t-Werte (White) in Klammern */**/*** Signifikanzniveau von 90/ 95/ 99 Prozent	

weiter offen bleiben. Möglicherweise beruht dieser gründungsfördernde Impuls sogar weitgehend auf Lerneffekten („learning-by-watching"). Denn es ist denkbar, daß FuE-Beschäftigte lokaler Firmen, die möglicherweise nicht einmal im Wettbewerb mit den Direktinvestoren stehen, von den transnationalen Konzernen neue Vermarktungsmethoden bei forschungsintensiven Produkten kennenlernen und nun, ausgerüstet mit diesem Know-how, ihren (Aus-)Gründungsentschluß fassen.[592]

Bemerkenswerter an dem Regressionsergebnis erscheint jedoch, daß an Standorten, an denen die *öffentliche* Hand intensiv FuE-Aktivitäten unterhält, der Zustrom ausländischer Direktinvestitionen die Gründungsintensität senkt. Grundsätzlich ist denkbar, daß dieser Effekt auf eine steigende Vergabe von Forschungsaufträgen an regionale Wissenschaftseinrichtungen durch die Direktinvestoren, ihre lokalen Wettbewerber und/oder ihre potentiellen Zulieferer zurückzuführen ist. Die Drosselung des üblichen Ausmaßes an Gründungen durch Beschäftigte staatlicher FuE-Einrichtungen hätte demnach ihre Ursache in einem höheren Bedarf der Privatwirtschaft an Forschungskooperationen mit der öffentlichen Hand. Dadurch mögen einige Gründungsaspiranten ihr Vorhaben zeitlich verschieben oder aufgeben.

Näher liegt allerdings die Erklärung, daß wiederum der Eigenbedarf der multinationalen Unternehmen an qualifizierten Forschern dieses Phänomen begründet. Diese Interpretation erscheint nicht zuletzt deshalb plausibel, weil ausländische Konzerne beim Auf- und Ausbau ihrer internationalen FuE-Aktivitäten gezielt Standorte auswählen, an denen sie qualifizierte Mitarbeiter relativ mühelos und dem Bedarf entsprechend rekrutieren können. Hochburgen öffentlicher FuE-Aktivitäten bieten dabei vielfach beste Voraussetzungen, denn hier lassen sich exzellent ausgebildete Post-Graduierte mit aktuellem wissenschaftlichem Wissen finden.

In Konsequenz dürfte die signifikante Gründungsbeeinträchtigung, die mit dem Zustrom ausländischer Direktinvestitionen in Regionen mit hoher staatlicher Forschungsaktivität zu verzeichnen ist, weitgehend zu Lasten der Entstehung innovativer, wissens- und technologieintensiver Unternehmen gehen. Denn von den attraktiven Konditionen und Rahmenbedingungen, die transnationale Konzerne ihrem qualifizierten Forschungsnachwuchs offerieren, werden tendenziell solche Erwerbsfähige angesprochen, die das Potential zum schumpeterschen Unternehmer haben, und weniger jene, die Unternehmer im Sinne von Kirzner oder Casson sind. Insofern dürfte an Standorten mit intensiver öffentlicher FuE-Tätigkeit

---

592 Vgl. Yu, 2002, S. 16.

die Anwesenheit transnationaler Konzerne darauf hinauslaufen, daß potentielle schumpetersche Entrepreneure zu „rentensuchenden Intrapreneuren“ mutieren.[593]

Dabei ist es zweitrangig, ob dieser Effekt darauf zurückgeht, daß sich die Gründungsaspiranten von den gebotenen Konditionen der multinationalen Unternehmen selbst angesprochen fühlen oder ihre gründerische Zurückhaltung auch teilweise darauf basiert, daß sie die Chancen für eine erfolgreiche (Team-)Gründung schwinden sehen, weil potentielle Mitgründer oder hochqualifizierte Beschäftigte den „Verlockungen“ der Direktinvestoren zunehmend erliegen.

Die Beobachtung, daß einströmende Direktinvestitionen die Genese neuer Unternehmen an Standorten mit hoher öffentlicher FuE-Intensität beeinträchtigen, ist durchaus mit dem Befund vereinbar, daß der negative Gründungsimpuls ausländischer Konzerne maßgeblich an die Spezialisierung der Zielregion gebunden ist. Denn in beiden Fällen läßt sich der Effekt damit erklären, daß sich in der Gründungsbilanz der Gastregion wohl der Eigenbedarf der Investoren an qualifizierten Arbeitskräften niederschlägt. Gleichwohl muß vor dem Hintergrund dieser plausibel erscheinenden Interpretation weiterhin offen bleiben, warum Direktinvestitionen in Gastregionen mit intensiver FuE-Aktivität in der Privatwirtschaft keinen negativen, sondern einen positiven – den negativen Gesamteffekt zumindest kompensierenden – Gründungsimpuls auslösen.

4.3.3.2 Agglomeration und Spezialisierung

Die Erörterung im zweiten Kapitel hat unter anderem verdeutlicht, daß eine grosse argumentative Überlappung besteht, wenn es gilt, eine außergewöhnliche Gründungsaktivität für geballte Wirtschaftsräume beziehungsweise für spezialisierte „Cluster“ theoretisch herzuleiten. Die dortige Darstellung zeigte auch, daß die beiden Aspekte ohne weiteres miteinander vereinbar sind: Eine hohe Wirtschaftsaktivität schließt prinzipiell eine auf wenige Kernbranchen konzentrierte Leistungserbringung nicht aus. Die Diskussion brachte zudem ans Licht, daß in Teilen der Literatur in der Präsenz einer „kritischen Masse“ eine notwendige Voraussetzung gesehen wird, um nicht nur die „selbstverstärkende Clustermechanik“ sondern auch die sie mittragende Gründungsaktivität in Gang zu setzen und insbesondere in Schwung zu halten.

---

593 Es sei darauf hingewiesen, daß Schumpeter in der Führung oder Gründung eines eigenen Unternehmens keine konstitutive Voraussetzung für seinen Entrepreneur sieht. Später wurde das Antonym des Intrapreneurs allerdings in der Literatur eingeführt, um zu verdeutlichen, daß dieser Innovator im Unterschied zum Entrepreneur in einem abhängigen Beschäftigungsverhältnis steht. In diesem Sinne werden die beiden Begriffe hier verstanden. Vgl. Wennekers/Thurik/Buis, 1997, S. 55f.

Angesichts dieses hohen Stellenwerts, welcher der kritischen Masse für einen dauerhaften Gründungsimpuls spezialisierter Räume beigemessen wird, bietet es sich an, den Einfluß der beiden Faktoren für die Stichprobenregionen noch einmal etwas genauer zu betrachten. Dazu soll der illustrierten Vorgehensweise entsprechend ein Interaktionsterm in die Regressionsgleichung eingeführt werden, der die beiden Variablen Spezialisierung und Agglomeration verknüpft. Auf Ba-

Tabelle 4.12

Determinanten der regionalen Gründungsintensität 1996 bis 2000 (Schätzung mit regionalindividuellen Effekten mit/ohne Interaktionsterm von Agglomeration und Spezialisierung)

Abh. Variable: ENTRY	**N53**	**N53**
Determinante	Koeffizient	Koeffizient
FUE_HK	-0,236***	-0,163**
	(-2,80)	(-2,30)
UNEMPLY	-0,006***	-0,006***
	(-7,76)	(-8,91)
EMS	-0,020	-0,022
	(-0,84)	(-0,98)
IRR	-0,056	-0,042
	(-1,17)	(-0,75)
YAG	-0,476***	0,035***
	(-4,74)	(3,41)
YSP	0,613***	0,752***
	(4,48)	(8,52)
DI_SHARE (-1)	-6,634***	-7,358***
	(-6,61)	(-8,31)
YAG*YSP	0,062***	
	(5,48)	
korr. R^2	0,953	0,952
Beobachtungen	212	212
F-Wert	71,85***	71,56***
Heteroskedastizitäts-konsistente t-Werte (White) in Klammern		
*/**/*** Signifikanzniveau von 90/ 95/ 99 Prozent		

sis der theoretischen Argumentation und des empirischen Befunds, daß sich beide Größen in allen bisherigen Regressionen als signifikant positive Gründungsdeterminanten erwiesen haben, kann erwartet werden, daß auch der gemeinsame Einfluß der beiden Variablen die Entstehung neuer Unternehmen unterstützt.

Im Kontext der vorangegangenen Überlegungen ist allerdings die Frage weitaus interessanter, ob von der Spezialisierungsvariable YSP noch ein signifikanter Impuls auf die Gründungsaktivität ausgeht, wenn sie nicht im Verbund mit der Agglomerationsvariable YAG auftritt. Diese Zusammenhänge werden nun für die Stichprobenregionen überprüft.

Die folgende Tabelle zeigt das Ergebnis der modifizierten Regression und stellt diesem der Deutlichkeit halber das Resultat der Standardregression gegenüber.

Das Regressionsergebnis bestätigt die Erwartung, daß spezialisierte Ballungsgebiete – verkörpert durch den Interaktionsterm von YSP und YAG – ein fruchtbares Umfeld für die Gründungsaktivität bilden. Die Variable ist sogar signifikant positiv. Zugleich erweist sich die wirtschaftliche Spezialisierung YSP auch dann als signifikante Gründungsdeterminante, wenn sie in den Stichprobenregionen nicht gemeinsam mit dichter Wirtschaftsaktivität einhergeht.

Allerdings legt die Analyse der standardisierten Regressionskoeffizienten offen, daß die Spezialisierung im Zusammenwirken mit der Agglomeration eine erheblich größere Katalysatorenfunktion auf die Gründungsvitalität einnimmt, als sie es alleine zustande brächte; denn der standardisierte Regressionskoeffizient der Interaktionsvariablen ist um den Faktor 21,3 größer als der der Spezialisierungsvariable YSP.[594]

Hieraus ist zu schlußfolgern, daß die wirtschaftliche Spezialisierung für die Genese neuer Unternehmen prinzipiell ein Treiber ist, der in geballten Gebieten vehement an Bedeutung gewinnt. Dieser Befund stützt infolgedessen die Beobachtung von Sternberg und Litzenberg, wonach sich die Bildung neuer Unternehmen in „urbanisierten Clustern“ weniger schnell erschöpft.[595]

Deutlich wird aus dem obigen Regressionsergebnis aber auch, daß die schiere Wirtschaftsdichte grundsätzlich negativ auf die lokale Gründungsintensität wirkt. Erst im Zusammenhang mit der Spezialisierung stimuliert sie die Gründungsaktivität. Insofern erlaubt dieses Resultat eine differenzierte Antwort auf die Kontroverse um die Gründungseigenschaft von Ballungsgebieten.

---

594 Für die Interaktionsvariable berechnet sich ein standardisierter Regressionskoeffizient von 4,45 und für die Variable YSP ein Wert von 0,209.

595 Vgl. Sternberg/Litzenberg, 2003, S. 39.

5 Schlussbetrachtung

Ausgangspunkt der vorliegenden Arbeit war die Frage, in welcher Beziehung der Zustrom ausländischer Direktinvestitionen mit dem wirtschaftspolitischen Ziel einer vitalen Gründungsaktivität steht.

Anlaß zu dieser Fragestellung gaben der hohe Stellenwert, den die Politik in den Industrieländern den Gründungen allenthalben beimißt, und die Beobachtung, daß in zahlreichen Ländern Europas auf verschiedenen Gebietskörperschaftsebenen in den letzten Jahren eigens Institutionen errichtet wurden, mit denen die Ansiedlung ausländischer Investoren offensiv betrieben wird.[596] Die meist selektive Anwerbung multinationaler Konzerne erfolgt dabei in aller Regel mit der Absicht, die lokale Branchen- oder Technologiekompetenz und Innovationskraft zu stärken. Mit Unterstützung der ausländischen Unternehmen soll sich – so die mancherorts offen bekundete Erwartung – ein Cluster entwickeln, der die internationale Wettbewerbsfähigkeit der anwerbenden Region langfristig gewährleistet.

Da die Literatur bislang nur rudimentäre Anhaltspunkte liefert, um die adressierte Problemstellung befriedigend zu beantworten, bestand das Ziel der Arbeit darin, einen Beitrag zur Schließung der identifizierten Forschungslücke zu leisten. Der Anspruch war es, einer systematischen theoretischen Analyse eine empirische Überprüfung der Zusammenhänge folgen zu lassen.

Um das Vorhaben nicht orientierungslos werden zu lassen, befaßte sich ein grundlegendes erstes Kapitel nach der definitorischen Abgrenzung von Gründungen vor allem mit deren gesamtwirtschaftlicher Bedeutung. Es wurde herausgearbeitet, daß der zentrale Gehalt von Gründungen vor allem auf deren spezifischen Innovationsaktivitäten beruht. Denn im Vergleich zu etablierten Unternehmen, die meist inkrementelle Verfahrens- und Produkterneuerungen hervorbringen, besteht bei kleinen Gründungsunternehmen ein wesentlich größeres Potential, bahnbrechende Produktinnovationen zu erzeugen. Große und kleine (Gründungs-)Unternehmen übernehmen daher vielfach komplementäre Funktionen im Innovationsprozeß.

---

596 Die Gefahr, daß gerade der Wettbewerb unter den Ansiedlungsagenturen der *gleichen* Gebietskörperschaftsebene zur Verschwendung öffentlicher Mittel führen kann, diskutieren Dicken und Tickell im britischen Kontext. Vgl. Dicken/Tickell, 1993, S. 99ff. Eine analoge Erörterung auf Ebene der europäischen Nationalstaaten findet sich bei Raines/Brown, 1999, S. 175ff.

Auf diesen Einsichten aufbauend hat sich die Arbeit den Theorien zugewendet, mit denen das Gründungsgeschehen erklärt wird. Nachdem nicht-ökonomische Ansätze eingangs kurz vorgestellt wurden, befaßte sich der weitere Teil des zweiten Kapitels ausschließlich mit der Darstellung und intensiven Diskussion der verschiedenen ökonomischen Ansätze. Dabei wurde zunächst auf industrie- und arbeitsmarktökonomische Überlegungen eingegangen, bevor die Entstehung neuer Unternehmen aus einem raumökonomischen Blickwinkel betrachtet und umfassend analysiert wurde.

Das dritte Kapitel widmete sich ganz dem potentiellen Gründungseinfluß ausländischer Direktinvestitionen. Die Analyse war aus Gründen der argumentativen Klarheit zweigeteilt. Im Vordergrund standen zunächst die direkten Gründungsimpulse, die multinationale Unternehmen auslösen können. Den theoretischen Erwägungen zufolge muß dieser Gründungseffekt, der sich aus der unmittelbaren Erzeugung neuer und der Verdrängung bestehender Gründungsopportunitäten durch die investierenden Unternehmen zusammensetzt, unbestimmt bleiben. Im zweiten Schritt richtete sich der Blick auf die mittelbaren Effekte einströmender Direktinvestitionen hinsichtlich der Entstehung neuer Firmen. Hierzu wurde die Wirkung des Investitionsengagements ausländischer Unternehmen auf die im zweiten Kapitel diskutierten raumökonomischen Gründungsdeterminanten beleuchtet. Die Erörterungen ergeben, daß auch die vielfältigen indirekten Wirkungen der Direktinvestitionen in ihrer Gesamtheit a priori offen bleiben. Konsequenterweise erlaubt die Theorie in Summe also keinen Aufschluß darüber, ob zwischen der Zunahme einströmender Direktinvestitionen und dem wirtschaftspolitischen Ziel einer regen Gründungsaktivität ein Konflikt oder Komplementarität besteht.

Nachdem der Analyserahmen abgesteckt und theoretisch umfangreich ausgeleuchtet worden war, wurden die entsprechenden Zusammenhänge mittels einer Panelanalyse empirisch untersucht. Die Überprüfung wurde für eine Stichprobe europäischer Staaten vorgenommen. Hierbei wurde die Regression sowohl auf der Länderebene als auch auf der kleinräumigeren Ebene der Regionen dieser Länder durchgeführt. Die empirische Analyse bringt folgende vier Kernergebnisse zutage:

Erstens, die betrachteten Raumwirtschaften sind hinsichtlich ihrer Gründungsaktivität heterogen. Dabei erweisen sich selbst die Regionen eines einzelnen Landes als inhomogen. Demnach reichen nationale Besonderheiten, die etwa in Form bestimmter institutioneller Arrangements bestehen, nicht aus, um in den Stichprobenländern das Gründungsverhalten auf der kleinräumigeren Ebene ausreichend zu beschreiben. Regionale Eigentümlichkeiten entfalten eine zusätzliche bedeutsame Wirkung auf die Vitalität des Gründungsgeschehens. Zugleich stellt sich heraus, daß das Modell in der regionalen Anwendung eine höhere Schätzgüte aufweist als auf der Länderebene. Diese Befunde sind insofern beachtenswert, weil daraus für Länder vergleichende „Gründungsmonitore" eine eingeschränkte Aussagekraft abzuleiten ist.

Zweitens bringt die Empirie zum Vorschein, daß die im Theorieteil hergeleiteten raumökonomischen Bestimmungsfaktoren die *regionale* Gründungsintensität mehrheitlich bedeutsam mitbestimmen. Während die Höhe der Arbeitslosigkeit und die gesamtwirtschaftliche Forschungsintensität die Entstehung neuer Unternehmen bremsen, wird diese durch die Spezialisierung und durch die Agglomeration befruchtet. Aus der tiefergehenden Analyse hat sich allerdings gezeigt, daß eine differenzierte Bewertung hinsichtlich der Gründungsrelevanz der Agglomeration notwendig ist. Denn diese stimuliert nicht per se die Entstehung neuer Unternehmen. Vielmehr wirkt die Dichte der wirtschaftlichen Aktivität erst im Verbund mit der Spezialisierung auf die lokale Gründungsaktivität positiv ein.

Aus dem regionalen Regressionsergebnis kristallisiert sich drittens heraus, daß die theoretisch nicht determinierbare Gründungswirkung ausländischer Direktinvestitionen signifikant negativ ist. Einströmendes Investivkapital drosselt ceteris paribus die Herausbildung neuer Firmen. Die vielfach von wirtschaftspolitischen Entscheidungsträgern implizit getroffene Annahme, der Zustrom ausländischer Direktinvestitionen bewirke einen gründungsstimulierenden Effekt in der Zielregion, läßt sich demnach auf Basis der vorliegenden Ergebnisse schwer erhärten. Vielmehr deuten die empirischen Resultate auf das genaue Gegenteil hin: Mit dem Umfang des ausländischen Investitionsengagements trübt sich die Gründungstätigkeit ein.

Schließlich bringen die Ergebnisse zum Vorschein, daß die These verworfen werden muß, der Gründungsimpuls, der von den Aktivitäten multinationaler Konzerne ausgeht, sei unabhängig von den standortspezifischen Merkmalen der Zielregion. Die differenzierte Analyse zeigt vielmehr, daß der bremsende Gründungseffekt des ausländischen Investitionsengagements ganz wesentlich an den lokalen Spezialisierungsgrad der untersuchten Regionen gebunden ist. Insofern scheint das hier gefundene Ergebnis durchaus vereinbar mit dem Resultat der einzigen bekannten Studie, in welcher der interessierende Zusammenhang mit statistischen Methoden in einer Längsschnittuntersuchung zu Süditalien überprüft und dabei ein positives Wirkungsverhältnis entdeckt worden war. Denn es ist gut vorstellbar, daß im entsprechenden Untersuchungszeitraum von 1951 bis 1981 im südlichen Italien die wirtschaftliche Spezialisierung außerhalb der Landwirtschaft noch relativ unausgeprägt war. Darüber hinaus mögen weitere regionalspezifische Merkmale, etwa eine hohe Arbeitslosigkeit, den Befund einer positiven Wirkung zwischen einströmendem Investivkapital und der lokalen Gründungsaktivität in der Arbeit zu Süditalien erklären.

Die empirischen Resultate der Panelanalyse der vorliegenden Arbeit erlauben verschiedene Schlüsse zu ziehen und wirtschaftspolitische Empfehlungen auszusprechen. Beides muß aufgrund der Schwierigkeiten mit der Datenlage allerdings vorsichtig und zurückhaltend erfolgen.[597]

Auf der einen Seite kann geschlossen werden, daß die Gründungsbeeinträchtigung, die durch das ausländische Investitionsengagement in der Zielregion ausgelöst wird, für diese vor allem eine *qualitative Bedeutung* haben dürfte. Denn die starke Anbindung des negativen Gründungsimpulses ausländischer Direktinvestitionen an den Spezialisierungsgrad der Zielregion deutet darauf hin, daß diese beeinträchtigende Wirkung den Reaktionen auf dem regionalen Arbeitsmarkt geschuldet ist. Es scheint, daß die Aktivitäten transnationaler Konzerne einen stärkeren Wettbewerb in der Gastregion um qualifizierte Erwerbstätige entfalten, in dessen Folge die Vergütungen auf dem Arbeitsmarkt für die tendenziell immobilen Erwerbsfähigen steigen. Infolgedessen verliert die Selbständigkeit, die zumeist als risikoreiche Alternative der Einkommensgenerierung empfunden wird, ceteris paribus an Attraktivität. Da in spezialisierten Regionen von einem steigenden Wettbewerb auf dem Arbeitsmarkt zuvorderst die Hochqualifizierten etwa von der Zahlung von Effizienzlöhnen profitieren, dürften vorwiegend Gründungsaspiranten aus dieser Gruppe von Erwerbsfähigen von der Umsetzung ihres Vorhabens absehen. Angesichts dessen, daß hochqualifizierte Arbeitskräfte in ganz besonderem Maße für die Gründung technologieorientierter Unternehmen prädestiniert sind, ist die Wahrscheinlichkeit hoch, daß ausländische Direktinvestitionen in der Gastregion vorwiegend die Entstehung von innovativen Unternehmen hemmen.

Da innovative Spitzentechnologie-Gründungen in aller Regel nur einen sehr kleinen Teil unter allen neu entstehenden Unternehmen ausmachen, kann ihre dauerhafte Absenkung für eine Raumwirtschaft im Hinblick auf eine nachhaltige Entwicklung und auf die Fähigkeit, den Strukturwandel zu bewältigen, äußerst unvorteilhaft sein.

Neben diesem qualitativen Aspekt werden Regionen, die traditionell eine wenig vitale Gründungsaktivität aufweisen, auch einen nicht zu unterschätzenden quantitativen Effekt in ihrer Gründungsbilanz bemerken, sollte sich der Investitionsanstieg ausländischer Konzerne hier verstetigen.

Auf der anderen Seite würde es bedeuten, das sprichwörtliche Kind mit dem Bade auszukippen, wenn vor dem Hintergrund der empirischen Ergebnisse dieser Arbeit resümiert werden sollte, der Einstrom ausländischer Direktinvestitionen müsse wegen seiner Gründungseffekte umgehend zum Erliegen gebracht werden.

---

597 Siehe hierzu auch die Beschreibung der Datenherkunft, die sich in Anhang XIV befindet.

Eine solche Schlußfolgerung wäre fatal, weil sie die vielfältigen wohlfahrtssteigernden Wirkungen übersehen würde, die für eine Gastregion mit der Präsenz und dem Engagement transnationaler Konzerne verbunden sein können. Wie Direktinvestitionen – über teilweise sehr subtile Mechanismen – Allokations- und Wachstumsimpulse entfalten, wurde im dritten Kapitel der Arbeit hinreichend illustriert. Dabei zeigte sich auch, daß das Investitionsengagement ausländischer Unternehmen nicht zuletzt wegen des Zustroms externen Wissens und Knowhows einen innovationsökonomischen Nutzen hat.

Gleichwohl wird aus dem Kernergebnis dieser Arbeit deutlich, daß in *Regionen mit fortgeschrittener Spezialisierung* der Einstrom ausländischer Direktinvestitionen mit einem „innovationsökonomischen Trade-off" einhergeht. Dieser Tausch besteht darin, daß ausländische Konzerne durch ihre Aktivitäten zwar vorhandenes Wissen in die Gastregion einbringen, dort aber die Entwicklung neuen Wissens durch den Unterhalt der multinationalen Operationen eingeschränkt wird. Denn es kommt zu einer Verschiebung in der lokalen Unternehmensdemographie: Die Anzahl an großen, etablierten „Frachtern" mit Hang zu inkrementellen Innovationen nimmt zu Lasten jener dynamischen „Schnellboote" (Gründungsunternehmen) zu, die das deutlich höhere Potential für das Hervorbringen substantieller Produkterneuerungen haben.

Nicht zuletzt vor diesem Hintergrund wird deutlich, daß jede Ansiedlungsoffensive zur (Re-)Vitalisierung einer Region und/ oder zum Auf- und Ausbau eines Clusters auch ihre *innovationsökonomische* Kehrseite haben kann. Entsprechend ist die Politik vor der eilfertigen Annahme der Empfehlung zu warnen, „die gezielte Akquisition von ausländischen Investoren [stelle] ein *ausgezeichnetes* Instrument dar, um fehlende Wertschöpfungstätigkeiten beziehungsweise Fähigkeiten in das *entstehende Kompetenzzentrum* einzubringen."[598] Diese *statische* Perspektive greift – wie die Ergebnisse dieser Arbeit zeigen – zu kurz. Vielmehr signalisiert ein solcher Rat ein gerüttelt Maß an Unverständnis hinsichtlich der Komplexität realökonomischer Phänomene. Denn er übersieht die dynamischen Rückwirkungen einströmender Direktinvestitionen auf jene Größe, die just von denselben monokausal denkenden Ratgebern als wesentliche Voraussetzung für die Entstehung eines Clusters gesehen wird: die Gründungsaktivität.

Infolgedessen kann die Botschaft an die Politik nur lauten, etwaige Ansiedlungsmaßnahmen in einen größeren wirtschaftspolitischen Kontext als die Schließung punktueller Technologielücken zu stellen. Hierzu sind nicht nur die konkrete Ausgangssituation sondern auch die vielfältigen dynamischen Effekte ausländischer Direktinvestitionen zu beachten. Da die Politik im Einzelfall über-

598 Klimmer/Dieckmann, 2000, S. 10. Im Original nicht kursiv.

fordert sein dürfte,[599] alle dynamischen Wirkungen von Direktinvestitionen angemessen ex-ante zu berücksichtigen und zu beurteilen, muß von ihr mit Blick auf das innovationsökonomisch gerechtfertigte Gründungsziel gefordert werden, daß sie bei der Ausgestaltung einer Ansiedlungsinitiative zumindest die historische Gründungsaktivität, den erreichten Spezialisierungsgrad sowie die Höhe und die Struktur der regionalen Arbeitslosigkeit in der Zielregion beachtet.

In Summe gilt es zu hoffen, daß die Politik in den *Industrieländern* bei der Anwerbung ausländischer Investoren in Zukunft weniger blauäugig von der Cluster-Manie getrieben sondern zunehmend von dem Bewußtsein geleitet wird, daß mit einer solchen Initiative auch ein innovationsökonomischer Kompromiß eingegangen werden muß. Zugegeben – für die betroffenen Entscheidungsträger in Politik, Verwaltung und Wirtschaft wird es angesichts dieser neuen Erkenntnisse ungleich schwerer, die richtige Dosierung bei etwaigen Ansiedlungsbemühungen zu finden.

Allerdings kann der Politik auf Basis der Befunde dieser Arbeit eindeutig empfohlen werden, im Falle der Durchführung entsprechender Ansiedlungsinitiativen tunlichst darauf zu achten, daß technologieorientierte Gründungsaspiranten bei ihrem Vorhaben nicht noch durch weitere unvorteilhafte Rahmenbedingungen „diskriminiert" werden. Insofern sollte der Frage nach der Qualität und dem Umfang des bestehenden gründungsrelevanten Infrastrukturangebots, wie der Durchführung von Gründungswettbewerben oder dem Vorhalten von Technologiezentren, ausreichend Aufmerksamkeit entgegen gebracht werden. Andernfalls sollte sich niemand wundern, wenn hochqualifizierte Gründungswillige in einem für ausländische Unternehmen freundlichen Investitionsumfeld zunächst den „Lockrufen" dieser Investoren erliegen und zunehmend zu „rentensuchenden Angestellten" werden und dann zu einem späteren Zeitpunkt eine Unternehmensdemographie beobachtet wird, mit welcher der regionale Strukturwandel wesentlich schwerer zu bewältigen ist. Die Empfehlung, eine adäquate Gründungsinfrastruktur vorzuhalten, darf selbstredend nicht als Blankoscheck für das Errichten monumentaler Gründungsparks etc. mißverstanden werden.

Die Arbeit, deren Ziel es war, einen ersten Beitrag zu einem tiefgreifenden Verständnis über den vielschichtigen Gründungsimpuls ausländischer Direktinvestitionen zu leisten, teilt selbstredend das Schicksal aller wissenschaftlichen Arbeiten: Zum einen können nicht alle offenen Punkte – im Zusammenhang mit der Entstehung neuer Unternehmen – beantworten werden; zum anderen werden neue Fragen in diesem Kontext aufgeworfen.

599 Dieses Unvermögen darf getrost auch für die zunehmend ihre Kernkompetenzen verlassenden *Unternehmens*berater angenommen werden.

Nicht geklärt werden konnten etwa einige Aspekte bezüglich der Gründungswirkung von Forschungs- und Entwicklungsaktivitäten. So bleibt es nachfolgenden Untersuchungen vorenthalten, ob die *öffentliche* Forschungs- und Entwicklungstätigkeit einen signifikanten, aber um *mehrere* Jahre zeitverzögerten positiven Einfluß auf den Eintritt neuer Unternehmen entfaltet. Zur Überprüfung dieser Frage bedarf es Datensätze, die deutlich mehr als die fünf Jahre der vorliegenden Stichprobe umspannen.

Ein zweiter Aspekt betrifft die *privatwirtschaftliche* Forschung und Entwicklung und die Beobachtung, daß diese im Unterschied zu den öffentlichen FuE-Aktivitäten in der Interaktion mit ausländischen Direktinvestitionen einen positiven Gründungsimpuls auslösen. Diesen unterschiedlichen Reaktionen mangelt es noch an einer plausiblen Erklärung. Wenn nämlich die Gründungsbeeinträchtigung ausländischer Direktinvestitionen in Regionen mit intensiver öffentlicher FuE-Tätigkeit auf den Eigenbedarf der transnationalen Konzerne zurückgeht, stellt sich die Frage, warum dieser „Abschöpfungsprozeß" in Regionen mit privatwirtschaftlicher FuE-Aktivität keine Bedeutung hat. Zugleich fehlt es noch an einem tieferen Verständnis dafür, ob dieser positive Interaktionseffekt von ausländischen Direktinvestitionen und privatwirtschaftlicher FuE auf einem Brutkasteneffekt von transnationalen Konzernen oder dem verstärkten Wettbewerb in der Zielregion oder beidem beruht. Es wird daher in weiteren Arbeiten zu untersuchen sein, ob dieser erste empirische Befund Ausdruck eines besonderen Phänomens in der Untersuchungszeit gewesen ist oder nicht.

Im Zusammenhang mit der Erkenntnis, daß ausländische Direktinvestitionen die Gründungsaktivität der Zielregion beeinträchtigen, stellt sich eine weitere nicht unerhebliche Frage: Warum sollte der Aufbau einer Niederlassung von General Electrics oder Nokia im Aachener Umland die regionale Gründungsaktivität stärker beeinträchtigen als ein analoges Investment etwa von Siemens, das statt eines *internationalen* ein *interregionales* Projekt innerhalb des Ursprungslandes anstoßen würde. So plausibel es erscheint, daß die beiden erstgenannten Konzerne höhere Löhne und attraktivere Konditionen anbieten als zahlreiche lokale mittelständische Unternehmen, so schwer verständlich ist es, daß sich die damit verbundenen regionalen Gründungseffekte *wesentlich* unterscheiden, wenn das investierende Großunternehmen ein inländischer Weltkonzern gleichen Formats ist. Das Unbehagen gegenüber einer nach nationaler Herkunft differenzierten Gründungswirkung von Investitionen scheint gerade im Hinblick auf den europäischen *Binnenmarkt* mehr als berechtigt. Möglicherweise muß vor diesem Hintergrund die Ausgangsfrage modifiziert werden, indem die Gründungsimpulse von Investitionen bestehender Unternehmen nicht nach nationaler Herkunft des Mutterkonzerns sondern nach Größe der investierenden Unternehmen analysiert werden. Die Datenlage stimmt allerdings nicht allzu optimistisch, daß eine solche

Analyse in näherer Zukunft auf Ebene der europäischen Regionen umgesetzt werden könnte.

In Anbetracht der empirischen Ergebnisse dieser Arbeit könnte es sich ebenfalls lohnen, die Auswirkungen einströmender Direktinvestitionen auf das Liquidationsmuster von Gründungsunternehmen zu analysieren. Verschiedene Untersuchungen zum Austrittsverhalten von jungen Unternehmen deuten bereits auf den Einfluß standortspezifischer Faktoren hin.[600] Möglicherweise würde eine solche Zusatzerkenntnis ein differenziertes Licht auf das hier gefundene Resultat werfen; denn es ist gut vorstellbar, daß ausländische Direktinvestitionen auch auf die Überlebenswahrscheinlichkeit von Gründungen nicht neutral einwirken. Sollten Direktinvestitionen etwa dazu beitragen, daß die Insolvenzrate beziehungsweise die Austrittswahrscheinlichkeit von Gründungen steigt, könnte das für die Gastregion eine weitere Bürde darstellen.

Schließlich ist darauf aufmerksam zu machen, daß eine zentrale Fragestellung der Gründungsforschung weit davon entfernt ist, gelöst zu sein. Denn die landläufige Meinung, eine hohe Gründungsaktivität sei per se ein Gut, ist gelinde gesagt unreflektiert. Zu Ende gedacht, würde – unter der für Europa realitätsnahen Annahme einer konstanten oder schrumpfenden Bevölkerung – eine dauerhafte und *starke* Erhöhung der Gründungsaktivität zu einer aller Wahrscheinlichkeit nach kontraproduktiven „Mikroisierung" der Wirtschaft führen. Kleinwirtschaftliche Strukturen mit potentiellen Effizienz- und Fortschrittsverlusten dürften die Folge sein.[601] Hauptproblem bleibt damit also, die *optimale Gründungsquote* zu bestimmen. Obwohl in der Literatur zwischenzeitlich erste Schritte unternommen wurden, eine Antwort hierauf zufinden,[602] dürfte der echte Diskurs dieser spannenden Frage noch bevorstehen.

---

600 Vgl. Fotopoulos/Louri, 2000, S. 313ff. oder Flynn, 1991, S. 225ff.

601 In diesem Zusammenhang sei nur an die Theorie der Firma erinnert. Vgl. Coase, 1937, S. 388ff.

602 Zur Diskussion über die optimale Selbständigenquote siehe Carree/Thurik, 2003, S. 447ff. oder van Stel/Carree/Thurik, 2004, S. 6ff.

Anhang

Anhang I: NUTS-Nomenklatur – Die Regionen der 11 Analyseländer

Nr.	Region
Belgien (3)	
1	be1 Région de Bruxelles-Capitale
2	be2 Vlaams Gewest
3	be3 Région Wallonne
Dänemark (1)	
4	dk0 Dänemark
Deutschland (16)	
5	de1 Baden-Württemberg
6	de2 Bayern
7	de3 Berlin
8	de4 Brandenburg
9	de5 Bremen
10	de6 Hamburg
11	de7 Hessen
12	de8 Mecklenburg-Vorpommern
13	de9 Niedersachsen
14	dea Nordrhein-Westfalen
15	deb Rheinland-Pfalz
16	dec Saarland
17	ded Sachsen
18	dee Sachsen-Anhalt
19	def Schleswig-Holstein
20	deg Thüringen
Frankreich (9)	
21	fr1 Île de France
22	fr2 Bassin Parisien
23	fr3 Nord – Pas-de-Calais
24	fr4 Est
25	fr5 Ouest
26	fr6 Sud-Ouest
27	fr7 Centre-Est
28	fr8 Méditerranée
29	*fr9 Französisch Übersee**
Irland (1)	
30	ie0 Irland
Italien (5)	
31	itc Nord Ovest
32	itd Nord Est
33	ite Centro (IT)
34	itf Sud (IT)
35	itg Isole
Österreich (3)	
36	at1 Ostösterreich
37	at2 Südösterreich
38	at3 Westösterreich
Portugal (3)	
39	pt1 Continente
40	*pt2 Região Autónoma dos Açores**
41	*pt3 Região Autónoma da Madeira**
Finnland (1)	
42	fi1 Manner-Suomi
43	fi2 Åland
Schweden (1)	
44	se0 Sverige
Großbritannien (12)	
45	ukc North East
46	ukd North West
47	uke Yorkshire and The Humber
48	ukf East Midlands
49	ukg West Midlands
50	ukh Eastern
51	uki London
52	ukj South East
53	ukk South West
54	ukl Wales
55	ukm Scotland
56	ukn Northern Ireland

Quelle: Eurostat
* *In der regionalen Regressionsanalyse wegen Datenmangels unberücksichtigt*

Anhang II: Nationale Auffassungs- und Erfassungsunterschiede von Gründungen

Keine einheitliche Erfassung von Gründungen in EU

	Neugründer	Filialen/ Zweigstellen	Änd. Rechtsform*	Take-overs */ Split-up	Merger	Ortswechsel *	Änderung* Aktivität/ Unternehmenszweck
Belgien	✓	✓			✓		✓
Irland	✓	✓			✓		
UK	✓	✓	✓ **		✓		
DK	✓				✓		
Spanien	✓	✓			✓		
Frankreich	✓	✓	✓		✓		
Finnland	✓	✓	✓		✓		
Schweden	✓	✓			✓ **		
Portugal	✓			✓	✓		
Italien	✓	✓	✓	✓	✓	✓	
Niederlande	✓	✓					
Österreich	✓	✓					
Deutschland	✓	✓					

* Ereignis wird gleichzeitig auf 'Exit'-Seite erfasst
** Keine Erfassung auf Exit-Seite
Quelle: Europäische Kommission, 2002
Eigene Darstellung

Anhang III: Länderregression EU 13 – Zwischenschritte

a) Unverzögerte Variable DI_SHARE über den Zeitraum 1996 bis 2000 (Schätzung mit länderindividuellen Effekten)

Abh. Variable: ENTRY	**EU 13**
Determinante	Koeffizient
FUE_HK	-0,392
	(-1,00)
UNEMPLY	0,000
	(-0,18)
EMS	-0,013
	(-0,10)
IR_R	-0,001
	(-0,01)
YAG	0,978
	(0,84)
YSP	0,030
	(0,08)
DI_SHARE	2,741
	(1,17)
korr. R^2	0,900
Beobachtungen	65
F-Wert	31,32***
t-Werte in Klammern * Signifikanzniveau von 90 Prozent ** Signifikanzniveau von 95 Prozent *** Signifikanzniveau von 99 Prozent	

b) Verzögerte Variable DI_SHARE über den Zeitraum 1996 bis 2000 (Schätzung mit länderindividuellen Effekten)

Abh. Variable: ENTRY	**EU 13**
Determinante	Koeffizient
FUE_HK	-0,693
	(-1,38)
UNEMPLY	-0,001**
	(-2,05)
EMS	0,011
	(0,08)
IR_R	-0,118
	(-0,68)
YAG	1,124
	(0,71)
YSP	0,143
	(0,36)
DI_SHARE(-1)	-1,567
	(-0,52)
korr. R^2	0,909
Beobachtungen	52
F-Wert	27,67***
t-Werte in Klammern */**/*** Signifikanzniveau von 90/ 95/ 99 Prozent	

c) Unverzögerte Variable DI_SHARE über den Zeitraum 1997 bis 2000 (Schätzung mit länderindividuellen Effekten)

Abh. Variable: ENTRY	**EU 13**
Determinante	Koeffizient
FUE_HK	-0,831*
	(-1,69)
UNEMPLY	-0,001**
	(-1,99)
EMS	-0,041
	(-0,30)
IR_R	-0,093
	(-0,54)
YAG	1,148
	(0,72)
YSP	0,149
	(0,37)
DI_SHARE	0,932
	(0,38)
korr. R^2	0,908
Beobachtungen	52
F-Wert	27,56***
t-Werte in Klammern */**/*** Signifikanzniveau von 90/ 95/ 99 Prozent	

Anhang IV: Zwischenschritt bei der regionalen Regressionsanalyse – Pool-Modell und Panel-Modell mit fixen Zeiteffekten von 1996 bis 2000

Schätzergebnisse für 53 NUTS 1 Regionen		
Abh. Variable: ENTRY	Einfaches Pool-Modell	Panel-Modell mit Zeiteffekten
Determinante	Koeffizient	Koeffizient
FUE_HK	0,148*	0,138
	(1,69)	(1,55)
UNEMPLY	0,003***	0,003***
	(3,80)	(3,90)
EMS	-0,050**	-0,047*
	(-2,02)	(-1,90)
IRR	-0,111	-0,456
	(-0,77)	(-1,33)
YAG	0,066***	0,065***
	(7,47)	(7,24)
YSP	0,203	0,220
	(1,20)	(1,29)
DI_SHARE	-0,679	-0,102
	(-0,26)	(-0,03)
korr. R^2	0,218	0,210
Beobachtungen	265	265
F-Wert	11,51***	7,37***
t-Werte in Klammern */**/*** Signifikanzniveau von 90/ 95/ 99 Prozent		

Anhang V: Zwischenschritt bei der regionalen Regressionsanalyse – Schätzungen mit regionalindividuellen Effekten bei (un-)verzögerter Variable DI_SHARE über den Zeitraum von 1996 bis 2000

Schätzergebnisse für 53 NUTS 1 Regionen			
Abh. Variable: ENTRY	**Unverzögert 1996 - 2000**	*Abh. Variable: ENTRY*	**Verzögert 1996 - 2000**
Determinante	Koeffizient	Determinante	Koeffizient
FUE_HK	-0,048	FUE_HK	-0,163
	(-0,32)		(-0,98)
UNEMPLY	-0,002	UNEMPLY	-0,006***
	(-0,96)		(-3,25)
EMS	-0,067**	EMS	-0,022
	(-2,57)		(-0,69)
IRR	-0,059	IRR	-0,042
	(-1,24)		(-0,61)
YAG	0,055*	YAG	0,035
	(1,78)		(0,88)
YSP	0,404**	YSP	0,752***
	(2,21)		(3,78)
DI_SHARE	-1,554*	DI_SHARE (-1)	-7,358***
	(-1,69)		(-4,14)
korr. R^2	0,942	korr. R^2	0,952
Beobachtungen	265	Beobachtungen	212
F-Wert	74,05***	F-Wert	71,56***
t-Werte in Klammern */**/*** Signifikanzniveau von 90/ 95/ 99 Prozent			

Anhang VI: Zwischenschritt bei der regionalen Regressionsanalyse – Schätzungen mit regionalindividuellen Effekten bei (un-)verzögerter Variable DI_SHARE über jeweils vier Jahre

Schätzergebnisse für 53 NUTS 1 Regionen			
Abh. Variable: ENTRY	**Verzögert 1996 – 2000**	*Abh. Variable: ENTRY*	**Unverzögert 1997 - 2000**
Determinante	Koeffizient	Determinante	Koeffizient
FUE_HK	-0,163	FUE_HK	-0,177
	(-0,98)		(-1,02)
UNEMPLY	-0,006***	UNEMPLY	-0,004
	(-3,25)		(-2,26)
EMS	-0,022	EMS	-0,041
	(-0,69)		(-1,27)
IRR	-0,042	IRR	-0,013
	(-0,61)		(-0,19)
YAG	0,035	YAG	0,034
	(0,88)		(0,83)
YSP	0,752***	YSP	0,686***
	(3,78)		(3,29)
DI_SHARE (-1)	-7,358***	DI_SHARE	-2,164**
	(-4,14)		(-2,37)
korr. R^2	0,952	korr. R^2	0,948
Beobachtungen	212	Beobachtungen	212
F-Wert	71,56***	F-Wert	66,48***
t-Werte in Klammern */**/*** Signifikanzniveau von 90/ 95/ 99 Prozent			

Anhang VII: Robustheitstest 1 auf regionaler Untersuchungsebene – Patente statt Forschung und Entwicklung (Schätzung mit regionalindividuellen Effekten)

Schätzergebnis für 53 NUTS 1 Regionen über den Zeitraum 1996 – 2000	
Abh. Variable: ENTRY	
Determinante	Koeffizient
PAT	-0,0004***
	(-3,00)
UNEMPLY	-0,008***
	(-6,20)
EMS	-0,020
	(-0,94)
IRR	-0,047
	(-0,87)
YAG	0,023**
	(2,17)
YSP	0,749***
	(7,94)
DI_SHARE(-1)	-7,675***
	(-10,17)
korr. R^2	0,952
Beobachtungen	212
F-Wert	72,32***
Heteroskedastizitäts-konsistente t-Werte (White) in Klammern */**/*** Signifikanzniveau von 90/ 95/ 99 Prozent	

Anhang VIII: Robustheitstest 2 auf regionaler Untersuchungsebene – Berücksichtigung eines Dummies für Belgien (Schätzung mit regionalindividuellen Effekten)

Schätzergebnis für 53 NUTS 1 Regionen über den Zeitraum 1996 – 2000	
Abh. Variable: ENTRY	
Determinante	Koeffizient
FUE_HK	-0,240***
	(-2,95)
UNEMPLY	-0,006***
	(-8,46)
EMS	-0,015
	(-0,63)
IRR	-0,040
	(-1,39)
YAG	0,019**
	(2,33)
YSP	0,761***
	(8,08)
DI_SHARE(-1)	-5,152***
	(-4,12)
BE	-1,262***
	(-4,96)
korr. R^2	0,957
Beobachtungen	212
F-Wert	78,53***
Heteroskedastizitäts-konsistente t-Werte (White) in Klammern */**/*** Signifikanzniveau von 90/ 95/ 99 Prozent	

Anhang IX: Robustheitstest 3 auf regionaler Untersuchungsebene – 50 anstatt 53 Regionen (Schätzung mit regionalindividuellen Effekten)

Schätzergebnis für 50 NUTS 1 Regionen über den Zeitraum 1996 – 2000	
Abh. Variable: ENTRY	
Determinante	Koeffizient
FUE_HK	-0,266***
	(-2,77)
UNEMPLY	-0,006***
	(-5,45)
EMS	0,031**
	(2,37)
IRR	-0,047
	(-1,13)
YAG	0,023***
	(4,50)
YSP	0,819***
	(12,52)
DI_SHARE(-1)	-4,674***
	(-2,44)
BE	-1,361***
	(-4,79)
korr. R^2	0,956
Beobachtungen	200
F-Wert	77,60***
Heteroskedastizitäts-konsistente t-Werte (White) in Klammern */**/*** Signifikanzniveau von 90/ 95/ 99 Prozent	

Anhang X: Regionale Fixe Effekte nach Ländern (Schätzung mit regionalindividuellen Effekten)

Schätzung für 53 NUTS 1 Regionen über den Zeitraum 1996 – 2000 (bei verzögerter Variable DI_SHARE)					
Land	*Anzahl Regionen*	*Mittelwert*	*Maximum*	*Minimum*	*Standard-abweichung*
Österreich	*3*	-4,124	-3,310	-4,802	0,755
Belgien	*3*	1,379	2,033	0,904	0,585
Deutschland	*16*	1,222	4,269	-0,782	1,518
Dänemark	*1*	-3,091			
Finnland	*2*	0,780	1,068	0,491	0,408
Frankreich	*8*	0,024	4,270	-2,884	2,636
Irland	*1*	2,419			
Italien	*5*	3,743	6,878	2,102	1,826
Portugal	*1*	-2,917			
Schweden	*1*	2,113			
Großbritannien	*12*	-2,525	0,237	-4,728	1,572

Anhang XI: Regionale Regressionsanalyse mit vier Interaktionstermen und allen ursprünglichen Variablen (Schätzung mit regionalindividuellen Effekten)

Schätzergebnis für 53 NUTS 1 Regionen über den Zeitraum 1996 – 2000	
Abh. Variable: ENTRY	
Determinante	Koeffizient
FUE_HK	-0,377***
	(-3,51)
UNEMPLY	-0,006***
	(-5,44)
EMS	0,004
	(0,38)
IRR	-0,053***
	(-2,74)
YAG	0,021***
	(2,82)
YSP	0,841***
	(8,68)
DI_SHARE(-1)	17,315
	(1,00)
BE	-1,075***
	(-3,16)
DI_SHARE(-1)*UNEMPLY	0,006
	(0,27)
DI_SHARE(-1)*FUE_HK	0,478***
	(2,41)
DI_SHARE(-1)*YAG	-0,080**
	(-2,02)
DI_SHARE(-1)*YSP	-2,836*
	(-1,66)
korr. R^2	0,957
Beobachtungen	212
F-Wert	74,70***
Heteroskedastizitäts-konsistente t-Werte (White) in Klammern */**/*** Signifikanzniveau von 90/ 95/ 99 Prozent	

Anhang XII: Regionale Regressionsanalyse mit verzögerten öffentlichen FuE-Ausgaben (Schätzung mit regionalindividuellen Effekten)

Schätzergebnis für 53 NUTS 1 Regionen über den Zeitraum 1996 – 2000	
Abh. Variable: ENTRY	
Determinante	Koeffizient
FUEPR_HK	-0,200**
	(-2,20)
FUEGV_HK(-1)	0,671
	(1,32)
UNEMPLY	-0,006***
	(-8,90)
EMS	-0,019
	(-0,78)
IRR	-0,024
	(-0,60)
YAG	0,015**
	(2,03)
YSP	0,790***
	(8,55)
DI_SHARE(-1)	-5,162***
	(-4,19)
BE	-1,256***
	(-4,88)
korr. R^2	0,956
Beobachtungen	212
F-Wert	76,99***
Heteroskedastizitäts-konsistente t-Werte (White) in Klammern */**/*** Signifikanzniveau von 90/ 95/ 99 Prozent	

Anhang XIII: Detaillierte deskriptive Statistik zu den einzelnen Modellvariablen in der regionalen Anwendung der Regressionsanalyse

		ENTRY			**FuE_HK**		
	Beob.	*Mittelwert*	*Maximum*	*Minimum*	*Mittelwert*	*Maximum*	*Minimum*
Österreich	*12*	3,96	4,96	3,26	3,15	3,85	2,18
Belgien	*12*	9,18	13,39	6,74	3,19	4,50	1,98
Deutschland	*64*	7,86	9,77	5,80	2,85	6,98	0,65
Dänemark	*4*	4,83	5,24	4,52	3,21	3,52	2,94
Finnland	*8*	8,30	10,66	6,25	2,14	4,63	0,10
Frankreich	*32*	5,12	8,80	2,89	3,07	6,67	0,87
Irland	*4*	9,29	11,09	7,55	2,78	3,00	2,59
Italien	*20*	8,75	11,07	5,61	1,38	2,73	0,29
Portugal	*4*	4,56	4,77	4,42	0,59	0,69	0,48
Schweden	*4*	6,43	6,81	6,02	4,87	5,03	4,66
Großbritannien	*48*	4,43	8,13	2,49	2,56	7,65	0,66

		UNEMPLY			**EMS**		
	Beob.	*Mittelwert*	*Maximum*	*Minimum*	*Mittelwert*	*Maximum*	*Minimum*
Österreich	*12*	53,1	84,0	33,0	62,9	68,6	58,7
Belgien	*12*	123,8	185,7	46,3	75,4	86,4	66,5
Deutschland	*64*	222,4	712,3	32,0	65,4	77,7	56,0
Dänemark	*4*	137,8	148,9	121,7	70,1	70,7	69,8
Finnland	*8*	142,3	325,9	0,0	68,6	78,5	63,8
Frankreich	*32*	347,1	552,3	154,5	68,4	80,2	61,7
Irland	*4*	115,9	158,9	77,4	62,1	63,0	60,5
Italien	*20*	527,3	1.079,6	196,1	63,4	70,9	55,9
Portugal	*4*	251,9	323,7	199,8	52,5	55,4	50,3
Schweden	*4*	359,6	449,6	283,0	71,7	72,4	71,1
Großbritannien	*48*	150,1	339,6	60,3	70,9	85,2	63,8

		IRR			YAG		
	Beob.	*Mittelwert*	*Maximum*	*Minimum*	*Mittelwert*	*Maximum*	*Minimum*
Österreich	*12*	5,16	5,85	4,62	0,99	1,63	0,56
Belgien	*12*	5,18	5,85	4,65	39,36	116,18	1,30
Deutschland	*64*	5,00	5,76	4,44	2,29	5,66	0,48
Dänemark	*4*	5,35	6,23	4,78	1,42	1,46	1,41
Finnland	*8*	5,15	5,89	4,70	0,17	0,21	0,15
Frankreich	*32*	5,02	5,61	4,56	0,98	2,33	0,46
Irland	*4*	5,06	5,68	4,55	0,46	0,51	0,39
Italien	*20*	5,37	6,60	4,64	1,46	2,51	0,68
Portugal	*4*	5,25	6,22	4,61	0,44	0,45	0,43
Schweden	*4*	5,42	6,63	4,89	0,22	0,23	0,22
Großbritannien	*48*	5,21	5,90	4,77	2,28	6,00	0,45

		YSP			DI_Share (-1)		
	Beob.	*Mittelwert*	*Maximum*	*Minimum*	*Mittelwert*	*Maximum*	*Minimum*
Österreich	*12*	9,28	9,57	8,85	0,016	0,032	- 0,002
Belgien	*12*	8,76	9,71	8,10	0,086	0,154	0,040
Deutschland	*64*	8,45	11,14	6,72	0,014	0,084	0,000
Dänemark	*4*	10,13	11,13	9,54	0,031	0,066	0,004
Finnland	*8*	9,49	10,64	8,32	0,039	0,094	0,009
Frankreich	*32*	7,92	8,34	7,60	0,024	0,084	0,008
Irland	*4*	8,72	8,95	8,60	0,079	0,199	0,007
Italien	*20*	8,66	9,31	8,17	0,003	0,012	0,000
Portugal	*4*	9,35	9,45	9,26	0,019	0,028	0,011
Schweden	*4*	8,30	8,46	8,17	0,096	0,242	0,019
Großbritannien	*48*	8,70	11,16	8,05	0,043	0,163	0,008

Anhang XIV: Datenherkunft

Im Folgenden werden die Quellen der Rohdaten, die im Rahmen der empirischen Analyse verwendet wurden, detailliert beschrieben. Zu dieser Beschreibung gehört auch eine Darstellung der den Daten zugrunde liegenden Mess- beziehungsweise Erhebungskonzepte. Ebenso werden die Methodiken erläutert, die zur Schließung von Lücken in den originären Datensätzen herangezogen wurden, um eine balancierte Panelanalyse über die Jahre von 1996 bis 2000 durchführen zu können.

Wichtigste Quelle war das Europäische Statistikamt (Eurostat), das auf seiner Website diverse Datensätze zur Verfügung stellt.[603] Diese Datenbanken, insbesondere die Regionaldatenbank REGIO, lieferten für die Mehrheit der im Modell verwendeten Variablen die Rohdaten. Im weiteren wird daher die Datenherkunft nur dann explizit erwähnt, sofern sich diese von Eurostat unterscheidet. Dieser Fall wird sich weitgehend auf die Erläuterungen zu den Quellen von Gründungszahlen und den Auslandsinvestitionsangaben begrenzen.

Bei allen monetären Rohdaten handelt es sich um nominale Werte, die anschließend deflationiert wurden. Eingang in das Modell fanden nur reale Größen.

Einwohner zwischen 15 und 64 Jahren

Zur Skalierung der Gründungsaktivität wurde die Anzahl der „Einwohner im Alter von 15 bis 64 Jahren“ (in Tsd.) herangezogen. Damit wurde dem üblichen Vorgehen in der Literatur gefolgt. Über den Analysezeitraum liegen die Daten für alle Länder vollständig vor. Im regionalen Datensatz findet sich im Jahr 1996 für den Großraum London eine Lücke. Diese konnte nicht durch lineares Interpolieren geschlossen werden, weil auch für die Periode vor 1996 keine Werte für diese Region verfügbar sind. Der Vergleich mit anderen britischen Regionen und insbesondere großen europäischen Ballungsräumen wie Brüssel oder Berlin brachte keine Erkenntnisse über eine mögliche Parallelentwicklung dieser Variable in London und den Vergleichsregionen nach 1997 ein. Da insgesamt die jährliche Veränderung der „Einwohner im Alter von 15 bis 64 Jahren“ relativ klein ist, wurde schließlich der Wert aus dem Jahre 1997 für das Vorjahr zur Schließung der Lücke übernommen.

---

603 Auf die Daten kann auch über die deutsche Dependance zurückgegriffen werden. Vgl. http://www.eds-destatis.de.

Fläche

Die Größe (in qkm) der Länder und Regionen ist über REGIO lückenlos erhältlich. Die Fläche diente als Skalierungsmaß bei der Berechnung der Agglomerationsindices.

Inflationsrate

In das Modell sind ausschließlich reale Werte eingeflossen. Da es sich bei den monetären Rohdaten wie etwa dem Bruttoinlandsprodukt (BIP) oder den Zinsen um nominale Werte handelte, mußten diese um die entsprechenden Inflationsraten bereinigt werden. Basis hierfür war der BIP-Deflator, der über den Untersuchungszeitraum lückenlos vorhanden ist. Allerdings weist Eurostat den BIP-Deflator nur für Länder aus. Regionalen Inflationsraten stehen nicht zur Verfügung.

Stichprobenartig wurde daher untersucht, wie groß die Inflationsunterschiede zwischen den deutschen Regionen sind. Hierzu wurden die vom statistischen Bundesamt publizierten Daten analysiert. Es zeigt sich, daß den Inflationsraten der deutschen Bundesländer nur eine geringe Streuung zugrunde liegt, d.h. die Abweichungen sind gering. Daher wurden die nationalen Inflationswerte für alle Regionen eines Landes übernommen. Als Basisjahr wurde das Jahr 1995 gewählt.

Bruttoinlandsprodukt

Die nominalen Werte des Bruttoinlandsprodukts (BIP) sind sowohl auf der nationalen als auch auf der regionalen Ebene in jedem Jahr des Untersuchungszeitraums lückenlos.

Forschung und Entwicklung

Als Indikator für Innovationstätigkeit flossen in das Modell die getätigten Ausgaben (in Mio. Euro) für Forschung und Entwicklung (FuE) ein. Diese Daten sind über den Zeitraum von 1996 bis 2000 erheblich geschlossener als die alternativen Datenreihen zum FuE-Personal, die ebenfalls von Eurostat angeboten werden. Die FuE-Ausgaben sind verdichtet in Form von Gesamtausgaben oder segmentiert nach Wirtschaftssektoren verfügbar. Zu den wichtigsten Segmenten gehören die FuE-Ausgaben der Privatwirtschaft und die der öffentlichen Hand.

Auf der nationalen Ebene mußten bei den Gesamtausgaben fünf Lücken durch lineares Interpolieren gefüllt werden. Betroffen sind für **Portugal** die Daten aus den Jahren 1996, 1998 und 2000 sowie für **Schweden** die Werte der Jahre 1996 und 2000. Lineare Interpoleration für das Jahr 2000 war möglich, weil in beiden Fällen die Werte für das Folgejahr existieren. Die gleichen Lücken bestanden für Portugal und Schweden auch auf der Ebene der Segmente (FuE-Ausgaben des Staatssektors beziehungsweise der Privatwirtschaft), die analog geschlossen wurden.

Offizielle Daten für die beiden Untergruppen existieren in **Österreich** nur für die beiden Jahre 1993 und 1998. Zur Schließung der Lücken wurde folgendermaßen verfahren: Für die vorliegenden Jahre wurden zunächst die jeweiligen Anteile der Privatwirtschaft und des Staatssektors berechnet. Beide Anteile müssen addiert keine 100 Prozent ergeben, weil dazu noch die zwei Anteile „unabhängige Forschungsinstitute“ und „Hochschulen“ fehlen. Im Jahr 1993 lag der österreichische Staatsanteil bei 8,9 Prozent an allen FuE-Ausgaben. Die Privatwirtschaft brachte im gleichen Jahr knapp 56 Prozent der Gesamtausgaben auf und vereinte fünf Jahre später 63,6 Prozent des Gesamtvolumens auf sich. Der Anteil des Staates war in 1998 auf 6,4 Prozent gesunken. Zur Füllung der Lücken zwischen 1993 und 1998 wurde nun unterstellt, daß sich die Anteile der beiden Segmente mit einer konstanten Rate in diesem Zeitraum verändert haben. Das monetäre Pendant wurde durch Multiplikation der errechneten Anteile mit den verfügbaren Daten zu den nominalen Gesamtausgaben ermittelt. Die monetären Werte für die Jahre 1999 und 2000 wurden anschließend in der Form errechnet, daß die im Jahre 1998 von Staat und Wirtschaft erzielten Anteile für die beiden Folgejahre „eingefroren“ wurden. Um die Vertretbarkeit dieser Vorgehensweise abzusichern, wurde die proportionale Entwicklung der beiden Segmente zwischen den Jahren 1998 und 2000 in den übrigen europäischen Ländern betrachtet. Es zeigt sich, daß auch in anderen Ländern die beiden Anteile in den entsprechenden Jahren stabil geblieben sind.

Die originären Datensätze für die 53 Regionen sind ebenfalls mit Lücken behaftet, die weitgehend auf den bereits beschriebenen auf der Staatenebene fußen. In **Schweden**, wo das Land identisch ist mit der NUTS 1 Region, wurden die fehlenden Daten wie oben beschrieben durch lineares Interpolieren gewonnen. Auch für das **kontinentale Portugal** bestanden sowohl bei den Ausgaben des Staates als auch bei denen der Wirtschaft analoge Lücken wie auf der nationalen Ebene, d.h. es lagen keine Werte für die Jahre 1996, 1998 und 2000 vor. Die Fehlstellen wurden auch hier durch Interpolieren geschlossen.

Für die drei **österreichischen Regionen** liegen Zahlen zu den privatwirtschaftlichen und den staatlichen FuE-Ausgaben wie schon auf Nationenebene nur für die Jahre 1993 und 1998 vor. Analog dem oben – im nationalen Abschnitt – beschriebenen Verfahren, wurde für jede Region der jeweilige Anteil am nationalen Wert sowohl bei staatlichen als auch bei privatwirtschaftlichen Ausgaben in den beiden Jahren 1993 und 1998 berechnet. Anschließend wurde auch hier eine konstante Veränderungsrate über den angabenlosen Zeitraum unterstellt. Die so errechneten jährlichen Prozentanteile wurden dann mit den ermittelten nationalen Werten für staatliche beziehungsweise unternehmerische FuE-Ausgaben multipliziert. Die regionalen Werte für die Jahre 1999 und 2000 kamen unter Nutzung der gleichen Methode zustande, die bereits oben auf der nationalen Ebene beschrieben wurde: durch Fortschreiben der Anteile aus 1998.

In der REGIO-Datenbank befanden sich in den Jahren 1998 und 1999 zudem keine Werte zu staatlichen FuE-Ausgaben für **Aland**, der zweiten finnischen Region. Auf Basis der vorliegenden Daten für 1997 und 2000 wurden die Lücken unter der Annahme konstanter Veränderungsraten geschlossen.

Für die sechzehn **deutschen Regionen**, d.h. die Bundesländer, mußten bei den privatwirtschaftlichen FuE-Ausgaben offene Stellen in den Datensätzen geschlossen werden. Die fehlenden Werte aus 1998 wurden linear interpoliert. Die Lücken für das Jahr 2000 wurden gefüllt, indem die regionalen Anteile an den gesamtdeutschen FuE-Ausgaben der Privatwirtschaft aus dem Jahr 1999 für ein Jahr fortgeschrieben wurden. Durch Multiplikation der Anteile mit dem vorliegenden Ausgabenwert für Gesamtdeutschland wurden die monetären Angaben bestimmt. Da in den Vorjahren keine nennenswerten Schwankungen bei den FuE-Anteilen der Bundesländer beobachtbar waren, schien diese Vorgehensweise vertretbar. Die Daten zu öffentlichen FuE-Ausgaben waren für alle deutschen Regionen über den gesamten Analysezeitraum lückenlos verfügbar.

Patentdaten

Im Gegensatz zu den FuE-Datenreihen bestehen lückenfreie Datensätze zu Patenten auf der nationalen und regionalen Ebene. Die Daten zu diesem outputorientierten Innovationsindikator bilden die beim Europäischen Patentamt angemeldeten Patente pro Jahr aus der jeweiligen Nation beziehungsweise Region ab. Die Patentdaten wurden wegen ihrer hohen Korrelation mit den FuE-Ausgaben zur Überprüfung der Modellrobustheit verwendet. D.h. die FuE-Ausgaben wurden durch die Patentwerte in der Regression zur Ergebnisabsicherung ersetzt.

Humankapital

Die Variable „Humankapital" wird repräsentiert durch die Anzahl qualifizierter Beschäftigter (in Tsd.) in „Wissenschaft und Technologie." Unberücksichtigt bleibt in dieser Größe das „Humankapital in Ausbildung", beispielsweise Studenten, da diese Daten äußerst lückenhaft verfügbar sind. Da der Anteil des Humankapitals „in Ausbildung" an den „qualifizierten Beschäftigten" relativ gering ist, bildet die verwendete Variable den Bestand an Qualifizierten dennoch gut ab.

Die Daten sind für alle betrachteten Länder und Regionen ab 1998 mit einer Ausnahme lückenlos verfügbar: Der fehlende **irische Wert** für das Jahr 1998 wurde durch lineares Interpolieren ermittelt. In den Jahren vor 1998 bestehen Leerstellen für Portugal, Finnland und Schweden. Die Lücken wurden auf unterschiedliche Weise geschlossen. Es zeigt sich, daß die Wachstumsrate **Portugals** beim Humankapital in den Jahren 1998 bis 2001 genau dem Schnitt der zehn EU-Länder entspricht, für die bereits vor 1998 vollständige Daten vorliegen. Entsprechend wird unterstellt, der Bestand an Humankapital habe sich in Portugal auch in jedem der beiden Jahre 1996 und 1997 gemäß der durchschnittlichen Wachstumsrate dieser zehn Länder entwickelt. Für **Finnland** ist beobachtbar, daß sich das Humankapital in den Jahren 1998 bis 2001 parallel zu Dänemark entwickelt hat. Die Lücken wurden daher in der Form geschlossen, daß die gleichen Entwicklungsraten für beide Länder auch in 1997 und 1996 unterstellt wird. Der schwedische Datensatz beginnt erst mit dem Jahr 1997. Da auch für **Schweden** eine parallele Veränderung beim Humankapital zu Dänemark im Beobachtungszeitraum ausgemacht werden kann, wurde analog zum Vorgehen bei Finnland die schwedische Lücke für das Jahr 1996 dadurch geschlossen, daß die dänische Entwicklung zwischen 1996 und 1997 auf Schweden übertragen wird.

Die beschriebenen Methodiken zur Lückenschließung wurden auch bei den Regionaldaten für das kontinentale Portugal sowie die beiden finnischen Regionen angewandt.

Arbeitslosigkeit

Zur Berücksichtigung der Arbeitslosigkeit als Gründungsdeterminante wurde auf die Datensätze aus dem „Labour Force Survey" (LFS) zurückgegriffen. Mithin handelt es sich stets um Zahlen zur absoluten Arbeitslosigkeit (in Tsd.) aus dem zweiten Quartal eines jeden Jahres. Ausgenommen hiervon ist Frankreich, wo die Erfassung im ersten Quartal erfolgt. Die nationalen und regionalen Reihen sind beide lückenlos. Auf ein Kuriosum sei aufmerksam gemacht – die italienischen Regionaldaten werden in der REGIO-Datenbank nicht für die NUTS 1 Ebene ausgewiesen, können aber leicht durch Addition der Werte auf NUTS 2 Ebene gewonnen werden. Die Summe stimmt mit den nationalen Werten überein. Für weitergehende Details zur LFS-Methodik sei auf die Internetseiten von Eurostat verwiesen.

Anteil Beschäftigter im Dienstleistungssektor

Ausgangspunkt für die Berechnung des Beschäftigtenanteils im Dienstleistungssektor waren Datensätze, deren Erhebungsmethodik mit dem LFS (siehe „Arbeitslosigkeit“) korrespondiert. D.h. die sektoralen Zahlen basieren auf den Erwerbstätigen im zweiten Quartal. Diese Reihen sind mit einer Ausnahme für alle Regionen und Länder über den Beobachtungszeitraum lückenlos: Auf der regionalen Ebene fehlen für London in den Jahren 1996 bis 1997 die entsprechenden Werte. Um diese offenen Stellen zu schließen, wurde die Entwicklung des Anteils der in London im Dienstleistungssektor Beschäftigten mit der Anteilsentwicklung in anderen Regionen verglichen. Augenfällige Parallelen waren zwischen London und anderen britischen Regionen oder europäischen Ballungszentren, wie Paris, Berlin oder Brüssel mittels dieser LFS-basierten Daten nicht zu entdecken.

Ein Gleichklang zwischen Brüssel und London konnte allerdings im Rahmen eines alternativen Datensatzes identifiziert werden, der die Jahresdurchschnittswerte der sektoralen Beschäftigung erfaßt. Diese mit der VGR-Methodik[604] erhobenen Daten weisen – insbesondere für die Niederlande – diverse Lücken auf, weshalb auf sie nicht zurückgegriffen wurde. Für London und Brüssel ist die Zahlenreihe aber ab 1996 vollständig.

In beiden Erhebungsverfahren liegt London über die Jahre von 1998 bis 2000 hinter Brüssel an zweiter Stelle in Europa bezüglich des Beschäftigtenanteils im Dienstleistungssektor. Nachdem für London am Anfang und am Ende des Untersuchungszeitraums, d.h. in den Jahren 1996 und 2000, der Abstand zu Brüssel jeweils 1,1 Prozentpunkte in der VGR-basierten Statistik beträgt, wurde unterstellt, daß der absolute Abstand zwischen London und Brüssel in diesen beiden Jahren auch unter Anwendung der LFS-Methodik konstant geblieben wäre. Somit wurde die absolute Anteilsdifferenz, die sich aus den LFS-Daten für die beiden Ballungszentren im Jahr 2000 ermitteln lässt, auf das Jahr 1996 übertragen. Nach dem so berechneten Wert für das Jahr 1996 wurde der fehlende Wert für 1997 durch lineares Interpolieren gewonnen.

Bruttowertschöpfung

Die Bruttowertschöpfung (in Mio. Euro) geht in die beiden konstruierten Modellvariablen „Agglomeration“ und „Spezialisierung“ ein. Die kumulierte Brut-

604 Die VGR-Daten liegen stets ein paar Prozentpunkte über den LFS-Werten. Zu den unterschiedlichen Erhebungsmethoden siehe die Angaben bei Eurostat auf http://www.eds-destatis.de.

towertschöpfung über die zehn Wirtschaftssektoren (NACE A bis P), die zur Berechnung des „Agglomerationsindex" notwendig ist, liegt lückenlos für alle Länder und Regionen über den Untersuchungszeitraum vor.

NACE-Code	Branche
A und B	Land- und Forstwirtschaft (A), Fischerei (B)
C	Bergbau und Gewinnung von Steinen und Erden
D	Verarbeitendes Gewerbe
E	Energie- und Wasserversorgung
F	Baugewerbe
G und H	Handel, Instandhaltung und Reparatur von Kfz und Gebrauchsgütern (G), Gastgewerbe (H)
I	Verkehr und Nachrichtenübermittlung
J	Kredit und Versicherungsgewerbe
K	Grundstücks- und Wohnungswesen, Vermietung beweglicher Sachen
L bis P	öffentliche Verwaltung, Verteidigung, Sozialversicherung (L), Erziehung und Unterricht (M), Gesundheits-, Veterinär- und Sozialwesen (N), Erbringung sonstiger öffentlicher Dienstleistungen (O), Private Haushalte (P)

Quelle: Eurostat (http://www.eds-destatis.de)

Zur Erstellung des Spezialisierungsindex ist auf die Bruttowertschöpfung der neun Wirtschaftszweige außerhalb des Primärsektors (NACE A und B) zurückgegriffen worden. Über die Jahre von 1996 bis 2000 sind diese disaggregierten Daten für jede der neun Branchen vollständig. Die Berechnung des Index auf Basis einer tieferen Unterteilung der Bruttowertschöpfung ist aufgrund zahlreicher Lücken in den Datensätzen nicht durchführbar.

Zinsen

Im Modell wird die Gründungsdeterminante Zinsen in Form von „Anleihezinsen" repräsentiert. Die nominalen Werte liegen frei von Lücken für alle europäischen Länder über den Analysezeitraum vor. Da in den Regionaldatenbanken von Eurostat keine Zinsen ausgewiesen werden, wurden die nationalen Werte auf die jeweiligen Regionen eines Landes übertragen. Damit wird unterstellt, daß in allen Regionen eines Landes ein homogenes Zinsniveau besteht.

Nationale Daten zu einströmendem Investivkapital sind für die analysierten Länder leicht und lückenlos über den Internationalen Währungsfonds (in Mio. US$) oder die OECD (in Mio. Euro) verfügbar. Aufgrund der mehrheitlich in Euro veröffentlichten Daten bildet das „International Direct Investment Statistics Yearbook 1990 – 2001" der OECD (2002) die Basis für die im Modell verwendeten nationalen Werte. Die in der jeweiligen Landeswährung ausgewiesenen Zahlen für Schweden, Dänemark und Großbritannien wurden unter Verwendung der jahresdurchschnittlichen Wechselkurse in Euro konvertiert.[605]

Da die aktuellsten Angaben wegen der beschriebenen Erfassungsmethodik stets vorläufigen Charakter haben, unterliegen die neuesten Jahreswerte in kommenden Publikationen regelmäßigen, zeitverzögerten Modifikationen.[606] Daher erfolgte unter Berücksichtigung des US$/ Euro Wechselkurses ein Abgleich der im Jahr 2002 veröffentlichten OECD-Werte mit den entsprechenden Zeitreihen in den aktuelleren Ausgaben der „Balance of Payments Statistics Yearbook" des Internationalen Währungsfonds (IMF). Der dänische, deutsche, französische und portugiesische Wert für das Jahr 2000 stammt daher – unter Verwendung des Wechselkurses – aus dem „Balance of Payments Statistics Yearbook" (2003).[607] Die niederländischen Werte stammen vollständig aus diesen IMF-Veröffentlichungen der Jahre 2002 und 2003.

Die belgischen Daten zu einfließenden Direktinvestitionen wurden von der Belgischen Nationalbank – unter Auflage einer vertraulichen Nutzung – verfügbar gemacht. Aufgrund einer Wirtschaftsunion zwischen Belgien und Luxemburg bestand bis 2001 eine Vereinbarung, daß die FDI-Daten beider Länder nur gemeinsam, d.h. kumuliert, veröffentlicht werden. Daher findet man für den zugrunde liegenden Untersuchungszeitraum von 1996 bis 2000 in keiner offiziellen Statistik des IMF und/ oder der OECD eine getrennte Ausweisung dieser monetären Werte für Belgien.

Die Datenerhebung zu regionalen Auslandsinvestitionen erweist sich als wesentlich problematischer. Wie die nachfolgenden Beschreibungen zeigen werden, sind gerade bei den „multiregionalen" Mitgliedsländern alle erhaltenen Regionaldaten mindestens mit „Unschärfen" behaftet, die sich durch Abweichungen der addierten Regionalwerte von den entsprechenden nationalen Werten bemerkbar machen. Damit sichergestellt ist, daß in der Länder- und Regionalanalyse

605 Es wurden die von EuroStat publizierten Wechselkurse verwendet.

606 So sei auf die re-investierten Gewinne verwiesen. Vgl. dazu auch die Ausführungen im definitorischen Teil zu ausländischen Direktinvestitionen (Abschnitt 3.3.1).

607 Seitens der OECD lagen keine neueren Daten für die EU-Länder vor.

konsistente Datensätze für „Auslandsinvestitionen" wie bei den anderen Variablen verwendet werden, bilden die nationalen Daten zu ausländischen Direktinvestitionen die Grundlage zu deren regionaler Verteilung.

Auf das Verfahren zur Erstellung eines adäquaten Verteilungsschlüssels wird im Folgenden eingegangen. Zuvor wird stets ein Überblick über die verfügbaren Regionaldaten und deren Herkunft auf Länderbasis gegeben, um die erheblichen Erfassungsschwierigkeiten aufzuzeigen. Es wird damit sichtbar, daß eine einheitliche Methodik in den Mitgliedsländern der EU-15 bislang fehlt. Dieses Fehlen mag unter anderem darauf zurückzuführen sein, daß die Bedeutung ausländischer Direktinvestitionen für die regionale Wirtschaftspolitik in ihrer Tragweite von den Handlungsträgern bislang noch nicht erkannt und daher die Bereitstellung konsistenter, regionalisierter Daten noch nicht angestoßen wurde.

Unproblematisch war, Datenreihen für die Regionen zu bekommen, die zugleich eine Nation verkörpern. D.h. die nationalen Daten zu **Schweden, Irland und Dänemark** gingen ebenfalls in die empirische Regionalanalyse ein.

Finnland und Portugal spielen eine besondere Rolle, weil beide Länder sich aus einer stark dominierenden Hauptregion und einer beziehungsweise zwei Inselgruppen konstituieren. So setzt sich Finnland aus „Manner-Suomi" und „Aland" zusammen, einer kleinen Inselgruppe zwischen Schweden und Finnland mit gewissen autonomen Rechten. Aland erwirtschaftet mit knapp 0,5 Prozent der Gesamtbevölkerung etwas mehr als einen halben Prozentpunkt des finnischen Bruttoinlandsprodukts.[608] Aus drei Regionen besteht Portugal: dem kontinentalen Portugal („Continente"), den Azoren und Madeira. Die beiden Inselgruppen erzeugen bei einem gemeinsamen Bevölkerungsanteil von weniger als fünf Prozent einen leicht unterproportionalen Anteil des portugiesischen Sozialprodukts.[609]

In beiden Länder existieren weder bei der Zentralbank noch bei einer Agentur für Auslandsinvestitionen, etwa „Invest in Finland", regionalisierte Daten über die Investitionsströme aus dem Ausland. Allerdings konnten Diskussionen über die regionale Aufschlüsselung u. a. mit Kapitalbilanzexperten aus den jeweiligen Zentralbanken, mit Wirtschaftsprofessoren und zwei portugiesischen Handelsattachés geführt werden. Das Ergebnis für **Finnland** war eindeutig. Für ausländische Investoren spielt Aland, beispielsweise aufgrund besonderer steuerlicher Vergünstigungen oder Rohstoffvorkommen, keine tragende Rolle. Im Einklang

608 Der Anteil Alands am finnischen Bruttoinlandsprodukt lag im Jahr 2000 bei 0,67 Prozent. Dieser Wert war über den Beobachtungszeitraum von 1996 bis 2000 genauso stabil geblieben wie der Bevölkerungsanteil, der gerundet einem halben Prozentpunkt entsprach.

609 Der Bevölkerungsanteil des portugiesischen Festlands nahm im Zeitraum 1996 bis 2000 von 95,1 auf 95,3 Prozent leicht zu, während sich im gleichen Zeitraum der Anteil am Bruttoinlandsprodukt von 95,9 auf 95,5 Prozent etwas reduzierte.

mit den Expertenmeinungen aus der finnischen Zentralbank wurde daher angenommen, daß die zwei finnischen Regionen proportional zu ihrem jährlichen BIP-Anteil am nationalen Zustrom ausländischer Direktinvestitionen partizipieren.

Über die regionale Aufteilung ausländischer Direktinvestitionen bestand in **Portugal** weniger Klarheit. Einhellig waren die Experten zwar der Ansicht, daß für „Continente" die Annahme eines zum Bruttoinlandsprodukt proportionalen Anteils eine sehr hohe Vertrauenswahrscheinlichkeit genießt. Die Ermittlung der Anteile, die den einzelnen Inselgruppen zuzuordnen seien, bereitete allerdings Schwierigkeiten. So war nicht klar, ob aufgrund der Tourismusbranche Madeira überproportional Investitionen aus dem Ausland angezogen haben könnte. Vor dem Hintergrund, daß auch die Datenlage zum Gründungsgeschehen für die insularen Regionen Portugals mit erheblichen Lücken behaftet war, wurde auf die Berücksichtigung dieser beiden Regionen in der empirischen Untersuchung verzichtet. Somit ging in die empirische Analyse nur das portugiesische Festland ein.

In den „multiregionalen" Ländern Österreich, Italien und Deutschland erfaßt eine zentrale Institution monetäre Regionaldaten zu Direktinvestitionen. In **Österreich** veröffentlicht die Nationalbank (OENB) jährlich die Entwicklung der ausländischen Direktinvestitionen für die neun Bundesländer. Da Österreich auf NUTS 1 Ebene aus drei nicht-administrativen, artifiziellen Regionen besteht, führt die einfache Zusammenfassung der entsprechenden Bundesländer zu den benötigten NUTS 1 Angaben. Der Abgleich von OENB- und OECD-Daten indiziert eine relativ gute Qualität über den Analysezeitraum. Die „Unschärfe" der Daten liegt über den gesamten Zeitraum bei ca. zehn Prozent. Analog zur Vorgehensweise bei Italien wurde auf Basis der regionalisierten OENB Daten ein Verteilungsschlüssel ermittelt, der auf die jährlichen OECD-Werte für Österreich angewendet wurde, um konsistente Regionaldaten für die NUTS 1 Ebene zu erhalten.

Für die fünf **italienischen Regionen** stellt die Ufficina di Cambio entsprechendes Zahlenmaterial bereit.[610] Ein Vergleich der gesamtitalienischen Werte der Ufficina di Cambio mit denen der OECD zeigt, daß die Daten der Ufficina di Cambio von hoher Qualität sind: Die Gesamtwerte weichen über den Zeitraum von 1997 bis 2000 um lediglich 0,6 Prozent ab. Allerdings ist im Schnitt knapp ein Fünftel des registrierten Zustroms für die Ufficina nicht regionalisierbar und damit als „Non-Indicata" deklariert. Die Güte der Gesamtdaten erzeugte ein Grundvertrauen in den „Verteilungsschlüssel", der den Zahlen der „Wechselstube" zugrunde lag. Die jährliche Summe der regionalisierten Direktinvestitionen stellt daher die Basis, auf welche der einzelne Regionalwert bezogen wurde, um

610 Die Zentralbank („Banca di Italia") erhebt keine regionalen FDI-Daten.

einen Verteilungsschlüssel zu erhalten, der sich zu einhundert Prozent addiert. Die so erhaltenen Regionalanteile wurden anschließend mit dem jeweiligen Jahreswert aus der OECD-Statistik multipliziert. (Insgesamt wurde also der „Non-Indicata" Anteil so verteilt, daß die Anteilsverhältnisse unter den regionalisierten Werten unverändert bleiben.)

Ein weiteres Problem ergab sich allerdings dadurch, daß die Ufficina di Cambio erst ab 1997 Daten über den regionalen Zufluß des Auslandskapitals besitzt. Die datentechnische Lösung für das erste Analysejahr, 1996, wurde für Italien analog gehandhabt wie für Deutschland, Frankreich, UK und Belgien. Darauf wird weiter unten eingegangen.

Regionalisierte Zahlen zu ausländischen Direktinvestitionen werden in **Deutschland** jährlich von der Bundesbank erfaßt, ohne aber in offiziellen Statistiken publiziert zu werden. Ein wesentlicher Grund der Nichtveröffentlichung ist, daß die Datenerfassung nach dem Vertragspartnerprinzip erfolgt. Dieses Prinzip beinhaltet, daß in Deutschland ausländische Investitionen immer dem Bundesland zugeordnet werden, in dem die ausländische Gesellschaft ihre Zentrale hat. Da Sitz der Muttergesellschaft und Investitionsstandort nicht immer identisch sind, führt die Erfassung nach dem Vertragspartnerprinzip zu Verzerrungen. Insbesondere die ostdeutschen Bundesländer sind von diesen Verzerrungen zu ihren Ungunsten betroffen, da gerade etablierte Auslandsgesellschaften in diesen Regionen nicht ihren Muttersitz haben. Zum besseren Verständnis der Funktionsweise des Vertragspartnerprinzips mag man sich das fiktive Beispiel vor Augen halten, daß eine Investition von Opel in den neuen Bundesländern nicht dem entsprechenden ostdeutschen Bundesland sondern Hessen zugerechnet wird. Dort hat bekanntermaßen die Firma Opel, die deutsche Tochtergesellschaft von General Motors, ihren Hauptsitz. Den Experten der Bundesbank ist dieses Problem bewußt, weshalb die Daten nur auf Anfrage und unter entsprechendem Hinweis auf die Datenqualität verfügbar gemacht werden.

In **Frankreich** wird der Zustrom von ausländischem Investivkapital von keiner Behörde oder Institution systematisch unter regionalen Gesichtspunkten erfaßt. Weder die Banque de France noch die regionalen Entwicklungsagenturen verfügen über derartige Daten.

Für **Großbritannien und Belgien** standen zum regionalen Investitionsengagement ausländischer Unternehmen Daten und Informationen durch Regionalentwicklungsagenturen, sogenannten „regional development agencies" (RDAs), zur Verfügung. In Großbritannien verfügen alle zwölf NUTS 1 Regionen über eine solche Organisation, zu deren Hauptaufgaben die Ansiedlung und Unterstützung ausländischer Investoren zählt. Von den drei belgischen Regionen unterhalten Flandern und Wallonien seit langen Jahren analoge Institutionen. Nur die Region Brüssel hat keine eigene Agentur mit gleichem Organisationszweck.[611]

Alle vierzehn RDAs wurden einzeln kontaktiert. Die RDAs waren mit wenigen Ausnahmen sehr kooperativ und stellten die eigenen Daten und Informationen zu ausländischen Investitionen zur Verfügung. Problematisch ist, daß der Fokus der Datenerhebung und –pflege nicht auf der Erfassung monetärer Investitionsströme liegt. Vielmehr setzen alle RDAs bei der statistischen Erhebung den Schwerpunkt auf die mit den Investitionsprojekten unmittelbar geschaffenen oder erhaltenen Arbeitsplätze sowie auf die Anzahl an realisierten Investitionsprojekten. In den meisten Fällen fließen zudem nur die Projekte in die Statistik ein, die von der jeweiligen Agentur betreut oder unterstützt werden. Da ausländische Unternehmen bei einer Investition, insbesondere bei einer Erweiterungsinvestition, nicht zwingend die Unterstützung der RDAs benötigen, wird das Gesamtengagement des Auslands tendenziell unterschätzt.

Das gesamte Finanzvolumen der einzelnen Investitionsprojekte ist den RDAs nur selten bekannt. Außerdem streute die Erfassung der monetären Ströme zwischen den RDAs erheblich. Nichtsdestotrotz erlaubt die Summe dieser RDA-Daten einen ersten Einblick über die relative landesinterne „Attraktivität" jeder Region für ausländische Investoren – wenn man die absolute Zahl an Projekten zum Vergleichsmaßstab nimmt. Beispielsweise hat die flandrische FFIO über den hier zugrunde liegenden Analysezeitraum von 1996 bis 2000 über 690 Projekte gezählt, während die wallonische Agentur OFI über den gleichen Zeitraum nur 173 Projekte verbuchen konnte.[612]

---

611 Einen schnellen Überblick über die kontaktierten RDAs gewährt für Großbritannien die Website der Dachorganisation „UK Trade and Invest" (www.uktradeinvest.gov.uk). Das wallonische „Office for Foreign Investors" (OFI) erreicht man über die Internetadresse www.investinwallonia.be und das „Flanders Foreign Investment Office" (FFIO) über www.ffio.com. Eine umfassende Darstellung aller weltweit bestehenden RDAs bietet die Website der Weltbanktochter MIGA (www.ipanet.net).

612 Prinzipiell könnte der absolute Unterschied an registrierten Projekten zumindest partiell auch auf ungleiche Organisationseffizienz oder unterschiedliche Erfassungskriterien zurückzuführen sein. Die Diskussionen mit den Agenturen zeigten zumindest, daß keine Auffassungsunterschiede bezüglich der Projektregistrierung vorliegen. Beide Agenturen sind sich darüber im klaren, daß nicht jeder Investor das Unterstützungsangebot der RDA benötigt, weshalb nicht alle Investitionsprojekte in die Statistiken fließen. Trotzdem begrenzen sich die aufgenommenen Projekte nicht ausschließlich auf Neuinvestitionen. Erweiterungsinvestitionen von bereits ansässigen Investoren, in welche die Agenturen tendenziell selten involviert sind, finden in den Datenbanken dennoch ihren Niederschlag. Kurz – eine systematische Unterschiedlichkeit in der Erfassungsmethodik war nicht zu erkennen, die darauf hindeuten könnte, daß die Daten keinen repräsentativen Einblick über die regionale Verteilung zwischen den beiden Regionen abgeben.

Die Lösung der unterschiedlichen Schwierigkeiten, die sich wie beschrieben in Deutschland, Frankreich, Großbritannien und Belgien bei der Regionalisierung ausländischer Direktinvestitionen auftun, basiert auf der Verwendung des „European Investment Monitors" (EIM) von Ernst & Young und dem Oxford Intelligence Unit.

Der **EIM** erfaßt die Anzahl angekündigter Investitionsprojekte von Ausländern in den Regionen Europas und wird seit 1997 jährlich veröffentlicht. Dabei stimmt die regionale Systematik des EIM mit der NUTS 1 Klassifikation der Europäischen Union überein. Für Deutschland, Frankreich, Großbritannien und Belgien hat der EIM knapp 5.200 Projekte beziehungsweise 7.889 Projekte über den Zeitraum von 1997 bis 2000 beziehungsweise von 1997 bis 2003 registriert.[613] Dabei berücksichtigt die EIM-Erfassungsmethodik nicht alle avisierten Projekte. So wird auf die Aufnahme von Projekten im Primärsektor, etwa Extraktionsprojekten, ebenso verzichtet wie auf Projekte im Großhandel oder aus dem Hotel- und Immobiliengewerbe. Auch bleiben Versorgungsunternehmen wie Flughäfen und Häfen weitgehend unberücksichtigt.[614] Neben der Ausklammerung von Projekten bestimmter Sektoren werden auch spezifische unternehmerische Aktivitäten wie Lizenzabkommen nicht erhoben. Übernahmen (M&A-Aktivitäten) und Joint Ventures werden nur in den Fällen registriert, aus denen eine neue lokale Einheit mit neuen Arbeitsplätzen resultiert.

Die EIM-Methodik weist diverse Schwächen auf. Erstens fußt die Statistik nicht auf monetären Werten sondern auf der Anzahl von Projekten. Zweitens muß die Zahl angekündigter nicht mit der Anzahl realisierter Projekte übereinstimmen. Drittens unterscheiden sich in der Regel Ankündigungs- und Realisierungszeitraum, was zeitlich verzerrte Daten zur Folge haben kann. Viertens müssen Aspekte der offiziellen Definition ausländischer Direktinvestitionen bei der verwendeten Methodologie in der Statistik unberücksichtigt bleiben, zum Beispiel innerbetriebliche Ersatzinvestitionen und reinvestierte Gewinne. Schließlich ist die Entscheidung, gewisse Sektoren und unternehmerische Aktivitäten von der Erfassung auszuschließen, nicht frei von Willkür.

Trotz dieser Schwächen eignet sich der EIM als Basis für die Ermittlung eines Schlüssels, nach dem die nationalen monetären Werte auf die Regionen verteilt werden. Zu den Vorteilen gehört, daß das Engagement ausländischer In-

---

613 Der EIM wird jährlich veröffentlicht und kann für knapp 7000 Pfund Sterling erstanden werden. Freundlicherweise stellte Ernst & Young zum Zwecke dieser Arbeit die EIM-Daten für die vier Länder kostenfrei zur Verfügung - verbunden mit der Bitte um diskrete Handhabung. Daher werden die Daten hier nicht weitergehend aufgeschlüsselt.

614 Investitionsprojekte aus diesen Branchen werden nur dann berücksichtigt, wenn eine Europazentrale oder ein europäisches Vertriebszentrum neu entsteht.

vestoren in allen europäischen Regionen seit 1997 lückenlos erfaßt ist. Außerdem werden die Daten von einer unabhängigen Institution erhoben. Aufgrund der großen Anzahl registrierter Projekte reduziert sich die Bedeutung der erwähnten Verzerrungsmöglichkeiten (Zeitpunkt etc.), und die Annahme einer gleich hohen Investitionssumme pro Projekt in einer Region ist möglich.

Zur Güteprüfung der EIM-Daten wurden diese mit den vorliegenden Werten aus den belgischen und britischen RDAs verglichen. Interessanterweise unterschieden sich zwar die absoluten Projektzahlen der RDAs von denen des EIM, aber die relative Bedeutung der einzelnen Regionen war in den Datensätzen gleich.

Daher wurde auf Grundlage der EIM-Daten für die Regionen Deutschlands, Frankreichs, Großbritanniens und Belgiens ein jährlicher Verteilungsschlüssel für die Jahre von 1997 bis 2000 ermittelt. Um einen Verteilungsschlüssel für das Jahr 1996 zu erhalten, wurden die Regionen jedes Landes auf systematische Strukturbrüche oder Trends bezüglich der Attraktivität für ausländische Investoren analysiert. Da auch über den längeren Zeitraum von 1997 bis 2003 keine Trends oder Brüche in der regionalen Zusammensetzung des einfließenden Auslandskapitals zu erkennen sind, wurden einheitlich die Durchschnittswerte für jede der 39 Regionen[615] über die Zeit von 1997 bis 2003 ermittelt.[616] Diese Werte wurden als Anteil im Jahr 1996 verwendet. Dieser projektbezogene Schlüssel wurde schließlich auf die jeweiligen nationalen Werte angewandt, um die monetarisierten Regionaldaten für ausländische Direktinvestitionen zu erhalten.

Mit der zuletzt beschriebenen Methode zur Lückenschließung wurde der fehlende Jahreswert für 1996 in **Italien** berechnet. Auch hier konnte weder über den Zeitraum von 1997 bis 2000 noch über den von 1997 bis 2003 irgendein Trend oder Bruch in der Entwicklung der Regionalanteile identifiziert werden. Systematische, strukturelle Veränderungen sind nicht sichtbar. Daher wurden die regionalen Durchschnittswerte über den Zeitraum 1997-2003 zur Schließung der Lücken im Jahr 1996 herangezogen – analog zur Vorgehensweise in Deutschland, Frankreich, Großbritannien und Belgien.

---

615 Die 39 Regionen setzen sich zusammen aus 16 deutschen, zwölf britischen, acht französischen und drei belgischen Regionen.

616 Der längere Zeitraum als Basis für die Berechnung der Durchschnittswerte läßt sich mit einer höheren Stabilität rechtfertigen. Zudem können damit etwaige kleine Verzerrungen aus der Endphase der New Economy korrigiert werden (die aber „mit dem Auge“ nicht erkennbar sind).

Gründungsdaten

Die allgemeinen Methodenprobleme bei der Gründungserfassung wurden im vierten Kapitel der Arbeit diskutiert. Hier werden die Datenquellen aus den Mitgliedsländern und ihren Regionen vorgestellt. Darauf aufbauend werden – wie bei den Daten zu ausländischen Direktinvestitionen – die Techniken beschrieben, mit denen einzelne Datenlücken geschlossen wurden.

Vorab sei konstatiert, daß insbesondere die regionalen Gründungsdaten nicht problemfrei zu erhalten waren. Ausgangspunkt für die tiefere Recherche bildete der *fünfte KMU-Bericht der Europäischen Union.*[617] Auf diesen wird im weiteren immer wieder verwiesen.

In **Spanien** erstellt das Nationale Statistikamt INE („Instituto Nacional de Estatística“) das zentrale Unternehmensregister DIRCE („Directorio Central de Empresas“). DIRCE basiert insbesondere auf Steuer- und Sozialversicherungsdaten. Obwohl bereits auf der Website (http://www.ine.es) Unternehmensbestandsdaten tief nach Branchen und Regionen gegliedert zu finden sind, konnte INE keine regionalen Brutto-Gründungsdaten bereitstellen.

Die nationalen Gründungsdaten sind jedoch über INE für den gesamten Untersuchungszeitraum verfügbar. Somit konnte Spanien in der Länderanalyse berücksichtigt werden. Eine spanische Besonderheit ist, daß neben echten Gründungen („altas puras“) auch Reaktivierungen („reactivaciones“) in die Statistik einfließen. Holz weist darauf hin, daß der Anteil reaktivierter Gründungen etwa elf Prozent der Gesamtheit im Jahre 2000 ausmachte.[618] Da über INE nicht in Erfahrung gebracht werden konnte, auf welche Höhe sich der Anteil in den Vorjahren bezifferte, wurde auf eine Korrektur der originären Gründungsdaten verzichtet.[619]

Zuletzt sei darauf verwiesen, daß die verwendeten nationalen Daten auch in dem Hintergrundpapier zu Spanien im Rahmen des fünften Reports der Europäischen Union zu KMUs publiziert sind.

Auch in den **Niederlanden** sind nur nationale Daten vorhanden. Gründungsdaten werden in den Niederlanden von verschiedenen Institutionen erfaßt und bereitgestellt. Die am häufigsten benutzten Daten sind die der Handelskammern

617 Vgl. European Commission (2002). Die Gründungsdaten finden sich insbesondere in den jeweiligen „Background Materials“ zu diesem Bericht. Wertvoll war auch ein Beitrag von Holz, in dem die methodologischen Unterschiedlichkeiten zwischen Großbritannien, Spanien, Frankreich, Italien und Deutschland auf nationaler Ebene beleuchtet werden. Vgl. Holz, 2002, S. 103ff.

618 Vgl. Holz, 2002, S. 118

619 Interessanterweise übernimmt auch Holz in seiner Analyse über den Zeitraum von 1995 bis 2000 die unbereinigten DIRCE-Daten. Vgl. Holz, 2002, S. 117f.

(„Vereniging Kamers van Koophandel"), die auf dem Handelsregister basieren. Das nationale Statistikamt („Centraal Bureau voor de Statistik" (CBS)) legt eine engere Definition an: „Teilzeitgründungen" mit einer Arbeitszeit von weniger als 15 Wochenstunden sowie Gründungen mit einem „unterschwelligen" Umsatz fließen nicht in dessen Statistik ein.[620] Das CBS verfügt zudem über regionalisierte Unternehmensbestanddaten. Wie das spanische INE hat aber auch das CBS keine regionalen Bruttozahlen zur Gründungsaktivität.

Die nationalen niederländischen Gründungsdaten, welche im Rahmen der empirischen Analyse verwendet wurden, stammen vom niederländischen Wirtschaftsforschungsinstitut EIM. Die Daten fußen auf dem Handelsregister und umschließen unabhängig-originäre Gründungen sowie die Errichtung von Tochtergesellschaften aller Sektoren außerhalb der Landwirtschaft und Fischerei. Weitere Bedingung für die Erfassung ist, daß in den gegründeten Unternehmen mindestens eine Person eine Stunde und mehr pro Woche arbeitet. Damit sind die in dieser Statistik registrierten Werte etwas niedriger als die reinen Handelsregisterdaten. Das EIM steuerte auch den niederländischen Beitrag im Rahmen des bereits zitierten fünften EU Berichts (2002) bei.

Bei der Erfassung der Gründungaktivität legt **Dänemark** weitgehend die VAT-Methodik zugrunde. Wie in Spanien werden aber auch die Sozialversicherungsstatistiken zur Ermittlung der jährlichen Bruttogründungen eingesetzt. Die Daten zum Gründungsgeschehen befinden sich auf der Website des nationalen Statistikamts (http://www.dst.dk). Die Werte finden sich bis 1999 ebenso im dänischen Hintergrundpapier des fünften KMU-Berichts der Europäischen Kommission. Weitere Besonderheiten gibt es keine.

Analog zur Vorgehensweise zu Dänemark wurden die **schwedischen Gründungsdaten** dem fünften KMU-Bericht der Europäischen Union entnommen und auf Aktualität und Konsistenz geprüft. Die Daten finden sich auch in entsprechenden Gründungsreports, die auf der Website des schwedischen Statistikamts (http://www.scb.se) abgelegt sind.

Die **irischen Gründungsstatistiken** stützten sich auf die VAT–Methodik. Die Daten, die von der irischen Finanzverwaltung („Revenue Commissioners") erfaßt und publiziert werden, finden sich für die Jahre 1995 bis 1999 im fünften KMU-Bericht der Europäischen Kommission. Dem Statistikbericht des Jahres 2000, der unter den jährlichen Berichten auf der Website http://www.revenue.ie der Finanzverwaltung zu finden ist, wurde der fehlende Wert für die empirische Analyse entnommen.

In **Finnland** erfaßt das Statistikamt die Gründungsdaten. Den nationalen Werten, die lückenlos ab 1995 vorhanden sind, liegt die im Jahre 1994 einge-

620 Zu Details vgl. European Commission, 2002, S.18f.

führte VAT–Methodik zugrunde. Für Aland existieren Zahlen ab dem Jahr 1999. D.h. für die Jahre 1996 – 1998 mußten die Gründungsdaten für die zwei Regionen Finnlands, Manner-Suomi und Aland, geschätzt werden. Dies erfolgte, indem der Anteil Alands an allen Gründungen in Finnland über die Jahre von 1999 bis 2003 berechnet wurde. Dieser Mittelwert in Höhe von knapp 0,7 Prozent wurde anschließend als der Gründungsanteil Alands für die Jahre 1996 bis 1998 unterstellt. Dies scheint besonders deshalb vertretbar, weil der jährliche Anteil Alands an allen finnischen Gründungen seit 1999 geringfügig um diesen mittleren Wert schwankt. Die fehlenden Jahreswerte für Manner-Suomi ergaben sich für die Jahre von 1996 bis 1998 schließlich durch Subtraktion: Die nationalen Gründungsdaten wurden um die Anzahl an Gründungen in Aland vermindert.

Für **Portugal** findet sich keine Quelle mit vollständigen Daten zur nationalen oder regionalen Gründungsaktivität über den zugrunde liegenden Untersuchungszeitraum.[621] Die in der empirischen Analyse schließlich verwendeten Daten basieren auf zwei Quellen. Zum einen sind aus der umfassenden Studie zur Unternehmensdemographie des portugiesischen Arbeits- und Sozialministeriums die nationalen Gründungsaktivitäten der Jahre 1990 bis 1999 ersichtlich.[622] Zum anderen hat das nationale Statistikamt, INE („Instituto Nacional de Estatística"), regionalisierte Gründungsdaten ab einschließlich 1998 nach „Festland" (Continente) und „Inseln" differenziert.[623] Die Werte für Portugal in den Jahren 1998 und 1999, die in beiden Quellen tabelliert sind, unterscheiden sich – aufgrund unterschiedlicher Erhebungsmethodiken.[624] Allerdings kann in den betreffenden Jahren ein konstanter Niveau-Unterschied ausgemacht werden.

Um über den Analysezeitraum von 1996 bis 2000 einen vollständigen, konsistenten Datensatz für das Land zu bekommen, wurde daher die ministeriale Quelle für die Werte bis einschließlich 1999 herangezogen. Der Wert für das Jahr 2000 wurde geschätzt. Hierzu wurde zunächst aus den INE-Werten die Veränderungsrate im Gründungsgeschehen für die Jahre 1999/ 2000 ermittelt. Anschließend wurde das berechnete Wachstum mit dem Wert aus dem Jahr 1999 aus der Basisquelle multipliziert.

Im nächsten Schritt wurde der Wert für die Region des kontinentalen Portugals („Continente") ermittelt. Die Werte ergaben sich dadurch, daß der regionale

---

621 Vgl. European Commission, 2002, S. 19.

622 Departamento de Estudos, Estatística e Planeamento/Ministério da Segurança Social e do Trabalho (2000).

623 Der Bericht kann über die Website http://www.ine.pt in portugiesisch abgefragt werden.

624 Die Daten des Ministeriums unterschätzen das wahre Ausmaß, weil in die Statistik nur Gründungen mit (!) Beschäftigten einfließen, d. h. Selbständige ohne Angestellte bleiben unerfaßt.

„Verteilungsschlüssel" aus den INE-Daten für die Zeit von 1998 bis 2000 auf die nationalen Daten übertragen wurden, die – wie beschrieben – aus dem Arbeits- und Sozialministerium sowie der eigenen Schätzung für das Jahr 2000 stammen. Die offenen Stellen für die Jahre 1996 bis 1997 wurden dadurch geschlossen, daß zunächst der durchschnittliche Gründungsanteil von „Continente" über den Zeitraum 1998 bis 2003 anhand der INE-Daten berechnet wurde. Anschließend wurde unterstellt, daß der Gründungsanteil des Hauptlandes in den beiden Jahren 1996 und 1997 jeweils dem ermittelten Durchschnittswert in Höhe von knapp 94,7 Prozent entspricht. Die Schwankungen der realen INE-Werte für „Continente" um den ermittelten Mittelwert sind gering, was diese Berechnungsmethode für 1996 und 1997 vertretbar macht.

Da für das kontinentale Portugal auch bei weiteren Variablen die lückenhaften Datensätze – wenn auch methodisch – geschlossen werden mußten, wurde die Regionalanalyse einem Robustheitstest unterzogen, in dem auf die Daten Portugals und Finnlands verzichtet wurde.

Über die Wirtschaftskammer **Österreichs** (WKÖ) können regionale Gründungszahlen in Ergänzung zu den nationalen Werten bezogen werden, die sich für die Jahre 1995 bis 2000 wiederum im fünften KMU-Bericht der Europäischen Kommission finden. Die WKÖ-Daten sind die einzigen Datenreihen in Österreich, die das Gründungsgeschehen verläßlich abbilden.[625] Die WKÖ berücksichtigt nur „echte" Gründungen auf Basis erteilter Handelslizenzen. So wird insbesondere eine „Kontinuitätsregel" bei der Gründungsberechnung angewendet. D.h. Gründungen, die unterjährig wieder schließen oder Ruhendgründungen sind, werden von der Aufnahme in die statistischen Jahreszahlen ausgeschlossen. Analog zur Vorgehensweise bei den ausländischen Direktinvestitionen mußten die Gründungsdaten von je drei der neun Bundesländer addiert werden, um die notwendigen Regionaldaten für die drei nicht-administrativen NUTS 1 Einheiten Österreichs zu erhalten.

Die regionalisierten Gründungsdaten für das **britische Königsreich** sind über die Website (http://www.sbs.gov.uk/statistics) ab dem Jahre 1994 elektronisch erhältlich. Die stark disaggregierten Daten mußten zu den entsprechenden zwölf NUTS 1 Regionen aggregiert werden. Die Daten basieren auf der VAT-Methode.

Auch die **belgischen Gründungsdaten** beruhen auf dieser Methode. Die nationalen Werte befinden sich in dem wiederholt zitierten fünften KMU-Bericht der Europäischen Union. Die Regionaldaten hat die Abteilung für VAT-Statistik im belgischen Wirtschaftsministerium geliefert. Die Daten liegen für die drei belgischen Regionen lückenlos vor. Anzumerken ist, daß im Jahre 1999 in Belgien ein neues Gesetz in Kraft trat, welches das Gründen von Unternehmen erschwe-

---

625 Vgl. European Commission, 2002, S. 16.

ren sollte.[626] Das Gesetz sieht vor, den Start eines Unternehmens nur „geeigneten“ Gründungswilligen zu genehmigen. Die „Eignung“ kann dabei auf verschiedene Arten erbracht werden, etwa durch den Abschluß der Hochschulreife oder einen Universitätsabschluß. Insofern ist von der Gesetzesänderung vor allem die Gruppe von Personen betroffen, die als Schulabbrecher ohne formale Ausbildung eine Kneipe, ein Restaurant oder ein Handelsunternehmen eröffnen wollen.[627] Darüber hinaus liegen keine weiteren Besonderheiten vor – abgesehen von der angesprochenen VAT-Befreiung von Versicherungsmaklern.

Die Pflege und Veröffentlichung von Statistiken zum nationalen und regionalen Gründungsgeschehen obliegt in **Frankreich** der „Agence Pour la Création d'Entreprisis“ (APCE). Teilweise sind diese Daten auf der Website http://www.apce.com abgelegt. Auf Nachfrage erhält man vollständige Regionaldaten ab 1994. Ausgenommen von der statistischen Erfassung sind Unternehmensgründungen in der Landwirtschaft, Fischerei und im Finanzsektor (Banken/ Versicherungen). Die französische Erfassungsmethodik birgt darüber hinaus zwei Besonderheiten:[628]

Zum einen setzt sich die Summe der jährlichen Gründungen aus echten Neugründungen („créations ex-nihilo“) und Reaktivierungen („réactivations“) zusammen. Zum anderen erhalten natürliche Personen mit ihrer ersten Gründung – im Gegensatz zu juristischen Personen – eine Registrierungsnummer, die sie ihr ganzes Leben behalten.

Diese Besonderheiten implizieren zwei gegenläufige Quellen von Verzerrungen bezüglich der „wahren“ Gründungsaktivität. Zum einen unterschätzt das statistisch erfaßte Gründungsgeschehen die „wahre“ dadurch, daß jede weitere Unternehmensgründung einer natürlichen Person in der Statistik unregistriert bleibt. Zum anderen überschätzt der – wenn auch unter allen Gründungen kleine – Anteil an Reaktivierungen die tatsächliche Dynamik in der Unternehmensdemographie. Unter die Reaktivierungen fallen viele Saisongeschäfte, die nach Ablauf der Saison „liquidiert“ werden und den Geschäftsbetrieb zu Beginn der kommenden Winter- oder Sommersaison wieder aufnehmen. Von echten Gründungen kann in solchen Fällen also keine Rede sein. Die hieraus resultierende Überbewertung echt „reaktivierter“ Gründungen ist der APCE bewußt. Die APCE schätzt den Umfang der Datenverzerrung innerhalb der Reaktivierungsgründungen auf zwanzig Prozent ein. Daher wurde ein Abschlag in dieser Höhe auf diese Subgruppe

626 Vgl. European Commission, 2002, S. 16.
627 Vgl. European Commission, 2002, S. 16.
628 Zu einer detaillierten Beschreibung siehe Holz, 2002, S. 108f.

von Gründungen zur Berechnung der regionalen und nationalen Neugründungen vorgenommen.[629] Die so modifizierten Daten gingen in das Modell ein.

Unternehmensdemographische Daten einschließlich Gründungen werden in **Italien** über das nationale Unternehmensregister, „Movimprese", erfaßt. „InfoCamere", eine Abteilung des Dachverbands der italienischen Industrie- und Handelskammern („Unioncamere"), verwaltet und pflegt Movimprese.[630]

Die italienischen Gründungsdaten überschätzen die echte Gründungsaktivität. Verantwortlich hierfür ist die extensive Auslegung des Gründungstatbestands. Neben originären Neugründungen schließt die Registrierung zahlreiche Formen derivater Unternehmensgründungen ein. So fließen sogar durch Ortswechsel bedingte Neuanmeldungen eines Unternehmens als „Gründungen" in die Statistik ein.

Der Umstand der tendenziellen Überbewertung ist Unioncamere mittlerweile bewußt, weshalb erste Bemühungen unternommen wurden, die Gründungsregistrierung („iscizioni") realitätsnäher abzubilden.[631] Nationaldaten, die um „Neugründungen" aus der Landwirtschaft bereinigt wurden, werden von InfoCamere ab 1995 bereitgestellt.[632] Regionale Gründungsdaten, die sich für den Analysezeitraum auf den Internetseiten von Infocamere (www.infocamare.it) tief gegliedert finden, sind jedoch noch unbereinigt und schließen auch Gründungen in der Landwirtschaft ein. Auf Basis dieser unbereinigten Daten wurden die jährlichen Gründungsanteile der fünf italienischen Regionen ermittelt. Dieser Regionalschlüssel wurde anschließend auf die bereinigten Nationaldaten angewendet, um modifizierte Absolutzahlen für jede Region zu erhalten.

Vom Institut für Mittelstandsforschung (IfM) stammen die **deutschen Gründungsdaten**, die auch im fünften KMU-Bericht der Europäischen Union zu finden sind. Die Daten basieren auf dem Handelsregister und werden seit 1996 für die nationale und seit 1997 für die regionale Ebene ermittelt. Das IfM bereinigt die Daten des Handelsregisters, u. a. um ruhende, wirtschaftsinaktive Gründungen, Teilzeitgründungen und Übernahmen, so daß die Zahlen originäre Gründungen reflektieren.[633]

---

629 Vgl. Holz, 2002, S. 109, der die „Reaktivierungen" ebenfalls um zwanzig Prozent zur Berechnung der Gesamtzahl der nationalen Gründungszahlen reduziert hat. Die APCE bestätigte die Angemessenheit und Aktualität dieses Verfahrens zur Berechung einer realitätsnäheren Gründungszahl.

630 Zu Details siehe auch Holz, 2002, S. 114f.

631 Vgl. European Commission, 2002, S. 18.

632 Die verwendeten nationalen Daten finden sich auch bei Holz, 2002, S. 115. Im italienischen Hintergrundpapier zum fünften KMU-Bericht der Europäischen Union werden für die Jahre 1997 bis 2000 identische Werte angegeben. Für die Jahre 1995 bis 1996 finden sich dort aber noch überhöhte Werte.

633 Zu einer detaillierten Darstellung der IfM-Methodik vgl. Holz, 2002, S. 103ff.

Die regionalen Gründungszahlen für das Jahr 1996 mußten geschätzt werden. Dazu wurde zunächst die Entwicklung der regionalen Gründungsanteile für die Perioden 1997 bis 2001 und 1997 bis 2003 auf Strukturbrüche und Trends analysiert. Es sind in der regionalen Komposition keine Trends erkennbar. Daraufhin wurden analog der Vorgehensweise bei den ausländischen Direktinvestitionen die durchschnittlichen Gründungsanteile jedes Bundeslandes über die Jahre von 1997 bis 2003 berechnet.[634] Gemäß dem erhaltenen Schlüssel wurde der nationale Wert des Jahres 1996 auf die Regionen aufgebrochen.

Zu erwähnen ist, daß Gründungsdaten in regionaler Differenzierung für Deutschland auch durch das Zentrum für Europäische Wirtschaftsforschung (ZEW) seit Anfang der neunziger Jahre erhoben werden. Das sogenannte ZEW-Gründerpanel ist in Zusammenarbeit mit der Kreditauskunftei CREDITREFORM entstanden. Aufgrund des Rechercheverhaltens von CREDITREFORM stützen sich die Daten auf mehrere Quellen. In den Standardauswertungen wird die Zahl der originären Unternehmensgründungen segmentiert nach Wirtschaftszweigen ausgewiesen.[635] Aufgrund der Erhebungsmethodik werden zudem praktisch nur wirtschaftsaktive Unternehmen erfaßt. Klein- und Kleinstbetriebe sind aber ebenso untererfaßt wie landwirtschaftliche Unternehmen und Freiberufler. Darüber hinaus liegt zwischen dem Gründungs- und dem Erfassungszeitpunkt ein gewisser Zeitraum.[636] Auf eine nähere Analyse der ZEW-Daten wurde aus drei Gründen verzichtet: Erstens ist die Datennutzung für Externe kostenpflichtig. Zweitens bleibt aus der beschriebenen Erfassungsmethodik offen, worin die Vorteilhaftigkeit dieser Daten im Vergleich zu den IfM-Zahlen liegt. Außerdem ist im Rahmen des fünften KMU-Berichts der Europäischen Union, auf den im Rahmen der Datenanalyse mehrfach zurückgegriffen wurde, das IfM der deutsche Kooperationspartner gewesen. Da auf die Kooperationspartner aus den anderen Ländern zur Erhebung der regionalen Gründungsdaten teilweise zurückgegriffen wurde, ließe sich schwer erklären, warum ausgerechnet der deutsche Partner nicht vertrauenswürdig ist.

634 Die Durchschnittswerte für die Periode von 1997 bis 2003 weichen von denen für den Zeitraum von 1997 bis 2001 erst ab der dritten Stelle nach Komma (!) ab.

635 Auf der Website http://www.zew.de/de/forschung/datenbanken.php3 findet sich das aktuelle PDF-Dokument (Stand 2004) mit der ausführlichen Beschreibung der Methodik, die dem ZEW Gründerpanel zugrunde liegt.

636 Vgl. Engel/ Fryges, 2002, S. 9

Literaturverzeichnis

Acs, Z./ Arenius, P./ Hay, M./ Minniti, M., Global Entrepreneurship Monitor – Executive Report, London: London Business School, 2004.

Acs, Z./ Audretsch, D.B., Innovation and Firm Size: The New Learning, International Journal of Technology Management, Special Publication, Nov. 1993, S. 23 - 35.

Acs, Z.J./ Audretsch, D.B. (Hrsg.), Handbook of Entrepreneurship Research, Boston/ Dordrecht: Kluwer Academic Publishers, 2003.

Agarwal, R./ Audretsch, D.B., Does Entry Size Matter? The Impact of the Life Cycle and Technology on Firm Survival, Journal of Industrial Economics, Vol. 49, Nr. 1, 2001, S. 21 - 43.

Agrawal, P., Economic Impact of Foreign Direct Investment in South Asia, in: Mattoo, A./ Stern, R.M. (Hrsg.): India and the WTO, Washington, D.C: World Bank, 2003, S. 117 - 140.

Aitken, B.J./ Harrison, A.E., Do Domestic Firms Benefit from Direct Foreign Investment? Evidence from Venezuela, American Economic Review, Vol. 89, Nr. 3, 1999, S. 605 - 618.

Allen, F./ Percival, J., Financing Strategies and Venture Capital, in: Day, G.S./ Schoemaker, P.J.H./ Gunther, R.E. (Hrsg.): Wharton on Managing Emerging Technologies, New York et al.: John Wiley & Sons, 2000, S. 271 - 288.

Almeida, P./ Kogut, B., The Exploration of Technological Diversity and the Geographic Localization of Innovation, Small Business Economics, Vol. 9, 1997, S. 21 - 31.

Almus, M., Das Wachstum junger Unternehmen - Eine Bestandsaufnahme 10 Jahre nach der Wiedervereinigung, ZEW-Discussion Paper, Nr. 40, 2001.

Almus, M./ Nerlinger, E.A., Testing „Gibrat's Law“ for Young Firms – Empirical Results of West Germany, Small Business Economics, Vol. 15, 2000, S. 1 - 12.

Almus, M./ Prantl, S., Die Auswirkungen öffentlicher Gründungsförderung auf das Überleben und Wachstum junger Unternehmen, ZEW-Discussion Paper, Nr. 3, 2001.

Angel, D., New Firm Formation in the Semiconductor Industry: Elements of a Flexible Manufacturing System, Regional Studies, Vol. 24, Nr. 3, 1990, S. 211 - 221.

Armstrong, H./ Taylor, J., Regional Economics and Policy, 3. Aufl., Oxford: Blackwell, 2000.

Ashcroft, B./ Love, J.H./ Malloy, E., New Firm Formation in the British Counties with Special Reference to Scotland, Regional Studies, Vol. 25, Nr. 5, 1992, S. 395 - 409.

Audretsch, D.B., The Role of Small Firms in U.S. Biotechnology Clusters, Small Business Economics, Vol. 17, 2001, S. 3 - 15.

Audretsch, D.B., Innovation and Industry Evolution, Cambridge/ London: MIT Press, 1995.

Audretsch, D.B./ Acs, Z.J., Innovation as a Means of Entry: an Overview, in: Geroski, P.A./ Schwalbach, J. (Hrsg.): Entry and Market Contestability, Oxford/ Cambridge: Blackwell, 1991, S. 222 - 243.

Audretsch, D.B./ Feldman, M.P., R&D Spillovers and the Geography of Innovation and Production, American Economic Review, Vol. 86, Nr. 3, 1996, S. 630 - 652.

Audretsch, D.B./ Fritsch, M., The Geography of Firm Births in Germany, Regional Studies, Vol. 28, Nr. 4, 1994, S. 359 - 365.

Audretsch, D.B./ Keilbach, M., Entrepreneurship Capital and Economic Performance, ZEW-Discussion Paper, Nr. 76, 2002.

Audretsch, D.B./ Klomp, L./ Thurik, R., Do Services Differ From Manufacturing? The Post-Entry Performance of Firms in Dutch Services, in: Audretsch, D.B./ Thurik, A.R. (Hrsg.): Innovation, Industry Evolution, and Employment, Cambridge: University Press, 1999, S. 230 - 252.

Audretsch, D.B./ Thurik, A.R. (Hrsg.), Innovation, Industry Evolution, and Employment, Cambridge: University Press, 1999.

Audretsch, D.B./ Vivarelli, M., Firm Size and R&D Spillovers: Evidence from Italy, Small Business Economics, Vol. 8, 1996, S. 249 - 258.

Audretsch, D.B./ Vivarelli, M., New-form Formation in Italy: A First Report, Economic Letters, Vol. 48, 1995, S. 77 - 81.

Aydalot, P./ Keeble, D., High-Technology Industry and Innovative Environments in Europe: An Overview, in: Aydalot, P./ Keeble, D. (Hrsg.): High-Technology Industry and Innovative Environments: The European Experience, London/ New York: Routledge, 1988, S. 1 - 21.

Aydalot, P./ Keeble, D. (Hrsg.), High-Technology Industry and Innovative Environments: The European Experience, London/ New York: Routledge, 1988.

Backhaus, K./ Erichson, B./ Plinke, W./ Weiber, R., Multivariate Analysemethoden - Eine anwendungsorientierte Einführung, 9., überarb. und erw. Aufl., Berlin/ Heidelberg/ New York: Springer, 2000.

Baltagi, B.H., Econometric Analysis of Panel Data, 2. Aufl., Chichester et al: John Wiley & Sons, 2003.

Bartlett, Ch.A./ Ghoshal, S., Managing Across Borders, 2.Aufl., Boston: Harvard Business School, 1998.

Basu, A., An Exploration of Entrepreneurial Activity among Asian Small Businesses in Britain, Small Business Economics, Vol. 10, 1998, S. 313 - 326.

Baumol, W.J., The Free-Market Innovation Machine - Analyzing the Growth Miracle of Capitalism, Princeton/ Oxford: Princeton University Press, 2002.

Beck, U., Was zur Wahl steht, Frankfurt a.M.: Suhrkamp, 2005.

Begg, I., Service Sector in Regional Development, Regional Studies, Vol. 27, Nr. 8, 1993, S. 817 - 825.

Belitz, H., Deutschland als Forschungsstandort multinationaler Unternehmen, DIW Wochenbericht, Nr. 16, 2002, S. 245 - 250.

Belussi, F., The Transformation of the 1980s: Growth of Network Companies, or the Return of Flexibility in Large Businesses?, International Journal of Technology Management – Special Publication on Small Firms and Innovation, 1993, S. 188 - 199.

Berthold, N./ Speyer, B., Vergessene Dimensionen der Außenwirtschaft: Raum, technischer Fortschritt und Entwicklung, in: Berthold, N./ Speyer, B. (Hrsg.): Vergessene Dimensionen der Außenwirtschaft: Raum technischer Fortschritt und Entwicklung, Berlin: Duncker & Humblot, 1997, S. 9 - 22.

Berthold, N./ Speyer, B. (Hrsg.), Vergessene Dimensionen der Außenwirtschaft: Raum, technischer Fortschritt und Entwicklung – Festschrift für Detlef Lorenz, Berlin: Duncker & Humblot, 1997.

Best, M.H., The New Competitive Advantage – The Renewal of American Industry, New York et al.: Oxford University Press, 2001.

Bethke, V./ Koopmann, G., Multinationale Unternehmen und Entwicklungsländer: Interessenkonflikte und Verhandlungspositionen, Hamburg: Verlag Weltarchiv, 1975.

Bhidé, A.V., The Origin and Evolution of New Businesses, New York: Oxford University Press, 2000.

Birch, D.L., The Job Generation Process, Cambridge: MIT, 1979.

Birkinshaw, J., Upgrading of Industry Clusters and Foreign Investment, International Studies of Management and Organization, Vol. 30, Nr. 2, 2000, S. 93 - 113.

Birkinshaw, J./ Hood, N. (Hrsg.), Multinational Corporate Evolution and Subsidiary Development, New York: St. Martin´s Press, 1998.

Bitzer, J., Technologische Spillover-Effekte als Determinanten des Wirtschaftswachstums, Berlin: Duncker & Humblot, 2003.

Blien, U., Arbeitslosigkeit und Entlohnung auf regionalen Arbeitsmärkten. Theoretische Analyse, ökonometrische Methode, empirische Evidenz und wirtschaftspolitische Schlußfolgerungen für die Bundesrepublik Deutschland, Heidelberg: Physica, 2001.

Blien, U., Die „Lohnkurve", Mitteilungen aus der Arbeitsmarkt- und Berufsforschung, 29. Jg., Nr. 3, 1996, S. 455 - 459.

Blomström, M., Foreign Investment and Spillovers, London/ New York: Routledge, 1989.

Borensztein, E./ DeGregorio, J./ Lee, J.-W., How Does Foreign Direct Investment Affect Economic Growth?, NBER Working Paper, Nr. 5057, 1995.

Borrmann, C./ Dennig, U./ Jungnickel, R./ Keller, D./ Koopmann, G., Standort Deutschland im internationalen Verbund, Baden-Baden: Nomos, 2001.

Brainard, S.L., An Empirical Assessment of the Proximity-Concentration Tradeoff between Multinational Sales and Trade, NBER Working Paper, Nr. 4580, 1993.

Braun, M., Business im Team – Große Unternehmen als Partner für Start-ups, München/ Wien: Hanser, 2001.

Braunerhjelm, P.B, Knowledge Capital and the „New Economy": Firm Size, Performance and Network Production, Boston/ Dordrecht/ London: Kluwer, 2000.

Braunerhjelm, P.B, Regional Integration and the Location of Multinational Corporations, Stockholm: Industrial Institute for Economic and Social Research, 1997.

Braunerhjelm, P.B., Regional Integration and the Location of Multinational Corporations, Stockholm: Almqvist & Wicksell, 1994.

Britton, J.N.H., Specialization Versus Diversity in Canadian Technological Development, Small Business Economics, Vol. 8, 1996, S. 121 - 138.

Brixy, U./ Kohaut, S./ Schnabel, C., How Fast Do Newly Founded Firms Mature? Empirical Analyses on Job Quality in Start-Ups, IAB Discussion Paper, Nr. 2, 2005.

Brixy, U./ Kohaut, S./ Schnabel, C., Do Newly Founded Firms Pay Lower Wages? First Evidence from Germany, Discussion Papers, Nr. 28, Nürnberg: Lehrstuhl für VWL, insb. Arbeitsmarkt und Regionalpolitik, 2004.

Bröcker, J./ Dohse, D./ Soltwedel, R. (Hrsg.), Innovation Clusters and Interregional Competition, Berlin/ Heidelberg/ New York: Springer, 2003.

Brown, R., Cluster Dynamics in Theory and Practice with Application to Scotland, Regional and Industrial Policy Research Paper, Nr. 38, Glasgow: University of Strathclyde, 2000.

Brüderl, J./ Preisendörfer, P., Network Support and Success of Newly Founded Businesses, Small Business Economics, Vol. 10, 1998, S. 213 - 225.

Brüderl, J./ Preisendörfer, P./ Ziegler, R., Der Erfolg neugegründeter Betriebe: Eine empirische Studie zu den Chancen und Risiken von Unternehmensgründungen, Berlin: Duncker & Humblot, 1996.

Brülhart, M., Economic Geography, Industry Location and Trade: The Evidence, World Economy, Vol. 21, Nr. 6, 1998, S. 775 - 802.

Brülhart, M./ Torstensson, J., Regional Integration, Scale Economies and Industry Location in the European Union, Centre of Economic Performance Discussion Paper, Nr. 1435, 1996.

Buckley, P.J., Foreign Direct Investment by Small and Medium Sized Enterprises: The Theoretical Background, Small Business Economics, Vol. 1, 1989, S. 89 - 100.

Burger, B., Ausländische Direktinvestitionen, technologische Spillover-Effekte und industrielle Entwicklung, dargestellt am Beispiel Mexiko, Baden-Baden: Nomos, 1998.

Bygrave, W.D., The Entrepreneurial Process, in: Bygrave, W.D./ Zacharakis, A. (Hrsg.): The Portable MBA in Entrepreneurship, Hoboken: John Wiley & Sons, 2004, S. 1 - 27.

Bygrave, W.D./ Zacharakis, A. (Hrsg.), The Portable MBA in Entrepreneurship, 3. Aufl., Hoboken: John Wiley & Sons, 2004.

Cable, J./ Schwalbach, J., International Comparison of Entry and Exit, in: Geroski, P.A./ Schwalbach, J. (Hrsg.): Entry and Market Contestability, Oxford/ Cambridge: Blackwell, 1991, S. 257 - 281.

Callejón, M./ Segarra, A., Business Dynamics and Efficiency in Industries and Regions: The Case of Spain, Small Business Economics, Vol. 13, 1999, S. 253 - 271.

Camagni, R., Introduction: from the local 'milieu' to innovation through cooperation networks, in: Camagni, R. (Hrsg.): Innovation Networks: Spatial Perspectives, London/ New York: Belhaven, 1991, S. 1-9.

Camagni, R. (Hrsg.), Innovation Networks: Spatial Perspectives, London/ New York: Belhaven, 1991.

Carree, M./ Thurik, R., The Impact of Entrepreneurship on Economic Growth, in: Acs, Z.J./ Audretsch, D.B. (Hrsg.): Handbook of Entrepreneurship Research, Boston/ Dordrecht: Kluwer Academic Publishers, 2003, S. 437 - 471.

Casson, M., The Entrepreneur – An Economic Theory, 2. Aufl., Cheltenham/ Northampton: Edward Elgar, 2003.

Christensen, C.M., The Innovator's Dilemma – When New Technologies Cause Great Firms to Fail, Boston: Harvard Business School Press, 1997.

Clemens, R./ Kayser, G., Existenzgründungsstatistik – Unternehmensgründungsstatistik: Zur Entwicklung der Gründungsstatistik des IfM Bonn, IfM-Materialien Nr. 149, Bonn: Institut für Mittelstandsforschung, 2001.

Coase, R., The Nature of the Firm, Economica, Vol. 4 (Neue Serie), Nr. 13, 1937, S. 386 - 405.

Cohen, W.M./ Levinthal, D.A., Innovation and Learning: The Two Faces of R&D, Economic Journal, Vol. 99, 1989, S. 569 - 596.

Cooke, P./ Boekholt, P./ Tödtling, F., The Governance of Innovation in Europe: Regional Perspectives on Global Competitiveness, 1. Aufl., London/ New York: Pinter, 2000.

Danson, M.W., New Firm Formation and Regional Economic Development: An Introduction and Review of the Scottish Experience, Small Business Economics, Vol. 7, 1995, S. 81 - 87.

Davidsson, P./ Lindmark, L./ Olofsson, Ch., New Firm Formation and Regional Development in Sweden, Regional Studies, Vol. 28, Nr. 4, 1994, S. 395 - 410.

Davis, S. J./ Haltiwanger, J./ Schuh, S., Small Business and Job Creation: Dissecting the Myth and Reassessing the Facts, NBER Working Paper, Nr. 4492, 1993.

Day, G.S./ Schoemaker, P.J.H./ Gunther, R.E. (Hrsg.): Wharton on Managing Emerging Technologies, New York et al.: John Wiley & Sons, 2000.

De Mello, L.R., Foreign Direct Investment-led Growth: Evidence from Time Series and Panel Data, Oxford Economic Papers, Vol. 51, Nr. 1, 1999, S. 133 - 151.

De Wit, G./ van Winden, F.A.A.M., An Empirical Analysis of Self-Employment in the Netherlands, Small Business Economics, Vol. 1, 1989, S. 263 - 272.

Del Monte, A./ Luzenberger, R., The Effect of Regional Policy on New Firm Formation in Southern Italy, Regional Studies, Vol. 23, Nr. 3, 1989, S. 219 - 230.

Delany, E., Strategic Development of Multinational Subsidiaries in Ireland, in: Birkinshaw, J./ Hood, N. (Hrsg.): Multinantional Corporate Evolution and Subsidiary Development,, New York: St. Martin´s Press, 1998, S. 239-267.

Demirgüc-Kunt, A./ Levine, R. (Hrsg.), Financial Structure and Economic Growth, Cambridge/ London: MIT Press, 2001.

Deutscher Industrie- und Handelskammertag, Gründerreport 2004, Berlin: DIHK, 2004.

Devan, J./ Tewari, P.S., Brains abroad, McKinsey Quarterly, Special Edition, Vol. 4, 2001, S. 51 - 60.

Dicken, P./ Tickell, A., Competitors or Collaborators? The Structure of Inward Investment Promotion in Northern England, Regional Studies, Vol. 26, Nr. 1, 1993, S. 99 - 106.

Dippe, A., Unterstützung von Unternehmensgründungen durch Gründungswettbewerbe – Eine empirische Untersuchung des Unterstützungsbedarfes von Unternehmensgründern (Diplomarbeit), Berlin: TIM-Lehrstuhl für Technologie- und Innovationsmanagement am Institut für Technologie und Management der TU Berlin, 2001.

Djankov, S./ Hoekman, B., Foreign Investment and Productivity Growth in Czech Enterprises, World Bank Policy Research Working Paper, Nr. 2115, 1999.

Doeringer, P.B./ Terkla, D.G., Why Do Firms Cluster?, in: Staber, U./ Schaefer, N.V./ Sharma, B. (Hrsg.): Business Development – Prospects for Regional Development, Berlin/ New York: de Gruyter, 1996, S. 175 - 189.

Donckels, R./ Segers, J.P., New Technology Based Firms and the Creation of Regional Growth Potential, Small Business Economics, Vol. 2, 1990, S. 33 - 44.

Driffield, N./Taylor, K., Domestic Wage Determination: Regional Spillovers and Inward Investment, Discussion Papers in Economics, Nr. 12, Leicaster: Department of Economics at the University of Leicaster, 2002.

Duetsch, L.L., Entry and the Extent of Multiplant Operations, Journal of Industrial Economics, Vol. 32, 1984, S. 477 - 487.

Dunn, M.H., Wachstum und endogener technologischer Wandel – Eine Kritik des Wachstumsmodells von Paul Romer aus der Perspektive der Evolutorischen Ökonomik, ORDO, Bd. 51, 2000, S. 277 - 299.

Dunning, J.H., Trade, Location of Economic Activity and the MNE: A Search for an Eclectic Approach, in: Ohlin, B./ Heselborn, P.-O./ Wijkman, P.M. (Hrsg.): The International Allocation of Economic Activity, London et al.: MacMillan, 1977, S. 395 - 418.

Dürr, E., Wachstumspolitik, Bern/ Stuttgart: Haupt, 1977.

Easterly, W., The Elusive Quest for Growth: Economists´Adventures and Misadventures in the Tropics, Cambridge/ London: MIT Press, 2001.

Eckey, H.-F./ Kosfeld, R./ Dreger, Ch., Ökonometrie, 2., überarb. und erw. Aufl., Wiesbaden: Gabler, 2001.

Edquist, Ch., Systems of Innovation Approaches – Their Emergence and Charakteristics, in: Edquist, Ch. (Hrsg.): Systems of Innovation, London/ Washington D.C.: Pinter, 1997, S. 1 - 35.

Edquist, Ch. (Hrsg.), Systems of Innovation: Technologies, Institutions and Organizations, London/ Washington D.C.: Pinter, 1997.

Eglau, H.O./ Kluge, J./ Meffert, J./ Stein, L., Durchstarten zur Spitze – McKinseys Strategien für mehr Innovation, Frankfurt a.M.: Campus, 2000.

Elton, J.J./ Shah, B.R./ Voyzey, J.N., Intellectual Property: Partnering for Profit, McKinsey Quarterly, Special Edition, 2002, S. 59 - 67.

Engel, D., Welche Regionen profitieren von Venture Capital-Aktivitäten?, ZEW-Discussion Paper, Nr. 37, 2002.

Engel, D., Höheres Beschäftigungswachstum durch Venture Capital?, ZEW-Discussion Paper, Nr. 34, 2001.

Engel, D./ Fryges, H., Aufbereitung und Angebot der ZEW Gründungsindikatoren, ZEW-Discussion Paper, Nr. 2, 2001.

Engelmann, A., Das Inkubationsprinzip – Ein ganzheitlicher Ansatz zur Unterstützung der Existenzgründung, in: Finanz Betrieb, Nr. 5, 2000, S. 329 - 335.

Enright, M. J., Regional Clusters: What We Know and What We Should Know, in: Bröcker, J./ Dohse, D./ Soltwedel, R. (Hrsg.): Innovation Clusters and Interregional Competition, Berlin/ Heidelberg/ New York: Springer, 2003, S. 99 - 129.

Enright, M. J., Regional Clusters and Multinational Enterprises – Independence, Dependence, or Interdependence?, International Studies of Management and Organization, Vol. 30, Nr. 2, 2000, S. 114 - 138.

Europäische Kommission, Grünbuch - Unternehmergeist in Europa, Brüssel, 2003.

European Commission, European Regional Statistics – Reference Guide, Luxemburg, 2004a.

European Commission, Business Demography in Europe – Results for 10 Member States and Norway, Luxemburg, 2004b.

European Commission, Business Demography in Europe, Observatory of European SMEs, Nr. 5, 2002.

Evans, D.S./ Leighton, L.S., Small Business Formation by Unemployed and Employed Workers, Small Business Economics, Vol. 2, 1990, S. 319 - 330.

Evans, D.S./ Leighton, L.S., The Determinants of Changes in U.S. Self-Employment, 1968-1987, Small Business Economics, Vol. 1, 1989, S. 111 - 119.

Feldman, M.P., The Entrepreneurial Event Revisited: Firm Formation in a Regional Context, Industrial and Corporate Change, Vol. 10, Nr. 4, 2001, S. 861 – 891.

Florio, M., Large Firms, Entrepreneurship and Regional development Policy: 'Growth Poles' in the Mezzogiorno over 40 years, Entrepreneurship and Regional Development, Vol. 8, 1996, S. 263 - 295.

Flynn, J.E., The Determinants of Exit in an Open Economy, Small Business Economics, Vol. 3, 1991, S. 225 - 232.

Foley, A./ Griffith, B., Indigenous Manufacturing Enterprises in a Peripheral Economy and the Single Market: The Case of the Republic of Ireland, Regional Studies, Vol. 26, Nr. 4, 1992, S. 375 - 386.

Fontagné, L., Foreign Direct Investment and International Trade: Complements or Substitutes?, Paris: OECD, 1999.

Fothergill, S./ Gudgin, G., Unequal Growth – Urban and Regional Employment Change in the UK, London et al.: Heinemann, 1982.

Fotopoulos, G./ Louri, H., Location and Survival of New Entry, Small Business Economics, Vol. 14, 2000, S. 311 - 321.

Frank, B./ Pflüger, M., Agglomeration und regionale Arbeitsmärkte, DIW Wochenbericht, Nr. 19, 2002.

Fraunhofer-Institut für Systemtechnik und Innovationsforschung et. al., Regionale Verteilung von Innovations- und Technologiepotentialen in Deutschland und Europa, Karlsruhe: Fraunhofer-Institut für Systemtechnik und Innovationsforschung (ISI), 2000.

Fritsch, M., New Firms and Regional Employment Change, Small Business Economics, Vol. 9, 1997, S. 437 - 448.

Fritsch, M., Regional Differences in New Firm Formation: Evidence from West Germany, Regional Studies, Vol. 26, Nr. 3, 1992, S. 233 - 241.

Fritsch, M./ Brixy, U./ Falck, O., The Effect of Industry, Region and Time on New Business Survival – A Multi-Dimensional Analysis, Freiberger Arbeitspapiere, Nr. 4, 2004.

Fritsch, M./ Koschatzky, K./ Schätzl, L./ Sternberg, R., Regionale Innovationspotentiale und innovative Netzwerke, Raumforschung und -ordnung, Nr. 4, 1998, S. 243 - 252.

Fritsch, M./ Mueller, P., Effects of New Business Formation on Regional Development over Time, Regional Studies, Vol. 38, Nr. 8, 2004, S. 961 – 975.

Fritsch, M./ Schindler, D., Does Venture Capital Investment Really Require Spatial Proximity? An Empirical Investigation, Freiberger Arbeitspapiere, Nr. 7, 2006.

Fritsch, M./ Schmude, J. (Hrsg.): Entrepreneurship in the Region, New York et al.: Springer, 2006.

Fritsch, M./ Weyh, A., How Large are the Direct Employment Effects of New Businesses? – An Empirical Investigation, Freiberger Arbeitspapiere, Nr. 5, 2004.

Frost, T./ Zhou, C., The Geography of Foreign R&D Within a Host Country, International Studies of Management and Organization, Vol. 30, Nr. 2, 2000, S. 10 - 43.

Fujita, M./ Krugman, P./ Venables, A.J., The Spatial Economy – Cities, Regions, and International Trade, 2. Aufl., Cambridge/ London: MIT Press, 2000.

Galbraith, J.K., American Capitalism, 2., überarb. Aufl., Cambridge: Riverside Press, 1956.

Garofoli, G., New Firm Formation and Regional Development: The Italian Case, Regional Studies, Vol. 28, Nr. 4, 1994, S. 381 - 393.

Gassmann, O./ Zedtwitz, v. M., New Concepts and Trends in International R&D Organization, Research Policy, Vol. 28, 1999, S. 231 - 250.

Geiling, R., Der Beitrag kleiner und mittlerer Unternehmen zum technischen Fortschritt, Göttingen: Schwartz, 1982.

Gerosik, P.A., Domestic and Foreign Entry in the United Kingdom: 1983 - 1984, in: Geroski, P.A./ Schwalbach, J. (Hrsg.): Entry and Market Contestability, Oxford/ Cambridge: Blackwell, 1991, S. 63 - 88.

Geroski, P.A., What Do We Know About Entry?, International Journal of Industrial Organization, Vol. 13, 1995, S. 421 - 440.

Geroski, P.A., Entry, Innovation and Productivity Growth, Review of Economics and Statistics, Vol. 71, 1989, S. 572 - 578.

Geroski, P.A./ Schwalbach, J. (Hrsg.), Entry and Market Contestability – An International Comparison, Oxford/ Cambridge: Blackwell, 1991.

Gerpott, T.J., Strategisches Technologie- und Innovationsmanagement: eine konzentrierte Einführung, Stuttgart: Schäffer-Poeschel, 1999.

Gershenberg, I., The Training and Spread of Managerial Know-how: A Comparative Analysis of Multinational and Other Firms in Kenya, World Development, Vol. 15, Nr. 7, 1987, S. 931 - 939.

Gerstenberger, W./ Jungfer, J./ Schmalholz, H., Standortbedingungen in Polen, Tschechien und Ungarn und die Position Sachsens in Standortwettbewerb, ifo dresden studien, Nr. 33, 2002.

Gerybadze, A./ Reger, G., Globalization of R&D: Recent Changes in the Management of Innovation in Transnational Corporations, Research Policy, Vol. 28, 1999, S. 251 - 274.

Gibrat, R., Les Inégalités Economiques, Paris: Recueil Sirey, 1931.

Girma, S./ Görg, H., Foreign Direct Investment, Spillovers and Absorptive Capacity: Evidence from Quantile Regressions, Deutsche Bundesbank Discussion Paper, Nr. 13, 2005.

Görg, H./ Strobl, E., Multinational Companies and Productivity Spillovers: A Meta-Analysis, Economic Journal, Vol. 111, November 2001, S. 723 – 739.

Görg, H./ Strobl, E./ Walsh, F., Why Do Foreign-Owned Firms Pay More? The Role of On-The-Job-Training, IZA Discussion Paper, Nr. 590, 2002.

Goltzsch, P., Microsoft und IBM fordern Schutz ihres geistigen Eigentums, Financial Times Deutschland, 04.08.2004, S. 4.

Gompers, P.A./ Lerner, J., The Money of Invention – How Venture Capital Creates New Wealth, Boston: Harvard Business School Press, 2001.

Greene, W.H., Econometric Analysis, 5. Aufl., Upper Saddle River: Prenctice Hall, 2003.

Griliches, Z., Introduction, in: Griliches, Z. (Hrsg.): R&D, Patents, and Productivity, Chicago/ London: University of Chicago Press, 1984, S. 1 - 20.

Griliches, Z. (Hrsg.), R&D, Patent, and Productivity, Chicago/ London: University of Chicago Press, 1984.

Grimes, S., Indigenous Entrepreneurship in a Branch Plant Economy: The Case of Ireland, Regional Studies, Vol. 27, Nr. 5, 1993, S. 484 - 489.

Grossman, G.M., International Trade, Foreign Investment, and the Formation of the Entrepreneurial Class, American Economic Review, Vol. 74, 1984, S. 605 - 614.

Guesnier, B., Regional Variations in New Firm Formation in France, Regional Studies, Vol. 28, Nr. 4, 1994, S. 347 - 358.

Günther, J., FDI as a Multiplier of Modern Technology in Hungarian Industy, Intereconomics, Sep./ Oct., 2002, S. 263 - 269.

Hanusch, H./ Cantner, U., Neuer Ansätze in der Innovationstheorie und der Theorie des technologischen Wandels – Konsequenzen für eine Industrie- und Technologiepolitik, in: Meyer-Krahmer, F. (Hrsg.): Innovationsökonomie und Technologiepolitik, Heidelberg: Physica, 1993, S. 11 - 46.

Harabi, N., Channels of R&D spillovers: An Investigation of Swiss Firms, Technovation, Vol. 17, Nr. 11/12, 1997, S. 627 - 635.

Hart, M./Gudgin, G., Spatial Variations in New Firm Formation in the Republic of Ireland, 1980 - 1990, Regional Studies, Vol. 28, Nr. 4, 1994, S. 367 - 380.

Hart, P.E., Theories of Firms' Growth and the Generation of Jobs, Review of Industrial Organization, Vol. 17, 2000, S. 229 - 248.

Hauschildt, J., Innovationsmanagement, 3., völlig überarb. und erw. Aufl., München: Vahlen, 2004.

Hause, J.C./ DuRietz, G., Entry, Industry Growth, and the Microdynamics of Industry Supply, Journal of Political Economy, Vol. 92, Nr. 41, 1984, S. 732 - 757.

Head, C.K./ Ries, J.C./ Swenson, D.L., Attracting Foreign Manufacturing: Investment Promotion and Agglomeration, Regional Science and Urban Economics, Vol. 29, 1999, S. 197 - 218.

Hébert, R.F./ Link, A.N., In Search of the Meaning of Entrepreneurship, Small Business Economics, Vol. 1, 1989, S. 39 - 49.

Henkel, H./ Höfinghoff, T./ Clark, Th., Venezuela droht Exxon mit Enteignung, Financial Times Deutschland, 21. Dezember 2005, S. 16.

Heucher, M./ Ilar, D./ Kubr, Th./ Marchesi, H., Planen, gründen, wachsen – Mit dem professionellen Businessplan zum Erfolg, 2., aktualisierte und erw. Aufl., Zürich: McKinsey/ Ueberreuther, 1999.

Heuer, St./ Pflaeging, S., Hin und Weg: BrainDrain – Warum deutsche Forscher in die USA gehen – und häufig dort bleiben, Technology Review, Nr. 6, Juni 2004, S. 100 - 109.

Heuß, E., Allgemeine Markttheorie, Tübingen: Mohr, 1965.

Hill, St./ Munday, M., The UK Regional Distribution of Foreign Direct Investment: Analysis and Determinants, Regional Studies, Vol. 26, Nr. 6, 1992, S. 535 - 544.

Hinz, Th./ Jungbauer-Gans, M., Starting a Business after Unemployment: Characteristics and Chances of Success: Empirical Evidence From a Regional German Labour Market, Entrepreneurship and Regional Development, Vol. 11, 1999, S. 317 - 333.

Holcombe, R.G., Entrepreneurship and Economic Growth, Quarterly Journal of Austrian Economics, Vol. 1, Nr. 2, 1998, S. 45 - 62.

Holwegler, B./ Trautwein, H.-M., Nettokapitalexport = Arbeitsplatzexport? Beschäftigungswirkungen von Direktinvestitionen am Beispiel der Metall- und Elektroindustrie im Raum Stuttgart, in: Walter, H./ Hegner, S./ Schechler, J.M. (Hrsg.): Wachstum, Strukturwandel, Wettbewerb, Stuttgart: Lucius & Lucius, 2000, S. 259 - 292.

Holz, M., International Data Sources on Enterprise Start-up Figures and Preliminary Results from an Analysis of Start-up Rates in Selected OECD-Countries for the Period 1995 - 2000, in: Institut für Mittelstandsforschung Bonn (Hrsg.): Jahrbuch zur Mittelstandsforschung, Wiesbaden: Deutscher Universitätsverlag, 2002, S. 95 - 146.

Hörner, W./ Gnoss, R., Methodische Ansätze und Möglichkeiten einer statistischen Erfassung von Unternehmensgründungen, in: Statistisches Bundesamt (Hrsg.): Statistische Erfassung von Unternehmensgründungen, Stutgart/ Mainz: Kohlhammer, 1988, S. 31 - 53.

Howells, J., The Internationalization of R&D and the Development of Global Research Networks, Regional Studies, Vol. 24, Nr. 6, 1990, S. 495 - 512.

Hsiao, Ch., Analysis of Panel Data, Cambridge et al.: Cambridge University Press, 1986.

Hürter, T., Schach mit Patenten, Technology Review, Nr. 6, Juni 2004, S. 20 - 38.

Insitut für sozialwissenschaftliche Forschung (Hrsg.): Jahrbuch sozialwissenschaftliche Technikberichterstattung, München: Ed. Sigma, 1999.

International Monetary Fund, Balance of Payments Statistics Yearbook, Washington, D.C., diverse Jahrgänge.

International Monetary Fund, Annual Report of the IMF Committee on Balance of Payments Statistics, Washington D.C., 2000.

International Monetary Fund, Balance of Payments Manual, 5th Edition, Washington, D.C., 1993.

Jahrreiß, W., Zur Theorie der Direktinvestitionen im Ausland, Berlin: Duncker & Humblot, 1984.

Jahn, Th., Marktplatz für Ideen, McK Wissen, Nr. 15, Dezember 2005, S. 82 - 87.

Jungfer, J., Grundbedürfnisstrategie oder Ordnungspolitik als Wege zur Überwindung wirtschaftlicher Unterentwicklung, Bern/ Stuttgart: Haupt, 1991.

Keeble, D./ Bryson, J./ Wood, P., Small Firms, Business Services Growth and Regional Development in the United Kingdom: Some Empirical Findings, Regional Studies, Vol. 25, Nr. 5, 1992, S. 439 - 457.

Kirzner, I.M., Wettbewerb und Unternehmertum, Tübingen: Mohr, 1978.

Klimmer, M./ Dieckmann, D.-S., Strategische Regionalpolitik – Ansätze zum Aufbau wettbewerbsfähiger Wirtschaftsregionen, Booz · Allen & Hamilton Trendletter, Mai 2000, S. 1 - 15.

Klodt, H., Die Rolle multinationaler Unternehmen im internationalen Standortwettbewerb, WiSt, Heft 9, 1997, S. 443 - 448.

Klofsten, M./ Jones-Evans, D., Comparing Academic Entrepreneurship in Europe – The Case of Sweden and Ireland, Small Business Economics, Vol. 14, 2000, S. 299 - 309.

Kluge, J./ Meffert, J./ Stein, L., The German Road to Innovation, McKinsey Quarterly, Special Edition, Vol. 2, 2000, S. 99 - 105.

Kluge, J./Faßbender, H., Wirtschaftsmacht Europa: Wie der alte Kontinent zu neuer Stärke findet, Frankfurt/ Wien: Redline Wirtschaft bei ueberreuter, 2003.

Knight, F.M., Risk, Uncertainty and Profit, unveränd. Neuaufl. der Erstausgabe von 1921, Chicago/ London: University of Chicago Press, 1971.

Konings, J./ Roodhooft, F./ Gucht van de, L., The Life Cycle of New Firms and its Impact on Job Creation and Job Destruction, Leuven: Katholische Universität, 1996.

Koschatzky, K., Regionale Entwicklungskonzepte zur Initiierung wirtschaftlichen Wachstums, in: Pleschak, F. (Hrsg.): Wachstum durch Innovationen, Wiesbaden: Deutscher Universitäts-Verlag, 2003, S. 117 - 132.

Koschatzky, K., Networks in Innovation Research and Innovation Policy – An Introduction, in: Koschatzky, K./ Kulicke, M./ Zenker, A. (Hrsg.): Innovation Networks, Heidelberg/ New York: Physica, 2001, S. 3 - 23.

Koschatzky, K., Innovationspotentiale und Innovationsnetzwerke in grenzüberschreitender Perspektive – Die Regionen Baden und Elsaß, Raumforschung und -ordnung, Vol. 4, 1998, S. 277 - 287.

Koschatzky, K./ Kulicke, M./ Zenker, A. (Hrsg.), Innovation Networks: Concepts and Challenges in the European Perpective, Heidelberg/ New York: Physica, 2001.

Kratzer, N., Beschäftigungseffekte von Existenzgründungen, in: Institut für Sozialwissenschaftliche Forschung (Hrsg.): Jahrbuch sozialwissenschaftliche Technikberichterstattung, München: Ed. Sigma, 1999, 113 - 156.

Kravis, I.B./ Lipsey, R.E., The Location of Overseas Production and Production for Export by U.S. Multinational Firms, Journal of International Economics, Vol. 12, 1982, S. 201 - 223.

Krieger-Boden, Ch., Globalization, Integration and Regional Specialization, Kieler Arbeitspapiere, Nr. 1009, 2000.

Krieger-Boden, Ch., Die räumliche Dimension in der Wirtschaftstheorie: ältere und neuere Erklärungsansätze, Kiel: Institut für Weltwirtschaft, 1995.

Kronenwett, E., Existenzgründung und Arbeitsmarkt, in: Maier, H.E./ Wollmann, H. (Hrsg.): Lokale Beschäftigungspolitik, Basel/ Boston/ Stuttgart: Birkhäuser, 1986, S. 245 - 261.

Kuchenbuch, P., Medikamententest im Eilverfahren, in: Financial Times Deutschland, 23.03.2006, S. 34.

Kuchenbuch, P., Pharmamanager wagen Neubeginn, in: Financial Times Deutschland, 14.11.2005, S. A2.

Lall, S., FDI and Development: Policy and Research Issues in the Emerging Context, QEH Working Paper, Nr. 43, Oxford: Queen Elizabeth House – University of Oxford, 2000.

Lazear, E.P., Entrepreneurship, NBER Working Paper, Nr. 9109, 2002.

Lazear, E.P., Balanced Skills and Entrepreneurship, AER, Vol. 94, Nr. 2, 2004.

Le Grand, C., On-the-job training, firm resources and unemployment risks: an analysis of the Swedish recession 1991 - 1993, Working Papers, Nr.3, Uppsala: Institute for Labour Market Policy Evaluation, 2000.

Lehmann, J., Markt- und Branchenabhängigkeit junger Wachstumsunternehmen am deutschen Kapitalmarkt, Lohmar/ Köln: Eul Verlag, 2004.

Leibenstein, H., Organizational or Frictional Equilibrium, X-Efficiency, and the Rate of Innovation, Quarterly Journal of Economics, Vol. 83, 1969, S. 600 - 623.

Leibenstein, H., Allocative Efficiency vs. „X-Efficiency", American Economic Review, Vol. 56, Nr. 1, 1966, S. 392 - 415.

Linde van der, C., The Demography of Clusters – Findings from the Cluster Meta-Study, in: Bröcker, J./ Dohse, D./ Soltwedel, R. (Hrsg.): Innovation Clusters and Interregional Competition, Berlin/ Heidelberg/ New York: Springer, 2003, S. 130 - 149.

Link, A.N./ Rees, J., Firm Size, University Based Research, and the Returns to R&D, Small Business Economics, Vol. 2, 1990, S. 25 - 31.

Lizondo, J.S., Foreign Direct Investment, IMF Occasional Paper, Nr. 77, 1991, S. 68 - 82.

Maggioni, M.A., Clustering Dynamics and the Location of High-Tech-Firms, Heidelberg/ New York: Physica, 2002.

Maier, H.E./ Wollmann, H. (Hrsg.), Lokale Beschäftigungspolitik, Basel/ Boston/ Stuttgart: Birkhäuser, 1986.

Malecki, E.J., Technology and Economic Development: The Dynamics of Local, Regional and National Competitiveness, 2. Aufl., Essex: Longman, 1997.

Malecki, E.J./ Bradbury, S.L., R&D Facilities and Professional Labour: Labour Force Dynamics in High Technology, Regional Studies, Vol. 26, Nr. 2, 1992, S. 123 - 136.

Mansfield, E., Entry, Gibrat´s Law, Innovation, and the Growth of Firms, American Economic Review, Vol. 52, 1962, S. 1023 - 51.

Markusen, A., Sticky Places in Slippery Spaces: A Typology of Industrial Districts, Economic Geography, Vol. 72, Nr. 3, 1996, S. 293 - 313.

Márquez, J.M., Spatial and Sectoral Strategies of Foreign Direct Investment in Spain, in: Dicken, P./ Quévit, M. (Hrsg.): Transnational Corporations and European Regional Restructuring, Utrecht: Royal Dutch Geographical Society, 1994, S. 61 - 80.

Marshall, A., Principles of Economics, 8. Aufl., London: MacMillan, 1920.

Mata, J., Sunk Costs and Entry by Small and Large Plants, in: Geroski, P.A./ Schwalbach, J. (Hrsg.): Entry and Market Contestability, Oxford/ Cambridge: Blackwell, 1991, S. 49 - 62.

Mattoo, A./ Stern, R.M. (Hrsg.), India and the WTO, Washington, D.C: World Bank, 2003.

McClelland, D.C., The Achieving Society, Princeton et al.: Nostrand van, 1961.

McIntyre, J.R./ Narula, R./ Trevino, L.J., The Role of Export Processing Zones for Host Countries and Multinationals: A Mutually Beneficial Relationship?, International Trade Journal, Vol. 10, Nr. 4, 1996, S. 435 - 466.

McKinsey&Company, Synergetic Growth, Düsseldorf: McKinsey, 2000.

Meyer-Krahmer, F. (Hrsg.), Innovationsökonomie und Technologiepolitik – Forschungsansätze und politische Konsequenzen, Heidelberg: Physica, 1993.

Midelfart-Knarvik, K.H./ Overman, H.G./ Redding, S.J./ Venables, A.J., The Location of European Industry. Report prepared for the Directorate General for Economic and Financial Affairs, European Commission, Economic Papers 142, ECFIN/318/00-EN.

MIGA, Foreign Direct Investment Survey, Washington, D.C: World Bank Group/ MIGA, 2002.

Möller, J./ Haas, A., The Agglomeration Wage Differential Reconsidered: An Investigation Using German Micro Data 1984-1997, in: Bröcker, J./ Dohse, D./ Soltwedel, R. (Hrsg.): Innovation Clusters and Interregional Competition, Berlin/ Heidelberg/ New York: Springer, 2003, S. 182 - 217.

Morch von der Fehr, N.-H., Domestic Entry in Norwegian Manufacturing Industries, in: Geroski, P.A./ Schwalbach, J. (Hrsg.): Entry and Market Contestability, Oxford/ Cambridge: Blackwell, 1991, S. 89 - 110.

Morisset, J., Foreign Direct Investment in Africa, World Bank Policy Research Paper, Nr. 2481, 2000.

Motta, M./ Fosfuri, A./ Ronde, Th., Foreign Direct Investment and Spillovers Through Workers' Mobility, CEPR Discussion Paper, Nr. 2194, 1999.

Mueller, D.C., Entry, Exit, and the Competitive Process, in: Geroski, P.A./ Schwalbach, J. (Hrsg.): Entry and Market Contestability, Oxford/ Cambridge: Blackwell, 1991, S. 1 - 22.

Mueller, P., Entrepreneurship in the Region: Breeding Ground for Nascent Entrepreneurs?, Freiberger Arbeitspapiere, Nr. 5, 2005.

Mukhopadhyay, A.K., Technological Progress and Change in Market Concentration in the U.S., 1963-77, Southern Economic Journal, Vol. 52, 1985, S. 141 - 149.

Navaretti, G.B./ Haaland, J./ Venables, A., Multinational Corporations and Global Production Networks: The Implications for Trade Policy, London: CEPR, 2002.

Neumann, K.-Th., Warum ein weiteres Buch zu diesem Thema?, in: Braun, M./ Feige, A./ Sommerlatte, T. (Hrsg.): Business Innovation – Quantensprünge statt „Innovatiönchen", Frankfurt, a.M.l: F.A.Z.-Institut für Management-, Markt- und Medieninformation, 2001, S. 9 - 11.

Neumann, M., Theoretische Volkswirtschaftslehre, Bd. 3, 2., überarb. Aufl., München: Vahlen, 1982.

Neumann, M., Theoretische Volkswirtschaftslehre, Bd. 2, 3., überarb. Aufl., München: Vahlen, 1991.

Nunnenkamp, P., To What Extent Can Foreign Direct Investment Help Achieve International Development Goals?, Kiel Working Paper, Nr. 1128, 2002.

Nunnenkamp, P./ Spatz, J., Foreign Direct Investment and Economic Growth in Developing Countries: How Relevant Are Host-Country and Industry Characteristics?, Kiel Working Paper, Nr. 1176, 2003.

Oakey, R.P./ Cooper, S.Y., High Technology Industry, Agglomeration and the Potential for Peripherally Sited Small Firms, Regional Studies, Vol. 23, Nr. 4, 1989, S. 347 - 360.

OECD, International Investment Perspectives, Paris: OECD Publications, 2003a.

OECD, Attracting International Investment for Development, Paris: OECD Publications, 2003b.

OECD, Foreign Direct Investment for Development: Maximising Benefits, Minimizing Costs, Paris: OECD Publications, 2002a.

OECD, International Direct Investment Statistics Yearbook 1990 - 2001, Paris: OECD Publications, 2002b.

OECD, Benchmark Definition of Foreign Direct Investment, 3. Aufl., Paris, 1999.

Oehler, A./ Unser, M., Finanzwirtschaftliches Risikomanagement, Berlin/ Heidelberg/ New York: Springer, 2001.

Ohlin, B./ Heselborn, P.-O./ Wijkman, P.M. (Hrsg.), The International Allocation of Economic Activity, London et al.: MacMillan, 1977.

Orr, D., The Determinants of Entry: A Study of the Canadian Manufacturing Industries, Review of Economics and Statistics, Vol. 56, 1974, S. 58 - 66.

Ottaviano, G.I.P./ Puga, D., Agglomeration in the Global Economy: A Survey of the 'New Economic Geography', World Economy, Vol. 21, Nr. 6, 1998, S. 707 - 732.

PA Cambridge Economic Consultants, Assessment of the Wider Effects of Foreign Direct Investment in Manufacturing in the UK, London: Department of Trade and Industry, 1995.

Pack, H./ Saggi, K., Exporting, Externalities, and Technology Transfer, World Bank Policy Research Working Paper, Nr. 2065, 1999.

Pack, H./ Saggi, K., Inflows of Foreign Technology and Indigenous Technological Development, Review of Development Economics, Vol. 1, Nr. 1, 1997, S. 81 - 98.

Pakes, A./ Schankerman, M., The Rate of Obsolescence of Patents, Research Gestation Lags, and the Private Rate of Return to Research Resources, in: Griliches, Z. (Hrsg.): R&D, Patents, and Productivity, Chicago/ London: University of Chicago Press, 1984, S. 73 - 88.

Park, W. G., International R&D Spillovers and OECD Economic Growth, Economic Inquiry, Vol. 33, 1995, S. 571 - 591.

Perry, M., Business Service Specialization and Regional Economic Change, Regional Studies, Vol. 24, Nr. 3, 1990, S. 195 - 209.

Peters, E./ Hood, N., Implementing the Cluster Approach: Some Lessons from the Scottish Experience, International Studies of Management and Organization, Vol. 30, Nr. 2, 2000, S. 68 - 92.

Picard, P.M./ Toulemonde, E., Endogenous Qualifications and Firms' Agglomeration, CORE Discussion Paper, Nr. 70, Louvain: Université Catholique – Center for Operations Research and Econometrics (CORE), 2002.

Picot, A./ Laub, U.-D./ Schneider, D., Innovative Unternehmensgründungen – Eine ökonomisch-empirische Analyse, Berlin et al.: Springer, 1989.

Pindyck, R.S./Rubinfeld, D.L., Econometric Models and Econometric Forecasts, Boston et al.: McGraw-Hill, 1998.

Pleschak, F. (Hrsg.), Wachstum durch Innovationen, Wiesbaden: Deutscher Universitäts-Verlag, 2003.

Porter, M.E., Clusters and the New Economics of Competition, Harvard Business Review, Nov - Dec., 1998, S. 77 - 90.

Porter, M.E., The Competitive Advantage of Nations, New York: Free Press, 1990.

Potter, J., External Manufacturing Investment in a Peripheral Rural Region: The Case of Devon and Cornwall, Regional Studies, Vol. 27, Nr. 3, 1993, S. 193 - 206.

Powell, B., Economic Freedom and Growth: The Case of the Celtic Tiger, Cato Journal, Vol. 22, Nr. 3, 2003, S. 431 - 448.

Preissl, B./ Solimene, L., The Dynamics of Clusters and Innovation: Beyond Systems and Networks, Heidelberg/ New York: Physica, 2003.

Rademaker, M., Hartz-Gesetze weisen schwere Mängel auf, Financial Times Deutschland, 02.02.2006, S. 13.

Raines, P., Regions in Competition: Institutional Autonomy, Inward Investment and Regional Variation in the Use of Incentives, Regional and Industrial Research Paper Series, Nr. 29, Glasgow: University of Strathclyde, 1998.

Raines, P./ Brown, R., FDI Policy Approaches in Western Europe, in: Raines, P./ Brown, R. (Hrsg.): Policy Competition and Foreign Direct Investment in Europe, Aldershot/ Brookfield: Ashgate, 1999, S. 7 - 37.

Raines, P./ Brown, R., Conclusion, in: Raines, P./ Brown, R. (Hrsg.): Policy Competition and Foreign Direct Investment in Europe, Aldershot/ Brookfield: Ashgate, 1999, S. 171 - 188.

Raines, P./ Brown, R. (Hrsg.), Policy Competition and Foreign Direct Investment in Europe, Aldershot/ Brookfield: Ashgate, 1999.

Rashia, R., Flexible Production Systems and Local Machine Tool Subcontracting: Electronics Components Transnationals in Malaysia, Cambridge Journal of Economics, Vol. 18, Nr. 3, 1994, S. 279 - 298.

Recktenwald, H.C., Lexikon der Staats- und Geldwirtschaft, München: Vahlen, 1983.

Reger, G./ Beise, M./ Belitz, H., Innovationsstandorte multinationaler Unternehmen: Internationalisierung technologischer Kompetenzen in der Pharmazeutik, Halbleiter- und Telekommunikationstechnik, Heidelberg: Physica, 1999.

Reichel, R., Ökonomische Theorie der internationalen Wettbewerbsfähigkeit von Volkswirtschaften, Wiesbaden: Deutscher Universitäts-Verlag, 2002.

Revelli, R./ Tenga, S., The Determinants of New Firm Formation in Italian Manufacturing, Small Business Economics, Vol. 1, 1989, S. 181 - 191.

Revilla Diez, J., Innovative Links between Industry and Research Institutes – How Important Are They for Firm Start Ups in the Metropolitan Regions of Barcelona, Vienna and Stockholm?, in: Koschatzky, K./ Kulicke, M./ Zenker, A. (Hrsg.): Innovation Networks, Heidelberg/ New York: Physica, 2001, S. 93 - 108.

Reynolds, P./ Storey, D.J./ Westhead, P., Cross-national Comparisons of the Variation in New Firm Formation Rates, Regional Studies, Vol. 28, Nr. 4, 1994a, S. 443 - 456.

Reynolds, P./ Storey, D.J./ Westhead, P., Cross-national Comparisons of the Variation in New Firm Formation Rates: An Editorial Overview, Regional Studies, Vol. 28, Nr. 4, 1994b, S. 343 - 346.

Reynolds, P.D., Who Starts New Firms? – Preliminary Explorations of Firms-in-Gestation, Small Business Economics, Vol. 9, 1997, S. 449 - 462.

Reynolds, P.D./ Miller, B./ Maki, W.R., Explaining Regional Variation in Business Births and Death: U.S. 1976-88, Small Business Economics, Vol. 7, 1995, S. 389 - 407.

Ripsas, S., Unternehmensgründung im Umweltschutz, Berlin: Wissenschaftszentrum für Sozialforschung, 2001.

Ripsas, S., Towards an Interdisciplary Theory of Entrepreneurship, Small Business Economics, Vol. 10, 1998, S. 103 - 115.

Ripsas, S., Entrepreneurship als ökonomischer Prozeß: Perspektiven zur Förderung unternehmerischen Handelns, Wiesbaden: Gabler, 1997.

Robson, M.T., Self-Employment and New Firm Formation, Scottish Journal of Political Economy, Vol. 38, Nr. 4, 1991, S. 353 - 368.

Rodriguez-Clare, A., Multinationals, Linkages and Economic Development, American Economic Review, Vol. 86, Nr. 4, 1996, S. 852 - 873.

Rosenberg, D., Cloning Silicon Valley – The Next Generation High-Tech Hotspots, Harlow/ London: Pearson Education, 2002.

Rothwell, R./ Dodgson, M., Technology-based SMEs: Their Role in Industrial and Economic Change, International Journal of Technology Management – Special Publication on Small Firms and Innovation, 1993, S. 8 - 22.

Saggi, K., Trade, Foreign Direct Investment, and International Technology Transfer: A Survey, World Bank Working Paper Series in International Economics, Nr. 2349, 2000.

Schädler, U., Das Innovationspotential der Hochschulen,, Frankfurt, a.M. et al: Lang, 1999.

Schenk, M., Effiziente Steuersysteme und internationaler Standortwettbewerb, Frankfurt a.M.: Lang, 2002.

Schmitz, F., Beschäftigungseffekte von Unternehmensgründungen: Ein Beitrag zur Erklärung des Zusammenhangs zwischen der Unternehmens- und Beschäftigungsfluktuation, Berlin: Duncker & Humblot, 2001.

Schönwandt, Ch., Sustainable Entrepreneurship im Sektor Erneuerbare Energien, München/ Mering: Hampp, 2004.

Schoppe, S.G. (Hrsg.), Kompendium der internationalen Betriebswirtschaftslehre, München/ Wien: Oldenbourg, 1991.

Schumpeter, J.A., Kapitalismus, Sozialismus und Demokratie, 7., erw. Aufl., Tübingen/ Basel: Francke, 1993.

Schumpeter, J.A., The Theory of Economic Development, Cambridge: Harvard University Press, 1934.

Schumpeter, J.A., Theorie der wirtschaftlichen Entwicklung, Leipzig: Duncker & Humblot, 1912.

Schwitalla, B., Messung und Erklärung industrieller Innovationsaktivitäten, Heidelberg: Physica, 1993.

Scitovsky, T., Two Concepts of External Economies, Journal of Political Economy, Vol. 62, Nr. 2, 1954, S. 143 - 151.

Sleuwaegen, L./ Dehandschutter, W., Entry and Exit in Belgian Manufacturing, in: Geroski, P.A./ Schwalbach, J. (Hrsg.): Entry and Market Contestability, Oxford/ Cambridge: Blackwell, 1991, S. 111 - 120.

Smarzynska, B.K., Does Foreign Direct Investment Increase Productivity of Domestic Firms? In Search of Spillovers through Backward Linkages, World Bank Policy Research Working Paper, Nr. 2923, 2002.

Soete, L., Die Herausforderung des „Techno-Globalismus": Auf dem Weg zu neuen Spielregeln, in: Meyer-Krahmer, F. (Hrsg.): Innovationsökonomie und Technologiepolitik, Heidelberg: Physica, 1993, S. 171 - 195.

Staber, U./ Schaefer, N.V./ Sharma, B. (Hrsg.), Business Development – Prospects for Regional Development, Berlin/ New York: de Gruyter, 1996.

Statistisches Bundesamt (Hrsg.), Statistische Erfassung von Unternehmensgründungen – Umfang, Ursachen, Wirkungen, Stuttgart/ Mainz: Kohlhammer, 1988.

Stein, I., Die Theorie der multinationalen Unternehmung, in: Schoppe, S.G. (Hrsg.): Kompendium der internationalen Betriebswirtschaftslehre, München/ Wien: Oldenbourg, 1991, S. 49 - 151.

Stel van, A./ Carree, M./ Thurik, R., The Effect of Entrepreneurship on National Economic Growth: An Analysis Using the GEM Database, EIM SCALES-paper, Nr. 200320, Zoetermeer: EIM, 2004.

Sternberg, R., Innovierende Industrieunternehmen und ihre Einbindung in intraregionale versus interregionale Netzwerke, Raumforschung und -ordnung, Nr. 4, 1998, S. 288 - 298.

Sternberg, R., Wie entstehen High-Tech-Regionen? Theoretische Erklärungen und empirische Befunde aus fünf Industriestaaten, Geographische Zeitschrift, Heft 1, 1995, S. 48 - 63.

Sternberg, R./ Bergmann, H./ Tamásy, Ch., Global Entrepreneurship Monitor – Länderbericht Deutschland 2001, Köln: Wirtschafts- und Sozialgeographisches Institut der Universität zu Köln, 2001.

Sternberg, R./ Litzenberger, T., Regional Clusters – Operationalisation and Consequences for Entrepreneurship, Working Paper, Nr. 2, 2003, Köln: Wirtschafts- und Sozialgeographisches Institut der Universität zu Köln, 2003.

Sternberg, R./ Otten, Cl./ Tamásy, Ch., Global Entrepreneurship Monitor – Länderbericht Deutschland 2000, Köln: Wirtschafts- und Sozialgeographisches Institut der Universität zu Köln, 2000.

Stigler, G.J., The Division of Labor Is Limited by the Extent of the Market, Journal of Political Economy, Vol. 59, Nr. 3, 1951, S. 185 - 193.

Stirböck, Cl., What Determines Relative Sectoral Investment Patterns in EU Regions?, ZEW Discussion Paper, Nr. 55, 2002.

Storey, D.J., Understanding the Small Business Sector, London/ New York: Routledge, 1994.

Storey, D.J./Johnson, S., Regional Variations in Entrepreneurship in the U.K., Scottish Journal of Political Economy, Vol. 34, Nr. 2, 1987, S. 161 - 173.

Storey, D.J./Jones, A.M., New Firm Formation – A Labour Market Approach to Industrial Entry, Scottish Journal of Political Economy, Vol. 34, Nr. 1, 1987, S. 37 - 51.

Storper, M., The Resurgence of Regional Economies, Ten Years Later: The Region as a Nexus of Untraded Interdependencies, European Urban and Regional Studies, Vol. 2, Nr. 3, 1995, S. 191 - 221.

Stuchtey, M.R., Can Firms Build Clusters?: Appropriation of Localised Externalities and Rational Behaviour of Firms, Lohmar/ Köln: Eul, 2001.

Stulz, R., Does Financial Structure Matter for Economic Growth? A Corporate Finance Perspective, in: Demirgüc-Kant, A./ Levine, R. (Hrsg.): Financial Structure and Economic Growth, Cambridge/ London: MIT Press, 2001, S. 143 - 188.

Sutton, J., Gibrat's Legacy, Journal of Economic Literature, Vol. 35, March 1997, S. 40 - 59.

Swann, P., Clusters in the US Computing Industry, in: Swann, P./ Prevezer, M./ Stout, D. (Hrsg.): The Dynamics of Industrial Clustering, New York: Oxford University Press, 1998, S. 77 - 105.

Swann, P./ Prevezer, M./ Stout, D. (Hrsg.), The Dynamics of Industrial Clustering – International Comparison in Computing and Biotechnology, New York: Oxford University Press, 1998.

Sylos-Labini, P., Oligopoly and Technical Progress, Cambridge: Harvard University Press, 1962.

Szyperski, N./ Nathusius, K., Gründungsmotive und Gründungsvorbehalte – Ergebnisse einer empirischen Studie über potentielle und tatsächliche Unternehmensgründer, Die Betriebswirtschaft, Vol. 37, Nr. 2, 1977, S. 299 - 309.

Thümmler, A.-M., Silicon Valley und Isar Valley – Zwei Wachstumsregionen im Vergleich, Venture Capital, Nr. 9, 2001, S. 8 - 9.

Tödtling, F., Räumliche Differenzierung betrieblicher Innovation, Berlin: Edition Sigma Bohn, 1990.

UNCTAD (Hrsg.), World Investment Report 1999 – Foreign Direct Investment and the Challenge of Development, New York/ Geneva, 1999.

UNCTAD (Hrsg.), World Investment Report 1998 – Trends and Determinants, New York/ Geneva, 1998.

UNCTAD (Hrsg.), World Investment Report 1992 – Transnational Corporations as Engines of Growth, New York, 1992.

Variyam, J.N./ Kraybill, D.S., Empirical Evidence on Determinants of Firm Growth, Economics Letters, Vol. 38, 1992, S. 31 - 36.

Venables, A.J., The International Division of Industries: Clustering and Comparative Advantage in a Multi-Industry Model, CEPR Discussion Paper, Nr. 1961, 1998.

Verheul, I./ Wennekers, S./ Audretsch, D./ Thurik, R., An Eclectic Theory of Entrepreneurship: Policies, Institutions and Culture, EIM Research Report 0012/E, Zoetermeer: EIM, 2001.

Viner, J., Cost Curves and Supply Curves, Zeitschrift für Nationalökonomie, Vol. 3, 1931, S. 23 - 46.

Vivarelli, M., The Birth of New Enterprises, Small Business Economics, Vol. 3, 1991, S. 215 - 223.

Vogel, Ch., Deutschland im internationalen Technologiewettlauf, Berlin: Duncker & Humblot, 2000.

Wagner, J., Nascent Entrepreneurs, IZA Discussion Paper, Nr. 1293, 2004.

Wagner, J., Are Nascent Entrepreneurs Jacks-of-All-Trades? A Test of Lazear's Theory of Entrepreneurship with German Data, IZA Discussion Paper, Nr. 911, 2003.

Wagner, J., Who Exits from German Manufacturing Industries and Why? Evidence from the Hannover Firm Panel Study, in: Audretsch, D.B./ Thurik, A.R. (Hrsg.): Innovation, Industry Evolution, and Employment, Cambridge: University Press, 1999, S. 252 - 264.

Wagner, J., Firm Size, Firm Growth, and Persistence of Chance: Testing GIBRAT's Law with Establishment Data from Lower Saxony, 1978-1989, Small Business Economics, Vol. 4, 1992, S. 125 - 131.

Walter, H./ Hegner, S./ Schechler, J.M. (Hrsg.), Wachstum, Strukturwandel, Wettbewerb, Stuttgart: Lucius & Lucius, 2000.

Weber, M., Gesammelte Aufsätze zur Religionssoziologie, Bd. 1, 6., unveränd. Aufl., Tübingen: Mohr, 1972.

Weigand, J., Innovationen, Wettbewerb und Konjunktur, Berlin: Duncker & Humblot, 1996.

Weißhuhn, G./ Wichmann, Th., Beschäftigungseffekte von Unternehmensgründungen, Berlin: Berlecon Research, 2000.

Wennekers, S./ Thurik, R., Linking Entrepreneurship and Economic Growth, Small Business Economics, Vol. 13, 1999, S. 27 - 55.

Wennekers, S./ Thurik, R./ Buis, F., Entrepreneurship, Economic Growth and What Links Them Together, Zoetermeer: EIM, 1997.

Werner, H., Vom Sorgenkind Europas zum keltischen Tiger, IAB Kurzbericht, Nr. 16, 1999.

Westhead, P./ Cowling, M., Employment Change in Independent Owner-Managed High-Technology Firms in Great Britain, Small Business Economics, Vol. 7, 1995, S. 111 - 140.

Weyh, A., What Characterizes Successful Start-Up Cohorts?, in: Fritsch, M./ Schmude, J. (Hrsg.): Entrepreneurship in the Region, New York et al.: Springer, 2006, S. 61- 74.

Wheeler, D./ Mody, A., International Investment Location Decisions – The Case of U.S. Firm, Journal of International Economics, Vol. 33, 1992, S. 57 - 76.

Willenbrock, H., Wolfsburg klotzt. Ein Vorbild?, Brand Eins, Nr. 5, 2004, S. 58 - 64.

Williamson, O.E., The Vertical Integration of Production: Market Failure Considerations, American Economic Review, Vol. 61, Nr. 2, 1971, S. 112 - 123.

Williamson, O.E., Hierarchical Control and Optimum Firm Size, Journal of Political Economy, Vol. 75, Nr. 2, 1967, S. 123 - 138.

Wiswede, G., Einführung in die Wirtschaftspsychologie, 3., überarb. und erw. Aufl., München/ Basel: Reinhardt, 2000.

Yu, L., How Location Clusters Affect Innovation, MIT Sloan Management Review, Fall 2002, S. 16.

Zahn, E., Methodische Ansätze zur Gewinnung quantitativer Angaben über Ursachen und Wirkungen von Unternehmensgründungen, in: Statistisches Bundesamt (Hrsg.): Statistische Erfassung von Unternehmensgründungen, Stuttgart/ Mainz: Kohlhammer, 1988, S. 54 - 61.

Zander, I., How Do You Mean 'Global'? An Empirical Investigation of Innovation Networks in the Multinational Corporation, Research Policy, Vol. 28, 1999, S. 195 - 213.

FSC
www.fsc.org
MIX
Papier | Fördert
gute Waldnutzung
FSC® C083411

Kolibri 360 GmbH
Ferdinand-Jühlke-Straße 7
99095 Erfurt, Deutschland
produktsicherheit@kolibri360.de

Druck:
CPI Druckdienstleistungen GmbH
im Auftrag der
Kolibri 360 GmbH
Ferdinand-Jühlke-Str. 7
99095 Erfurt